청소년지도학

전명순

창지사

머리말

청소년은 우리 사회의 미래를 이끌어갈 주인공이다. 청소년기는 인간의 성장과 발달에 있어서 매우 중요한 시기이며, 이 시기에 형성된 가치관과 태도는 성인이 되어서도 영향을 미친다. 그러므로 청소년 시기에 사회의 한 일원으로 자리매김하기 위한 다양한 영역의 개발이 필요하다.

우리나라에서 청소년지도학이 1980년대 후반부터 학문적으로 접근되기 시작하였고, 정책적인 부분과 현장에서의 접목을 통해 발전되어 오고 있다. 청소년지도학은 청소년의 역량강화를 통해 균형 있고 건강하고 조화로운 사람으로 성장하도록 돕기 위해 행해지는 일련의 노력을 담아내는 학문이다.

이 책은 청소년지도학을 공부하는 학생들을 위해 청소년이해, 청소년발달특성, 청소년문화, 청소년문제, 청소년지도, 청소년인권, 청소년복지, 청소년정책과 제도, 청소년리더십과 청소년개발, 청소년활동, 청소년프로그램 개발과 평가, 청소년참여, 청소년상담 등 청소년지도와 관련된 다양한 주제를 다루고 있다. 청소년지도학은 청소년의 성장과 발달을 지원하고, 청소년이 건강하고 행복한 삶을 살아갈 수 있도록 돕는 학문이다. 이 책은 청소년지도학의 이론과 실제를 균형 있게 다루어 청소년지도사로서 필요한 지식과 기술을 습득할 수 있도록 구성하였다.

청소년지도자로 청소년과의 관계맺음과 영향력을 발휘할 수 있기 위해서는 청소년과 청소년을 둘러싼 환경, 청소년을 위한 다양한 서비스 등을 알고, 청소년들에게 적절한 개입을 해 줄 수 있어야 한다. 그런 의미에서 이 책은 청소년지도의 개론서로서 청소년지도의 입문에서, 청소년지도의 과목을 다 배우고 전체의 내용을 정리하는 차원에서 활용할 수 있다.

본서는 총 2부 13장으로 구성되어 있다. 먼저, 1부에서는 청소년지도의 핵심 대상인 청소년에 대한 이해로 청소년이 누구인지와 청소년의 발달 특성에 대한 이해를 담았다. 2부에서는 청소년지도의 실질적인 영역에 대해 서술하였다. 세부적으로 청소년문화, 청소년문제, 청소년지도, 청소년활동, 청소년프로그램 개발과 평가, 청소년상담, 청소년인권, 청소년참여, 청소년복지, 청소년정책과 제도, 청소년리더십과 청소년개발의 내용을 담았다. 이 책은 청소년지도를 잘하기 위해 청소년지도자가 알고 있어야 하는 실제적인 지침서로서의 역할을 할 수 있을 뿐만 아니라 청소년을 만나는 누구나가 청소년에게 필요한 서비스 제공을 위한 정보 접근에 도움을 줄 것이다.

이 책을 통해 청소년지도학을 공부하는 학생들이 청소년의 성장과 발달을 이해하고, 청소년지도사로서 필요한 역량을 갖출 수 있기를 바란다. 또한, 청소년지도학을 공부하는 과정에서 청소년에 대한 관심과 애정을 가지고, 청소년의 성장과 발달을 지원하는 데 기여할 수 있기를 바란다.

본 저서의 출간을 흔쾌히 허락하고 맡아주신 창지사 임·직원 여러분께 깊이 감사드린다.

2024년 1월

저자 전명순

차례

제 1 부 청소년에 대한 이해

제 2 부 청소년지도의 영역

제1부

청소년에 대한 이해

제1장 청소년 이해

청소년은 누구인가? 라는 질문에 대부분의 사람들의 머릿속에는 '우리의 미래'라는 말이 스쳐 지나갈 것이다. 그러면서 고개를 갸웃거릴 것이다. 정말 '우리의 미래인가?'라는 의문이 또 한 번 우리의 뇌리에서 지나갈 것이기 때문이다.

'우리(나라)의 미래'라고 하는 생각에는 긍정적인 이미지가 담겨져 있다. 그렇게 생각하면서 의문을 갖는 것은 지금 현재 사회에서 보이는 청소년의 이미지가 우리의 미래라고 하기에는 알 수 없는 존재이고, 혼란스러워 보이고, 안정적으로 여겨지지 않기 때문이다.

청소년은 현재를 살며, 미래를 준비하는 사람이다. 그러므로 이들은 현재 자신들이 서 있는 지금의 삶을 즐겁고 행복하게 살아야 할 뿐만 아니라 미래에 건강하고 조화로운 성인의 삶을 위해 갖춰야 할 것을 자신 안에 채워나가야 한다. 그래서 청소년기는 아동기, 성인기와 다른 독특한 특성을 가진 구별되는 시기에 있다. 중요한 두 가지를 다 이루기 위해 몸부림치는 시기가 청소년기이다.

청소년에 대한 우리의 관점이 어떠한지에 따라 청소년을 바라보는 시각과 지도의 방향을 결정할 수 있기 때문에 다각도로 청소년에 대해 아는 것은 중요하다.

청소년이 누구이고, 청소년기의 특성이 어떠한지를 살펴봄으로 지도의 관점을 정립해 나가는 것이 필요하다.

1. 청소년기

1) 고대철학에서의 청소년기

청소년기를 어떻게 표현할 수 있을지에 대해 생각해 보면, 먼저 떠오르는 것은 질풍노도의 시기라는 것이다. 남녀노소 할 것 없이 모두가 동의하는 표현이다. 질풍노도(疾風怒濤)는 몹시 빠르게 부는 바람과 무섭게 소용돌이치는 물결을 의미한다. 청소년기는 그 마음속에 엄청난 소용돌이가 일어남을 의미한다. 빠르고 무서운 변화를 경험하는 시기이다. 그래서 일부러 그러려고 한 건 아닌데 생각과는 다른 말이 나가고 어른들이 싫어하는 모습이 되어버린다.

Stanley Hall은 1904년 『청소년기: 심리학 그리고 청소년기와 생리학, 인류학, 사회학, 성, 범죄, 종교 및 교육의 관계』라는 책에서 adolescence를 사용하여 청소년기를 지칭했다. adolescence는 라틴어 adolescere에서 유래했는데, '성장해 간다'는 의미를 담고 있다(Lener & Steinberg, 2009). 청소년기가 아동기에서 성인기로 넘어가는 과정 즉 과도기라고 보는 의미이다. 우리가 목적지를 정하고 길을 갈 때에는 다른 것을 하지 않고 묵묵히 가는 경우가 많다. 가는 길에 다른 것을 하고 싶어도 뒤로 미뤄두는 경향이 있다. 청소년기도 마찬가지다. 성인이라는 종착지로 가는 길에 있는 청소년들은 다른 것을 하도록 허락되지 않는다. 그래서 그 시기에 갖는 그들의 책임, 권리, 역할 등은 유예 상태로 있게 되는 것이다.

청소년기, 청년기에 대한 관심은 고대 철학으로 거슬러 올라간다. Platon은 아동기부터 청년기까지의 사회화 과정에 주목했다. 아동기에는 지적 측면보다는 인성이 발달하는 시기이므로 음악이나 스포츠 교육이 중요하다고 했고, 청년기는 이성이 발달하고 지적인 측면이 발달하여 합리적인 사고가 가능하므로 수학이나 과학 등을 많이 가르쳐야 한다고 주장했다(Santrock, 1998). 예로, 한국의 부모들도 이런 Platon의 주장에 입각해 유치원 때부터 초등학교 저학년에는 피아노 학원, 미술 학원, 태권도 학원 등을 보내며 예체능 교육에 치중하고, 초등학교 고학년이 되면 수학 학원을 보내 지적 교육에 치중한다.

Aristoteles는 생애 최초 7년을 유아기, 14세까지를 소년기, 21세까지를 청소년기로 구분하고, 청소년 초기에 있는 개인은 성인에 비해 인내심이 부족하고, 불안정하며, 자기통제능력도 부족하다고 보았다.

18세기 프랑스의 철학자 Rousseau는 『에밀』이라는 책에서 중세 시대에 어린이를 '축소된 성인'으로 보았던 것에 반하여 어린이는 '독립된 인격체'라고 주장하면서 어른들이 12세 가량이면 아이들에게 규제를 하지 말아야 하며, 세상을 자유롭게 경험할 수 있게 해야 한다고 했다.

이렇듯 고대로부터 특별한 시기인 청소년기의 중요성을 강조하였고, 청소년기를 합리적 이성의 발달 시기, 자신의 통제능력을 발달해야 하는 시기, 다양한 경험을 해야 하는 시기로 규정하고 있다.

2) 청소년기의 범위

생애주기에서 청소년기는 독특한 시기로 얘기된다. 사회변화에 따라 청소년기가 다르게 범위지어진다. 현대사회에서 청소년기는 생리적 변화가 일찍 시작됨으로, 고용불안으로 직업에 진입하는 시기가 늦어짐으로, 결혼 시기가 늦어짐으로, 학교 교육 기간이 연장됨으로 인해 길어지고 있다.

길어진 청소년기를 세분해서 구분할 필요가 있다. 주로 3단계로 구분하여 각 시기의 청소년을 초기청소년, 중기청소년, 후기청소년으로 명명한다.

청소년기의 시작과 끝을 한마디로 언제라고 확실하게 얘기하기는 어렵다. 청소년기가 사회문화적으로 정의되기 때문이다. 미국의 심리학자인 Steinberg (2011)는 청소년기의 시작과 끝을 생리적, 정서발달적, 인지발달적, 대인관계적, 사회적, 교육적, 법적, 연령적, 문화적 관점의 아홉 가지 관점에서 설명하고 있다.

각 관점의 내용은 다음과 같다.

첫째, 생리적 관점에서 청소년기는 사춘기가 시작되면서부터 사춘기가 끝나고 성인기로 진입하는 때까지이다.

둘째, 정서발달적 관점에서 청소년기는 부모에 대한 감정적인 의존에서 벗어나기 시작하면서 시작되고, 부모로부터 독립된 정체감을 형성하게 되면 끝난다.

셋째, 인지발달적 관점에서 청소년기는 이성적 사고 능력이 생기기 시작하면서 시작되고, 이성적 사고 능력이 확고하게 자리 잡게 되면 끝난다.

넷째, 대인관계적 관점에서 청소년기는 부모와의 관계에서 친구관계로 변화되기 시작하면 시작되고, 친구와 친밀감이 발달하면 끝난다.

다섯째, 사회적 관점에서는 성인의 역할을 수행하기 위한 훈련을 받기 시작하면 청소년기가 시작되고, 성인의 지위나 특권을 얻게 되면 청소년기가 끝난다.

여섯째, 교육적 관점에서 중등교육기관에 입학하면 청소년기의 시작으로 보고, 졸업하게 되면 청소년기가 끝난 것으로 본다.

일곱째, 법적 관점에서는 법에서 규정하는 청소년으로서의 지위를 얻게 되면 청소년기가 시작되고, 성인의 지위를 얻게 되면 청소년기가 끝난다.

여덟째, 연령적 관점에서는 청소년기가 10세부터 시작되고, 21세에 끝난다고 본다.

아홉째, 문화적 관점에서는 청소년기를 청소년기로 진입하게 되는 통과의례 기간에 접어들면서부터 통과의례가 끝나는 것으로 보았다.

이 범주에서 본다면 청소년기가 같지 않다. 각 관점에 따라 청소년 시기는 달라진다. 생리적으로 2차 성징이 시작되어 사춘기에 접어들었지만, 중등학교에 입학하지 않을 수도 있고, 연령적으로 10세가 되었지만, 생리적 변화가 일어나지 않아 사춘기가 시작되지 않을 수도 있다. 그러므로 어떤 관점이 옳다 그르다를 판가름할 수는 없다. 청소년기는 관점에 따라, 개인에 따라 영향을 받을 수 있기 때문에 단일 차원에서 이해되기는 어려운 시기임이 분명하다.

2. 청소년

청소년은 우리의 미래이자 국가 경쟁력이다. 청소년이 올바르게 성장하여 잘 기능하는 성인으로의 역할을 잘 감당한다면 미래는 밝을 것이고, 우리나라의 국가 경쟁력도 확보될 것이다.

청소년은 청년과 어린이의 중간 시기로 이해하고, 흔히 만 13세에서 18세의 사람을 말하며, 통상적으로 중학교와 고등학교 시기의 사람들을 일컫는다.

청소년이라는 용어는 농경사회에서는 아예 없었던 용어라고 볼 수 있다. 농경사회에서는 어른 아니면 아이로 구분되어 노동력을 제공할 수 있으면 어른, 그렇지 않으면 아이로 청소년의 개념은 존재하지 않았다. 그러나 산업사회의 발전은 교육받은 노동력을 필요로 하게 되어 학교교육이 그 역할을 할 수 있게 되고, 학교교육의 의무화로 노동환경에서 멀어지고 학교 안에서 생활하는 고유한 시기가 생겨나게 된 것이 그 시작이라 할 수 있을 것이다.

청소년은 우리 사회에서 다른 용어와 거의 비슷하게 사용되고 있는데, 청소년은 취학 상태에 있는 경우가 많아 거의 학생으로 여겨지고(이는 학교 밖 청소년은 염두에 두지 않고 쓰는 개념이라 할 수 있다), 젊은이, 미성년자, 청춘, 아동, 아이, 10대, 사춘기 등 다양한 용어로 사용되고 있다.

청소년이라는 개념은 사회적으로 만들어졌다. 인생의 여러 단계들을 살펴보니 독특한 한 시기가 발견되었고, 그 시기에는 다른 단계들과 다른 특징들을 보여 그 시기에 있는 사람을 청소년이라 이름 붙이게 된 것이다. 청소년은 완전한 자립을 하지 못한 반의존적인 형태로 존재하고, 자신에 대해 여러 가지를 생각해 보는 존재이기 때문에 스트레스를 받고 힘든 시기이기는 하나 고유한 인생의 한 발달 단계를 지나는 존재이므로 그 나름대로의 인정이 필요하다.

청소년은 자라나는 과정상에 있는 독특한 한 시기를 지나고 있는 자들이다. 청소년은 현재의 자신에게 주어진 현실의 상황적 삶을 잘 살아낼 뿐만 아니라 미래의 삶을 준비해야 하는 시기에 있다. 현재의 삶을 통해 미래의 건강한 성인으로의 이행을 해야 하는 두 가지의 과제를 가지고 있는 것이다. 그렇기에 자신에 대한 생각, 주위에 대한 생각들이 많고, 자신의 정체감을 형성해 나가기 위해 고민이 많은 존재이다. 그런 생각들과 고민들을 통해 그들 안에 있는 무한한 가능성과 잠재력을 발견해 내고 끌어내어 자신을 완성해 가는 것이다. 물론 아직 완성되지 않은 시기에 있기 때문에 주위의 영향을 많이 받을 수 있다. 그러나 그 영향력이 그대로 청소년이 되는 것이 아니라 청소년 안에서 녹아 스스로를 가꿔가는 데 쓰이는 것이기에 외부의 환경과 사람들은 조력자로서의 역할을 할 뿐 청소년 스스로가 어떤 생각을 가지고 어떻게 행동하느냐에 따라 인생 전체를 다르게 만들어 갈 수 있다.

1) 청소년의 연령

「청소년 기본법」에서는 청소년의 연령 구분을 9세에서 24세까지로 하고 있다. 그리고 「청소년 보호법」이나 아동·청소년 성보호에 관한 법률에서는 청소년을 19세 미만으로, 「근로기준법」에서는 연소소년을 18세 미만, 「소년법」에서는 소년을 19세 미만으로, 「민법」에서는 미성년자를 19세 미만으로, 「공연법」에서는 연소자를 18세 미만으로, 「형법」에서는 형사미성년자를 14세 미만으로 규정하고 있다. 법령에 따라 청소년의 명칭과 연령이 다 다르게 명시되어 있다. 또한, 「아동복지법」에서는 18세 미만을 아동이라 하여 아동과 청소년의 경계가 모호하게 규정되어 있다. 그러므로 20세 청소년이 「근로기준법」, 「공연법」, 「청소년 보호법」 등에서는 청소년에 해당되지 않고, 「청소년 기본법」에서는 청소년에 해당한다. 이렇게 법마다 연령 규정에 있어서 일치하지 않는 이유를 이미리 외(2014)는 혜택과 제재로 설명하고 있다. 혜택을 주고자 할 때는 범위를 넓게 잡아 최대한 혜택을 넓히자는 것이고, 청소년을 유해한 환경이나 상황으로부터 보호하고자 할 때에는 연령을 어린 나이까지로 하여 최대한 일찍부터 부정적 행동에 제재를 가하여 청소년이 일탈이나 비행 행동을 하지 않게 하는 데 있다는 것이다.

청소년에 관한 한 기본적으로 「청소년 기본법」을 따르기 때문에 위와 같이 특별히 연령을 구분해 놓지 않은 「청소년활동 진흥법」과 「청소년복지 지원법」, 「학교 밖 청소년지원에 관한 법률」에서는 보편적으로 청소년의 연령을 9세에서 24세로 보고 있다. 이 나이의 기준에서 학령기로 보면, 초등학교 3학년부터 대학생까지이다. 청소년의 범위가 굉장히 넓다. 초등학생은 아동으로, 대학생은 청년으로 보아 청소년과는 약간 다른 단계로 이해하고 그 특징들을 파악하는 것이 필요하다. 9세와 24세는 다른 특징들을 가지기 때문에 청소년의 큰 범주 안에서 공통의 특징으로 얘기되기보다는 초기청소년(9~13세), 중기청소년(14~19세), 후기청소년(20~24세)으로 구분하여 각각의 특징을 이해하는 것이 청소년을 정확히 담아낼 수 있을 것이다.

〈표 1-1〉 청소년의 법적 연령

법률	호칭	연령 구분
청소년 기본법	청소년	9세 이상 24세 이하의 자
청소년활동 진흥법	청소년	9세 이상 24세 이하의 자
청소년복지 지원법	청소년	9세 이상 24세 이하의 자
청소년 보호법	청소년	만 19세 미만의 자
아동 · 청소년 성보호에 관한 법률	아동 · 청소년	19세 미만의 자
보호소년 등의 처우에 관한 법률	소년	20세 미만의 자
소년법	소년	19세 미만의 자
보호관찰 등에 관한 법률	소년	19세 미만의 자
민법	미성년자	19세 미만의 자
형법	형사미성년자	14세가 되지 아니한 자
근로기준법	연소자	18세 미만의 자
아동복지법	아동	18세 미만의 자
공연법	연소자	18세 미만의 자
한부모가족지원법	아동	18세 미만의 자
국민기초생활보장법	아동	18세 미만의 자

출처: 조성연 외(2016)

2) 청소년의 어원

영어권에서는 대체로 청소년을 Adolescent, Puberty, Youth, Teenager라는 용어를 사용하고 있다.

Adolescent는 청소년, Puberty는 사춘기, Youth는 젊은이, Teenager는 10대로 해석되고, 이 모든 용어가 청소년을 나타내는 용어이지만, 그 용어가 내포하는 의미는 약간 다르다. Teenager는 10대로 나이가 10~19세인 사람을 뜻하고, Puberty는 2차 성징이 나타나는 의미, Adolescent는 같은 시기를 사는 같은 특징의 코호트의 개념이라고 볼 수 있고, Youth는 고유의 특성을 가진 젊은 사람으로 해석된다. Puberty와 Adolescent는 심리, 생리적이고 발달적인 접근인 반면에 Teenager와 Youth는 사회문화적인 접근으로 이해된다(최윤진, 2008). Puberty와 Adolescent는 신체적인 변화나 그로 인해 나타나는 심리적인 것들이 초점이고, Teenager와 Youth는 사회적인 과정을 거치면서 나타나는 여러 가지 특징들에 초점을 둔 접근이다.

(1) Adolescent(청소년)

Adolescent는 청소년기 그 시기에 있는 연령층 집단을 말한다. 이 용어는 Hall(1904)의 저서 Adolescence를 통해 나왔는데, 이는 라틴어의 'Adolescere'에서 유래된 것으로 이 의미는 '성장하다', '성숙에 이르다'라는 뜻을 갖고 있다. '성장하다'는 의미는 성장하는 과정에 초점이 있으며, '성숙에 이르다'는 의미는 미숙한 상태에서 성숙한 상태로 가는 것이라 볼 수 있다. 이런 의미에서 Adolescent는 청소년을 과도기에 있는 사람으로 규정짓는다. 과도기는 지나는 길이다. 청소년은 지나는 길 위에 있다. 우리가 목적지를 정하고 그곳으로 가기 위해서 길을 가고 있다고 생각해 보자. 목적지를 향해 가는 과정에서 우리는 다른 곳에 들르거나 다른 일을 하면서 시간을 보내지 않는다. 오로지 목적지를 향해서만 간다. 청소년은 성인이 되는 것을 목적으로 두고 있다. 아동에서 성인으로 가는 길에 있다. 성인이 되는 것에만 관심이 있는 연령층 집단으로 현재 자신이 갖는 권리, 의무, 책임, 자율성 등은 다 미뤄둔다. 미숙한 상태를 벗어나는 과정에 있기 때문에 모든 것을 유보하는 상태다. 청소년의 현재의 삶보다는 미래의 삶에 초점이 있기 때문에 미래를 위해 현재의 삶과 청소년의 권리, 인권 등은 유보되어야 한다고 보는 개념이다. 그래서 이 시기에 있는 집단의 청소년은 혼란스럽고 안정되지 않은 상태인 것이다. 이것이 Adolescent의 청소년이다.

(2) Puberty(사춘기)

Puberty는 사춘기이다. 사춘기의 가장 특징은 2차 성징이 나타난다는 것이다. Puberty는 생리적 전이 과정으로 생식 기능이 발달하는 시기를 의미하는 것이다. Puberty는 라틴어 'Pubescere'에서 유래하였는데, 이 의미는 '털로 덮는다'이다. 매우 의미심장하다. 2차 성징이 나타나기 시작할 때 몸에 털이 나기 시작한다. 사춘기는 급격한 신체적 성숙, 생식샘의 기능을 활발하게 하는 성적인 발달로 인해 남성과 여성을 구별할 수 있는 2차 성징의 발현이 이루어진다.

Puberty는 신체적인 초점에 맞추어 청소년들이 급격한 신체 변화를 경험하게 되는 것에 관심을 갖는 것이다. 이런 신체적인 변화로 인해 심리적인 스트레스, 정신적인 어려움, 갈등 등이 발생한다고 본다. 그래서 우리 부모님들이 사춘기에 있는 자녀를 힘들어한다. 생식기능의 변화 뿐만 이나라 그로 인한 스트레스나 갈등들이 나타나 편안한 관계를 유지 못 하게 하기 때문이다.

(3) Youth(젊은이)

Youth는 청소년을 새로운 인생주기에 있는 사람으로 인정하고 받아들이는 개념이다. 사회심리학적인 관점과 깊이 관련되어 있다. 청소년기를 과도기로 인정하지 않고, 인생의 고유한 발달단계로 인정한다. 아동과 성인의 중간 시기가 아니라 나름의 한 시기로 인정하는 것이다. 이 개념은 현재의 청소년 시기를 잘 살아야 함을 강조함으로 이 시기에 놓인 청소년들이 자신들의 자율성, 책임, 참여, 시민으로서의 권리를 가지고 자신의 역할을 수행해야 함을 강조하는 사회문화적 맥락과 연관을 가진 개념이라 볼 수 있다.

(4) Teenager(10대)

Teenager는 1930년대 등장한 개념이다. 1900년대 초반에도 10대들이 존재했지만, 지금처럼 그들만이 가지는 독특한 문화, 나름의 라이프스타일은 존재하지 않았다. Teenager는 10대라는 연령대가 가지는 특성을 나타내는 것으로 문화적인 의미가 내포되어 있다. 10대들의 소비성향, 패션, 음악 등 대중문화와 공유된 라이프스타일을 함축하여 상징하는 호칭이다. 그 시기에 있는 공통의 사람이 갖는 문화주체로서의 청소년이라고 볼 수 있다.

2012, 2013년 10대들의 대표적인 양상으로 노스페이스 패딩과 뉴발란스 운동화를 입고 신으므로 자신들만의 차별화된 문화를 만들어갔다. 이렇게 소비주체로 대중문화적인 의미로 청소년을 이해할 때 Teenager라는 용어를 사용한다.

Teenager는 그 단어에 나이의 개념이 명확하고 강하게 들어있는 개념이므로 포괄적인 청소년이라는 개념을 담고 있지는 못하다.

청소년학에서는 주로 Adolescent와 Youth를 사용한다. Adolescent는 발달론적 접근, Youth는 사회문화적인 접근이다. Adolescent는 청소년기를 과도기로 보고 그 시기가 겪는 복잡한 질풍노도의 내용에 집중하여 청소년의 자율성과 권리를 인정하지 않는다. 그에 비해 Youth는 청소년기를 고유의 한 시기로 인정하여 그들이 갖는 권리, 자율성, 책임감을 강조한다. 하고 싶은 대로 하고 책임을 회피하는 것이 아니라 책임을 가진 하나의 인격체로 청소년의 현재의 모습을 인정해 주는 개념이라 볼 수 있다. 이 차이를 나타내면 다음 〈표 1-2〉와 같다.

〈표 1-2〉 Adolescent와 Youth의 개념 비교

Adolescent	Youth
인간발달론적 관점 생리학적 발달 국면 강조 과도기적 특성 강조 유보된 시민권 강조	사회심리적 관점 사회적 심리학적 생활 국면 강조 고유한 청소년기 특성 강조 청소년의 인권, 책임 강조

출처: 김진화 외(2003)

이처럼 구분되는 두 어원의 차이는 Adolecent는 부정적인 입장으로 청소년을 보는 개념이라 할 수 있고, Youth는 긍정적인 입장으로 보는 개념이라 볼 수 있다. 청소년을 긍정적인 입장으로 보는 인식은 청소년 자체는 스스로 생각하며 삶을 살아갈 수 있다고 보며, 사회가 청소년을 부정적으로 보는 것은 대중매체의 과장 때문이라고 평가한다. 반면에 청소년을 부정적으로 보는 입장은 청소년기는 갈등, 방황, 반항을 겪으며 지내는 시기이고, 청소년은 문제를 일으키는 세대로 인식하는 것이다.

청소년 시기는 전 생애 발달 단계상의 일부분이고, 그 시기에 행해야 할 것들을 각자의 환경과 상황하에서 적절히 해 나가야 왜곡됨 없이 건전하게 성장할 수 있다.

3) 청소년은 가능성의 존재

청소년은 신체적, 정서적, 인지적, 사회적으로 급격한 변화를 경험한다. 급격한 변화의 시기에 있는 그들에게 가장 중요한 것은 무엇일까? Erikson은 청소년기의 가장 큰 발달 과업으로 정체감 형성을 꼽았다. 정체감은 발달의 어느 시기에나 중요한 문제이다. 성인이 되어서도 내가 선택하고, 행하고, 있는 곳에서 나의 존재의 의미를 파악하고 다른 사람과의 구분됨이 없다면, 언제나 정체성은 흔들리게 마련이다. 일에 있어서의 정체감의 혼란은 성인에게서도 나타나지만, 자아 정체감은 흔들려서는 안 되기 때문에 청소년기에 자신은 누구이고 다른 사람과 다른 나만의 고유한 무엇을 발견해 내고 인정하는 것은 참으로 중요한 일이다. 우리나라의 중·고등학교 시기는 학업에 대한 과도한 관심과 스트레스로 인해 어려움들이 있지만, 그 안에서도 스스로 자신을 돌아보고 자신에게 영향을 주는 환경, 주위의 사람들과 호흡하면서 자신 안으로 끌어들여 하나의 자신을 완성해 나가는 노력을 하는 것이 필요하다.

청소년은 빈 그릇과 같다. 자신 안에 있는 무한한 잠재된 가능성들을 그 그릇 안에 차곡차곡 쌓아 나갈 때 멋진 존재로 성장해 나갈 수 있는 것이다. 어떤 것이 청소년 안에 담기느냐에 따라 청소년의 모습은 달라진다. 어떤 환경이 주어지고 어떤 영향을 받아 자신 안에 어떤 것을 담느냐에 다라 달라지는 사람이 청소년이다. 그러나 그것이 단순한 답습이 되어서는 안 된다. 외부에서 말해지고, 행해지는 여러 가지 것들을 자신 안에 어떻게 담을 것인지 스스로 고민하는 과정이 필요하다. 청소년의 주위 환경은 유해 환경들이 많이 있다. 물리적 환경은 말할 것도 없고, 함께 하는 또래집단들 안에도 은어, 욕설, 나쁜 행동 등이 그렇다. 외부의 환경이 그렇기 때문에 나도 그렇게 똑같이 해야 청소년이 되는 것인가? 그렇지 않다. 외부의 안 좋은 것들과 좋은 것, 자신에게 요구되는 것, 필요한 것, 꼭 그렇게 되고 싶은 것 등을 선별하여 취사선택하고 자신 안에서 새로운 것으로 바꾸고, 자신의 모습에 맞게 변화시켜 나가는 것이 필요하다. 그러므로 청소년 스스로 외부에서 자신에게 오는 모든 상황들을 자신에게 맞게, 올바른 것으로 더 최선의 것으로 바꾸어 나간다면 더 발전적인 모습으로 스스로를 만들어 갈 수 있을 것이다.

청소년은 그런 시기 안에 있다. 외부의 요소들을 어떻게 받아들이고 내 안에서 적용시키고 적응시켜 나가느냐에 따라 긍정적인 결과를 초래할 수도 있고, 부정적인 결과를 초래할 수도 있다. 그 가능성들은 청소년 스스로 어떻게 만드느냐에 따라 달라질 수 있다.

4) 청소년은 개발적 존재

우리나라에서는 지금까지 청소년 정책이나 청소년에 관련한 여러 부분에서 청소년은 완성되어 있지 않기 때문에 완성되어 가는 과정에 있는 질풍노도의 시기이므로 문제를 많이 일으키는 존재로 여겨왔다. 그래서 문제를 해결하고 예방하는 차원에서 청소년을 바라보고, 선도할 대상으로 여겨 청소년들에게 개입하고, 청소년들이 일으키는 여러 사건들-예를 들면 학교 폭력, 성폭력, 사이버 문제, 게임 중독 등-이 일어났을 때 그 사건을 해결해 나가는 대책을 세우는 것에 급급했다.

이런 문제중심적 접근으로는 청소년의 발전적인 발달을 도모하기 어렵다. 그렇다면 어떤 차원의 접근이 필요할 것인가?

이런 문제적 접근과는 반대로 청소년은 완성되어 가는 과정에 있는 질풍노도의 시기를 지나고 있으므로 청소년을 폭풍같은 열정을 가진 존재로 여기는 것이 필요하다. 풍랑과 바람을 이용해 여러 가지 에너지원을 만들고, 폭풍이 지나가면 잠잠해지고 평온이 찾아오는 자연의 이치를 통해, 청소년의 그 열정을 어떻게 사용할 수 있게 해 줄 것이며, 그 열정을 필요한 일에 쏟았을 때 얻어지는 그 다음을 바라볼 수 있게 해 주는 것이 중요하다.

청소년은 우리 사회의 미래다. 이들이 제대로 성장하여 성인이 되어 이 나라의 요소요소에 배치되었을 때 제대로 역할을 수행하는 잘 기능하는 인간이 되도록 하기 위해서는 개발적 측면에서 청소년을 바라보고 그들의 발전가능성을 먼저 보아주며 스스로 개발해 나가도록 도와주는 것이 필요하다.

청소년의 현재적인 삶과 더불어 미래의 건강한 성인의 삶을 위해서는 역량 개발이 무엇보다 중요하다.

권일남(2009, 2010)은 현재의 청소년의 건강한 삶과 미래의 건전한 성인으로 살아가기 위해 꼭 갖추어야 할 역량을 분류하여 8가지로 나누어 놓았다. 거기에는 자아역량, 신체역량, 갈등조절역량, 성취동기역량, 리더십역량, 대인관계역량, 문제해결역량, 시민성역량이 해당된다. 자아역량과 신체역량을 기본역량으로 하고, 그 위에 실행역량이 갖춰지고, 종합적으로 시민으로서의 자질을 잘 갖추면 균형있는 삶을 살아갈 수 있다는 것이다. 이 역량적 필요와 구분은 기본적으로 개인생활과 가정생활, 사회생활을 위해 적절하다고 본다. 이 정도의 역량을 개발해 나간다면 청소년들이 현재의 개인생활, 학교생활, 가정생활, 지역사회생활 등에 불편함없이 살아가며 즐겁게 살아갈 수 있을 뿐만 아니라 청소년시기에 이런 역량 개발적 접근에 관심을 가지고 자신에게 부족한 부분들을 스스로의 인식을 통해서 바꾸어 나가고 개발해 나가려 고민하고, 외부적인 프로그램이나 활동에 참여하여 채워가려 한다면 문제를 일으키는 청소년이 아니라 자신을 개발해 나가는 청소년이 될 것이다.

거기에는 청소년들이 쉽게 할 수 있는 활동프로그램들을 자주 접하고 그 프로그램에 참여할 수 있는 기회를 제공하여 청소년들이 자신의 역량개발을 해 나갈 수 있도록 돕는 것이 필요하다.

그러기 위해 먼저, 청소년 정책을 세우는 입안자들이 정책적으로 프로그램을 개발하여 제시해 주어야 한다. 문제가 발생했기 때문에 그 문제를 해결하고 예방하기 위해서 프로그램을 개발하고 제시해 주는 것이 아니라 청소년들의 발달적인 측면에서 청소년들의 필요를 채우기 위한 프로그램의 제시가 필요하다. 청소년들의 필요를 채우기 위해서는 어른들의 시각에서만 프로그램이 제공되어서는 안되며, 프로그램에 직접적인 참여와 효과를 볼 청소년들이 정책에 그들의 목소리를 낼 수 있게 해 주는 것이 필요하리라 본다.

둘째는 청소년지도자들의 질적 자질을 향상시켜 직접적인 지도력을 발휘해야 한다. 청소년지도자는 청소년들을 직접 만나고 청소년들과 함께 시간을 보내는 사람들을 지칭하는데, 청소년지도자의 범주에는 학교 교사, 청소년지도사, 청소년상담사 등이 있다. 이들에게 청소년과 효과적으로 호흡해 나가고, 청소년의 역량을 끌어낼 수 있는 방법들을 끊임없이 고민하게 한다. 또한, 전문적인 교육을 통해 현장에서 청소년과 직접적이고 실질적인 교감을 할 수 있는 자질을 발휘할 수 있도록 해야 한다.

셋째는 학교에서 지내는 시간이 많은 청소년들이 그런 기회를 가질 수 있도록 학교 안의 창의적 체험활동 시간들에 역량개발적 접근을 꾀할 수 있는 프로그램들을 제공하여 자연스럽게 익힐 수 있도록 하는 것이 필요하다. 현재 일선 학교들에서는 교사들의 수업부담과 업무 과중으로 인해 이름은 창의적 체험활동이지만, 활발하게 이루어지지 않고 있다. 또한, 학교 폭력과 그로 인한 자살 등의 심각한 문제들이 발생해 정부차원에서 여러 대책들이 나오면서 학교에 내려진 지침을 실행하느라 거기에만 온통 정신을 집중하다 보니 학생들의 수업을 통해 이루어져야 하는 인성교육, 창의적인 교육, 역량개발 교육들이 제대로 이루어지고 있지 못하는 실정이다. 학교가 학생들에게 해 주어야 하는 기본적 기능들을 잊은 채 문제해결을 위한 기관으로 전락해서는 안된다. 청소년들은 학교라는 공동체적 사회를 통해 많은 것을 배우고, 그 배움이 자신을 개발해 나가는 데 기초적인 자양이 된다. 그러므로 학교가 학생들의 역량 개발을 위한 인식 전환과 프로그램 제공 등의 노력을 통해 학생들의 발전적 삶을 도모하는 것이 필요하리라 본다.

청소년은 가능성을 개발해 가는 존재이다. 그러므로 그들 각자 안에 있는 가능성들을 개발해 주는 차원에서 정책 및 프로그램들이 제공된다면 건강하고 건전한 성인으로의 이행을 잘 할 수 있으리라 여겨진다.

5) 청소년은 주도성을 갖춘 참여적 존재

청소년은 가능성의 존재이기 때문에 역량개발적 차원으로 청소년을 바라보는 것이 필요하다는 것을 앞에서 언급하였는데, 역량개발적인 접근은 청소년을 주체적으로 바라보고 그들 안에 있는 역량을 이끌어내어 정책이나 지역사회의 일에 적극적으로 참여하도록 한다. 그러므로 참여와 일맥상통한 부분으로 이해될 수 있다.

청소년은 아동기와 다르게 부모로부터 심리적 독립을 준비하는 시기에 있다. 스스로가 사고하고 행동할 수 있는 시기이기 때문이다. 주도적인 사고와 행동이 주체적인 참여로 이루어진다.

청소년의 참여는 학교에서의 자치활동이나 학급회의, 동아리활동, 방과후활동 등이 주류를 이루고 있고, 학교운영위원회에는 학생들의 참여가 부분적으로, 거의 장식적으로 이루어지고 있다. 정부의 정책적인 차원에서는 청소년특별회의, 지방자치단체들에서는 청소년참여위원회, 청소년단체들과 기관들에서는 청소년운영위원회를 조직하여 의도적인 청소년참여를 이루어내고 있다. 이는 정책적인 접근으로 위로부터 아래로 내려오는 참여의 형태로 볼 수 있다.

이와 더불어 청소년 스스로의 자발적인 참여가 온라인과 오프라인 등에서 지속적으로 증가되고 있지만, 아직도 정책적인 부분에 청소년들의 참여는 제대로 이뤄내지 못하고 있는 실정이다.

청소년을 주체적인 존재로 인정하고, 그들안에 있는 잠재력과 가능성을 어른들이 수긍한다면, 청소년이 청소년 정책의 핵심주체로 참여할 수 있는 장을 마련하는 것이 필요하다. 또한 청소년 시기를 건강하고 잘 기능하는 성인의 삶을 준비하는 시기로 본다면 청소년 시기에 참여의 기회를 확대하여 해 볼 수 있도록 하는 것이 필요하다. 청소년 때 접해보지 않은 것을 성인이 되어서 잘 하기란 쉽지 않은 부분이기 때문이다.

우리나라는 예로부터 동방예의지국이라 지칭하고, 예를 중요한 덕목으로 삼아 왔다. 이런 가르침 속에 어른들은 어린 사람-아동이나 청소년-이 어른들이 하는 말에 자신들의 의견을 내는 것을 좋은 시선으로 바라보지 않고, 어른들의 대화에 아동이나 청소년이 한 마디 거들라고 하면 앞서서 입을 막아버리곤 했다. 그러면서 한 마디 한다. "어린 것이 뭘 안다고? 조그만 게 어디 어른들 말에 끼어 들어?"라고 말이다. 어른들의 말이 다 옳고 정답일 수 없고, 청소년이라는 소위 어린 것들의 말이 다 틀리는 것도 아닌데 일단 어리다는 것으로 그 아이들을 눌러버리고 그들의 의견은 존중되지 않은 채 시키는대로 하는 것이 청소년들의 의무인 양 치부해 버렸다. 마치 청소년에게는 생각이 없고, 말할 권리도 없는 것처럼 말이다.

요즈음에는 자신의 의견을 제시하는 것을 버릇없음으로 여기지 않는다. 그것이 결코 예와 상충되는 것이 아니기 때문이다. 청소년의 생각을 듣고 그들에게 결정할 수 있는 권한을 많이 부여하려 하고 있다.

청소년은 관심의 영역이 넓다. 자신의 일이 아니라도 주위의 상황들에 끼어들고 싶어하고 함께 참여하여 무엇인가를 하고 싶어한다. 그래서 여러 가지 참여할 수 있는 활동이나 청소년회의나 위원회 등의 참여적 경험을 늘리고, 청소년참여기구를 홍보하여 정책적인 발언을 할 수 있도록 독려하고 있다.

청소년은 스스로 생각할 수 있고, 현재의 자신에게 닥친 여러 가지 상황과 문제에 의사결정을 할 수 있는 존재이므로 학교에서 참여적 행동들을 억압하고 있는 상황에서도 정책적인 차원에서 뒷받침되는 청소년특별회의나 지역사회의 작은 부분들-예를 들어 가로등 설치, 주차공간 마련 등-에 목소리를 내어 정책적인 변화들을 이루어내고 있다. 이와 더불어 자발적인 참여의 모습들도 볼 수 있는데, 촛불집회에 참여한다거나 선거연령 낮추자는 등의 온라인과 오프라인의 행동들을 통해 그들의 주체적 참여의 모습을 보여주고 있다.

이는 청소년들에게 충분히 정책적인 참여 역량이 있음을 나타내는 것이기도 하다. 자신의 삶의 주체로, 지역사회의 한 구성원으로, 국가의 경쟁력 있는 한 국민으로 청소년들이 그 역할들을 감당할 수 있다는 것이다.

청소년정책이, 사회문제로 보이는 청소년에 관한 사항들이 사회적 이슈가 되어 어른들에 의해 나오는 것이 아니라, 청소년들이 그들의 적극적 참여를 통한 스스로의 역량개발의 측면에서 이루어지도록 하는 것이 필요하리라 본다.

6) 청소년은 활동적 존재

청소년은 에너지가 많은 시기의 존재이다. 오랫동안 가만히 앉아 집중해 무엇인가를 하는 것보다는 밖에 나가 뛰어놀고, 운동하고, 친구들과 어울리며 그 안에 충만한 에너지를 발산한다. 그래서 그 또래의 무리들이 모여있는 곳에 가면 왁자지껄 시끄럽다. 온 몸에서 발산되는 움직임이 있는 것이다.

청소년은 또래와 어울리며 활동하기를 좋아한다. 청소년 시기에 하는 모든 행동들이 활동이고, 그것이 그들의 성장에 긍정적인 영향을 주기도 하고, 부정적 영향을 주기도 한다.

청소년활동을 정의하기란 쉽지 않다. 이전에는 수련활동을 지칭하는 용어였다. 그러나 활동이 단지 수련활동만을 지칭하는 것으로 국한되어서는 안된다. 1991년 제정된 「청소년 기본법」에서는 청소년 활동을 '청소년의 균형있는 성장을 위하여 필요한 활동과 이러한 활동을 소재로 하는 수련활동·교류활동·문화활동 등 다양한 형태의 활동'이라고 규정하고 있다. 청소년의 균형있는 성장을 위한 모든 활동이라는 데는 동의한다. 그렇다면 그 범주를 어떻게 정할 것인가? 활동 안에 단순한 움직임인 activity와 상담활동, 교육활동, 봉사활동, 문화활동, 수련활동, 교류활동의 범주로 정하면 될 것이다. 활동에는 교육적인 목적과 상담적인 목적과 문화적인 목적과 봉사적인 목적들이 포함된다고 보기 때문이다. 청소년에게 영향을 미치는 모든 활동을 청소년활동으로 볼 수 있을 것이다.

청소년 활동이란 발달과업에 맞는 전인적 역량을 키우기 위해 내면적 외면적 변화를 꾀하는 움직임이라고 정의내릴 수 있다. 여기에서 움직임이란 동일시, 카타르시스, 통찰의 부분으로 활동에 참여한 청소년들이 참여한 타인들과의 동일시를 경험하면서 활동을 통한 정화작용을 거쳐 나의 역량을 강화하기 위해 어떤 삶을 살아야 하는지를 깨닫게 되는 통찰까지 얻을 수 있는 움직임이라는 것이다.

청소년들이 함께 어울려 하는 것을 좋아하기 때문에 활동에 많이 참여시켜 그들의 경험을 충만하게 한다면 그 안에서 역량을 개발해 나가는 변화를 도모할 수 있을 것이다. 그 변화 과정에서 동일시와 정화작용을 경험하게 되는데, 이것이 그들에게 닥치는 어려운 문제까지 해결해 나갈 수 있게 해 주는 원동력이 되는 것이다.

그러므로 이런 여러 가지 참여를 유도할 수 있는 활동을 제공해 주는 것이 필요하다. 그래야 활동에 참여하면서 많은 것을 경험하고 다른 또래, 동료들과 어울리며 자신과 이웃을 이해해 가고 자신의 가치관과 정체성을 정립해 나갈 수 있기 때문이다. 청소년들에게 이러한 욕구가 있기 때문에 더욱 그렇다.

이런 의미에서 청소년의 개념 정의를 한다면, 청소년은 인생 발달 단계의 한 특정시기를 지나는 사람으로 완전한 자립을 하지 못한 존재이나 그 안에 무한한 가능성을 지니고 현재의 관계들을 발전시켜 미래의 건강한 성인으로의 이행을 준비하는 존재이다.

청소년은 주위의 여러 내용들을 자신 안에 담아 자신의 것으로 받아들이고 새롭게 만들어가는 주체적인 한 인격체이다. 그러므로 청소년의 주체적 역량 개발의 차원에서 그리고 그 역량개발을 통한 참여를 이루어내는 존재로 또한 움직임을 좋아하는 활동의 존재로 보는 것이 필요하다.

자신의 마음에 어떤 생각을 담느냐, 그 생각을 가지고 어떤 결정을 내리고 행동해 나가느냐가 청소년의 나중 인생을 결정짓는 데까지 이를 수 있다.

청소년들을 문제적 차원에서 보는 것이 아니라 그들안에 있는 가능성을 바라보고 그 가능성들을 밖으로 끌어내주는 조력이 필요하다. 처음부터 나쁜 아이는 없다. 애초부터 노는 아이, 착한 아이가 어디 따로 있을까? 청소년이 일으키는 여러 문제가 큰 사회문제로 심각한 상황에 이르기도 한다. 그 지경이 될 때까지 방치하지 말고 체벌보다 따뜻한 말 한마디 해 주며 격려로 조력해 주고, 그들 안에 있는 끌어낼 수 있는 무한한 가능성을 그들에게 말해주는 관심을 가져준다면 그 관심과 애정이 그들 안에 담겨져 생각으로 자리잡고, 새로운 가능성들이 나오게 되어 행동이 바뀔 수 있을 것이다. 그 반복된 행동이 청소년의 전 인생을 이끌어나가고 결정해 나갈 수 있다.

3. 청소년의 환경

1) 생태학적 이론

Bronfenbrenner(1979)는 생태학적 이론에서 청소년을 둘러싸고 있는 환경이 청소년에게 영향을 미치는데, 그 환경을 맥락이란 용어를 사용하여 관계적인 특성, 심리적인 특성까지 포함하는 의미로 사용했다.

각각의 맥락은 독립적으로 청소년의 발달에 영향을 주는 것이 아니라 서로 연계하여 또는 더 큰 맥락과 관련되어서 영향을 준다(이미리 외, 2014).

생태학적 이론에서 인간의 발달에 영향을 주는 맥락은 5가지로, 미시체계(micreosystem), 중간체계(mesosystem), 외체계(exosystem), 거시체계(macrosystem), 시간체계(chronosystem)가 그것이다.

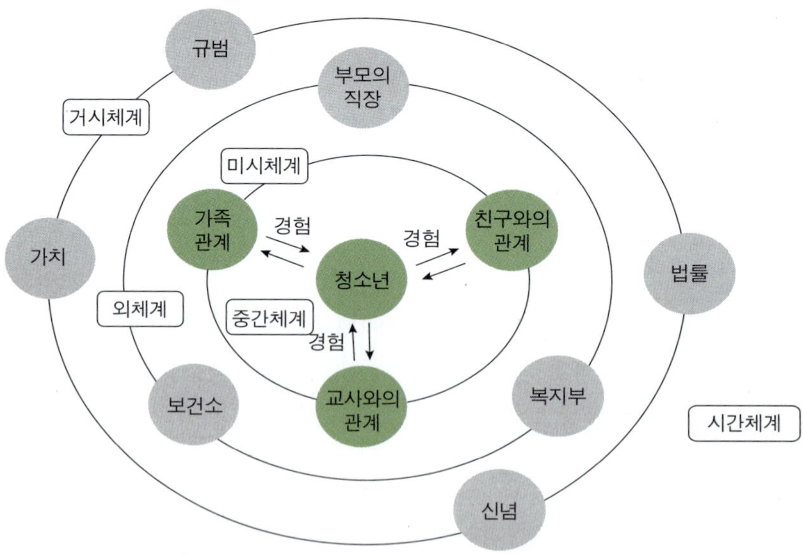

[그림 1-1] Bronfenbrenner의 생태학적 이론(출처 : 이미리 외, 2014)

미시체계는 아주 가까운 체계이다. 청소년에게 가장 직접적인 영향을 주는 것으로 가정, 친구, 학교 등이다.

중간체계는 미시적 체계들이 서로 겹치는 부분에 의해서 생기는 대인관계를 말한다. 미시체계들 간의 관계를 말한다. 가정에서의 관계가 좋지 않았을 때 그 영향이 학교관계, 친구관계에까지 영향을 미치는 것을 예로 들 수 있다. 부모와의 관계가 원만하지 못하면 친구와의 관계도 원만하지 않듯이 가족 내에서 갖는 습관이 학교에서의 생활에도 영향을 미친다는 것이다.

외체계는 청소년이 직접 경험하지는 않지만 간접적으로 영향을 주는 사회적 구조이다. 부모의 직장, 학교육성회, 정부기관, 교통, 통신시설, 문화시설 이런 것이다. 어머니의 취업여부, 대입결정하는 교육제도 등이 청소년에게 영향을 미친다.

거시체계는 사회문화적 규범, 문화나 역사 등을 말할 수 있다. 청소년이 속한 사회의 문화가 청소년에게 영향을 미치는 것으로, 청소년기의 성행동을 금지하는 문화권에 사는 청소년과 청소년기의 성행동을 허용하는 문화권에 사는 청소년이 갖는 성에 대한 태도나 시각은 많은 차이가 있다.

시간체계는 전 생애에 걸쳐 일어나는 변화와 더불어 나타나는 사회, 역사적인 환경을 말한다. 청소년에게 일어나는 사건이 시간이 지남에 따라 그 효과가 달라지며, 동일한 사건에 대해서도 시대에 따라 의미가 달라진다는 것이다(이미리 외, 2014; 천정웅 외, 2011).

이렇듯 각 체계들은 서로 상호작용하며 청소년에게 영향을 주며, 청소년이 하는 행동이 이 환경적 맥락에 영향을 주기도 한다. 청소년을 중심으로 청소년과 가까이에 있는 체계일수록 직접적이고 큰 영향을 미친다. 뿐만 아니라 외부에 있는 체계는 그 안에 있는 체계에 영향을 미치고 모든 체계들은 상호작용하면서 영향을 받는다.

생태학적 이론은 청소년의 변화를 이해하는 데 환경이 중요한 역할을 함을 시사하는 바가 크다. 청소년을 둘러싼 맥락에 대한 이해가 기반되어야 청소년을 정확히 이해할 수 있음을 보여주는 것이다.

2) 청소년의 환경

(1) 가족

청소년 발달에 중요한 영향을 주는 환경은 가족이다. 이전에 있던 가족 형태가 아닌 다양한 형태-비혼가족, 사회적 가족 등-의 가족이 탄생하고, 그 나름의 기능을 가지고 있기 때문에 일반적인 형태인 양부모가족만을 정상적인 가족으로 여기고 그 외의 가족은 결손가족으로 보는 편파된 인식보다는 가족 구조의 다양성을 인정하는 시각의 변화가 필요하다.

2022년 13~24세 청소년의 78.5%는 전반적인 가족관계에 만족하는 것으로 나타났다. 또한 자기부모와의 만족도(80.8%)가 형제자매와의 만족도(73.2%)보다 높았다. 부모와의 관계 만족도는 매우만족과 약간만족 모두 2년 전보다 증가하였다(여성가족부, 2023).

(단위 : %)

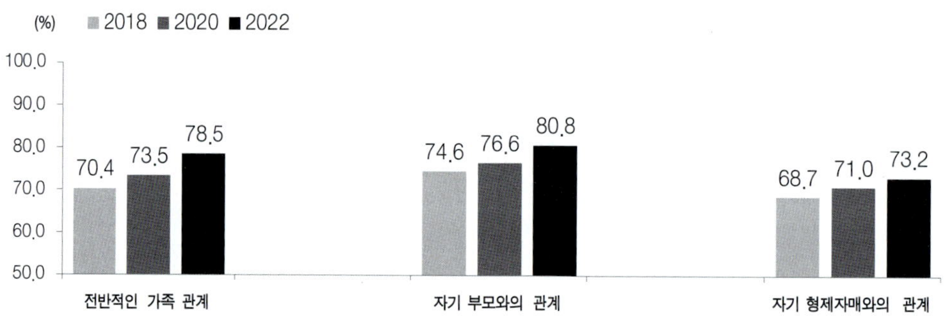

[그림 1-2] 청소년의 가족관계 만족도 비율(출처 : 여성가족부, 2023)

① 부모와 자녀관계

각 가정에서 부모와 자녀관계는 친밀한 관계이다. 부모는 청소년기 자녀의 원하는 바 욕구가 무엇인지를 잘 알아 지원하고, 자녀와 잘 소통하여 관계를 증진할 뿐만 아니라 성인의 삶을 잘 준비할 수 있도록 도와주는 역할을 하여 청소년이 건강한 신체와 정신, 대인관계 능력을 갖도록 격려하고 지지해야 한다.

부모가 자녀와 어떤 관계를 맺느냐, 어떤 태도를 가지고 자녀를 양육하는가가 자녀에게 미치는 영향이 크다. 부모가 지나치게 허용적이거나 권위주의적이고 통제적인 양육방식을 나타내면 자녀는 충동적이고 공격적이거나 감정에 흔들리기 쉽고 스트레스를 받기 쉬운 경향이 있다. 이것이 갈등으로 이어지기도 한다. 부모 자녀 관계에서 나타나는 갈등을 해결하기 위해서는 대화가 필요하다. 그러나 아이와 매일 대화한다는 부모는 53.7%로 부모·자식 간 대화가 부족한 편이다.

부모 자녀관계 증진을 위해서는 식사를 같이하는 것이 중요하다. 눈을 마주치고 식사를 한다는 것은 사랑을 나누는 일이고 마음을 나눈다는 것을 의미한다. 사람 간의 교감과 공감, 연민이 그 안에서 일어난다. 비즈니스를 하는 사람들 간에도 함께 식사를 하고 눈을 마주치고 이런 저런 얘기를 나눈 사람과 그렇지 못한 사람과는 현격한 차이가 발생하는 것을 보면 알 수 있다.

유대인 교육의 핵심은 밥상공동체와 밥상 준비에서 비롯되고 그들이 세계적으로 우수한 인재를 끊임없이 배양하는 원동력도 바로 여기에 있다. 손수 음식을 준비하는 어머니의 정성, 가족이 한 자리에 모여 이야기를 나누는 즐거움, 밥상 앞에서 자녀들이 하나님께 드리는 감사, 그리고 아버지가 아이들은 축복해 주는 모습들이 그것이다. 이스라엘에선 토요일부터 음식점, 유원지, 공원, 박물관이 문을 닫고 대중교통도 정지하는데, 혹시 탄다고 해도 30%의 할증요금을 내야하고 주유소도 문을 닫는다. 사회전체가 안식을 취하기 때문에 밖에 나가는 게 매우 불편해 자연스럽게 가정의 날이 되는 것이다. 시스템이 바쳐준다. 우리나라도 수요일 6시면 불 다 끄고 퇴근하자는 움직임이 있었고, 공무원은 한 달에 한 번 평소보다 일찍 퇴근하는 가족과 함께하는 날을 도입했다. 가정에서 주는 에너지가 사회에서 활동하는 강력한 원동력이 된다.

청소년 자녀가 부모와의 대화의 시간, 함께 있는 시간을 가짐으로 친밀한 관계를 형성할 수 있고, 그것이 건강하게 자라도록 돕는 원동력이 되므로 부모와 청소년 자녀와의 관계는 강력한 환경으로 작용한다.

② 형제자매관계

가족관계에서 형제자매관계는 경쟁적이면서 상호 보완적이다. 미국 심리학자 존 브래드쇼는 가족 체계이론을 말했다(존 브래드쇼, 오제은 역, 2006). 그 내용을 살펴보면, 첫째 아이는 가족의 페르소나를 담당하며, 부모의 기대와 요구를 수용해 그것을 성취해 낸다. 심리적으로는 아버지와 동일시되어 있다. 둘째 아이는 페르소나 뒷면의 무의식을 담당한다. 부모가 인식하지 못하는 감정을 물려받으며 심리적으로는 어머니와 연합한다. 첫째 아이는 이미 사회성과 리더십, 아버지를 자랑스러워하는 태도를 보인다. 둘째 아이는 자주 생각이 많은 표정을 짓는데, 이는 무의식을 떠맡아 머리와 가슴을 통합하려 애쓰는 것이라 볼 수 있다. 무의식과 함께 따라오는 특별한 감수성과 언어적 재능도 보인다. 셋째 아이는 관계맺기에 주력한다. 첫째가 아버지와, 둘째가 어머니와 연결되어 있다는 것을 알아차리기 때문에 셋째는 다른 곳에서 특별한 관계를 맺을 사람을 찾아낸다. 자기만의 특별한 애착관계를 만들고 어디를 가든 다른 이를 찾아내어 서슴없이 손을 잡는다. 겉보기에는 부모에게 관심없는 듯 행동하지만 내면에서는 누구보다 예민하게 부모를 의식하는 상태라 할 수 있다. 넷째 아이는 화합과 평화를 지향하는 특성이 있다. 넷째 아이 눈에 가정은 많은 사람이 만들어내는 혼돈과 갈등의 현장처럼 보인다. 넷째는 가족들의 숨은 문제까지 간파하며 그 모든 일에 책임을 느낀다. 집안이 평화로울 수만 있다면 무슨 일이든 할 수 있다고 생각하기 때문에 가족의 마스코트를 자처하거나 희생양이 되기도 한다. 다섯째 아이부터는 첫째가 갖는 특성부터 차례로 지니게 된다.

출생순위는 다른 특성을 보이며 서로 영향을 주고 받는다. 첫째 아이는 부모의 기대가 크기 때문에 성취지향적이고, 책임감이 강하고, 자기통제력도 강하다. 막내 아이는 책임감이 적고 열등감이 많지만, 대인관계에서 잘 참고, 또래집단에서 인기도 꽤 높으며, 유능하다. 외동 아이는 부모의 관심과 사랑이 지대하기 때문에 성취수준이 높고, 형제가 없으므로 경쟁과 갈등이 없어 불안수준이 낮고 안정적이다. 또한 사회적응력도 높다. 또래와 적극적인 관계를 갖기 위해 노력하기 때문에 적응력이 높아졌다고 볼 수 있다(송명자, 2008).

이러한 출생순위에 따라 갖게 되는 태도와 행동이 서로에게 밀접한 영향을 주고 받으며 상호 경쟁하기도 하고 다정하게 지내게 한다. 상호적이고 평등한 관계를 유지하게 한다. 이러한 관계를 유지하기 위해서는 다툼과 갈등이 나타나게 되는데, 이때 부모는 형제들 간의 다툼과 갈등을 해결하기 위해 공평성의 원칙을 항상 유지해야 한다.

(2) 학교

학교는 사회적 기능을 수행하기 위한 제도이다. 학교에 다니는 것은 청소년이 성인기에 건강하게 생활하고 대인관계 기술을 발달시키며 시민으로서의 역할을 수행할 뿐 아니라 직업을 가질 수 있는 능력을 갖기 위해 중요하다. 그러므로 학교에서의 교육과정은 청소년의 사회화를 위해, 앞으로의 삶을 잘 살아갈 수 있도록 준비시키기 위해, 청소년으로 하여금 직업 현장에서 요구하는 기술과 능력을 갖추도록 교육하는 내용을 포함해야 한다. 학교가 청소년들에게 즐거운 곳이 되어야 한다.

2023의 자료에 따르면, 2022년 초(4~6)·중·고등학생 10명 중 7명 이상(73.4%)이 학교에 가는 것이 즐겁다고 느끼며, 이는 전년 대비 소폭(2.2%p) 감소한 수치이다. 학교급이 높을수록 학교에 가는 것이 즐겁다고 느끼는 학생의 비중은 낮아졌다((초등학생) 79.4%→(중학생) 73.3%→(고등학생) 67.1%). 2022년 초(4~6)·중·고등학생 중 94.5%는 학교 친구들이 나를 존중하고 배려해 준다고 느끼며, 95.4%는 선생님이 학생들을 존중한다고 느꼈다(여성가족부, 2023). 대부분의 학생들이 학교생활 만족과 친구, 선생님에 대한 만족이 높게 나타났다.

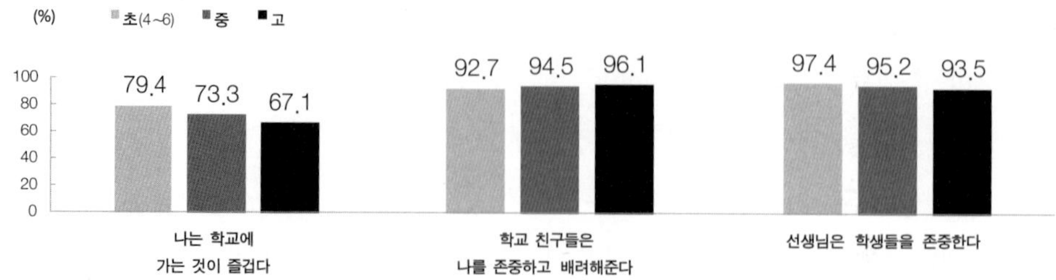

[그림 1-3] 학교급별 학교생활 만족도(2022년)

출처: 한국청소년정책연구원, 「아동청소년인권실태조사」

① 또래관계

청소년기에 또래관계는 수평적인 대인관계 기술을 발달시키는 데 도움이 된다. 또래에게 어떻게 보이느냐에 관심을 많이 두며, 그것이 청소년의 삶에서 중요한 부분이다. 또래 안에 수용되는 것이 청소년에게 안정감을 제공한다. 또한 청소년기 또래관계는 기성세대와 독립적인 청소년문화를 발달시키는 기능을 갖는다. 그들만의 문화 안에서 그들의 정체성을 형성해 나가고 다른 문화와 소통해 나간다. 이러한 또래관계, 그 또래관계를 통한 발전된 상호작용이 긍정적으로 발전될 수 있도록 성인의 관심 또한 필요하다.

또래 관계에서 나타나는 현상들이 소속감과 안정감, 친밀감 등의 긍정적인 부분뿐만 아니라 집단따돌림, 학교폭력 등의 부정적인 부분도 공존한다. 이러한 부정적인 현상들은 차이를 인정하지 않은 데서 비롯된 것이다. 서로의 차이를 인정하며 결속해 나가는 상호작용이 이루어질 수 있도록 관심을 가져야 한다.

② 교사관계

학교 환경에서 청소년에게 교사의 영향은 대단하다. 로젠탈효과, 자성적예언, 자기충족적 예언이라고도 하는 피그말리온 효과는 타인이 나를 존중하고 나에게 기대하는 것이 있으면 기대에 부응하는 쪽으로 변하려고 노력하여 그렇게 된다는 것이다(두산백과). 교사의 기대가 학생을 잘하게 할 수 있다는 것이다. 이와 반대로 할로 효과(halo effect)라는 것이 있는데, 이는 헤일로 효과, 후광효과라고 하는 것으로 인물이나 제품을 평가할 때 첫인상이 평가에 이어져 판단의 객관성을 잃어버리는 현상을 말한다(네이버시사상식사전). 교사와 청소년의 관계로 본다면, 교사가 한 청소년에 대해 잘못된 선입견을 갖고 있다면 그것이 지속되서 영향을 미쳐 그 청소년을 좋지 않은 시선으로 바라보게 되는 것이다. 교사가 학생청소년을 어떻게 대하느냐에 따라 차이나는 영향을 미칠 수 있기 때문에 긍정적인 영향을 미치기 위해 노력해야 한다. 가능성이 있는 청소년들을 교사의 틀로 가둬 그들의 잠재성이 발달할 수 있는 여지를 없애는 것이 아니라 교사가 긍정적인 기대감을 나타내 청소년이 가능성 안에서 성장하도록 도와야 한다.

(3) 청소년과 지역사회

지역사회는 학교 생활에 집중되어 있는 청소년에게 그리 가까운 체계라고 여겨지지 않고 있으며, 실질적으로 청소년 또한 지역사회에 관심이 없는 경향이 대부분이다. 그러나 청소년이 매일 움직이며 접하는 지역사회는 청소년의 삶에 가까운 체계로 영향이 적지 않다. 그런 지역사회에 유해환경이 많아 청소년의 비행을 조장한다. 청소년은 호기심이 많은 시기를 지나고 있기 때문에 여러 환경에 대한 호기심으로 시작하여 유해한 환경에 점점 더 익숙하게 되는 경향이 있다. 청소년의 올바른 성장을 위해서는 지역사회의 좋지 못한 환경들이 청소년을 자극하지 않도록 환경조성이 필요하다. 청소년을 유해한 환경으로부터 보호하고, 지역사회가 청소년에게 긍정적 영향을 미치는 환경으로 작용하기 위해서는 유해한 환경적 자극에 대한 통제보다 유익한 환경이 많아지도록 지역사회가 책임성을 가져야 한다. 또한 청소년 스스로도 자신들의 권리가 보장되도록 자율적 통제권을 가질 수 있도록 권리 보장의 환경을 만들어 주어 외부적인 강요에 의해 통제되는 것이 아니라 스스로가 통제권을 발휘할 수 있도록 강화해야 한다.

제2장 청소년 발달 특성

청소년기는 급격한 변화의 시기이다. 자연스럽게 커가는 가운데 있음을 지칭하는 단어가 발달이다. 청소년의 발달은 진보적이고 성장적인 발달로, 신체적, 정서적, 사회적, 인지적인 발달이 이루어지는 시기이다. 이러한 발달이 청소년의 심리적인 부분에 영향을 미치므로, 독특한 특성을 보이는 이 시기의 보편적 발달 특성을 알아 청소년 이해의 폭을 넓혀나가는 것이 필요하다.

발달 특성을 청소년들의 큰 변화를 중심으로 발달 특성을 생리적 발달, 성적 발달, 인지적 발달, 사회심리적 발달로 나누어 살펴본다.

1. 생리적 발달

청소년의 어원에서 신체적이고 생리적 변화에 초점을 맞춘 개념을 Puberty라고 했다. 이 시기는 사춘기로 2차 성징이 나타나며 급격한 신체적 변화가 나타남을 보여주는 것이다. 사춘기는 청소년기의 시작을 알리고, 성장이 매우 빠르게 진행된다.

1) 신체발달

신장과 체중이 급격히 증가하고 신체의 모양이 변화하며 성호르몬의 분비와 생식기관, 체모, 유방 등의 성장으로 인한 성적 성숙이 일어난다. 여자가 남자보다 2년 정도 빠르다. 여자는 평균 10~11세경, 남아는 12~13세경에 시작해서 4년 정도 지속해서 성장한다. 청소년 초기에는 여자가 더 크지만, 시간이 지나 청소년 중기로 접어들수록 남아가 여자를 앞지르는 경향이 있다. 여자는 더 여자다워지고, 남자는 더 남자다워진다. 2차 성징이 나타나는데 남자는 고환의 발달부터 시작하고, 여자는 젖가슴이 커지기 시작한다. 구체적인 사춘기 신체발달은 〈표 2-1〉과 같다.

〈표 2-1〉 사춘기의 신체발달

시기	남성		여성	
	특성	평균 연령	특성	평균 연령
사춘기 전기	• 성기가 커지고 색이 붉고 거칠어짐 • 음모는 발생 초기	12~13	• 엉덩이가 둥글어짐 • 가슴, 유방 융기 • 음모 발생 초기	10~11
사춘기	• 음모가 발생하여 점차 착색되고 구부러짐, 배쪽으로 확대, 겨드랑이 털 발생	13~16	• 음모가 발생하여 점차 착색되고 구부러짐, 삼각형으로 확대, 액모 발생	11~14
사춘기 후기	• 얼굴, 몸에 체모 발생 • 목소리 깊어짐 • 성기 계속 성장, 완전 사정 가능 • 신장 계속 성장	16~18	• 액모, 체모 발달, 음모 완전 발달 • 유방 계속 발달 • 규칙적 월경 • 신장 계속 성장	14~16
사춘기 후기–성인기	• 1차, 2차 성장 완성 및 성숙 • 근육, 체모는 계속 증가	18~20	• 액모, 체모 발생 • 유방 완전 발달	16~18

출처: 김경신 외(2007)

2) 신체상

사춘기에 일어나는 성장급등현상과 성적인 변화 발달로 인한 신체변화를 경험하면서 청소년은 자신의 신체에 대해 많은 관심을 갖게 된다. 변화된 신체에 대해 자신의 생각을 정립하며 이전과는 다른 새로운 신체상(body image)을 갖게 된다. 신체상이란 자신의 모습에 대한 인식이다. 자신의 모습을 어떻게 받아들이느냐에 따라 자신에 대한 인식이 달라지고, 이로 인해 청소년기의 주요 심리적 발달 과제인 자아개념을 형성하게 된다. 긍정적인 신체상을 가지고 있을 때 긍정적인 자아개념을 형성하게 되는데, 이를 바탕으로 건강한 심리적 발달을 이루게 된다. 이것은 또래 친구와의 비교를 통해 형성된다.

신체상	개인차
– 자신의 신체에 대한 만족감 정도 – 자신과 타인의 반응에 크게 좌우 – 여자가 남자보다 부정적 자아상 큼(외모에 부정적 평가, 외모에 더 많은 가치) – 여(체중 민감) – 자존감과 정적 상관	– 성적 성숙에는 상당한 개인차가 존재 – 개인이 처한 사회적, 인지적, 환경적 영향에 크게 좌우됨

[그림 2–1] 청소년기 신체적 변화 차이

출처: 권일남 외(2021. 재구성)

신체적, 성적 발달에서의 개인차가 큰데, 이는 유전적 요인과 환경적 요인에 의해 나타난다. 유전적 요인이 크게 작용하지만 환경적 요인에 의한 변화를 무시할 수가 없다. 영양상태, 위생상태, 운동, 식습관, 체지방 정도, 매체를 통한 성적 자극에 노출되는 경험, 스트레스 등의 자극이 사춘기에 영향을 미친다. 이런 것들이 초경 연령을 낮추는 환경적 요인이 된다.

3) 조숙과 만숙

여러 요인에 의해 신체적인 발달에 개인차가 발생하는데, 이 개인차는 조숙과 만숙으로 나타난다. 사춘기가 또래에 비해 빨리 온 경우는 조숙, 늦게 온 경우는 만숙이다. 조숙과 만숙은 신체의 변화 과정이나 모습이 또래와 다를 뿐 아니라 주위 사람으로부터 또래와 다르게 대우를 받기 때문에 또래와 다른 심리적 발달 특성을 보이기 쉽다. 조숙이나 만숙한 청소년은 적기에 사춘기를 경험하는 청소년보다 심리적으로 안정된 발달을 보일 가능성이 낮다.

조숙청소년이 적기에 사춘기를 경험하는 청소년에 비해 심리적 불안정을 보일 가능성이 큰 것은 준비되지 않은 상태에서 타인의 기대를 받게 되면 스트레스가 되고, 음주, 흡연, 성관계 등 미성년자에게 유해한 성인의 행동을 일찍 시작할 가능성이 크기 때문이다.

남자에게는 조숙이 심리적 발달에 긍정적 효과를 미치는 경우가 많다. 조숙일 때 또래보다 체격이 크고 운동을 잘할 가능성이 커서 또래뿐 아니라 이성에게 인기가 있고 리더의 역할을 수행하는 경우가 종종 있기 때문에 조숙한 남자 청소년은 긍정적 자아개념과 자신감이 발달하게 된다.

반면에 여자의 경우에는 조숙이 긍정적인 효과보다는 부정적인 효과가 크다. 조숙한 여자 청소년은 자아존중감이 낮고, 우울증, 불안 등의 문제를 일으킬 가능성이 더 높다. 이런 증상이 나타나는 것은 신체적인 변화의 영향보다는 친구들과 다른 외모에 대한 불안과 조숙으로 변화되는 인간관계 때문이다(Mendle, Turkheimer, & Emery, 2007).

청소년기 신체의 변화는 심리적인 것에도 영향을 미친다. 신체의 변화가 급격하게 일어나 감당하기 어려울 때 심리상황도 혼란을 경험하게 되고, 그 혼란함이 밖으로 표출될 때 갈등을 야기하게 된다.

2. 성적 발달

청소년기는 성에 대한 호기심과 성충동이 증가하여 성적행동을 하게 되는 시기이다. 성행동 발달에서 중요한 시기가 청소년기이다.

1) Freud의 심리성적 발달 이론

Freud는 인간의 발달을 성적발달로 설명하고 있다. 그는 발달단계를 구강기, 항문기, 남근기, 잠복기, 생식기로 구분하여 성적 에너지인 리비도가 어디에 있는지에 초점을 맞추었다. 그 구체적인 내용은 〈표 2-2〉와 같다.

〈표 2-2〉 Freud의 심리성적 발달단계

심리성적 단계	나이	기술
구강기	출생~1세	성본능이 입에 집중되어 있다. 영아는 빨기, 씹기, 물기와 같은 구강활동으로부터 쾌락을 얻는다. 먹기 활동은 특히 중요하다. 예를 들면, 너무 일찍 또는 갑작스럽게 젖을 뗀 영아는 이후에 친밀한 접촉을 갈망하며 배우자에게 지나치게 의존적이 될 수 있다.
항문기	1~3세	자발적인 배뇨와 성본능을 만족시키는 주된 방법이 된다. 변훈련은 아이들과 부모 사이에 큰 갈등을 만든다. 부모가 만드는 정서적 분위기는 지속적인 효과를 가질 수 있다. 예를 들면, 변보기 "사고"에 대해 처벌을 받은 아동은 억제되고, 지저분하며 소비적이 될 수 있다.
남근기	3~6세	쾌감은 생식기 자극으로부터 얻어진다. 아동은 이성 부모를 향한 근친상간의 욕구를(소년의 경우는 오이디푸스 콤플렉스, 소녀의 경우 일렉트라 콤플렉스라 부름)발달시킨다. 이 갈등으로 인한 불안은 아동들이 동성부모의 성역할 특성과 도덕기준을 내면화하도록 만든다.

심리성적 단계	나이	기술
잠복기	6~11세	남근기의 외상이 성적갈등을 억압하고 성적충동을 학업과 원기왕성한 놀이로 바꾸어 준다. 아동이 학교에서 더 많은 문제해결 능력을 획득하고 사회적 가치를 내면화함에 따라 자아와 초자아는 계속 발달한다.
생식기	12세 이후	사춘기는 성적충동을 다시 깨우게 된다. 청소년은 이러한 충동들을 어떻게 사회적으로 수용될 수 있는 방식으로 표현하는가를 배워야만 한다. 만약 발달이 건강하게 이루어지면, 성숙한 성적본능은 결혼과 자녀양육에 의해서 충족된다.

출처: David R. Shaffer, Katherine Kipp저, 송길연·이지연·장유경 역(2014)

Freud는 성적인 욕구가 지나치게 충족되거나 너무 결핍되면 그 활동이 무엇이든지 강하게 격려하거나 낙심하게 되는 활동에 집착하도록 만든다고 했다. 우리나라 「청소년 기본법」의 연령상으로 초기 청소년기는 잠복기이고, 중·후기 청소년기를 생식기라고 볼 수 있다.

생식기를 일반적으로 청소년기로 보는데, 이 시기는 성에 대한 호기심이 남근기 때와 같이 나타나 성적에너지가 생식기에 집중되어 있어 성행동이 직접적으로 나타난다.

2) 성행동 발달

(1) 청소년의 성행동 실태

성행동은 성과 관련하여 겉으로 드러나는 행동이다. 직접적 성행동은 손잡기, 포옹, 키스, 애무, 성관계 등 개인 간의 직접적인 신체접촉을 통한 성행동을 말하고, 간접적 성행동은 개인 간의 직접적인 신체접촉이 없이 방송, 인쇄, 인터넷 매체 등에서 제공되는 음란물을 보는 행동을 말한다. 청소년의 성행동 실태를 보면 성별, 연령, 학교에 따라 성관계 경험실태가 다르지만 평균적으로 남자 청소년의 경우 10~20%, 여자청소년의 경우 5~10%에 달하거나 넘고 있다. 중학생에 비해 고등학생이, 여학생에 비해 남학생의 성관계 경험비율이 2배 이상 높은 경향이다(백혜정·김은정, 2008). 박은하(2016)의 한국과 네덜란드 청소년의 성의식 및 성행동에 관한 비교 연구에서 한 고등학교 청소년(남 42명, 여 53명)을 대상으로 조사한 결과 성관계 경험에 있어서 99%의 청소년이 성관계 경험이 없는 것으로 나타났으나, 2011년 여성가족부의 전국청소년 15,954명을 대상으로 파악한 성행동 실태에서는 남자가 4.2%, 여자가 1.7% 성관계 경험을 했고, 성관계를 경험한 평균연령은 남자가 14.2세, 여자가 15.6세였다(여성가족부, 2011). 청소년의 성행동 실태는 청소년의 특성에 따라 차이가 나는 것을 알 수 있다.

(2) 청소년의 성의식

청소년기에는 성적 충동과 관심을 갖는 것이 정상적인 발달과정이며, 건강한 성행동의 발달을 통해 자신에 대한 생각을 할 수 있으므로 자아정체감을 발달시킬 수 있다. 그런 긍정적인 의미가 있음에도 성행동 경험이 성일탈로 이어지는 경우가 있다. 그 이유는 성행동에 대해 직접적으로 영향을 미치는 성에 대한 의식 혹은 가치관을 들 수 있다. 성의식이란 성에 대한 가치관이나 태도로서 성에 대한 신념과 선호의 형태나 정도를 말하는데, 학자마다 다양하게 정의하고 있다(채규만·정민철, 2004; 백혜정·김은정, 2008; 김윤정·이창식, 2003; 김주희·송은일·강성희, 2003). 여러 정의를 바탕으로 도덕성이나 전통성의 측면에서 입장을 달리한 성의식을 네 가지로 분류해 보면 다음과 같다(이미리 외, 2014).

첫째, 배우자 외의 어떠한 성관계도 허용하지 않는 절제를 강조하는 성의식이다. 합법적인 상황에서 도덕적인 가치관에 따른 성의식으로 통상적으로 성규범으로 받아들여지고 있는 가치관이다. 이러한 성의식은 점점 낮아지고 있는 상황이다. 둘째, 애정을 전제로 한 성관계를 허용하는 성의식이다. 애정이 전제된 경우 당사자가 합의한다면 합법적이지 않은 혼전 성관계도 허용될 수 있다는 가치관을 말한다. 셋째, 애정이 전제되지 않는 성관계도 허용하는 성의식이다. 반도덕성에 근거한 태도로 모든 성행동은 자유로워야 하고 인간은 성적 자유를 통해서 만족감을 느끼고 긴장을 해소할 수 있다는 가치관을 말한다. 넷째, 성에 대한 이중적인 잣대를 가지고 있는 성의식이다. 남자는 성행동의 주체이며, 여자는 대상이고, 남자는 혼전 성관계를 허용하고 여자는 허용하지 않는 등의 남녀 차별적인 성의식을 말한다.

2014년 5월에 중앙일보에서 후기 청소년인 대학생들의 성의식 보고서를 내놓았다. 그 보고서에 따르면 성관계를 가져본 적 있다가 45.6%, 가져본 적 없다가 53.6%인데, 가져본 적 없는 것은 기회가 없어서가 많았다.

결혼 전 성적행위에 대해 '섹스'라고 답한 비율이 50% 이상이다. 또한, 성에 있어 개방적이라고 생각하는 비율이 남녀 모두 65% 이상인 것으로 나타났다. 섹스가 결혼과 결합되는 특별한 의식이 아니라 사랑하는 사이라면 할 수 있는 일로 점차 변하고 있고, 성적인 경험을 순결과 결부짓지 않으며, 순결이데올로기로부터 자유로워진 사람들이 많아졌다. 성의식에 있어 많은 변화가 일어나고 있음을 알 수 있다.

이런 상황의 변화를 보며 성행동이 발달하는 시기에 있는 청소년에게 어떤 접근을 하는 것이 필요할까?

청소년은 성에 대한 자신의 생각(성의식)을 정립하고, 자신의 성행동의 범위를 결정하는 것이 필요하다. 서울시립청소년성문화센터의 면접 상담 통계는 성폭행 관련상담이 2010년 49.6%였던 것이 2014년 70.3%로 증가했음을 보여주고 있다(서울시립청소년성문화센터, 2015). 어렸을 때부터 올바른 성인식을 길러주는 것이 무엇보다 중요하다. 가정에서의 성교육이 무엇보다 중요하지만, 부모들은 난감해하고 있다. 부모들도 제대로 된 성교육을 받지 못했기 때문이다.

성교육은 성에 대한 바람직한 지식을 전달할 뿐만 아니라 성역할과 성가치관에 대한 올바른 지도가 필요하다.

올바른 성역할과 가치관을 갖도록 하기 위해서는 다음과 같다.

첫째, 가정에서 부부가 평등한 입장에서 서로 존중하고 소중히 여기는 모습을 보여주는 것이 중요하다.

둘째, 성에 관한 호기심을 묵살하는 것이 아니라 성에 대해 관심을 가질 때 같이 깊고 충분하고 진지하게 대화할 필요가 있다.

셋째, 자신의 소중함을 인식할 수 있도록 해야 한다. 자기 자신의 존중감을 가질 수 있도록 도와야 한다.

넷째, 청소년 스스로 성적자기결정권을 가질 수 있도록 해야 한다. 다른 사람에 의해 성의식과 성행동이 결정되는 것이 아니라 자신의 생각에 따라 원하는 바대로 성행동을 할 수 있도록 해야 한다.

3. 인지발달

(1) 인지

청소년기에는 인지능력이 발달된다. 인지발달은 양적인 면뿐만 아니라 질적인 면에서도 변화가 일어난다. 양적증가는 아동기에 비해 훨씬 더 빠르고, 쉽고 효율적으로 지적인 능력을 발휘해 사고하게 되고, 질적증가는 인지과정에서의 변화를 말하는데 이는 추상적인 사고, 이상적인 사고, 가설적 사고, 연역적 사고가 가능하여 문제해결력이 증가하는 것이다. 이렇게 아동과 청소년이 성숙해 감에 따라 환경에 적응하는 것을 도와주는 복잡한 인지구조를 가지게 된다.

인지는 블랙박스 속에 있는 관찰할 수 없는 모든 사건들을 말한다. 어떤 자극이 주어졌을 때 반응이 나타나는데, 그 반응으로 나오는 것은 인지의 작용이 있기 때문이다. 블랙박스 안에서는 5가지의 주의, 지각, 기억, 사고, 문제해결 과정이 일어나 그것이 반응으로 나오는 것이다.

(2) Piaget의 인지발달

Piaget는 인지발달의 단계를 4단계로 나누고 있다. 감각운동기, 전조작기, 구체적 조작기, 형식적 조작기가 그것이다. 그 내용을 제시하면 〈표 2-3〉과 같다.

〈표 2-3〉 Piaget의 인지발달단계

단계	연령	표상의 주된 도식과 방법	중요한 발달
감각운동기	출생~2세	환경을 탐색하고 환경을 이해하기 위해서 영아는 감각운동능력을 사용한다. 출생 시 영아들은 세상에 적응하기 위한 선천적 반사만을 가지고 있다. 감각운동기 말경에 영아들은 복잡한 감각운동 협응이 존재함을 배운다.	영아들은 "자기"와 "타인"에 대한 원시적 감각을 획득하며, 사물들이 자기들의 시야에서 벗어나 있을 때에도 계속 존재함을 배운다. 그리고 행동적 도식을 내면화해서 심상이나 정신적 도식을 만들기 시작한다.
전조작기	2~7세	아동은 환경의 다양한 측면을 나타내고 이해하는데 상징적 표현(심상과 언어)을 사용한다. 아동은 겉으로 보이는 방식에 따라서 사물과 사건에 반응한다. 사고는 자기중심적인데 이것은 아동들이 모든 사람이 자기가 보는 방식과 같은 방식으로 세상을 본다고 생각하는 것을 뜻한다.	아동은 놀이활동에서 상상력이 풍부해진다. 그들은 다른 사람들은 항상 자기가 하는 것처럼 세상을 지각하지 않을 수 있음을 점차로 인정하기 시작한다.
구체적 조작기	7~11세	아동은 인지조작(논리적 사고의 구성요소인 정신적 활동)을 획득하고 사용한다.	아동은 외관에 더 이상 속지 않는다. 인지조작에 의지해서 아동들은 일상세계의 사물과 사상들 간의 관계를 이해한다. 아동은 타인의 행동과 행동이 발생하는 상황의 관찰을 통해서 동기를 추론하는데 더 능숙해진다.
형식적 조작기	11세 이상	청소년의 인지조작은 그들이 조작에 대한 조작(사고에 대한 사고)을 허용하는 방식으로 재조직화된다. 사고는 체계적이고 추상적이다.	논리적 사고는 더 이상 구체적이고 관찰가능한 것에 한정되지 않는다. 청소년은 가설적 문제에 대한 생각을 즐기며 그 결과로 보다 더 이상주의적이 된다. 그들은 여러 개의 가능한 문제해결 방법을 생각하고 정확한 답을 찾는 것을 가능하게 해 주는 체계적인 연역적 사고가 가능하다.

출처: David R. Shaffer, Katherine Kipp저, 송길연·이지연·장유경 역(2014)

형식적사고는 청소년으로 하여금 여러 측면에서 변화하게 하는데, 특히 청소년 자신이 그들의 인생에서 무엇을 할 수 있는지를 생각하게 하고, 안정된 정체감을 가지게 하며, 다른 사람의 심리를 조망할 수 있게 한다. 어떤 문제에 대해 결정할 때도 자신이나 타인에게 일어날 수 있는 결과의 비교를 통해 어려운 결정을 하기도 한다.

또한, 가설적인 사고와 이상적인 사고를 할 수 있으므로 권위가 나타내는 모순을 발견하게 된다. 모순을 발견할수록 혼란과 좌절을 느끼게 되고, 분노를 경험하게 된다(최경숙, 2001).

(3) 자아중심성

인지적 발달에서 설명할 수 있는 또 하나는 타인을 대하는 사회인지가 발달하여 다른 사람을 생각할 수 있는데, 자신의 변화가 너무 커서 자아에 집중하는 경향을 보인다. 그것이 자아중심성으로 나타난다(Elkind, 1981). 거기에는 두 가지가 있는데 그것은 상상적 청중과 개인적 우화이다. 상상적 청중은 청소년이 자신은 항상 다른 사람의 관심의 대상이 되고 있다고 보고, 튀는 행동과 현란한 옷차림을 통해 눈길을 끌려고 하는 것이다. 개인적 우화는 자기 자신의 경험은 독특한 것이라는 믿음이다. 자신이 경험한 첫사랑이 최고의 사랑이고, 자신이 경험한 이별이 세기의 슬픔이므로 아무도 그런 경험을 해보지 못했을 거라 생각하는 것이다. 불멸의 신념으로 위험한 행동을 하게 되는 것도 이에 속한다. 이 자아중심성은 청소년초기에 강렬하게 나타났다가 연령의 증가에 따라 타인에 대한 조망능력이 증가되면서 점차 감소하게 된다.

4. 사회정서적 발달

1) 정서적 발달

청소년기는 정서에 있어서도 변화가 보인다. 정서란 어떤 자극을 받았을 때 일어나는 강한 감정인데, 청소년기에 나타나는 정서는 격렬함과 변화성으로 이해할 수 있다. 신체의 변화, 인지의 변화, 타인에 대한 생각들이 변화함으로 정서에 영향을 미친다고 볼 수 있다. 청소년시기의 정서는 일관성이 없고 과민하고 기분에 따라 바뀌는 경향이 강하다. 사소한 일에도 정서의 동요를 느끼게 되고, 비슷한 상황에서 어떤 때는 기뻐했다가도 어떤 때는 슬픔에 잠기기도 한다(박옥임 외, 2013).

청소년기에는 대인관계가 부모와 가족관계에서 또래관계 등 외부의 관계로까지 확장된다. 그런 확장된 관계에서 타인을 이해하는 능력을 갖추게 된다. 그래서 이 시기에는 친구나 아는 사람을 기술할 때 구체적인 특성이 줄어들고 심리적인 특성으로 설명하게 된다. 한 가지로 사람을 판단하지 않고 여러 가지로 사람을 볼 줄 아는 시각이 생긴다.

2) Erikson의 심리사회적 발달

자아에 대한 개념 또한 생긴다. 외부적으로 보이는 특성들보다 내면적인 특성에 관심을 가지고 상황에 따라 다른 자신을 발견하고 진정한 나를 발견하는 데 관심을 보인다. 복잡한 자아상을 구성하고 자아에 대한 평가를 할 수 있다. 이런 자신에 대한 발견, 다른 사람과 다른 나, ~로서의 나, 주체적 자아와 객체적 자아의 통합, 과거와 현재 그리고 미래의 일관성 있는 나, 나의 본질을 파악하려는 노력이 청소년기의 발달과업인 자아정체성 확립으로 나타난다. 자신에 대한 끊임없는 고민과 탐색을 통해 자신의 모습을 확립해 나간다. 자아정체성 확립을 제대로 완성하지 못하고 혼란을 겪게되면 역할혼미를 경험하게 된다고 Erikson은 말하고 있다.

Erikson은 아동들은 부모에 의해 만들어진 생물학적인 충동의 수동적 노예가 아니고, 자신의 환경에 적응하려고 노력하는 능동적이고 호기심 많은 탐험가라고 보았다. 생애 단계에서 성공적으로 적응하고 정상적인 발달을 하기 위해서는 자아기능으로 사회적 현실을 극복해야 하고, 한 사람의 삶은 문화적 영향이 더 많음을 강조했다.

Erikson은 심리사회적 발달 단계를 8단계로 제시하고 있다. 그 내용은 〈표 2-4〉와 같다.

〈표 2-4〉 Erikson의 심리사회적 발달 단계

연령	Erikson의 단계 또는 심리사회적 위기	Erikson의 관점 : 중요한 사건들과 사회적 영향
출생~1세	기본적 신뢰 대 불신	영아는 자신의 기본적 요구를 돌보아주는 타인을 신뢰하는 것을 학습해야만 한다. 만약 돌보아주는 사람이 거부적이거나 비일관적이면 영아는 세상을 믿을 수 없거나 의지할 수 없는 사람으로 가득찬 위험한 장소로 보게 된다. 일차적인 양육자가 중요한 사회적 대리인이다.
1~3세	자율성 대 수치와 회의	아동은 '자율적'이 되는 것(스스로 먹기, 자기 자신의 위생을 돌보기 등)을 학습해야만 한다. 이 독립을 달성하는 일에서의 실패는 아동이 자신의 능력을 의심하고 수치심을 느끼게 할 수 있다. 부모들이 사회적 대리인이다.
3~6세	주도성 대 죄의식	아동은 큰 아이로 행동하려고 하며, 자신의 역량을 넘는 책임을 받아들이려고 노력할 것이다. 그들의 목표와 활동은 때때로 부모나 다른 가족의 목표와 활동과 갈등을 갖기 시작한다. 이 갈등은 아동들이 죄의식을 느끼게 만들 수 있다. 이런 위기의 성공적인 해결은 균형을 필요로 한다. 아동은 주도성을 계속 유지하며 타인의 권리, 특권, 목표를 침범하지 않는 것을 학습해야 한다. 가족이 중요한 사회적 대리인이다.
6~12세	근면성 대 열등감	아동은 중요한 사회적 · 학업적 기술을 숙달해야만 한다. 이 시기는 아동이 또래와 자신을 비교하는 시기이다. 만약 충분히 근면하다면, 아동은 자신있게 느끼는 사회적 · 학업적 기술을 획득한다. 이런 중요한 속성획득의 실패는 열등감을 가져온다. 중요한 사회적 대리인은 교사와 또래들이다.

12~20세	정체감 대 역할 혼돈	이 단계는 아동기와 성숙 사이의 교차로이다. 청소년은 '나는 누구지?'라는 질문에 매달린다. 청소년은 기본적인 사회적 · 직업적 정체감을 확립해야만 하며 아니면 그들이 성인으로 해야 할 역할에 대해 혼돈된 상태로 남아있게 된다. 중요한 사회적 대리인은 또래집단이다.
20~40세 (성인기초기)	친밀성 대 고립	이 단계의 일차적인 과업은 강력한 우정을 만들고 타인과 함께 사랑과 동료애의 인식(또는 공유된 정체감)을 갖는 것이다. 외로움과 고립감은 우정이나 친밀한 관계를 형성하는 능력이 없어서 생기게 된다. 중요한 사회적 대리인은 연인, 배우자, 친한 친구(양성 모두)이다.
40~65세 (성인기중기)	생산성 및 침체	이 단계에서 성인은 자신의 직업에서 생산적이 되고 또는 가족을 부양해야 하며 젊은이의 욕구에 관심을 가지는 과업에 직면한다. 이러한 '생산성'의 기준은 자신의 문화에 의해서 규정된다. 이런 책임을 받아들일 능력이 없거나 기꺼이 받아들이지 않는 사람들은 정체되거나 자기중심적이 된다. 중요한 사회적 대리인은 배우자나 자녀, 문화적 규준이다.
노년기	자아통합 대 절망	나이 든 성인들은 일생을 의미있고, 생산적이고, 행복한 경험으로 보거나 아니면 충족되지 못한 약속들과 실현되지 못한 목표들로 이루어진 주로 절망으로 가득찬 것으로 되돌아본다. 한 사람의 삶의 경험 특히 사회적 경험은 이 마지막 생의 위기의 결과를 결정한다.

출처: David R. Shaffer, Katherine Kipp저, 송길연 · 이지연 · 장유경 역(2014)

연령상으로 근면성 대 열등감의 4단계가 학령기로는 초등학생 시기이고, 정체감 대 역할 혼돈이 중고등학생 시기에 해당한다.

자아정체성 확립이 청소년기의 발달과업이고, 자아정체감은 전 생애에 걸쳐 영향을 준다.

Erikson의 관점에서는 아이에게 무조건 좋은 것을 주는 것이 좋은 보살핌이 아니고 나름대로 역경이나 도전을 겪고 그것을 극복함으로써 성장하도록 도와주어야 한다는 것이다. 스스로 위기를 극복하는 경험을 통해 성장하므로 위기 극복 경험은 삶의 필수 영양소라 할 수 있다.

3) Marcia의 자아정체감 수준

Marcia는 자아정체감의 상태를 확립과 탐색이라는 두 축을 중심으로 네 가지 수준으로 나누었다.

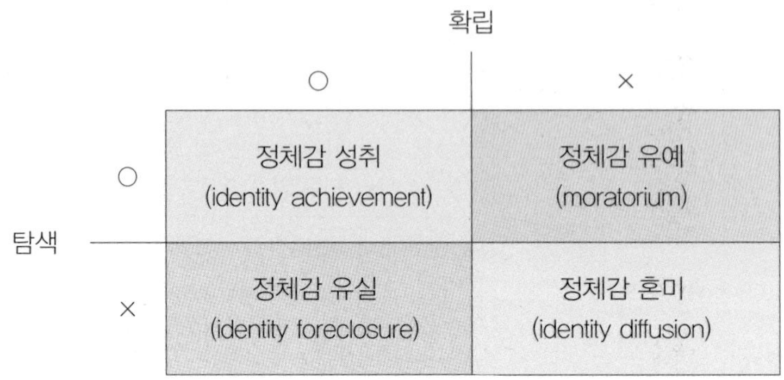

[그림 2-2] Marcia의 자아정체감 수준(출처 : Steinberg, 2011)

각각의 내용을 살펴보면, 첫째, 정체감 혼미이다. 정체감 혼미의 상태는 자신에 대한 탐색도 없고, 그로 인한 정체감 확립에 실패한 경우이다. 정체감 위기도 개입도 뚜렷하지 않은 상태다. 자신에 대한 명확한 개념이 없는 상태다. 사회적으로 위축되어 있고, 친구와의 관계에서 친밀감이 없는 청소년이 정체감 혼미에 속한 청소년이라 할 수 있다. 자신에 대해 잘 모르기 때문에 자신이 누구인지를 명확하게 설명하지 못하고, 성인이 되었을 때 개성적인 자신을 나타내지 않고 집단에 순응하기 때문에 무난한 사람으로 인식될 수 있다.

둘째, 정체감 유실이다. 이 수준은 자신에 대한 탐색은 안 되어 있으나 정체감은 확립된 상태이다. 위기는 겪지 않았으나 개입만 뚜렷한 경우이다. 부모님이나 사회가 요구하는 가치관과 직업관을 유지해 나가며, 거기에 따라 성실하게 생활하는 청소년들이 정체감 유실에 속한다. 자신이 원해서 하는 것도 아니고, 자신이 하고 싶은 것도 아니지만, 주위에서 원하기 때문에 그 일을 하고, 그것을 최선을 다해서 한다. 자기 동기나 가치관을 모두 외부에 의존한다. 자율성이 낮고 인정받고 싶은 욕구가 강하게 나타난다.

셋째, 정체감 유예이다. 자신에 대한 탐색은 하고 있으나 아직 정체감 확립의 상태에 이르지 못한 경우이다. 자신에 대한 탐색을 하면서 위기를 겪고 있으나 관여는 하지 않은 상태이다. 이 상태에 있는 청소년은 고민과 근심을 많이 하면서 다양한 진로와 가치관을 적극적으로 받아들인다.

넷째, 정체감 성취이다. 탐색을 통해 정체감 확립의 상태에 도달한 경우이다. 정체감 위기를 겪으면서 개입을 한 상태이다. 자신이 원하지 않았지만 위기에 처하여 그것을 극복해 나가면서 자신에 대해 이해하게 된다. 성취동기가 높고, 친구와의 친밀감도 높으며, 진로탐색도 활발하게 해 나간다.

4) 자아정체감 발달

자아정체감 발달은 청소년기에만 해당하는 것은 아니지만, 청소년기가 자아정체감을 확립해 나가는 적기이다. 자신에 대한 관심이 지대하기 때문에 그 관심으로 자신을 바라보고 생각하고 고민하면서 성장해 나간다. 이는 변화가 큰 시기이므로 변화로 인해 자신의 몸에 관심을 갖게 되고 그것이 자아상에 대한 변화를 가져오기 때문이다. 또한, 복합적이고 조직적이고 추상적인 사고가 가능한 시기이므로 다양한 관점으로 사고할 수 있기 때문이다.

자아정체감을 확립하면 자신이 누구인지, 무엇을 잘할 수 있는지, 무엇을 좋아하는지 알 수 있다. 자신에 대한 균형잡히고 통합된 개념을 갖게 되므로, 다른 사람과 다르다는 개별성, 자신의 욕구, 감정, 태도, 행동이 균형잡히고 통일되어 있다는 총체성, 자신은 세월이 흘러도 변하지 않고, 과거-현재-미래에도 동일한 모습일 거라는 계속성을 경험하게 된다(이미리 외, 2014).

자아정체감 형성에 개인의 특성, 또래와의 관계, 가족안에서의 관계 및 태도, 청소년이 접하는 그들의 문화 등이 작용을 하게 된다. 그러므로 그런 환경들이 청소년 지지적인 환경으로 작용할 수 있도록 구성원들이 관심을 갖고 접근하는 것이 필요하다. 이러한 영향으로 청소년은 내가 생각하는 나와 타인이 생각하는 나 사이의 조화를 이루면서 정체감 발달을 해 나간다.

청소년지도학

제2부

청소년지도의 영역

제3장 청소년문화

청소년 시기는 소속감의 욕구를 지니는 시기로 공동체의 한 일원으로 자리매김하기를 원한다. 또래집단 안에 속해 있으면서 그 집단이 나타내는 모습에 영향을 받으면서 청소년은 성장해 간다. 그러한 문화를 통해 집단정체성을 형성해 나간다. 집단정체성을 통해 자아정체감을 형성해 나가며, 그들만의 문화를 만들어 내며 다른 집단과의 구별을 만들어낸다. 청소년문화를 이해하는 것은 청소년에게 한발 다가가는 것이며, 그들의 상황을 받아들이겠다는 신호이다.

문화에 대한 전반적인 이해를 바탕으로 청소년의 문화를 찾아가며, 청소년문화 양상을 살펴봄으로 소통의 물꼬를 터 나가고자 한다.

1. 문화

1) 문화의 정의

문화란 특정 집단이 형성해 온 총체적 삶의 유형이다. 문화는 인간의 삶을 지배하고 일상에서 빼놓을 수 없는 중요한 것이다. 'Culture'는 라틴어의 'cultus'에서 유래된 것으로 '경작하다', '재배하다', '마음을 돌보다', '지적인 개발을 하다' 등의 의미가 들어있다. 여기에는 작용이 있다. 있는 그대로의 자연이나 생득적, 선천적으로 얻어진 것이 아닌 후천적으로 학습에 의해 만들어진 인간의 사회적이고 역사적인 산물이 문화이다.

문화는 집단생활에 적응하는 과정에 형성되어 누적되어 온 것으로 특정한 생활모습과 삶의 공통적 테두리가 만들어지면서 양식화되는 것이다. 집단화의 행동으로 나타나는 것이 문화라고 보고, 여러 학자들은 문화를 사회 구성원으로서 얻는 지식, 신앙, 예술, 도덕, 법률, 풍습 및 기타 여러 가지 능력과 기능을 포함하여 나타나는 결과물(Tylor), 상호작용하는 사람들이 소유하는 의미, 가치, 규범의 전부와 이를 객관화하고 사회화시켜 전달하는 매체로 파악하였다(Sorokin). 또한, 문화는 사회의 가치 고양의 목적적인 활동이어야 한다고 하여 기능적인 의미를 강조하기도 했다(Pufendorf).

Williams는 문화를 세 가지 의미로 정의했다. 예술과 예술활동으로서의 문화, 삶의 방식으로의 문화, 과정과 발전으로서의 문화가 그것이다(Williams, 1983).

첫째, 예술과 예술활동으로서의 문화는 지적인 산물이나 실천행위라고 보고, 교양있는 사람들이 관여하는 세련된 활동을 말한다. "나는 요즘 문화생활을 꽤 하면서 지내."라고 할 때 거기에는 공연 및 전시회 관람 등의 예술활동에 참여하는 것이 들어있다. 일상적으로 문화의 용어를 사용할 때는 이 의미가 가장 많이 쓰인다. 이 관점은 좁은 의미에서 흔히 사용되는 문화의 개념이다.

둘째, 삶의 방식으로의 문화이다. 문화는 한 인간이나 한 시대 또는 한 집단의 특정한 생활방식이다. 우리가 사는 모든 것이 문화라는 관점이다. 삶은 문화를 좇는 것이다. 김치를 담그는 것, 추석에는 송편을 먹고, 설에는 세배를 하는 것, 조상에게 제사를 지내는 것, 밥 먹을 때는 노래를 부르지 않는 것 등 살아가는 가운데 나타나는 여러 가지 생활방식을 말한다. 이 의미가 넓은 뜻으로 쓰이는 문화의 개념이다.

셋째, 문화는 인간의 지적이고 정신적이고 심미적인 능력을 계발해 나가는 과정이다. 이는 과정과 발전으로서의 문화이다. 문화는 자연과 구분되는 것으로 인공적인 것이라는 의미이다. 자연은 저절로 이루어진 상태이고 문화는 자연의 일정 부분에 새로운 의도나 작용이 들어가서 조작되고 변화를 만들어 내는 것이다. 이 의미가 갖는 문화는 사회화의 한 과정인 것이다.

2) 문화의 구성요소

문화는 구성요소를 바탕으로 일정한 발전 과정이 존재한다. 문화가 밖으로 표출되어 나타나기까지 내재되어 있던 것이 영향을 미친다. 가치, 의식화, 영웅화, 상징화의 단계를 거쳐 최상의 표현화된 모습으로 나타난다.

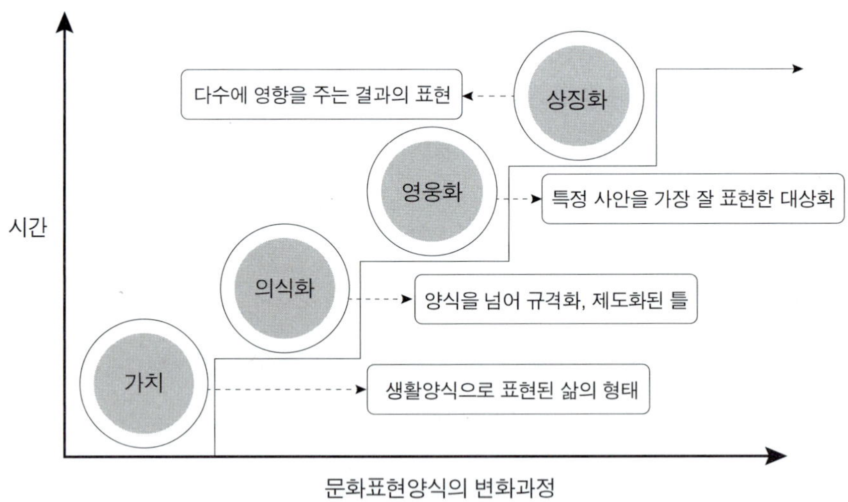

[그림 3-1] 문화구성요소의 표현변화과정(출처 : 권일남 · 전명순, 2021)

첫째, 가치형성의 단계이다. 가치형성은 가장 핵심적인 부분으로 마음 속에 자리잡은 요소이며 문화가 의미하는 사회적 요구가 반영되어 나타난다. 의미의 본질이라 할 수 있다. 사람이 사는 방식에서 선호에 대한 광범위한 기준을 갖게 되는데, 그것이 가치이다. 규정된 가치를 통해 행동방식을 추론할 수 있고, 차별성을 가질 수 있다.

둘째, 의식화형성의 단계이다. 의식화형성은 가치의 요소가 만들어진 후 집단적 활동으로 새로운 기준이나 범주를 그대로 받아들이도록 하는 것이다. 집단 구성원들이 가지고 있는 가치, 규범 등은 사람들로 하여금 따라야 한다는 생각이 머리에 각인된다. 이것이 의식화라 할 수 있는데, 자신의 위치나 여건을 알고 거기에서 발생하는 문제에 대해서 비판적 사고를 바탕으로 문제해결에 적극적으로 자신의 생각을 표현하도록 돕는 과정이다. 의식화를 이루기 위해서는 교육을 통해서 가능하지만, 여기에서의 의식화는 문화적 접근으로 나눔과 배려, 협력적 소통으로 이해할 수 있다.

셋째, 영웅화 단계이다. 문화를 영웅화한다는 것은 자연과 물질, 태생적 차별성을 가진 요소에 대해 다다를 수 없다는 한계를 인간이 지각한 이후 인간이 꿈꾸는 가장 최정점에서 인간 중심의 사회를 만들 수 있다는 욕구의 표현이다. 인간을 닮은 신격화를 통해 문화적 표현을 하고자 한다. 이런 욕구로 인해 자신을 닮은 사람을 행동 모델로 사용하면서 영웅의 모습을 자연스럽게 담아냈다. 개인적인 삶에서 출발하여 집단화하면서 공동체적인 삶을 영위하고 이를 통해 집단의 규격화를 이루었다. 조직과 집단의 형상화를 통해 특정인의 생각이 보편화되는 과정이 영웅화이다.

가치와 의식화는 정신적 표상과 느낌의 지각에 초점을 두고, 영웅화는 문화를 표현하는 행동양식과 형태적 요소에 초점을 둔다. 가치가 어떻게 표현되었는지를 중시하는 모습이 문화의 영웅화이다.

넷째, 상징화 단계이다. 영웅화 과정 이후에 반드시 추종자가 생기는데, 이 추종자는 영웅에게 희망하고 바라는 바를 나눌 수 있는 상징적 결정체의 필요성을 느끼게 된다. 그래서 집단의 구성원이 바라는 상징적 모습을 표현한다. 상징화를 통해 다수에게 영향을 미치게 된다.

이러한 단계의 구성요소가 문화를 형성하는 데 중요하게 작용한다. 문화는 주로 표현화된 모습을 통해 명명되지만, 단순히 표면화된 모습 안에 어떤 가치가 내재되어 있는가를 파악해 내는 것이 문화를 이해하는 데 중요한 요소라 하겠다.

3) 문화의 특성

문화는 여러 가지 특성이 있다. 들판에 우연히 피어난 장미꽃은 문화라고 할 수 없다. 그것은 자연이다. 그러나 들판에 핀 장미꽃을 어떤 젊은이가 꺾어 자기가 사랑하는 여인에게 '사랑과 정열을 그대에게'라는 의미를 담아 사랑의 징표로 바친다면 그 장미꽃은 문화가 된다. 그때의 장미꽃은 자연 그대로의 단순한 식물이 아니라 하나의 의미를 담은 상징이 되기 때문이다. 사랑이라는 감정과 장미꽃은 아무런 필연적인 관계는 없지만 인간에 의해 의미가 부여된 것이다.

이러한 문화의 속성은 다음과 같다(오윤선·황인숙, 2016: 이미리 외, 2014).

(1) 공유성

문화는 집단의 구성원들 간에 공통된 성향을 갖는다. 그것이 공유성이다. 사회구성원들은 그들이 속해있는 집단만이 갖는 다른 집단의 구성원들과 구별되는 행동 양식과 가치관을 갖는다. 이는 같은 집단에 속한 구성원들끼리 공유되는 속성을 갖는다. 이러한 공유성은 함께 문화를 경험하는 구성원이 같은 문화를 향유하며 서로를 이해하는 공동의 장을 마련해 준다. 문화는 인간성, 성격과는 다르다. 인간성은 모든 인간이 가지는 보편성이고, 성격은 온전히 개인의 특성이라고 한다면 문화는 집단적인 차원이다. 집단적인 차원에서 공유성의 특성이 확연히 드러난다고 볼 수 있다.

장미꽃이 사랑과 정열이라는 의미로 그 사회에 속한 많은 사람이 장미로 사랑을 표현했다면 집단적 생활양식으로 자리매김한 것이다. 각 사회마다 구성원들이 만들어내는 문화는 다르게 나타난다. 의도적으로 발전시킨 사회제도도 공유성의 속성을 나타내는 것이다. 그렇게 만들어진 문화에 구성원들은 의지하고 따른다.

(2) 학습성

문화는 선천적으로 타고난 본래적인 것이 아니라 후천적으로 만들어져 학습된다. 인간이 성장하는 과정에서 문화를 습득해 나간다. 각 사회에서 만들어진 제도에 따라 행동하게 되는 것을 생각하면 후천적으로 학습해 따르게 되는 것을 이해할 수 있다.

(3) 전승·축적성

문화는 상징을 통해 이전 세대에서 다음 세대로 전해져 내려와 세대를 거치며 지속적으로 축적된다. 이는 사회화와 연관되는 것으로 아무것도 모르다가 사회에 적응하여 살아가면서 그 사회에 속한 세대들이 완성해 놓은 문화를 알고 따르게 된다. 이것을 문화전계라고 한다. 문화전계는 학습을 통해 특정 문화가 세대와 세대에 걸쳐 전달, 전수되는 현상으로 문화의 세대 간 전수를 말한다. 문자가 없던 시대에는 구전으로 전해오다가 문자가 등장하면서부터는 책이나 글로 전할 수 있게 되었다. 현 시대에는 미디어의 영향으로 문화가 가까운 곳뿐만 아니라 먼 곳까지도 전달되는 상황이어서 전승의 파급력은 더 크다 하겠다.

(4) 가변성

문화는 변한다. 머물러 있지 않고 생명력을 가지고 생성, 성장, 소멸한다. 문화의 역사성이다. 시간이 지남에 따라 구성원의 요구에 따라 많은 변화과정을 거치는데, 점진적으로 때로는 급속하게 변화한다.

변화를 설명하는 문화의 용어는 문화혁신, 문화접변, 문화전파, 문화이식, 문화지체로 나타난다. 각각의 변화의 현상은 다르다. 문화혁신은 그 사회의 내부에서 새롭게 일어나는 문화적 변화를 일컫고, 문화접변은 타문화와의 접촉으로 특정의 문화유형이 다른 문화유형과 상호작용을 거쳐 새로운 제3의 문화유형을 만들어내는 것을 말한다. 문화접변이 일어나면 구성원들은 새로운 삶의 방식을 습득할 수 있다. 문화전파는 사회 외부의 자극에 의해 나타나는 변화이다. 문화이식은 특정집단의 지배문화가 다른 집단에게 급속하게 전파되는 현상을 말한다. 문화이식은 문명화된 문화를 미개한 문화가 그대로 받아들여 변화되어야 한다는 생각이 전제되어 있다. 이러한 현상은 강대국이 약소국을 문화적으로 지배하는 것으로 많이 나타났다. 문화지체는 비물질적 요소 다시 말해 정신문화가 급속하게 발전하는 물질문화를 따라가지 못하는 현상을 말한다. 기술의 발달로 물질문화가 변화되었지만, 가치나 의식의 변화가 물질변화 속도를 따르지 못하여 시간이 경과함에 따라 이 두 문화요소 간의 간격이 점점 커지게 되는 것이다.

문화의 변화가 그 집단이나 사회에 속한 구성원들의 합의에 의해 이루어져야 하는데, 그렇지 못할 때는 갈등을 야기하기도 한다.

(5) 다양성

문화는 다양한 형태로 나타난다. 사회마다 같은 의미를 담은 것이지만, 다른 형태로 상징화된다. 다르게 나타나는 문화의 다양함을 인정하기 위해서는 상대성이 무엇보다 중요한 요소가 된다. 밥 먹는 것도 어떤 문화집단에서는 젓가락과 숟가락을 사용하지만, 어떤 문화집단에서는 도구를 사용하지 않고 손으로 먹는다. 다양한 형태의 문화 양상을 접하면서 문화의 우월성의 시각으로 보는 것은 사회의 발전을 저해하는 것이므로, 문화의 고유성과 독창성을 존중하는 자세로 문화 다양성의 장점을 살리는 것이 무엇보다 중요하다.

(6) 통합성 및 미래예측성

삶의 방식인 문화는 하나로 설명할 수 있는 것이 아니고 여러 가지가 그 안에 들어있다. Tyler는 이를 '복합적 총체'로 보았다. 복합적 총체는 모든 능력과 기능을 포함하는 결과물로 학습을 통해 얻은 지식, 신앙, 예술, 법률, 도덕, 관습 및 그 외의 것들을 말한다. 문화는 각 영역들이 상호 연관성을 가지고 통합되어 나타나는 것이다.

이러한 통합을 통해 나타나는 문화는 미래예측성을 갖는데, 한 사회의 문화는 구성원의 생활방식, 행동양식, 심미적 취향, 몸짓과 의상에도 영향을 미친다. 지금의 문화가 결정적인 영향을 주는 것이다.

문화의 특성은 청소년문화의 특성으로 이해되지만, 여러 면에서 제한적인 경향으로 나타난다. 일반적인 학습성이나 축적성보다는 미비하게 나타나고, 공유성에 있어서도 전체 국민, 시민 그리고 전 세계 국민까지 공유적 가치가 확대되고 영속될 수 있지만, 청소년문화에서는 특정집단, 사람, 소속의 구성원들과만 공유되는 경향이 나타나기도 한다.

청소년들이 향유하는 그들만의 문화가 청소년문화이고, 청소년들은 그들끼리 서로 주고받음으로 문화를 형성해 나간다. 이러한 청소년문화에 관심을 가져야 하는 이유는 청소년문화가 청소년이 행동하고 사고하는 방식뿐만 아니라 그들의 총체적인 삶의 방향에 결정적인 영향을 주기 때문이다. 모든 사람이 자신이 속해 있는 문화의 지배 아래 살아가는 상황이므로 청소년 또한 그 지배에서 벗어날 수 없다. 그러므로 현재의 문화적 상황이 청소년 문화의 질, 내용, 양식 등을 결정한다. 그것이 청소년의 삶으로 이어진다는 맥락에서 볼 때 문화에 대한 책임감은 더 커지게 된다.

4) 문화이론의 관점

문화를 바라보는 시각의 초점에 따라 문화와 청소년문화를 이해하는 깊이와 넓이가 다르다. 일반적으로 적용되는 문화이론의 관점은 문화진화론적 관점, 문화기능주의적 관점, 문화갈등론적 관점, 문화상대주의적 관점으로 볼 수 있다(권일남·전명순, 2021).

(1) 문화진화론적 관점

문화진화론적 관점은 진화론에 입각하여 열성문화는 도태되고 우성문화는 더욱 발전되어 궁극적으로는 유토피아적 세상이 도래한다는 이론이다. 이 시각은 기본적으로 이전에 살던 사람들의 행동양식이나 특성에 새로운 것이 가미되어 가치관과 형식이 나타나고 그것이 단단해지는 상태가 된다는 것으로 이해된다. 진화는 필요하지 않은 것은 퇴화될 수 밖에 없다는 전제하에 선택으로 인해 발전됨을 의미한다.

진화의 구성요소는 자연선택의 관점에서 변이(variation), 유전(inheritance), 선택(selection)의 과정을 거치는데, 구성요소가 유지되는 것이 아니라 변형이 일어나 형태를 이루고, 이 변형이 다음 세대로 이어져 가게 되어 선택을 받는다. 이 세 과정은 긍정적 변화과정을 담고 있으며, 긍정적 변화를 이행하지 못하면 도태되는 것이다.

문화진화론적 관점은 현재가 어떠한지를, 주변의 변화가 어떠한지를 고찰하는 것이다.

(2) 문화기능주의적 관점

문화기능주의 관점의 이론은 사회의 여러 부분으로 이루어진 모든 부분이 평형, 합의, 질서를 유지하며 이상적으로 기능하고 작용하고 있다는 이론으로 사회화에 초점이 맞춰져 있다. 이 관점은 사회질서를 유지하기 위한 사회체계의 구성을 중요시한다. 상호의존과 균형을 위한 사회체계이론의 뼈대가 기능주의이다. 균형을 유지하는 것이 무엇보다 중요하며, 균형이 깨졌을 때 여러 대안이 나타나게 되는데, 이 균형을 유지하기 위해 사회조직이 다양한 움직임을 보인다. 기성세대들은 사회체제를 유지하기 위한 노력을 하는 것이다. 이런 모습이 보수화 현상으로 나타나 보인다. 기능론적인 사고는 사회의 조화와 안정, 통합을 지나치게 강조하여 설명하기 때문에 사회질서, 사회통합, 사회 등에 대한 관심은 사회의 현상유지만을 추구하는 것으로 인식될 수도 있다.

(3) 문화갈등론적 관점

문화갈등론적 관점은 사회는 서로 다른 이해관계를 추구하는 개인과 집단으로 이루어져 있고, 이들의 대립과 경쟁은 불가피한 것이며 이로 인해 항상 갈등과 그에 따른 변화가 존재한다는 이론이다. 인간의 삶에서 갈등은 피할 수 없으니 갈등을 어떻게 극복하는가가 중요한 문제가 되는 것이다. 그래서 갈등의 해결에 초점을 맞추고 있다. 그러다보니 사회적 혼란을 허용하는 분위기를 조성하게 되는 경향이 있다.

(4) 문화상대주의적 관점

문화상대주의적 관점은 어떤 특정 문화의 우월성이 아닌 여러 국가의 문화가 가지는 다양성을 인정하자는 의미로 한 문화는 그 문화가 처한 환경이나 사회적 맥락 속에서 이해를 해야 한다는 관점이다. 문화는 다양한 환경적·역사적 상황에 적응하는 과정에서 발생하는 것이므로 그 안에 각기 고유한 내적인 특성과 의미를 지니고 있는 것으로 봐야 한다. 문명적인 시각의 탈피를 통해 타문화에 대한 인정으로 기본적 존엄성과 인성을 수용해 나가는 관점이다. 개별 문화가 갖는 특수성에 대한 이해를 전제로 타문화를 받아들이는 것이다.

청소년문화를 접할 때 어떤 이론적 관점을 가지느냐에 따라 청소년문화의 발전과 성과 및 현상을 위치지을 수 있다.

문화진화론적 이론에서는 청소년들이 시대의 상황에 따라 나타나는 문화 현상들이 지속성 없이 한 때 유행으로 엄청난 동조현상을 보이다가 시간이 지나면서 사그라들고 또 새로운 현상이 나타나는 것으로 설명할 수 있을 것이다. 2012, 2013년 등골브레이커를 낳았던 특정 브랜드의 패딩열풍이 2017년 새로운 롱패딩 열풍으로 바뀌는 현상들이 이런 것이다.

문화기능주의 이론에서는 사회화를 이루기 위한 일환으로 청소년문화가 형성되어야 한다고 보는 것으로 청소년들에게 교육을 통해 그들의 역할을 할 수 있도록 도움을 주기 위해 문화가 형성되어야 함을 강조하고 있다. 이 이론의 관점에서는 청소년문화가 교육적인 접근을 통해 이루어져야 한다고 본다.

문화갈등주의 이론에서 청소년문화는 주류문화인 기성세대 문화와의 갈등으로 발전되어 오면서 나름의 문화를 형성해 오고 있으며, 갈등을 청소년문화 발전의 원동력으로 보고 있다.

문화상대주의 이론에서는 청소년문화도 나름의 의미를 담고 있고, 그들만의 독특한 양상을 보이는 만큼 독창성과 가치, 고유성을 인정해 주어야 한다고 본다.

다양한 문화이론을 바탕으로 청소년문화를 종합적으로 이해하는 것이 필요하며, 그들만의 문화 자체를 수용하고 받아들이는 자세가 필요하다.

2. 청소년문화

1) 청소년문화의 정의 및 특성

(1) 청소년문화의 정의

청소년문화는 청소년들이 향유하는 그들만의 생활양식이다. 청소년들은 그들의 문화 안에서 에너지를 발산하고 개인을 완성해 나가기 위한 여러 가지를 경험하게 된다. 청소년문화란 청소년집단이 살아가는 삶의 총체이다. 비슷한 공감대를 형성하며, 그들 나름의 가치관과 말투, 옷차림 등 다른 집단과 구분되는 것을 만들어낸다.

청소년문화를 무엇이라 정의하느냐는 청소년문화를 바라보는 시각을 형성한다. 청소년문화는 청소년들이 공유하는, 청소년만이 하는 행위라 할 수 있다. 세대문화라고 볼 수 있다. 그 세대들이 갖는 나름의 문화이다. 그들만의 문화다 보니 기존 질서에 대한 거부가 나타나기도 하는데, 거부로 인한 갈등이 나타난다. 다른 집단 문화와의 갈등은 생각의 차이로 인해 발생하게 되고, 기존에 가지고 있는 것에 더하여 나타나는 역할이 다르기 때문에 발생하게 되는 것이다. 청소년들은 그들 집단의 문화에 대한 학습을 활발하게 해 나간다. 좋은 학습력이 청소년문화 확산을 돕는다.

청소년문화는 청소년이 주체가 되어 행하는 문화이다. 그들이 생산과 소비의 주체로 작용한다. 문화를 생성해 내기도 하고, 생성된 문화를 소비하기도 한다. 청소년문화는 청소년들에게 생명을 불어넣어주고, 일상에서의 탈출구로서의 역할을 할 뿐만 아니라 즐거움을 제공하는 것이라 할 수 있다.

이러한 다양한 생각에서 청소년문화는 청소년의 삶의 영역에서 자신의 모습을 찾아가기 위한 몸부림의 양상으로 다른 문화와의 구별을 이루어내는 그들만의 생활양식이라 정의할 수 있을 것이다.

(2) 청소년문화의 특성

① 구별짓기

중세 서구 사회에서는 청소년이 사회집단 내에서 차지하는 비중이 매우 적어서 그들의 독자적 문화를 인정하지는 않았다. 그 시대의 주류는 남성, 기득권, 귀족계급으로 자신의 문화 이외에는 수용하지 않았고, 청소년이나 여성은 소외 계층으로 보고 특별한 기회의 한 여건으로 일부 문화를 누릴 수 있는 시간과 장소를 허용했다. 특별하게 제공되는 상황에서 나타나는 문화는 기존의 주류계층이 누리는 문화와는 다른 양상을 보이게 된다. 이러한 상황에서부터 나타나는 특성이 구별짓기라 할 수 있다. 부르디 외는 구별짓기를 남들로부터 자신을 구별하여 두드러지게 하는 것으로 계급 구조를 유지하는 기본원리 중 하나라고 하였다. 구별짓기는 전통이나 계급, 사회적 지위, 경제적 역할 등 사회의 기존 질서라 여겨지는 것과는 다른 청소년 자신이 좋아하는 취향에 따라 선호하는 것을 취하는 형식이다. 구별짓기는 외형적 형태로 나타나는데, 주로 의복에서 엿볼 수 있다. 기본적으로 성인과 구분되는 청소년의 의복 형태는 교복이다(권일남·전명순, 2021). 성인과의 구별짓기의 형태가 많이 나타나고, 청소년 안에서의 새로운 구별짓기가 나타나는데, 같은 교복을 입으면서도 옷을 변형해서 입는다거나 브랜드 옷의 선호 경향에서 차이를 나타내기도 한다.

② 자기 표현주의

청소년문화는 표현과 상징으로 나타난다. 그들의 문화를 통해 청소년들의 차별화된 상징을 표현해 낸다. 청소년은 개성의 표현에 적극적이고, 새로운 이미지를 만들어낸다. 외부적인 편견과 평판에 구애됨이 없이 자신이 좋아하는 일에 적극적일 수가 있으며, 파격적인 것을 스스럼없이 행한다. 청소년은 다른 어떤 대상보다 자신을 표현하고자 하는 욕구가 강한데, 이는 청소년기가 갖는 자아정체성을 나타내는 한 방편이라고 볼 수 있다.

청소년기의 두드러진 특성인 자아중심성은 두 가지의 형태로 나타난다. 개인적 우화와 상상적 청중이 그것인데, 자신을 남에게 드러내 보이고 싶은 욕망이고 표현이 된다. 내가 특별하고, 다른 사람에게 시선을 끈다는 것은 자신을 우월하게 만들어주기 때문이다. 청소년문화는 청소년의 개성을 표현하여 나타내는 중요한 요소가 된다.

③ 현재중심적

이전의 사고방식은 미래를 위해 현재의 어려움을 견뎌내는 것이 중요하다고 여겼지만, 현대에는 사고방식이 많이 변화되어 미래지향적 가치관과 행동양식보다는 현재를 즐겨야 한다는 생각이 강하다. 이러한 문화현상을 YOLO(You Only Live Once)라고 지칭하고 있고, 청소년에게 영향을 미치고 있다. 현재중심적인 청소년문화의 특성은 청소년은 현재를 살고 미래를 준비하는 사람으로서 현재가 행복해야 미래의 행복을 담보할 수 있고, 현재 많은 것들을 경험해야 미래의 성숙과 성장을 얻을 수 있기에 청소년 시기의 중요성이 밑바탕에 깔려 있는 것이라 볼 수 있다.

현재중심적인 특성이 근검, 절약, 인내 등의 가치는 퇴색해 가고, 자신의 자율권 부여와 여가 조건들만 강조하는 부정적인 시각으로 보이기도 하지만, 나름의 의미를 찾고 현재의 충실한 삶과 행복하고 즐거운 문화를 만들어가는 것은 긍정적인 것으로 여겨진다.

④ 대중문화적 속성

우리나라의 청소년문화는 처음에는 학생문화가 바로 청소년문화로 인식되었었는데, 1990년대 한국에서 문화의 개념이 확장되면서 새로운 국면을 맞이하게 된다. 1990년대 문화의 수용계층이 넓어지면서 그동안 소수에게 지배되어 왔던 고급문화 대신 대중문화가 대중에게 널리 확산되었다. 이 때 우리 사회에서 10대와 20대 초반의 청소년계층에게 문화의 주도권을 넘기면서 대중문화는 청소년문화, 청년문화로 여기게 되었다.

대중문화는 많은 사람이 향유하는 문화이다. 대중문화는 대중매체의 영향이 크게 작용하게 된다. 대중매체가 주는 긍정적인 영향(기존문화의 전승·보급, 새로운 문화 창출 기능, 다양한 문화의 통합 기능, 문화의 간접 체험 등)과 부정적인 영향(수용자를 획일화, 실제가 아닌 허구의 세계, 가치관 혼란 야기와 물질주의, 모방행위와 사회범죄 등)이 있지만, 대중매체가 청소년문화에 작용하는 영향력이 매우 크다. 대중매체를 통해 즐거움을 추구하고, 사회화를 얻게 되고, 행동의 준거를 제시받게 된다.

청소년문화의 대중성은 대중적 공간과 표현의 장이 마련되면 청소년이 소비와 생산의 주체로 인식되어 몰입하게 된다. 청소년 스스로가 대중문화를 어떻게 만들어갈 것인지, 대중매체의 영향은 어떠한지 판단해 내는 능력이 필요하다.

⑤ 하위문화적 속성

문화는 집단의 다양성을 갖는다. 청소년문화도 마찬가지다. 청소년집단이 가지는 다양한 특성이 그 문화 안에 나타나 있다. 이것이 하위문화적 속성이다.

하위문화는 1930년대 로버트 린드(Robert Lynd)가 미국문화의 공동체연구를 수행하면서 미국의 단일성 연구에 대한 개념을 문화적 획일성으로 보았으나, 이후 미국문화의 단일성을 다양성에서 찾아야 한다는 점을 인식하면서 하위문화라는 용어를 제시하게 되었다(권일남·전명순, 2021).

하위문화는 주류문화와는 다른 문화로 다양한 소규모형 문화라고 할 수 있다. 현재 하위문화는 주류문화보다 떨어지는 저급한 문화로 분류하고 있지만, 하위문화의 출발은 위계적 개념이 아니라 다양성의 개념이다. 청소년문화는 이러한 다양한 문화들이 한데 어우러져 있어 성인문화와는 다른 많은 것들을 내포하고 있다.

이러함에도 기성세대는 주류문화를 사회의 핵심문화로 여기고 청소년문화를 포함하여 소수의 문화는 위계적 관점의 하위문화로 여기며 열등한 문화로 인식하는 왜곡현상을 나타내고 있다. 이런 현상이 청소년문화를 미숙한 문화, 비행문화, 반문화, 저항문화의 관점을 가지게 했다. 성인의 관점에서 청소년은 신체적, 정신적으로 미성숙하기 때문에 그들이 만들어내는 문화 또한 미숙하다고 보는 관점이, 청소년은 기성세대에 대한 저항과 반항으로 행동하는 것이 문화에 반영된다는 관점이, 청소년은 일상적 규범에서 벗어나고자 하는 욕구가 있고 그 욕구의 표출로 나쁜 행동을 수행하는 문제적 일탈이 문화로 고스란히 나타난다는 관점이 그것이다. 하위문화의 왜곡현상이 청소년문화는 잘못된 것으로 인식하는 경향을 나타낸다.

그러나 청소년문화는 청소년들이 각자의 삶의 영역에서 이루어가는 삶의 하나하나가 모여서 만들어진다. 시험이 끝나면 노래방, 게임방을 가서 스트레스를 해소한다든지, 친구들과 몰려다니며 큰 소리로 떠들며 얘기한다든지, 여기저기 가게를 기웃거리며 구경한다든지 등등의 자잘한 삶의 일상들이 다양한 문화를 만들어낸다.

2) 청소년문화의 양상

청소년문화는 다양한 모습으로 나타난다. 청소년이 생활하는 곳에서 그들이 환경과 접하고 대처해 나가는 과정이 청소년문화가 되는 것이다.

청소년의 환경인 학교, 가정, 사회를 비롯하여 그들이 관계맺는 사람들과 장소에서 나타나는 양상은 내용적인 기준에 따라 언어문화, 패션문화, 성문화, 대중가요와 스타문화, 여가문화, 인터넷, 모바일 및 SNS와 연결되는 도구문화 등으로 나누어 볼 수 있다.

(1) 청소년의 언어문화

짱, 찌질이, 듣보잡, 에바, 레알 등 이런 것들은 일상어처럼 많은 사람이 알고 사용하고 있다. 언어문화는 언어생활과 언어의식을 포함하여 정의하는데, 청소년의 언어문화는 청소년이 일상에서 사용하는 언어를 포함하여 청소년이 만들어 내는 언어로 구성되는 모든 문화이다.

청소년 언어문화의 특징은 비속어가 많고, 인터넷의 발달과 휴대폰의 사용 증가 등으로 매체나 사이버 공간에서 사용하는 언어가 현실에서 그대로 사용되며, 감각적 언어의 사용이 증가되고 있다(권일남·전명순, 2021; 오윤숙·황인숙, 2016).

청소년 언어문화의 현상으로는 은어와 비속어를 들 수 있다. 은어는 기성세대와의 구별을 나타내기 위한 그들만의 언어로 알아들을 수 없도록 만들어 사용하는 말이다. 히밤(씨발이란 말이 조금씩 발음을 바꿔 만들어진 어른들이 잘 모르는 욕), 조낸(존나) 등처럼 아는 사람끼리만 이해되는 단어를 사용하여 다른 사람들은 내용을 알 수 없도록 만들어 사용한다. 은어의 대표적인 것으로 줄임말과 신조어가 있다. 짧게 말하면서 빠른 의사소통을 할 수 있고, 표현하고 발음하는 데 편리하다는 이유로 많이 사용한다. 생파(생일파티), 행쇼(행복하쇼), 갈비(갈수록 비호감), 금사빠(금방 사랑에 빠지다), 갑툭튀(갑자기 툭 튀어나오다), 찐찌버거(찐따, 찌질이, 버러지, 거지), 극혐(극도로 혐오하다), 낄끼빠빠(낄 때 끼고 빠질 데 빠져), 1도 모른다(하나도 모른다) 등 다양한 줄임말과 신조어로 발랄한 표현을 해 나간다. 이러한 은어 또한 비속어와 연결되는 경우가 많다. 비속어는 격이 낮고 속된 말을 말한다. 비속어의 대표적인 것이 욕이다. 청소년 언어문화의 걱정거리는 욕설의 일상화이다. 욕은 남의 결점을 빗대어 공격하고 헐뜯고 조소하는 것이다. 세상엔 욕할 거리가 널려 있다. 정치현실, 부조리한 관행처럼 되고 있는 상황들을 보면 욕을 안할 수가 없다. 청소년들이 욕설을 사용하는 대상은 친구가 48%, 불특정 남녀에게 욕설하는 경우가 25%이다(국민대통합위원회, 2015). 청소년이 욕을 사용하는 이유는 친구들과의 친목도모, 말하고자 하는 바를 강조하기 위함, 자신의 강함을 나타내고자 함, 욕설을 듣는 대상의 저주나 인격모독, 습관적으로 하게 되는 것이다(오윤선·황인숙, 2016).

청소년이 그들의 언어문화를 스스로 생각해 볼 수 있는 다양한 활동이 제공되어야 한다. 공식적인 언어 사용, 부모와 사회의 언어 습관을 점검하여 긍정적 영향을 받을 수 있도록 하는 것, 타인이해교육, 분노조절 프로그램, 바른 언어교육을 만들 수 있는 장 마련 등을 통해 청소년의 언어문화를 만들어 갈 수 있도록 해야 한다.

(2) 패션문화

패션은 옷을 입는 사람을 표현하는 것이다. 패션을 통해 다른 사람과 구별되는 그 사람만의 존재 의미를 나타낼 뿐만 아니라 패션 다시 말해 옷 자체가 갖는 감각적인 의미도 포함한다. 패션은 유행하는 옷이나 머리 모양 등의 일정한 형식을 말하는데, 청소년 패션문화는 청소년이 청소년이라는 특정한 시기에 복식, 두발 등의 형태를 유행하는 일정한 형식에 맞추어 하면서 그들만의 독특성을 나타내는 문화를 말한다.

청소년의 옷입기는 청소년기에 나타나는 자아중심성 중 상상속 청중과 맞닿아 있다. 그 영향으로 청소년은 남들보다 튀어보이고 싶어한다. 이런 청소년들은 다른 사람과 달라보이고 싶어하므로 교복을 싫어하는 것이 너무나 당연하다. 자신만의 개성을 나타낼 수 없는 똑같은 스타일의 머리모양도 질색할 수밖에 없다. 그래서 교복변형, 현란한 머리모양과 염색 등으로 자신을 표현하고자 한다.

청소년 패션문화의 특징으로는 첫째, 패션은 외모를 가꾸기 위한 수단이다. 외모가 중요한 경쟁력으로 여겨지면서 청소년의 큰 관심사가 되었다. 옷에 대한 만족이 자신감을 얻게 한다. 둘째, 자신의 정체감 표현이다. 옷을 통해서 청소년은 자신의 모습을 드러낸다. 자신이 어떤 사람인지 나타내기 위한 구분점이 패션이다. 자신의 선호성과 특징을 언어로 설명하지 않고 드러낼 수 있는 중요한 도구가 패션이 된다. 셋째, 동조행동의 표현이다. 청소년이 자신만의 독특성을 드러내는 동시에 또래집단이나 유명 연예인 등과 같은 행동을 하려는 경향이 있다. 이것이 패션문화에서 나타난다. 집단문화의 선호 현상, 소속감의 욕구가 청소년 패션의 유행을 만들어낸다.

청소년의 패션문화의 양상은 크게 교복과 사복으로 나누어 살펴볼 수 있다. 교복은 1986년부터 도입되어 1983~1986년의 교복자율화시기를 거쳐 현재에 이르고 있다. 현재의 교복은 다양하면서도 개성을 드러내는 형태로 학생들과 학부모의 의견을 받아들여 제작되고, 스마트, 엘리트, 스쿨룩스 등 브랜드를 통해 만들어져 광고하며 학생들의 눈길을 끌고 있다. 사복은 시기마다 특징적인 양상을 나타내며 발전되어왔다. 1960~70년대는 유니섹스룩과 청바지, 미니스커트와 판탈롱 팬츠의 유행, 히피패션이 유행했고, 1980~1990년대는 펑크룩과 앤드러지너스(androgynous: 양성적)룩이 유행했고, 청청패션과 스포츠웨어를 일상적으로 많이 입었다. 특히 1990년대에는 대중문화의 획을 그은 '서태지와 아이들'이 등장하면서 이들이 입었던 힙합 패션이 청소년들 사이에 인기를 끌었다. 2000년대에는 힙합과 스포츠룩, 힙합과 밀리터리룩이 합쳐진 스타일, 스키니팬츠와 레깅스 등이 유행했다. 2010년대에는 복고풍 패션이 자리잡았다. 90년대 패션인 청패션이 유행했고, 브랜드 옷이 선호되고 있다.

청소년의 패션문화는 외모에 관심이 많은 청소년에게 중요한 자기표현의 한 양상이다. 그 안에서 청소년이 소비자이자 생산자로서의 역할을 하도록 길을 열어주어야 하며, 당당함을 표현해 나갈 수 있는 개성표현의 환경조성이 중요하다.

(3) 성문화

청소년의 성의식은 어떤가? 청소년이 이성교제에 대해 가지고 있는 생각은 어떠한가? 이러한 질문에 대한 답이 청소년의 성문화를 말해주는 것이라 할 수 있다. 청소년기는 성에 대한 호기심을 가지는 성적발달을 하게 된다.

청소년은 성에 대해 굉장히 개방적이다. 앞의 성발달에서 성의식에 대해 언급했다. 전통적인 생각에서 벗어나 애정이 있으면 성행동에 있어서도 성관계가 가능하다는 청소년의 비율이 높아지고 있다. 박은하(2017)의 연구에서 여학생은 성에 대한 관심이 남학생에 비해 적고 성에 대해 부정적이며 성욕구에 대한 수용도와 개방도가 낮았고, 외모에 대한 만족도가 낮았다. 이에 비해 남학생은 성에 대한 관심이 높고 성을 자연스럽고 긍정적으로 인식하고 있었고, 성욕구에 대한 수용도와 개방도가 높았으며 성기의 크기와 모양에 대한 관심이 높았다. 남녀의 차이가 존재하긴 하나 남녀 모두 성에 대한 개방성이 증가하고 있는 현실이다. 친구나 매체의 접촉을 통해 청소년들은 알거 다 아는데 학교는 쉬쉬하며 구태의연하게 대처하고 있는지도 모르겠다.

초등학생 때부터 여자친구, 남자친구를 사귄다고 하는 요즘 세대들에게 건전한 이성교제를 하도록 도와주는 것이 무엇보다 중요하다. 이성교제는 청소년의 자연스러운 성장과정이라고 볼 수 있다. 이성교제를 통해 얻는 것이 많다. 이성교제를 통해 자신의 신체상을 발견하게 되고, 타인에 대한 개념을 통해 자아개념을 형성하게 된다. 또한, 중요한 타인을 발견하게 된다. 중요한 타인은 그 사람이 자신을 보는 관점이나 태도, 평가내용이 자신에게 매우 심각하고 중요한 의미를 가지는 사람으로 어릴 때는 부모가 유일한 중요한 타인이었지만, 이성교제를 통해 자신이 좋아하는 사람이 중요한 타인의 자리에 있게 되는 것이다(천정웅 외, 2014). 남녀관계도 인간관계다. 그 인간관계를 어떻게 해 나가야 하는지 스스로 습득해 보는 것도 성장에 필수적인 것이다.

청소년들은 성에 대한 관심이 굉장히 크고 그것을 야동을 통해 접하면서 왜곡된 생각을 가지게 되기 때문에 가정에서, 학교에서 터놓고 얘기할 수 있도록 도와주는 것이 필요하다. 성매매, 성폭력, 미혼모 등의 문제로 이어질 수 있기 때문에 올바른 사고와 행동이 중요하다. 혼전순결을 강조하거나 성행동의 금지를 말하기에는 청소년과 우리 사회가 많이 달라졌다. 스스로가 판단할 수 있는 성적자기결정권을 가질 수 있도록 해야 한다. 여기에는 자신의 소중함을 인식하게 하는 것이 무엇보다 중요하다.

(4) 대중가요와 스타문화

청소년문화가 대중문화로 일컬어지고 있을 만큼 청소년의 문화에 대중문화의 영향력은 매우 크다. 청소년문화가 대중문화화된 것은 1990년대부터라고 할 수 있다. 특히 대중가요가 그 역할을 담당했다. 1990년대 '서태지와 아이들'이 새로운 장르의 음악으로 청소년을 한데 모아 대중가요가 청소년의 중요한 문화코드가 되었다. 청소년은 학업으로 인한 스트레스를 받고 있으나 그 스트레스를 해소할 수 있는 시간적, 공간적 여건이 마련되어 있지 않으므로 쉽게 접할 수 있는 음악을 통해 스트레스를 풀고, 원하는 장르의 음악을 즐겨들으며 좋아하는 가수들에 대한 동경을 표현하기도 한다.

가수들에 대한 동경이 자연스럽게 스타문화로 발전된다. '여러분은 커서 뭐가 되고 싶어요?'라는 질문에 초중고생들은 '연예인'이라고 하는 사람이 다수이다. 그런 현상을 반영하여 오디션 프로그램이 엄청난 인기를 누리기도 했다. 청소년이 특정 대상을 우상화하려는 경향성은 발달 특성 안에서 나타나는 자연스러운 현상이다. 부모에서부터 시작하여 제3의 대상까지 우상화한다. 그 중에서 우리나라 청소년은 가수를 가장 좋아한다. 특정가수를 좋아하고 그의 앨범을 사거나 그의 콘서트를 보러 가는 등의 행동을 하는 사람들을 '팬'이라 하고, 이보다 열광적으로 심취해 자기 나름의 경지를 만들어가는 사람을 '매니아'라고 한다. 80년대에는 오빠부대, 90년대는 서태지와 아이들을 중심으로 팬클럽이 조성되고, HOT, 젝스키스 등 대형기획사를 통해 철저하게 준비된 아이돌이 등장했다. 그러면서 팬덤이 생겨났다. 2000년대는 관리되는 팬클럽문화가 형성되었다. 동방신기(2004), 빅뱅(2006) 등 글로벌 무대 진출, 퍼포먼스 강한 K팝 브랜드를 구축한 2세대 아이돌이 인기를 누렸다. 2010년대는 3세대 아이돌로 EXO, 인피니트, 워너원, 방탄소년단 등 다국적 멤버 구성, 현지화, 활발한 유닛 활동들을 통해 청소년들의 환호를 받고 있다. 팬문화가 더욱 활성화되고 의도적이고 계획적으로 관리되었다.

청소년 스타문화의 특징은 저항성이라고 할 수 있다. 다른 곳에서 자신의 욕구를 발산하지 못하는 청소년은 안티라는 문화를 만들어 연예인에 대한 추종을 공격성과 저항의 한 출구로 정당화한다. 또한 팬클럽문화는 문화불평등을 극복하기 위한 방안이 될 수 있다. 나이, 지역, 성별 등을 막론하고 좋아하는 스타가 같아 공통된 관심사에 접근한다면 다른 것은 문제가 되지 않는다. 사생팬이 문제이지만 청소년의 스트레스 해소에 스타문화는 긍정적인 기여를 한다.

긍정적인 스타문화를 발전시키기 위해서는 청소년으로 본인의 주체적인 판단기준에 따라 스타를 선호하고 그에 따른 행동을 할 수 있는 능력을 길러주는 것이 필요하다. 청소년의 스타문화에 큰 영향이 되는 것이 대중매체이므로 매체교육 기회를 제공해 판단력을 키울 수 있도록 도와야 한다.

(5) 여가문화

여가(餘暇)는 쉼을 의미한다. 일이 없이 남는 여유로운 시간으로 일 이외의 자유시간이다. 여가는 여유있는 시간을 가지면서 하고 싶은 것을 하는 것을 말한다. 기본적으로 여가가 가지는 기능은 첫째, 지금의 상황에서 떠나 새로운 여유를 찾으면서 신체적·정신적 재충전의 기회를 주어 신체적인 건강과 정신건강에 도움을 준다. 둘째, 여가는 사회적 발달과 재생산 능력을 향상시킨다. 잘 쉬었을 때 일의 능률이 올라간다. 셋째, 여가를 보내면서 자아실현의 기능을 갖는다. 여러 단체나 기관에 참여하여 기능과 기술을 익혀나가면서 새로운 자신을 발견하게 된다(권일남 외, 2021).

청소년의 여가는 삶의 한 형태라고 볼 수 있다. 청소년의 여가는 청소년이 삶을 살아가는 방식이다. 청소년은 여가를 통해 자신을 드러내고 만들어간다. 청소년에게 여가는 주도적인 역할을 할 수 있는 시기임에도 학교와 가정환경이 청소년을 주체적으로 인정하지 않으므로 여가를 통해 스스로 통제의 힘을 기른다. 청소년기에 여가경험이 이후의 삶에 영향을 미치기 때문에 청소년의 여가가 중요하다. 여가를 통해 사회경험을 다양하게 할 수 있고, 건전한 인성형성을 해 나가며, 진정으로 좋아하는 여가활동을 하면서 자신의 소질과 특기를 발견하게 된다.

청소년의 여가시간은 평일 하루 평균 3.2시간, 휴일 하루 평균 7.7시간, 방학 중 하루 평균 여가시간은 7.9시간이다. 여가시간은 남자가 여자보다 길게 가졌고, 지역으로는 읍면 지역이, 학업성적이 낮을수록, 경제 수준이 낮을수록 더 많이 가졌다. 학교급별로 봤을 때 평일에는 초등학생의 여가시간이 더 길었고, 휴일과 방학에는 중학생의 여가시간이 초등학생, 고등학생보다 더 길었다(한국청소년정책연구원, 2016). 우리나라 청소년이 여가시간에 가장 많이 하는 것은 인터넷검색, TV시청, 게임, 친구만남/동호회활동, 잡담/통화하기/문자하기 순으로, 인터넷검색이 TV시청보다 앞서고 있다.

청소년이 여가활동에 참여했을 때 많은 것을 얻을 수 있다. 학교생활만족도 향상 뿐만 아니라 스트레스 해소, 진로결정의 방향성 잡기 등에 큰 도움이 된다. 긍정적인 영향을 주는 청소년 여가문화를 발전시키기 위해서는 부모가 함께하는 가족여가를 즐길 수 있는 여건 마련이 필요하고, 청소년에게 다양한 놀이문화를 제공하여 주도적인 활동을 해 나갈 수 있도록 해야 한다. 부모와 교사의 여가교육 마련이 우선되어 자연스럽게 청소년에게 영향을 미칠 수 있도록 하는 것도 한 방법이다. 또한, 사이버상에서 다양한 문화가 형성되는 바 사이버여가생활에 관심을 기울일 필요가 있다.

(6) 인터넷, 모바일 및 SNS와 연결되는 도구문화

다양한 도구가 발달하면서 청소년문화에 미치는 영향 또한 크다. 우리나라의 인터넷사용률이 거의 100%에 가까운 상황에서 청소년은 인터넷을 쉽게 사용할 뿐만 아니라 인터넷을 통해 또래와 소통하며 그 안에서 관계맺음하며 새로운 사이버상에서의 문화를 만들어간다. 사이버문화는 익명성이 보장되기 때문에 실제상에서 말하기 어려운 부분도 거침없이 말할 수 있게 한다. 누구에게나 열린 공간으로 자신이 주체적으로 참여할 수 있는 공간이 된다. 현실과는 다른 새로운 것을 추구하고자 하고, 여러 사람과 연결시키고 그 연결 안에서 자신의 정보를 전달해 나간다. 이러한 긍정적인 부분이 부정적인 부분을 내포하기도 하는 이중성을 갖는데, 다양한 콘텐츠가 제공되어 접속하면 오래 머물도록 하므로 몰입과 중독으로 이어지는 경향이 나타난다.

청소년이 인터넷과 SNS에 접속하는 것이 이전에는 컴퓨터로만 이루어졌다면 이제는 스마트폰의 확산으로 이전보다 더 가깝게 접속하게 되었다. 청소년의 스마트폰 이용빈도는 2015년 매일이 82.4%였다. 청소년 일상에서 스마트폰은 중요한 매체이자 도구이다. 그 도구를 통해 SNS와 접촉하며 관계에 많은 영향을 주고 있다. SNS는 개방, 참여, 공유의 가치를 가지고, 청소년들이 그 안에서 새로운 세계를 형성하며 개인의 생각이나 의견, 경험, 정보 등을 공유하고 타인과의 관계를 생성하고 확장시켜 나가는 장점을 가지고 있다. 그리고 학습도 용이하게 하고, 취미와 여가생활 공유, 학업 스트레스 해소, 인맥관리 및 커뮤니티의 형성, 집단지성의 구축 등의 긍정적인 면이 많다.

이러한 다양한 매체와의 접촉은 청소년의 자극추구성향과 연결되고, 스트레스 해소의 한 도구로 활용된다. 청소년들이 건전한 도구문화를 만들어가도록 하기 위해서는 매체교육을 통해 스스로가 도구의 활용자가 될 수 있도록 해야 한다.

3. 청소년문화는 정체성을 찾아가는 과정

청소년문화의 양상은 앞에서 언급한 이외에도 다양하다. 청소년의 삶이 문화이기 때문에 청소년이 삶에서 나타내는 생활방식은 무엇이든 청소년문화로 규정할 수 있다. 청소년문화는 청소년의 모습이다. 다시 말해 그들의 정체성인 것이다. 다른 문화와의 차별을 통해 자신들만의 독특한 면을 만들어간다. 이런 특성이 지나치게 나타날 때 문화가 문제와 맞닿아 있다. 문화가 지나치게 강하게 발현될 때 사회적으로 문제가 될 수 있다. 그럼에도 불구하고 청소년문화를 문제로 바라볼 것이 아니라 긍정적인 부분을 부각시켜 발전시켜야 한다. 청소년문화를 존중하고 이해함을 바탕으로 주류문화와의 공존을 모색하는 것이 필요하다. 무엇보다 청소년이 스스로의 정체성을 가지고, 다른 문화를 수용할 수 있는 유연성을 가져 문화의 주체로 성장할 수 있도록 도와야 한다.

식물 중에서도 까다로운 것이 있다. 광릉요강꽃은 덕유산 몇 곳을 비롯해 전국 10여 곳에서 자생하지만 인공재배는 안된다. 너무 그늘지지도 않고, 그렇다고 햇빛이 너무 잘 들지도 않는 돌밭에서만 자란다. 동물 중에서도 대나무 잎만 먹는 자이언트 판다, 유칼립투스 나뭇잎만 먹는 코알라, 크릴새우만 먹는 남극의 흰수염고래 등 편식이 심한 것들은 멸종위기에 있다. 청소년들이 그들의 문화를 향유할 때 정체성 위에 다른 것들을 이해하고 수용하는 마음가짐을 가져야 하며, 기성세대는 청소년 문화가 가지는 다양성을 존중해 줄 필요가 있다. 다양성의 공존은 차이를 인정하는 데서 시작된다. 청소년과 성인의 차이를 받아들이고 청소년 세대가 갖는 삶을 승인해 줄 시간적 여유를 가지고 접근해야 한다.

청소년문화는 새로운 가치체계로 청소년의 무한한 가능성을 바탕으로 자신의 삶을 주도적으로 이끄는 원동력이 되며, 자기결정의 힘을 가질 수 있는 역량개발의 기회가 된다. 청소년은 문화참여를 통해 문화창조자로서의 역할을 충분히 해 나갈 수 있다.

제4장 청소년문제

1. 사회현상과 청소년문제

사회는 크고 작은 문제들이 다양하게 발생한다. 여러 시대를 거치며 다양한 형태의 문제들이 발생하는데, 그 사회의 영향들이 청소년에게 비슷한 문제들로 야기된다. 최근 발생하고 있는 성범죄(성폭력, 성추행 등)를 고발하는 미투 운동, 다양한 미디어 콘텐츠의 영향, 1인 방송의 폐해, 방송 드라마나 영화에서 보여주는 사회의 부조리한 면과 폭력, 범죄들을 청소년들이 접하며 그들의 문화 안에 여러 방식으로 받아들이고 있다. 환경의 영향을 많이 받는 청소년에게 사회의 문제가 또 다른 형태의 청소년문제로 이어지는 경향이 나타난다.

1) 사회문제로서 청소년문제

청소년문제는 사회의 도덕이나 가치관을 위협한다고 판단되는 것으로 다수의 사회 구성원에게 영향을 미치며, 동시에 사회구성원 공동의 노력으로 해결될 수 있는 청소년에 관한 사회현상이며, 청소년이 사회적 규범, 법률에 위배되는 행위를 하는 것이다. 청소년문제와 비슷한 용어로 청소년비행, 일탈행위, 청소년 범죄 등을 사용하고 있다. 청소년문제는 일반적인 사회문제라 할 수 있는 청소년비행과 청소년시기에 나타나는 제반 문제인 청소년들의 모든 고민거리, 문제의식 등을 포함하는 개념으로 이해될 수 있다. 청소년문제는 청소년들이 사회규범을 위반하는 행위를 포함하여 청소년을 대상으로 하는 범죄와 가정 문제(학대, 방임, 가정 내 불화 등)를 포함한다(Fuller, 2013, 오윤선·황인숙, 2018 재인용).

청소년문제는 사회문제로서 나타나는 것을 전제한다. 사회문제는 객관적으로 실재하는 상황과 그 상황에 대한 영향력 있는 집단의 주관적 관심이라는 요소를 포함한다. 이 점에서 청소년문제를 생각해 본다면 사회에 존재하는 청소년들에게 관련된 현상에 대해 영향력있는 집단이 관심을 갖게 되면 청소년문제로 볼 수 있다.

청소년문제는 사회적 관심을 불러 일으키는 청소년기 특유의 여러 문제이고, 청소년기의 좌절과 반항심, 욕구불만을 사회규범으로부터 일탈적인 행동으로 표현하는 비행 등을 포함하여 지칭하는 것이다.

2) 청소년문제의 논점

청소년문제를 규정하는 데 나타나는 논란 중 우리가 생각해야 할 부분이 있다. 청소년문제를 규정하는 대상이 누구인가이다. 청소년문제를 규정하는 대상이 누구인가에 따라 청소년문제를 바라보는 시각이 달라질 수 있다. 대부분 청소년문제는 성인의 관점에서 보기 때문에 문제인 경우가 훨씬 많다.

또한, 청소년문제의 원인이 어디에 있느냐이다. 신체적인 문제에서인지 정서적인 문제에서인지에 따라 문제를 파악하고 접근하는 법이 달라진다. 신체적인 문제에서라면 원인을 쉽게 찾아 증상완화의 방법을 사용할 수 있지만, 정서적인 마음의 문제일 때는 그 원인 규명과 해결방안을 찾기는 쉽지 않을 것이다.

시대적인 상황에 따라서도 청소년문제를 규정하는 기준이 달라질 수 있다. 이전 시대에는 문제시되었던 것이 현대로 와서는 전혀 문제되지 않는 경우도 있고,

그 반대의 경우도 있다. 청소년문제가 사회적인 상황에 대해 영향을 받고 있음을 나타내는 것이다.

이런 여러 논점에서 무엇보다 중요하게 생각해야 할 것은 청소년문제에 대해 청소년 스스로가 문제를 인식하고 해결해 나가기 위해 관심을 가져야 하고, 청소년이 해결할 수 있도록 적극적인 지원을 해야 한다는 것이다.

2. 청소년문제 발생 이론

청소년의 문제행동이나 비행행동으로 나타나는 청소년문제에는 문제를 일으키는 원인이 있다고 보고 있다. 내적으로 발생하는 문제와 외적으로 나타나는 문제의 원인으로 나누어 볼 수 있다. 지금까지는 외적인 비행이 일어나는 상황들에 집중하여 비행이론만을 제시하였는데, 여기에서는 내적인 문제 발생과 외적인 문제 발생의 원인을 살펴보고자 한다.

이전에는 사춘기의 변화를 호르몬 분비 작용으로만 설명했었는데, 그것으로만 설명할 수 없음을 제시하며 등장한 것이 뇌과학이다. 내적인 감정의 변화로 인해 일어나는 문제의 발생은 불균형하고 미성숙한 뇌가 원인이라고 볼 수 있으므로 내적인 문제 발생은 불균형의 뇌로 제시한다.

외적인 비행이 일어나는 상황들을 제시하여 비행이 발생한다고 보는 비행이론은 심리학적 원인론(정신분석이론, 행동주의 이론, 생태학적 이론), 구조 기능주의(아노미), 문화전달이론(차별접촉이론, 문화일탈이론), 사회통제이론(중화이론, 사회유대이론), 낙인이론(비행과정이론)으로 설명한다(오윤선 외, 2018; 이미리 외, 2014; 천정웅 외, 2011).

1) 불균형한 뇌

2015년 화제가 되었던 영화 '인사이드 아웃'은 열한 살이 되면서 사춘기에 들어서는 주인공 라일리가 겪는 감정의 변화를 기쁨이, 슬픔이, 버럭이, 까칠이, 소심이의 다섯 감정의 이야기로 풀어나간다. 이 감정들이 사는 사춘기 청소년의 뇌는 크기에서는 성인의 뇌와 차이가 없지만, 골고루 발달하지 않았기에 불균형을 보이며 변화가 나타난다. 사춘기의 뇌는 편도체에 비해 전전두엽 피질의 성숙이 더디어 감정과 본능에 더 민감하고, 쉽게 흥분하거나 좌절하게 된다.

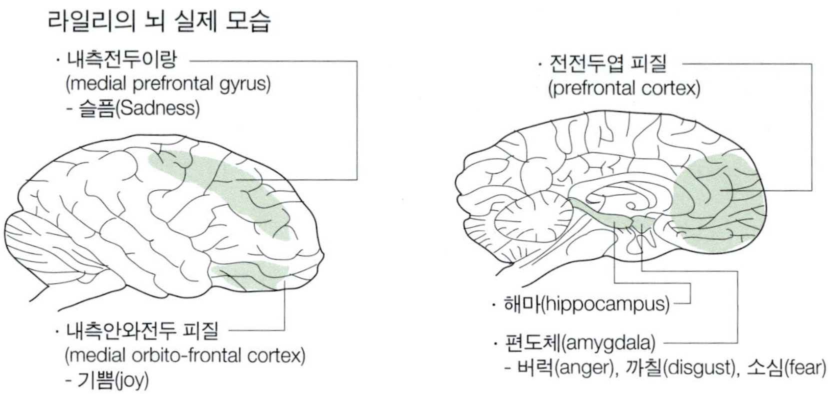

[그림 4-1] 영화 '인사이드아웃' 라일리의 뇌 모습

출처:중앙일보(2015.7.25.)

사춘기 뇌에서 감정은 강한 영향을 미친다. 전전두엽, 쾌감과 관련된 측좌핵, 기본욕구를 담당하는 변연계 등 여러 부위가 연결되어 보상이 이뤄진다. 보상관련 연결망의 반응이 사춘기에 활발하기 때문에 충동적이고, 위험을 무릅쓰고, 중독에 쉽게 빠진다. 충동을 조절하는 능력이 발달하지 않았기 때문이다. 이렇게 머릿속이 복잡해지고 빠르게 바뀌니 감정이 불안하여 우울감을 경험한다. 영화의 라일리는 사춘기 우울증 초기 증상이라고 볼 수 있다. 사춘기 청소년의 30~40%가 질풍노도의 시기를 보내며, 5~10%는 우울증을 겪는다. 이런 감정적인 변화로 인해 나타나는 내적인 문제인 우울, 중독, 충동적인 행동 등은 불균형하고 미성숙한 뇌로 인해 발생한다.

적절한 운동이 해마의 크기를 증가시키므로, 적절한 운동과 자녀와 부모의 안정된 애착관계를 통해 뇌 성숙을 도와야 한다.

2) 심리학적 원인

(1) 정신분석이론

Freud는 인간의 욕구를 성욕과 공격욕으로 보고, 이러한 욕구가 무의식 상태에 잠재해 있다고 보았다. 성욕과 공격욕은 비도덕적이고 충동적이고 비논리적이며 사회적으로 금기시되는 것들로 이루어져 있기 때문에 잠재의식이 건전하지 못하고 비행통제를 해 줄 수 없는 상태일 때 비행이 발생한다.

정신분석이론에서 강조하는 개념은 무의식인데, 무의식에 자리잡고 있는 것은 어린시절에 겪은 정신적 외상, 근심, 걱정 등의 부정적 사건들이 대부분이다. 인간의 세 가지 성격구조인 원초아(id), 자아(ego), 초자아(superego)가 균형을 이룰 때 안정적인 삶이 가능한데, 어릴 때 경험했던 부정적 사건들이 무의식의 세계에 자리잡고 있을 때는 자아와 초자아의 기능이 제대로 발휘되지 못하고, 불건전한 상태에 있게 되는 것이다. 무의식에 불건전하게 억압되어 있던 원초아적인 욕구가 밖으로 표출되어 비행을 발생하게 된다.

(2) 행동주의 이론

행동주의 이론은 자극과 반응이라는 것으로 인간의 행동을 설명하는데, 비행은 환경적 자극에 따라서 학습된 결과로 보았다. 좋지 않은 자극이 주어질 때 그것에 행동이 안좋은 것으로 나타난다는 것이다.

(3) 생태학적 이론

생태학적 이론에서는 비행이 개인과 환경의 상호작용의 결과라고 본다. 청소년의 비행은 청소년이 가지고 있는 개성과 개인이 가지는 고유한 환경의 결합으로 나타난다. 청소년에게 영향을 주는 가까운 환경인 미시체계, 중간체계들이 청소년에게 적합하지 않아 문제가 발생한다. 가족 기능이 제대로 이루어지지 않아 불화가 지속되는 상황, 부모와 대립되는 상황, 또래와의 관계에서 고립되거나 열등감을 느끼는 상황 등 여러 가지 환경들이 개인의 고유한 특성에 맞지 않을 때 여러 가지 문제행동을 일으키게 된다.

3) 구조기능주의

구조기능주의에서는 청소년의 비행이 개인에 의해 발생하는 것이 아니라 그 원인이 사회의 구조에 있다고 보았다. 대표적인 것으로 아노미(anomie)이론이 있는데, 이는 일탈의 원인을 사회구조적 모순에서 찾았다. 문화적 목표와 수단 간의 불일치 때문에 비행이 일어나게 된다.

(1) 뒤르켐(Durkheim)의 아노미

뒤르켐은 사회의 각 부분이 서로 밀접하지 못하거나 공통의 규칙을 만들지 못하면 부조화가 발생하고 사회적 연대가 약화되어 사회 해체 현상이 일어날 수 있는데, 이러한 사회 해체로 나타나는 무규범, 규칙붕괴 상태를 아노미로 규정했다.

뒤르켐은 청소년의 문제 중 자살의 원인이 청소년 개인에 있다고 본 것이 아니라 사회에 있다고 보았다. 아노미로 본 것이다. 평상시에는 규범이 욕망을 제어하고 있지만 사회가 급격히 변동되어 욕망을 규제해 주던 규범이 무너지면 욕망이 치솟아 그 결과 자살을 하게 된다고 하였다. 청소년이 변화된 상황과 심리를 어쩌지 못하여 자살이 발생한다.

(2) 머튼(Merton)의 아노미

머튼은 문화적으로 규정된 목표와 이 목표를 달성하게 하는 제도화된 수단 사이에 간극이 있을 때 긴장이 생기고 그 긴장이 아노미를 만든다고 보았다. 문화적으로 규정된 목표는 사회에서 용인되는 바람직한 것이므로 바람직한 목표를 달성하기 위한 합당한 방법(제도화된 수단)이 사용되어야 하는 것이 맞다. 그런데 문화적으로 규정된 목표를 달성하기 위해 제도화된 수단을 사용하려 하였으나 도저히 합당한 방법으로는 원하는 목표에 도달할 수 없어 비행을 저지르게 된다는 것이다.

4) 문화전달이론

문화전달이론에는 Sutherland의 차별접촉이론, Miller의 문화일탈이론, Bandura의 사회학습이론 등이 있다.

(1) 차별접촉이론

차별접촉이론은 비행을 조장하는 문화에 자주 접촉하게 되면 비행자가 된다는 비행이론이다. 청소년의 문화를 하위문화로 보고, 하위문화에는 비행을 조장하는 문화가 많다는 전제가 깔려있다. 먼저 접촉한 것, 오래 지속하여 접촉할수록, 자주 접촉한 것일수록, 또한 접촉하는 사람과 관계가 밀접할수록 영향력이 커서 비행을 일으킬 확률이 높다.

(2) 문화일탈이론

문화일탈이론에서는 하위계층의 하위문화 자체가 하류계층 청소년비행의 원인이 되고 있다고 본다. 그들이 향유하는 문화가 비행과 가까운 문화이고, 청소년들이 자신의 지위를 얻기 위해서 말썽 또는 사고(당국이나 기관에 의해 환영받지 못할 결과를 초래할 행위나 여건), 강인 혹은 거칠음(힘, 용감성, 대담성, 남자다움, 문학이나 예술에 대한 무관심), 재치 또는 기망성(남을 잘 속이는 반면 남에게 속임을 당하지 않는 것), 흥분 또는 자극(여가를 활용할 능력이나 경제적 여건이 부족한 데서 생기는 것으로 지루한 생활을 참지 못하고 어떤 자극을 찾고자 하는 욕구), 숙명(자신의 인생이 통제할 수 없는 외적인 요소에 의해 지배된다고 믿음), 자율(누구의 간섭을 받기를 싫어하는 방종과 같은 태도) 같은 행동을 과잉 사용하게 됨으로써 비행을 저지를 가능성을 높이고 있다고 보는 것이다.

(3) 사회학습이론

사회학습이론의 핵심은 관찰과 모방이다. 개인은 학습에 있어서 백지상태였는데, 사회의 모습이나 여러 가지 현상들을 청소년들이 관찰하고 그것을 그대로 모방하여 행동함으로 일탈행동이 나타나게 된다고 본다. 특히 사회에서 영향력있는 공인들의 모습, 미디어에서 조장되는 안좋은 여러 현상들을 관찰하고 모방함으로 비행을 일삼게 된다. 폭력적인 행동의 경우도 청소년이 다른 사람의 폭력적인 행위를 관찰, 모방함으로 새로운 폭력기술을 습득하여 사용하게 되고, 그렇게 폭력을 사용했을 때 정적인 강화를 받게 되면 그 폭력행위는 가속되어 문제해결의 한 방법으로 사용하게 된다.

5) 사회통제이론

사회통제이론은 사회의 통제가 제대로 작동하지 않을 때 비행이 조장된다는 것으로 여기에는 Matza와 Sykes의 중화기술이론, Hirschi의 사회유대이론이 속한다.

(1) 중화기술이론

청소년들이 어떤 상황에서 비행을 저지르게 되는 것은 사회의 도덕적이고 인습적인 가치를 알고 있음에도 중화를 통해 내적 통제가 느슨해져서 비행을 저지르는 것이다. 잘못되었다는 것을 알지만, 자신의 행동을 정당화하고 합리화하는 중화기술을 사용하기 때문이다. 중화기술에는 책임의 부정, 가해의 부정, 피해자의 부정, 비난자 비난, 고도의 충성심의 호소의 5가기 유형이 있음을 Matza와 Sykes는 제시하고 있다. 첫째, 책임의 부정은 자기는 비행에 책임이 없다는 것이다. 비행의 책임을 내가 아니라 사회, 부모에게 돌림으로 자신의 비행을 합리화하는 것이다. 둘째, 가해의 부정은 자신이 한 행위 때문에 피해입은 사람은 없다는 것을 강조하며 자신의 행동을 정당화하는 것이다. 셋째, 피해자의 부정은 피해자가 피해를 받을만하게 행동했다고 하는 것으로 그것을 당연한 것으로 간주하여 합리화한다. 넷째, 비난자 비난은 자신을 비난하는 사람들을 비난함으로 자신의 행위를 정당화한다. 다른 친구들도 같이 참여하여 했는데, 왜 나만 갖고 나쁜 사람 취급을 하느냐고 하면서 다시 되돌리는 것이다. 다섯째, 고도의 충성심의 호소이다. 자신이 속해있는 집단에 대한 의리를 지키기 위해 충성을 다하기 위해 나쁜 짓을 할 수밖에 없었음을 어필하며 자신의 행위를 정당화한다.

이런 중화기술을 사용하여 청소년 또한 자신의 비행을 정당화해 나간다.

(2) 사회유대이론

사회유대이론에서는 개인의 사회에 대한 유대가 약하거나 손상되었을 때 비행을 일으킨다고 보았다. 모든 인간이 비행과 일탈에 최적화되어 있으나 일탈과 비행으로 나타날 해악에 대한 두려움이 크기 때문에 일탈행동이 통제된다. 청소년들이 사회유대, 즉 친밀한 애착, 포부, 법규 등에 구애받지 않을 때 비행을 일으킨다.

6) 낙인이론

낙인이론은 범죄화과정, 비행과정에 초점을 둔 이론이다. Becker는 일탈은 사회집단들이 규칙을 만들면서 생성되었으며 단계적으로 발전해 간다고 보았다. 일탈은 단계적으로 발전해 가는데, ①의도적이건 비의적이건 비동조적인 행위를 범하는 것, ②일탈적 동기와 관심의 발전, ③공식적으로 일탈자로 낙인찍히는 경험을 하게 되는 것, ④조직화된 일탈집단으로 들어가는 것 등과 같은 과정을 거쳐 완전한 일탈로 가게 되는 일탈경력을 얻게 된다.

Lemert는 일차적 일탈과 이차적 일탈이라는 용어를 사용하여 전화되는 과정에 초점을 두었다. 일차적 일탈은 개인의 심리적 구조와 사회적 역할 수행에 영향을 주지 않는 일탈이며 일시적으로 형성된 것이다. 그에 비해 이차적 일탈은 일차적 일탈을 했을 때 보이는 사회적 반응에 의해서 초래되는 여러 가지 문제나 조건에 대한 반응으로 발생하는 것이다. 이차적 일탈은 심리적 구조 및 사회적 역할 수행에 큰 영향을 주고 장기간에 걸쳐 일어난다.

처음에는 작은 실수로 했던 행동이 지속하여 낙인 찍히는 경험을 하게 됨으로 완전한 일탈자로 인식되는 것이다.

3. 청소년문제 범주

청소년문제는 사회적 관심이 되는 청소년기 특유의 여러 문제를 말하고, 그들의 좌절과 반항심과 욕구불만을 사회규범으로부터 일탈적인 행동으로 표현한다.

청소년문제의 다양한 유형이 존재한다. 청소년문제는 서로 연관성을 가지고 발생하기 때문에 그 유형을 나누기가 애매한 부분이 있으나 굳이 구분을 위해 나누자면 일탈정도에 따라 개인적인 일탈행위, 지위비행영역, 지위비행이면서 범죄, 범죄로 나눌 수 있을 것이다. 여기에서는 누구라도 사법적 처벌을 받게 되는 영역인 범죄, 형사처벌을 규정하고 있는 법률에 위반하는 모든 행위인 범죄는 청소년뿐만 아니라 모든 개인에게 해당하는 것이므로 제외하고, 개인적인 일탈행위, 지위비행영역, 지위비행이면서 범죄의 범주로 살펴본다.

1) 개인적인 일탈행위

개인적인 일탈행위는 비행이나 범죄에는 해당하지 않는 문제영역이다. 이 범주에는 우울, 자살, 학업중단, 섭식장애, 대인기피 등이 해당할 수 있겠다. 사회적으로 문제가 되는 우울, 자살, 학업중단을 중심으로 현상을 살펴보자.

(1) 우울

우울은 과거 DSM-4에서 조증과 함께 기분장애로 분류되었으나, DSM-5에 와서는 우울장애로 분리되었다. 일반적으로 우울을 정의할 때는 공포, 분노, 죄의식 등의 부정적 정서 상태를 말하지만, 통상적으로 12개월 내에 최소 2주 이상 우울한 상태가 지속되면 우울증이라고 한다. 우울은 흔한 정신장애이며, 우울은 스트레스를 겪어내면서 겪는 불안과 함께 나타난다. 우울증이 심할 때는 자살로 이어지는 다른 문제를 야기하기도 한다. 우울의 주요증상은 우울한 기분, 흥미나 즐거움의 감소이지만, 우울장애의 실제적인 증상은 슬픈 기분을 느끼는 것보다 공허감, 무기력감, 불안과 공포 등의 증상이다. 몸무게 감소, 불면증, 피로, 절망, 죽음에 대한 생각 등 다양한 증상을 나타내기 때문에 다양한 영역에서 개인의 기능을 손상시켜 가족, 학교, 회사 등에서 적응수준을 떨어뜨린다(나무위키).

모든 우울에는 우울한 감정상태, 정신운동 지연, 의지의 억압이라는 기본 증상이 있다. Melancholia와 Depression이라는 용어로 쓸 수 있는데, 이는 불완전한 기분상태로 가라앉은 상태를 말한다.

우울증상을 보이는 청소년은 외부적으로는 집중을 잘 못하고, 성적이 떨어지며, 문제를 많이 일으키고, 비행행동이나 공격적이고 자기파괴적인 행동을 하며, 두통이나 복통 등을 호소한다. 내부적으로는 사고가 정상적이지 않으며, 무력감과 죄의식을 경험하며, 자아존중감이 낮다(한상철 외, 2008). 청소년기의 우울은 가면성 우울증을 보인다. 겉으로 잘 드러나지 않고 다른 행동장애인 비행, 공격성, 과다행동, 약물남용 등으로 나타나고 심하면 자살로 이어지기도 한다.

2022년 학생 건강검사 및 청소년 건강행태조사에서 최근 12개월 동안 2주 내내 일상생활을 중단할 정도로 슬프거나 절망감을 느낀 적이 있는 남학생은 24.2%로 여학생 33.5%보다 낮았다. 2021년에 비해 증가(남 1.8%p↑, 여 2.1%p↑)하였고, 스트레스 인지율도 증가(남 32.3→36.0%, 여 45.6%→47.0%)하였다.

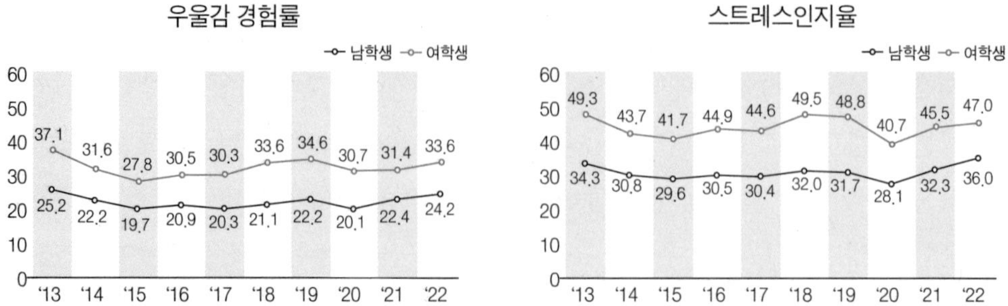

* 자료원: 청소년건강행태조사

* 우울감 경험률 : 최근 12개월 동안 2주 내내 일상생활을 중단할 정도로 슬프거나 절망감을 느낀 적이 있는 사람의 분율

* 스트레스 인지율 : 평상시 스트레스를 '대단히 많이' 또는 '많이' 느끼는 사람의 분율

[그림 4-2] 청소년 우울감 경험률 및 스트레스 인지율

출처: 관계부처통합(2023)

청소년기 우울증의 원인은 주체성을 잃은 자기확신의 결핍상태 다시 말해 공허감 때문이다. 우울증이 있는 청소년은 자신에 대한 부정적인 감정이 더 많기 때문에 불안함을 경험하게 된다. 또한 청소년의 우울증을 증가시키는 것은 패배 경험이 지속될 때이다. 청소년이 여러 상황들에서 부딪치는 문제를 해결하기로 위해 노력했지만, 그 문제가 해결되지 않았을 때 좌절감을 경험하게 된다. 그 좌절감이 반복되다 보면 우울증상이 증가하게 된다. 우울감이 있으면 자기자신을 비하하고, 자기자신과 자신의 경험, 자신의 미래에 부정적인 생각들을 갖게 된다. 그런 맥락에서 자기 주변에서 일어나는 사건이 부정적이면 모두 다 자기 때문에 잘못되었다고 생각하고, 긍정적이면 다른 사람 덕분이라고 하며 자신의 능력은 부정한다.

우울은 복합적인 것으로 나타난다. 과거와 현재의 부정적 경험에 대한 불안을 감추기 위한 내적 감정이라고 볼 수 있다. 청소년기의 우울은 부모의 우울증이 전달되는 경향이 있고, 무기력이 지속적으로 학습되어 우울로 나타난다.

우울을 경험하는 청소년에게 자기자신 안에서 조금 벗어날 수 있도록 해야 한다. 모든 부정적인 책임이 자신에게 있다는 생각과 어떤 일을 해도 자신은 되지 않는다는 생각에서 벗어날 수 있도록 긍정적 강화를 통해 성공경험을 쌓아갈 수 있도록 도와야 한다. 그 비율의 증가를 위해 조작된 학습환경을 제공하는 것이 필요하다.

(2) 자살

자살은 죽음의 의도와 동기를 인식하면서 스스로를 해하는 행위이다(http://www.who.int/topics/suicide/en). 자살행동은 자살생각, 자살시도, 자살완료로 구분된다. 자살생각은 사고적 측면에 초점을 두는 것으로 무심코 지나가듯이 죽고 싶다는 일회적인 생각부터 자신이 정말 죽으려고 구체적인 계획을 세우는 것까지의 자살에 대한 생각을 말한다. 자살시도는 죽으려는 의도를 가지지는 않고 다른 목적을 달성하려는 것과 더불어 죽으려고 하였으나 다른 사람의 개입으로 목적 달성을 하지 못한 경우가 해당된다. 구체적 행동으로 죽음을 준비하지만 죽음으로 끝나지 않은 자해행동이다. 자살완료는 확실하게 자살이 이루어진 상태이다. 자살시도는 여자가 남자보다 많으나, 자살완료는 남자가 여자보다 더 많다(이윤주, 2008; 한상철 외, 2008).

급격한 변화, 갑작스러운 스트레스나 위기 등이 감당하기 어렵게 다가왔을 때 자살을 선택하게 되는 경향이 있다.

2023년 청소년 통계에 따르면, 2021년 9~24세 청소년의 사망원인은 고의적 자해(자살)가 가장 많고, 안전사고, 악성신생물(암) 순으로 나타났다. 2010년에는 안전사고가 청소년 사망원인의 1위였으나, 2011년 이후 고의적 자해(자살)가 계속해서 사망원인 1위를 차지하고 있고, 고의적 자해(자살)로 인한 사망률은 2020년 대비(11.1명) 2021년(11.7명)에 증가하였다(여성가족부, 2023).

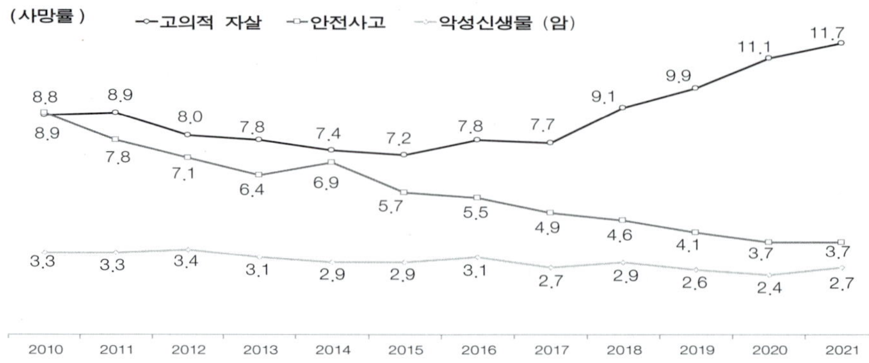

[그림 4-3] 청소년사망원인(출처 : 여성가족부, 2023)

청소년 자살의 특징은 첫째, 부모나 교사로부터 심한 꾸중이나 심리적 어려움의 대부분 분명한 동기를 가진다. 심리적 어려움에는 공부와 성적에 대한 고민, 친구관계에서 느끼는 힘듦, 이성친구와의 헤어짐, 왕따 등으로 나름의 동기가 분명하다. 둘째, 충동성이 강하게 나타난다. 분명한 동기는 있으나 정서적 불안정과 삶의 불안정이 스트레스로 작용하고 그 스트레스에 대응하는 능력의 부족과 문제상황에 대한 갈등 등으로 충동적으로 사전 계획 없이 시도되는 경우가 많다. 자존심이 상하면 자기 분노에 못 이겨 자살행동을 하기도 한다. 셋째, 치사도가 높은 수단을 선택한다. 약물복용, 목매달기, 고층건물에서 뛰어내리기 등의 방법을 사용하여 실제 자살로 이어지는 경우가 많다. 넷째, 동반자살이나 모방자살이 많이 일어난다. 인터넷 사이트를 통해 자살할 사람들을 모아 같이 시도하거나 연예인의 사건 또한 영화 등에서 행해진 자살을 그대로 따라하는 경향이 있다. 이는 베르테르 효과로 설명할 수 있는데, 자살 사건이 신문 등의 미디어를 통해 알려지면 이후 모방자살이 증가하는 현상이다. 이런 경향이 청소년에게 더욱 더 빈번하게 나타난다.

청소년은 자신의 괴로움과 고민을 남에게 알리지 못하고 행동을 옮기는 경우가 잦다. 다른 사람이 보기에는 별다른 문제행동을 보이지도 않아 평소 잘 생활하고 있다고 생각되었던 청소년이 어느날 자살하는 경우도 종종 발생한다. 이는 내재해 있는 심한 스트레스나 어려움을 회피하려는 충동 또는 다른 이를 조종,

보복, 도움 요청의 수단으로 자살을 사용하려고 하기 때문이다. 수동적이고 타인과의 의사소통이 단절된 청소년들이 도피성으로 또는 부모나 교사의 꾸중과 체벌에 반발과 결백의 수단으로 또는 자기가 기대했던 수준에 미치지 못해 느끼는 절망감과 죄책감으로 자기 스스로를 처벌하기 위해 자살을 선택하는 경우도 있다.

2022년 한국 아동·청소년 인권실태에 따르면 청소년들이 죽고 싶다는 생각을 가끔 하는 비율은 27.9%, 자주 생각하는 비율은 5.6%로 나타났다. 죽고 싶다는 생각을 하는 이유는 학업문제(학업부담, 성적 등)(44.3%), 미래(진로)에 대한 불안(21.6%), 가족 간의 갈등(15.9%) 순이었다. 2017년부터 2022년까지 연도별 추이를 살펴보았을 때 죽고 싶은 이유는 비율의 약간의 변화만 있을 뿐 순서는 학업문제(학업부담, 성적 등), 미래(진로)에 대한 불안, 가족 간의 갈등, 선후배나 또래와의 갈등(학교폭력 등), 경제적인 어려움 순으로 나타났다(김영지·최홍일, 2022). 청소년들의 자살 충동의 가장 큰 이유는 학업문제로 학업스트레스가 그들에게 많은 영향을 주는 것을 알 수 있다.

청소년자살을 예방하기 위해서는 청소년의 자존감을 높여주는 것이 무엇보다 중요하고, 스트레스를 해결할 수 있는 여건 마련이 필요하다. 지침으로 6가지를 제시하고 있다(김영화, 2012). 첫째, 다른 아이와 비교해 말하지 않는다. 둘째, 적절한 때에 칭찬을 아끼지 않는다. 셋째, 단점보다는 장점에 항상 관심을 기울인다. 넷째, 긍정적 언어 표현을 하도록 노력한다. 다섯째, 현재 모습을 있는 그대로 받아들인다. 여섯째, 친구와 잘 어울릴 수 있도록 돕고, 대인관계를 통해 재미를 느끼도록 격려한다.

(3) 학업중단

학업중단은 어떤 이유에서든지 학령기의 청소년이 학업을 지속하지 못하고 중도에 그만두는 것이다. 2002년에 교육부에서 공식적으로 '학업중단청소년'이라는 용어로 사용하기 시작하였다. 학업중단청소년은 가정, 학교, 사회 등에서 발생되는 여러 요인들로 인해 학교를 그만두어 학업을 지속할 수 없는 상태에 있는 청소년을 말한다. 이러한 청소년은 학교를 그만두지만 검정고시나 대안학교, 대안

교육을 통한 학업을 지속하는 경우가 있으므로 학업중단이라는 용어보다는 학교중단이 더 옳은 표현일 수도 있다.

학업중단은 「초·중등교육법」 제14조에 따라 질병·발육 상태 등 부득이한 사유로 취학이 불가능한 의무교육대상자에게 취학의무를 면제하거나 유예하는 경우, 또는 초·중등교육법 시행령 제29조에 따라 초등학교와 중학교에서 입학이후 취학 의무를 유예 받거나 정당한 사유없이 해당 학년도 수업일수의 1/3 이상 장기결석한 경우이다. 고등학교의 경우는 의무교육이 아니기 때문에 유예나 면제는 해당하지 않고, 부적응 등의 사유로 학교를 자퇴하거나 징계 등 학칙에 의해 학적을 박탈당하는 경우가 학업중단이다(한국교육개발원, 2016).

학업중단 청소년은 매년 약 4~6만여 명 늘어나고, 그로 인한 학교 밖 청소년도 39만여 명으로 집계되고 있다.

2023년 교육통계에 따르면, 학업중단율은 초·중·고 전체 1.0%(52,981명), 초 0.7%, 중 0.7%, 고 1.9%였다. 초·중·고 모두 전년 대비 각각 0.1%p, 0.2%p, 0.4%p 상승했다.

[그림 4-4] 학교급별 학업중단율(단위:%)(2013-2022)(출처: 교육부, 2023)

학업중단의 원인은 복합적인 요인이 작용하는데, 청소년을 둘러싼 환경이 부정적인 영향으로 작용할 때 발생하게 된다. 개인적인 요인으로는 학업성취능력과 동기의 부족, 정서적 문제(우울, 무력감, 미래진로에 대한 불안 등), 가정요인으로는 가정환경 및 가족관계 요인(가정의 사회 경제적 지위, 부모의 실직, 경제적 지원 부족, 부모의 갈등으로 인한 가족 구성원 해체 등)이 작용한다(구본용 외, 2002; 금명자, 2008; Jancek, 1999; Peraita & Pastor, 2000). 학교요인으로는 학교체제·학교의 특성과 관련된 요인과 학생 개인의 학교에 대한 태도 및 학교생활의 문제로 볼 수 있다. 학교 특성으로는 학교 조직과 분위기, 학교규율과 교육과정 운영, 학교풍토, 학교의 통제적 분위기, 교육적 기능의 약화 등이, 학생 개인의 학교에 대한 태도 및 학교생활과 관련된 요인으로는 성적 불량, 지각, 조퇴, 무단결석, 불성실한 수업태도 등이다(금명자, 2008; 오혜영 외, 2011). 또래관계에서의 원인은 학교에서의 소외, 학업중단 청소년과의 접촉, 건전하지 못한 이성관계 등이 영향을 미친다. 이뿐만 아니라 지역사회 또한 직·간접적으로 영향을 주는데, 그 요인은 지역사회의 유해환경, 우범지역 거주, 사회적 지지의 부족 등을 들 수 있다(박현선, 2004; 성윤숙, 2005).

학업중단 이후의 청소년들의 생활은 상당부분 우울하고 나태한 생활을 하고 있고, 장래계획이나 꿈에 대해서도 막막해하고 있다. 학업 및 취업에 대한 필요성을 느끼고 이를 위한 구체적인 정보와 지원을 받고 싶어했다(최지연·김현철, 2016).

학업중단 청소년들을 위한 국가정책으로는 학업중단 숙려제(2012년 6월 도입 시행)를 비롯하여 Wee센터, Wee클래스, 청소년상담복지센터를 이용하여 상담을 받을 수 있도록 하고 있으며, 학업중단으로 학교 밖에서 생활하고 있는 청소년을 위한 「학교 밖 청소년지원에 관한 법률」(2014년)을 제정하여 학업중단 청소년들을 위한 상담지원, 교육지원, 직업체험 및 취업지원, 자립지원 등의 지원을 하고 있다. 서울시교육청은 2014년 학교 밖 청소년을 위한 청소년도움센터 '친구랑'을 개원하여 학교 밖 청소년들이 편안하게 상담받고 도움받아 학업복귀 및 자존감을 향상할 수 있도록 휴식-돌봄-상담-학업을 원스톱으로 이용할 수 있는 전용공간으로 사용할 수 있게 했다.

국가와 지역사회에서 학업중단 청소년들이 바르게 성장할 수 있도록 지원을 하고 있으나, 이에 대한 정보가 학업중단 청소년들에게 제대로 전달되지 않을 뿐 아니라 여전히 학업중단 청소년들을 위한 주변의 편견과 부정적 시각으로 부당한 차별적 대우를 받고 있는 상황이다. 학업중단 청소년이 그 이후의 삶을 잘 살아갈 수 있도록 사회적인 관심뿐만 아니라 그들의 욕구를 해결할 수 있는 맞춤형 서비스를 통해 자기 주도적인 역량을 발휘할 수 있도록 도와주어야 한다.

2) 지위비행 영역

지위비행은 청소년의 지위, 청소년 시기에 있기 때문에 비행으로 간주되는 것을 말한다. 지위비행의 영역에는 청소년들이 유해매체를 접촉하고 유해업소를 출입하는 것, 음주, 흡연, 성관계, 불량서클 가입, 가출 등이 해당한다고 볼 수 있다. 여기에서는 청소년들에게 좋지 않은 영향을 주는 유해매체 접촉, 흡연 및 음주, 가출을 중심으로 실태를 알아본다.

(1) 청소년 유해매체 접촉

청소년이 살아가는 지역사회 환경을 둘러보면 유해환경이 많이 있다. 유해환경에 자주 노출되다 보니 자연스럽게 비행으로 연결되는 경우가 많다. 유해환경 중에서도 청소년들이 쉽게 접할 수 있는 것이 유해매체이다. 미디어에 익숙하고 영상세대인 청소년들에게 유해매체는 가까이에서 청소년들을 유혹하고 있는 현실이다. 유해매체물에 자주, 깊이 노출되어 있을 때 중독 현상이 발생할 수 있으므로 그 심각성이 크다 하겠다.

유해매체물은 성적인 욕구를 자극하는 선정적인 것이거나 음란한 것, 포악성이나 범죄의 충동을 일으킬 수 있는 것, 성폭력을 포함한 각종 형태의 폭력행위와 약물의 남용을 자극하거나 미화하는 것, 도박과 사행심을 조장하는 등 청소년의 건전한 생활을 현저히 해칠 우려가 있는 것, 건전한 인격과 시민의식의 형성을 저해하는 반사회적·비윤리적인 것, 그 밖에 청소년의 정신적·신체적 건강에 명백히 해를 끼칠 우려가 있는 것으로 정의하고 있다(청소년 보호법).

2022년 통계에 따르면, 청소년의 최근 1년간 성인용 영상물 이용률은 47.5%, 성인용 간행물 이용률은 24.1%로, 특히 초등학생의 성인용 영상물 이용률이 40.0%로 지속 증가하는 것으로 나타났다(여성가족부, 2023)

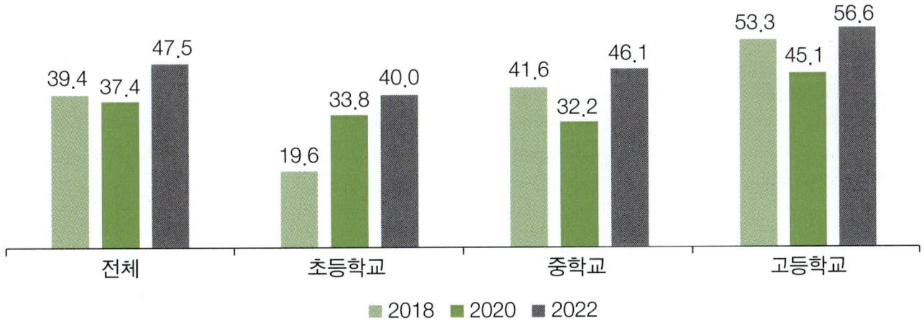

[그림 4-5] 학교급별 성인용 영상물 이용률(출처 : 여성가족부, 2023)

유튜브나 페이스북, 인터넷 1인 방송을 즐겨보는 청소년에게 매체의 이용을 차단할 수는 없다. 국가에서는 청소년의 건전한 매체환경 조성을 위한 노력을 하고 있다. 그 일환으로 여성가족부에서는 매체물 특히, 청소년매체물에 대한 유해성을 심의하고 결정하여 고시함으로 유해매체물이 청소년에게 유통되는 것을 차단한다. 또한 인터넷 모니터링, 법과 제도 개선 작업을 통해 청소년 유해매체환경에 대한 사회적 감시를 강화해 나가고 있다.

「청소년 보호법」이 그 역할을 하고 있으며, 매체물의 심의를 인쇄매체의 경우 '한국간행물윤리위원회'가, 방송 및 통신매체는 '방송통신심의위원회'가, 영화 및 비디오물은 '영상물등급위원회'가, 게임물은 '게임물관리위원회'가 심의 및 등급분류 기능을 수행한다. 여성가족부의 '청소년보호위원회'는 위의 심의기관이 심의를 요청한 매체물이나 심의를 받지 않고 유통되는 매체물의 심의 및 등급분류, 음반 및 음악파일에 대한 심의를 담당하고 있다(여성가족부, 2023).

〈표 4-1〉 매체물 심의기관 현황

심의기관	담당 매체	소관부처 · 법률	심의형태
청소년보호위원회	음반	여성가족부, 「청소년 보호법」	사후심의
간행물윤리위원회	간행물	문화체육관광부, 「출판문화산업 진흥법」	사후심의
영상물등급위원회	영화 · 비디오	문화체육관광부, 「영화비디오법」	사전등급분류

게임물관리위원회	게임물	문화체육관광부, 「게임산업법」	사전등급분류
방송통신심의위원회	정보통신물	방송통신위원회, 「정보통신망법」	사후심의
	방송 프로그램	방송통신위원회, 「방송법」	사전자율/사후심의 병행

출처: 여성가족부(2021)

청소년들이 유해매체에 접촉하지 않도록 통신사에서는 청소년유해차단서비스 등을 실시하고 있고, 유해매체로 인한 어려움을 도와주기 위한 상담서비스를 제공하고 있다.

(2) 흡연 및 음주

흡연과 음주는 지위비행에 속해 있으며, 관문약물로서의 역할을 한다. 일찍부터 흡연과 음주, 특히 흡연에 노출되어 하게 될 때 건강상에도 안좋은 영향이 크다.

2022년 통계에 따르면 중·고등학생 100명 중 약 5명(4.5%)은 최근 30일 내 흡연한 적이 있으며, 이는 전년과 동일한 수치이다. 남학생(6.2%)의 흡연 경험률이 여학생(2.7%)보다 2배 이상 높게 나타났다.

2022년 중·고등학생 100명 중 13명(13.0%)은 최근 30일 내 음주한 적이 있으며, 이는 2021년 대비 2.3%p 증가한 수치이다. 남학생(15.0%)의 음주 경험률이 여학생(10.9%)보다 높게 나타났다(여성가족부, 2023).

[그림 4-6] 흡연율 및 음주율 추이(2015-2021)

출처: 교육부·질병관리청, 「청소년건강행태조사」

〈표 4-2〉 흡연율 및 음주율 (단위: %)

	현재 흡연율[1] 중학생	고등학생		현재 음주율[2] 중학생	고등학생	
2022	4.5	2.1	7.1	13.0	7.0	19.5
남자	6.2	2.3	10.4	15.0	7.7	22.9
여자	2.7	1.8	3.6	10.9	6.3	15.9

출처: 교육부 · 질병관리청,「청소년건강행태조사」, 중 · 고등학생 대상
주: 1) 최근 30일 동안 1일 이상 일반담배(궐련)를 흡연한 사람의 분율
2) 최근 30일 동안 1잔 이상 술을 마신 적이 있는 사람의 분율

청소년의 흡연율은 감소하다 2022년 소폭 상승하였고, 음주율은 감소한 상태를 유지하고 있다. 청소년의 흡연 및 음주율이 감소 추세에 있는 것은 환영할 만하다. 청소년이 흡연 및 음주를 하게 되는 경로는 주로 친구들의 권유, 호기심 때문인 경우가 많고, 가정환경이 흡연과 음주에 관대하며 부모님들이 흡연과 음주를 할 경우 더 많이 노출되는 경향이 있다.

청소년기부터 흡연과 음주를 하는 청소년은 성인이 되어 시작한 사람들에 비해 흡연과 음주 기간이 길어짐으로 건강상 위험이 더 크게 작용할 수 있으므로 흡연과 음주의 폐해를 청소년들에게 잘 알려주는 것이 필요하다.

청소년의 흡연과 음주는 청소년의 건강과 발달에 악영향을 미친다. 정상적인 뼈 성장과 근육 발달을 방해할 뿐만 아니라 지능발달에도 부정적인 영향을 미친다. 청소년기부터 흡연과 음주를 하는 청소년은 더 빨리 늙어 일찍 노인이 되며 약 10년 일찍 죽게 된다. 또한 각종 암의 발생률은 3배, 폐기종은 6배, 심장질환으로 사망할 확률도 3배나 높다.

요즘 학교에서는 초등학교에서부터 흡연예방교육이 지속적으로 이루어지고 있고, 국가적으로는 담배갑에 흡연으로 인한 질병에 걸린 사람들의 끔찍한 사례를 사진으로 넣어 경각심을 불러 일으키고 있다. 이러한 노력도 중요하지만, 무엇보다 청소년에게 자신의 미래의 멋진 모습을 만들어가기 위해 어떻게 해야 하는지 생각해 보게 하는 것, 자신의 강점이 무엇인지를 찾아 그것에 매진할 수 있도록 도와주어야 한다.

(3) 가출

가출은 부모나 보호자의 동의없이 집을 떠나서 24시간 이상 집에 들어가지 않는 것을 말한다. 가출 시작은 초등학생 때부터이고, 장기가출, 상습가출 빈도가 증가하고 있는 추세이다.

청소년통계(2023)에 따르면, 2022년 최근 1년간 가출을 경험한 학생은 3.6%로 남학생(3.8%)이 여학생(3.4%)에 비해 약간 높게 나타났고, 가출의 원인은 부모님과의 문제가 54.6%로 가장 높고, 학업문제(21.7%), 친구들과 함께 하기 위해서(8.9%)가 뒤를 따랐다.

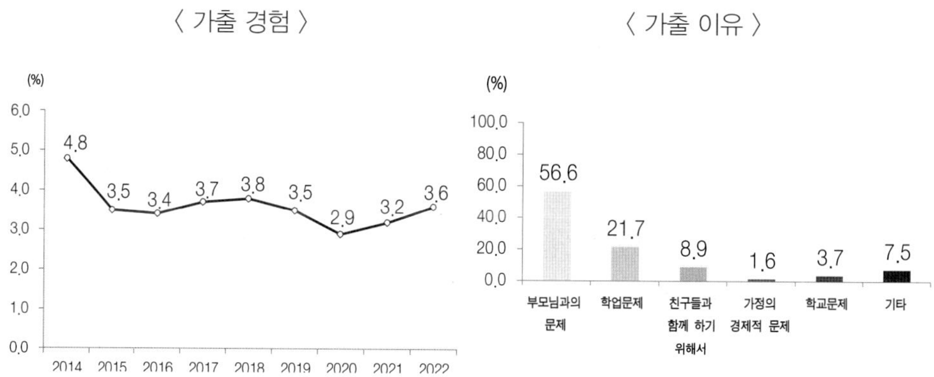

[그림 4-7] 청소년 가출 경험 및 이유(2022)

출처: 한국청소년정책연구원, 「아동청소년인권실태조사」

〈표 4-3〉 청소년 가출 경험 및 이유(2022) (단위: %)

	가출 경험[1]	가출 이유[2]					
		부모님과의 문제	학업문제	친구들과 함께 하기 위해서	가정의 경제적 문제	학교문제	기타
2022	3.6	56.6	21.7	8.9	1.6	3.7	7.5
남자	3.8	54.6	22.8	8.8	2.7	3.7	7.4
여자	3.4	58.7	20.5	9.0	0.5	3.7	7.6
초(4~6)	3.8	49.5	27.5	4.3	1.7	6.1	10.9

		가출 경험[1]	가출 이유[2]					
			부모님과의 문제	학업문제	친구들과 함께 하기 위해서	가정의 경제적 문제	학교문제	기타
	중	3.8	62.1	17.6	11.3	0.0	2.4	6.7
	고	3.2	58.0	20.0	11.2	3.5	2.7	4.5

출처: 한국청소년정책연구원, 「아동청소년인권실태조사」, 초(4~6)·중·고등학생 대상
주 : 1) 최근 1년 동안 가출한 적이 있는 사람의 비중
2) 최근 1년 동안 가출한 적이 있는 사람의 주된 가출 이유

청소년 가출은 개인요인(부정적 자아개념과 낮은 자아존중감, 충동적이고 약한 통제력, 방어적이고 원만하지 않은 대인관계, 자신감이나 인내심 부족, 불안하거나 우울하고 쉽게 화를 내는 경향 등), 가족요인(부적절한 부모역할로 인한 부모와의 갈등이나 부모의 무관심과 냉대, 부모의 부적절한 기능 수행, 부모로부터의 심리적 독립 과정에서의 빈번한 갈등, 부부간 폭력, 낮은 가족응집력 등), 학교요인(친구를 사귀지 못하거나 또래집단으로부터 인정받지 못하는 경우, 학교 부적응과 학업 실패, 또래의 부정적 압력, 학업성취 중심적 학교환경, 결석 등), 사회요인(각종 불법 유흥업소와 빠르게 발달하는 인터넷 등 다양한 유해환경 등) 등 복합적인데(이미리 외, 2014), 가족요인이 가장 크게 작용하는 것으로 통계를 통해 확인할 수 있다.

청소년 가출은 가출 후의 우울증, 약물남용과 같은 위험행동 개입가능성이 높은 것이 특징이다. 숙식해결을 위해 남자청소년은 폭력, 마약, 절도에, 여자청소년은 매춘, 절도, 마약 등 2차 비행에 연결될 가능성이 높아 예방대책 수립이 절실히 필요하다.

가출한 청소년을 돌보기 위한 기관은 쉼터이다. 쉼터는 가출한 청소년을 일시, 단기, 장기로 보호하여 집에 복귀하도록 돕는다. 2022년 기준 청소년쉼터는 138개소가 설치되어 있어 가출 청소년의 일시보호 및 숙식제공, 가출 청소년의 상담·선도·수련활동, 가출 청소년의 학업 및 직업훈련 지원활동, 청소년의 가출예방을 위한 거리상담 지원활동, 그 밖에 청소년복지지원 관리 등을 한다.

〈표 4-4〉 청소년쉼터의 종류 및 기능

구분	일심쉼터(32개소)	단기쉼터(67개소)	중장기쉼터(39개소)
기간	24시간~7일 이내 일시보호	3개월 이내 단기보호 (최장 9개월까지 연장 가능)	3년 이내 중장기보호 (필요시 1년 연장 가능)
이용대상	가정 밖 · 거리 배회 · 노숙 청소년	가정 밖 청소년	가정 밖 청소년
주요기능	• 가정 밖 청소년 조기 구조 · 발견, 단기 · 중장기 청소년 쉼터와 연결 • 위기 개입 상담, 진로지도, 적성검사 등 상담 서비스 제공 • 먹거리, 음료수 등 기본적인 서비스 제공 등	• 가정 밖 청소년 문제 해결을 위한 상담 · 치료 서비스 및 예방 활동 • 의식주 및 의료 등 보호 서비스 제공 • 가정 및 사회복귀 대상 청소년 분류, 전문기관 연계 · 의뢰 서비스 제공 등	• 가정복귀가 여럽거나 특별히 보호가 필요한 위기청소년을 대상으로 장기간 • 안정적인 보호 서비스 제공
위치	이동형(차량), 고정형 (청소년 유동지역)	주요 도심별	주택가
지향점	가출 예방, 조기 발견, 초기 개입	보호, 가정 및 사회복귀	자립지원

출처: 여성가족부(2022)

3) 지위비행이면서 범죄인 영역

지위비행이면서 범죄인 영역은 사안이 경미하면 지위비행으로 볼 수 있으나 심각한 경우에는 범죄에 해당하는 영역이다. 이 영역에는 학교폭력, 성문제, 사이버일탈 등이 속한다. 사이버상의 일탈과 문제는 학교폭력과 성문제에 같이 맞물려 나타남으로 학교폭력과 성문제를 중심으로 살펴본다.

(1) 학교폭력

학교폭력은 학교 내외에서 학생을 대상으로 발생한 상해, 폭행, 감금, 협박, 약취·유인, 명예훼손·모욕, 공갈, 강요·강제적인 심부름 및 성폭력, 따돌림, 사이버 따돌림, 정보통신망을 이용한 음란·폭력 정보 등에 의하여 신체·정신 또는 재산상의 피해를 수반하는 행위를 말한다(학교폭력예방법, 2015). 학교폭력은 주로 따돌림에서 시작하여 확대되는 경우가 대부분이고, 신체폭행, 위협 및 협박, 괴롭힘, 사이버폭력, 성폭력, 금품갈취, 언어폭력으로 청소년의 부정적인 행동 양상이다.

2023년 1차 조사(교육부, 2023)에서 전체 피해응답률은 1.9%로 2022년 1차 조사(2021년 2학기~2022년 4월 응답시점)에 비해 소폭(0.2%p) 증가하였다. 학교급별로는 초 3.9%, 중 1.3%, 고 0.4%로 조사되어 각각 0.1%p, 0.4%p, 0.1%p 증가한 것으로 나타났다.

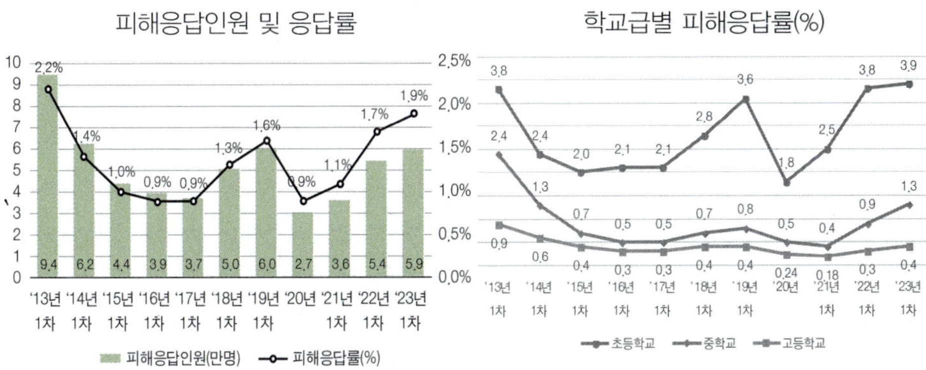

[그림 4-8] 2023년 1차 학교폭력 피해 응답률

출처: 교육부(2023)

학교폭력 피해유형은 언어폭력(37.1%), 신체폭력(17.3%), 집단따돌림(15.1%) 순으로 나타났으며, 2022년 1차 조사 대비 언어폭력(41.8%→37.1%)과 사이버폭력(9.6%→6.9%) 비중은 감소하였으나 신체폭력(14.6%→17.3%) 비중은 증가하였다. 집단따돌림, 사이버폭력은 학교급이 높아질수록 응답률이 높게 나타났고, 과잉 접근 행위(스토킹), 신체폭력은 학교급이 높아질수록 응답률이 낮게 나타났다.

학교폭력 가해응답률은 1.0%로 2022년 1차 조사 대비 0.4%p 증가하였다. 학교급별로는 초등학교 2.2%, 중학교 0.6%, 고등학교 0.1%로 조사되어 초등학교는 0.9%p, 중학교는 0.3%p 증가하였다.(고등학교는 거의 동일)

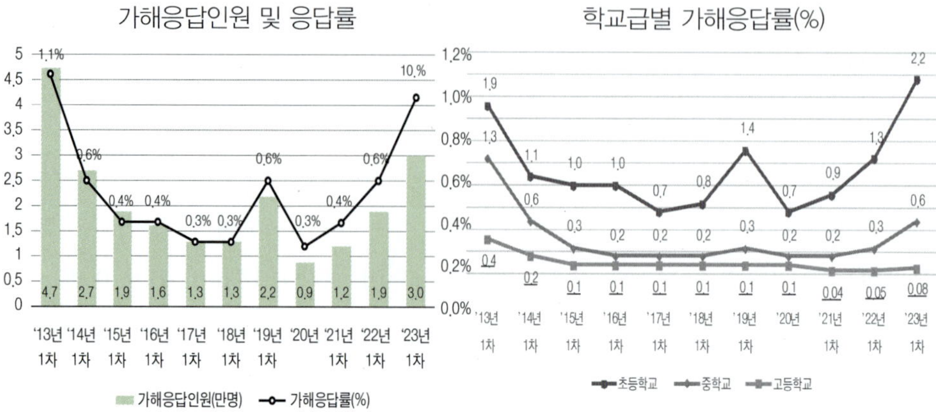

[그림 4-9] 2023년 1차 학교폭력 가해 응답률

출처: 교육부(2023)

전체 학생 대비 피해, 가해 경험 학생의 비율은 감소하다가 상승하고 있는 것으로 나타났다. 코로나19로 인하여 학생들이 온라인 수업을 하는 상황에서 만남이 줄어들어 학교폭력이 줄어든 효과가 있었으나 다시 증가 추세에 있다.

초·중·고등학생의 가해 행위의 주요 이유는 '장난이나 특별한 이유없이'의 비율이 가장 높았다.

학교폭력은 개인의 폭력에 대한 인식 부족, 가정환경 및 주위 환경의 부적절성으로 인한 타인 배려 부재로 인해 나타나고 있다.

학교폭력은 군중심리가 작용하고 집단동조 현상이 나타난다. 청소년집단의 행동이 학교폭력으로 나타나는 경우가 있다. 학교폭력은 가해자나 피해자가 학교에 다니는 내내 영향을 미치기 때문에 서로 간의 조정이 원만하게 해결되도록 노력해야 한다(권일남 외, 2021). 그렇다고 학교폭력 피해 학생에게 가해 학생과 친하게 지내라고 하는 것은 안된다. 단호하게 가해 학생이 피해 학생에게 접근하지 못하도록 하는 것이 필요하다. 요즘 증가하는 것은 사이버폭력이다. 10대 학생들 사이에 '저격'이라는 말이 많이 쓰이는데, 이는 한 학생을 타깃으로 조롱하는 글을 올리고 다른 학생들이 댓글을 다는 식으로 비난을 퍼붓는 사이버폭력이다. 관계지향적 성향이 높은 10대 여학생들이 더 사이버폭력에 취약하다. 거의 모든 학교폭력 밑바탕엔 소셜미디어 폭력이 깔려 있어서 일부 교사들은 학생들의 소셜 미디어를 염탐하며 왕따를 감지하거나, 더 적극적으로 학생들과 페이스북 친구, 인스타그램 친구를 맺고 댓글을 달며 사이버폭력을 저지하고 있다.

어떤 경우는 사소한 친구들과의 갈등이 학폭위에 가면서 부모님 사이의 법정 다툼으로 번지기도 한다. 화해와 사과로 풀 수 있는 사안도 기계적으로 학폭위로 넘겨버리니 아이들에겐 배움과 성장의 기회가 박탈되고, 학폭위 최고 처분이 퇴학임을 생각해 볼 때 심각한 폭력에 대해서는 학교가 학생을 교화하지 못한 채 학교 밖으로 내치는 꼴이 된다.

이러한 상황에서 사안들을 잘 구분하여 피해 학생과 가해 학생 간의 관계회복이 학교폭력 해결의 최종 목표가 되도록 방안을 마련하는 것이 중요하다.

(2) 성문제

성정체성을 인지하는 평균연령은 13.8세이다. 2차 성징이 나타나는 사춘기 시기부터 청소년은 성적 충동을 경험하게 되고, 그 욕구를 해결하고 싶어한다.

성비행이라 할 수 있는 성문제로는 성매매를 들 수 있다. 특히 가출한 청소년이 돈과 주거를 위해 성매매를 하는 경우가 많다.

여성가족부는 2016년 성매매 실태조사에서 성매매 관련 새로운 동향파악을 위해 청소년 성매매 실태조사를 처음으로 실시하였다. 그 조사에 따르면, 조건만남 경험 청소년 10명 7명(74.8%)이 1:1채팅, 화상채팅 등의 채팅앱(37.4%)과 불특정한 상대방과 채팅 또는 쪽지를 주고받는 애플리케이션인 랜덤채팅앱(23.4%), 채팅사이트(14%)로 상대를 만난 것으로 나타났다.

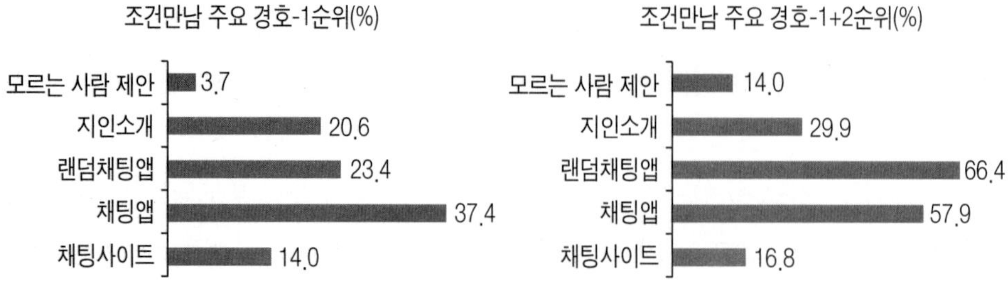

[그림 4-10] 청소년 조건만남 주요 경로

출처: 여성가족부(2017)

성매매·가출 등 위기를 경험한 19세 미만 청소년 응답자 173명의 조사에서 조건만남 경험이 있는 청소년은 61.8%로 107명이었다. 이들이 처음 조건만남을 경험한 것은 가출 후가 70.7%, 과거 학교를 다니면서가 51.4%였고, 조건만남을 하게 된 이유는 '갈 곳/잘 곳이 없어서'(29%)가 가장 많았고, 조건만남 대가로 대부분 돈(87.9%)을 받은 것으로 나타났다. 조건만남을 통해 신체적·정신적 피해를 경험했고, 그 내용은 약속한 돈보다는 적게 주거나 콘돔 사용을 거부하거나 임신/성병 등이었다. 이러한 피해를 당해도 절반은 사람들이 알게 될까봐, 처벌받을까 두려워서 주변 등에 도움을 요청하지 않았다. 조건만남 근절을 위해서는 조건만남 상대남성에 대한 강력한 처벌, 불법 랜덤채팅앱에 대한 수사 및 처벌 강화가 필요하다고 청소년들은 보았다(여성가족부, 2017).

「성매매특별법」(성매매 알선 등 행위의 처벌에 관한 법률과 성매매 방지 및 피해자보호 등에 관한 법률)이 2004년에 시행되어 15여 년이 훨씬 넘었지만, 성매매업소가 음성화되고 인터넷에서는 벗방(벗는 방송, 벗는 방) 등 유사 성매매가 판치고 있다. 인터넷 상에서 활발히 이루어지는만큼 청소년들이 쉽게 접근할 수 있으므로 청소년들에게 올바른 매체 교육이 필요하다. 또한 성인들이 상업적인 목적으로 유해한 콘텐츠를 만들어 제공하는 경우가 많은데 콘텐츠 제공자들의 윤리의식 개선을 위한 노력이 선행되어야 한다. 무엇보다 성매매에 대한 사회적인 인식개선이 우선되어야 한다.

4. 청소년문제의 대안

수많은 청소년문제가 다양한 원인에 의해 발생하고 있다. 청소년문제를 해결하기 위해 가정, 학교, 지역사회, 국가에서 다양한 노력을 기울이고 있다. 그 중 국가적인 차원의 접근으로 제시된 것이 인성교육이다. 학교폭력이 빈번하게 발생하면서 2013년 서울시에서는 학교에 어울림프로그램을 실시하도록 했다. 공감, 의사소통, 갈등해결, 자기존중, 감정조절, 학교폭력 인식 및 대처 등의 나눠 각 학교에서 필요한 교육을 위해 외부기관과 연결하여 프로그램을 진행할 수 있는 여건을 마련하였다. 또한 교사와 학부모가 한 가지로 학생들의 인성이 부족함을 문제로 여기는 상황에서 인성교육의 필요성에 사회적 공감대가 형성되어 2015년 「인성교육진흥법」을 제정하여 시행하였다. 예, 효, 정직, 책임, 존중, 배려, 소통, 협동 등을 핵심가치로 삼고 국가와 지역사회, 학교, 가정이 함께 인성교육의 실효성을 확보해 나가기 위한 노력을 기울이고 있다.

그런 노력의 일환으로 호주 학교에서 가르치는 컴백스(Comebacks대꾸: 재치 있는 답변을 통해 상처 주는 말을 받아 넘기는 언어 표현)[1]를 벤치마킹해 학교폭력 '방패말'을 추진하기도 했다.

우리나라 교육의 목표는 창의성과 인성이다. 인성을 갖춘 창의적 융합 인재를 길러내는 것이 필요하다. 청소년들이 문제 안에 머물러 있지 않고 우리나라 교육의

1) 호주 학교에서 가르치는 '컴백스'
–동의하기(자기를 낮추기)
A: 또 실수했니? 네 실수 지적하느라 입이 아플 지경이다.
B: 그러게. 매번 실수 고쳐주는 것도 피곤한 일인데.
–오히려 상대를 칭찬하기
A: 야, 너 또 지각이냐. 귀가 먹었냐. 알람도 못 듣게?
B: 안녕, 반갑다. 오늘 정말 멋져 보이는데.
–과장하기
A: 네 아이디어는 진짜 쓰레기야.
B: 맞아. 엉망진창이지. '엉망진창 올림픽'이 있다면 금메달 감이지.
–주제 바꾸기
A: 넌 되게 멍청하다. 그것도 까먹다니.
B: 아. 그말 듣고 보니 마트에서 예쁜 신발을 본게 기억나. 사야할까?
자료: 교육부

목표대로 역량있는 인재로 성장하도록 하기 위해서는 다양한 노력이 필요하다.

첫째, 가정에서의 소통이 필요하다. 가정의 환경이 자녀들에게 집중할 수 있는 상황은 아니지만 함께 할 수 있는 대화의 시간을 확보해야 한다. 그러기 위해서는 밥상머리 교육이 필요하다.

둘째, 학교에서는 학교의 여건이 청소년 중심으로 바뀔 수 있도록 해야 한다. 인성교육의 계획만 세울 것이 아니라 관계도를 조사하여 반 친구들의 네트워크를 그려 교우관계를 파악하여 왕따는 없는지 살펴볼 필요가 있다. 또한 학급과 학교의 규칙을 선생님과 학생이 같이 정하여 청소년들이 자유롭게 생각하고 행동할 뿐만 아니라 자신들이 만든 규칙을 통해 주어진 자유를 스스로 제한하고 타인과 함께 살아갈 수 있도록 가르쳐 자율과 공존을 터득해 나갈 수 있도록 도와야 한다.

셋째, 지역사회에서는 가정, 학교와 연계하여 마을 주민 모두가 선생님으로 책임의식을 가져야 한다. 청소년들이 위협적인 존재로 여겨져 그냥 지나치는 요즘 세태이나 훈계를 하기 위한 선생님이 아니라 걱정하고 돕기 위한 선생님으로 자리매김하는 것이다. 학교나 지역의 청소년기관들과 연계하여 지역의 축제나 행사에 청소년이 봉사활동을 하고, 한 달에 한 번 정도 지역의 주변을 청소하고, 지역사회는 청소년의 요청이 있을 때 개방하여 협력체계가 구축되도록 하는 것이다.

주위의 상황과 여건이 바뀌면 청소년도 문제 안에 매몰되어 있기보다는 건강한 방식으로 스트레스를 해소해 나갈 수 있을 것이다.

제5장 청소년지도

청소년들에게 심각한 부분은 무엇인가? 많은 청소년문제가 있지만, 그 문제들의 바탕에 스마트폰이 자리잡아 영향을 미친다. 스마트폰 때문에 부모와 교사와의 갈등이 나타나고, 스마트폰 못하게 하니 금단현상이 나타나 부모에게 욕을 하고 폭언을 일삼는 등 여러 일들이 발생하고 있다.

또한, 시험성적을 고민하는 학생이 공부 때문에 죽고싶을 정도로 스트레스를 받았다는 유서를 남기고 자살하는 일도 있다. 학교생활에 문제가 없었고, 말썽을 일으켜 상담을 받은 적도 없는 평범한 학생이었다고 교사는 당혹해했다.

시험 기간만 되면 아침부터 도서관에 줄을 서서 자리를 맡아주는 부모들은 청소년들이 스스로 할 수 있는 것들을 제한해 자신의 인생의 상당 부분을 부모의 결정에 따라 결정하게 되는 경우도 있다. 일상에서 발생하는 크고 작은 스트레스가 자살까지 이어지는 상황, 스스로 어떤 것을 선택해 할 수 없는 상황에서 청소년들에게 어떤 지도가 필요할까? 밖으로는 아무 문제가 보이지 않던 아이들... 삶에서 부딪치는 여러 상황들을 뛰어넘고 견딜 수 있도록 도와주는 것이 필요하다. 기본적으로 청소년 모두에게 내면의 힘을 가질 수 있도록 지도하는 것이 필요하다.

1. 청소년지도의 의미

1) 청소년지도의 개념

청소년지도란 청소년의 발달을 위한 전문적인 조력활동이다. 지도(指導)란 '어떤 목적이나 방향으로 남을 가르쳐 이끎'(네이버어학사전)으로 누군가가 있어 지도대상에게 가르침을 주고 이끌어주는 것을 말한다. 이 의미에서 지도하는 사람의 가르침이 크게 작용하는 것으로 볼 수 있다. 그렇다면 청소년지도에서 지도자의 역할이 매우 중요할 수 있다. 그러나 지도자의 역할을 너무 크게 부각하여 청소년의 주도성을 인식하지 못한다면 청소년지도가 잘 이루어졌다고 보기 어렵다.

청소년지도에 대한 학자들의 정의는 이렇다. 문용린(1997)은 청소년지도란 "청소년에게 포괄적인 삶의 경험을 제공해서 그들 나름대로의 삶을 즐기고 영위해 나가게 함으로써 성인이 되어 가는 그들의 노력을 적극적으로 지원해 주는 것이다"라고 했다. 김진화(2004)는 "청소년이 그들의 생활에서 직면한 여러 문제(교육적·가정적·사회적·직업적·신체적·정서적 문제)를 해결할 수 있도록 적극적으로 개입하고 지원하며, 청소년의 인지적·사회적·정서적·신체적 영역의 잠재력이 바람직하고 건전하며 온전한 상태로 성장할 수 있도록 조력하고 지원하는 조직적인 일련의 과정"이라고 정의하였다. 한상철(2008)은 "전문적인 지도인력이 청소년을 지도하는 행위 또는 과정으로서 상담의 의미를 내포하고 있으며 청소년으로 하여금 자기 주도적 능력을 갖도록 환경을 조성하고 안내하고 지원하는 일련의 조력 활동"으로 정의했다. 이미리 외(2014)는 청소년지도란 광의적 의미에서 청소년의 긍정적인 성장과 발전을 위한 다양한 조력활동인 반면, 협의적 의미에서 전문적인 지도인력에 의해 이루어지는 것으로 정의했다. 김영인과 김민(2016)은 "청소년지도는 덕·체·지를 겸비한 도덕적이고 전인적인 인간으로 청소년이 성장할 수 있도록 청소년지도사, 청소년상담사와 같은 청소년 지도 전문가에 의해서 청소년시설, 청소년단체 등에서 청소년 활동 프로그램을 중심으로 이루어지는 지속적이고 체계적인 안내·지원 활동"으로 엄격하게 규정하였다. 오윤선과 황인숙(2018)은 "청소년지도는 전문성을 인준받은 청소년지도자가 신체적, 인지적, 도덕적, 심리적, 정서적, 사회적, 영적 문제에 직면한 청소년들에게 청소년지도의 원리와 실제를 활용하여 청소년들이 의미있는 변화와 성숙에 이르며 전인적 인간으로 성장할 수 있도록 체계적인 프로그램을 통해 돕는 것"으로 정의하였다.

여러 학자들의 정의에서 공통적인 단어를 찾자면, '청소년, 성장, 지원, 조력, 안내' 등이다. 공통된 단어를 연결하여 정의를 내리면, 청소년지도는 '청소년의 성장을 지원, 조력, 안내하는 것'이라고 할 수 있다.

여기에서 발견할 수 있는 것은 첫째, 청소년지도의 목적은 청소년의 성장이라는 것이다. 청소년이 시대와 상황에 따라 변화할지라도 청소년이 잘 적응해 나가며 자신의 균형적인 성장을 이루어내도록 한다. 청소년의 자기주도적 능력을 함양하는 것이다.

둘째, 청소년지도는 지원, 조력, 안내하는 것이다. 누가? 지도자가. 무엇을? 청소년의 성장을. 어떤 성장을? 자기주도적 성장을. 지도자의 역할이 완전한 이끎과 가르침이 아니라 청소년이 스스로 성장할 수 있도록 안내하고, 어떤 선택을 했을 때 지원하고, 도움을 요청했을 때 조력하는 것이어야 한다. 다분히 지도라는 단어가 성인적인 입장으로 일방적인 방향성으로 이해되는 부분이나 청소년지도에서의 지도는 청소년의 자기주도적 역량을 발휘할 수 있도록 돕는 역할이라 볼 수 있다.

그러므로 청소년지도는 청소년지도자가 청소년이 자기주도적 역량을 발휘할 수 있도록 안내하고 지원하고 조력하는 것이라 정의할 수 있다.

2) 청소년지도의 접근법

청소년지도가 성인의 관점에서 이끌어주는 것으로만 이해한다면 청소년의 주도성은 발휘되지 못한다. 전통적인 지도행위는 전자에 머물러 있어 자연스럽게 일상생활 안에서 이루어지는 것을 말한다면 현재의 청소년지도는 전문적인 지도자의 조력이 뒷받침되어야 함을 강조하고 있다. 청소년지도는 청소년의 전인적인 성장, 즉 지·덕·체를 겸비한 사람으로 커갈 수 있도록 하기 위해 학교 교육과 구분되는 차원으로 접근되었다. 학교교육에서는 입시 위주의 지적인 교육에 치중한 반면, 청소년지도에서는 청소년의 덕성 함양에 치중한 육성에 초점을 두었다. 청소년육성이란 「청소년 기본법」에 명시되어 있다. "청소년육성이라 함은 청소년의 복지를 증진하고, 청소년의 수련활동을 지원하며, 청소년의 교류를 진흥하고, 사회 여건과 환경을 청소년에게 유익하도록 개선하여 청소년에 대한 교육과 상호 보완함으로써 청소년의 균형 있는 성장을 돕는 것을 말한다." 청소년육성의 핵심이 청소년지도이다. 그런 지도를 잘하기 위해서는 청소년지도를 바라보는 관점 정립이 무엇보다 중요하다.

청소년지도를 바라보는 이론적 접근은 두 가지로 설명할 수 있다. 문제중심 접근법과 강점중심 접근법이다. 문제중심 접근법은 청소년의 문제, 일탈, 범죄, 결점 등 청소년문제의 부정적인 측면에 초점을 두어 청소년을 위험 요인으로부터 보호하고 격리시켜 문제와 비행 발생을 억제하고자 하는 전통적인 이론적 관점이라 볼 수 있다. 문제중심 접근법에서 바라보는 청소년지도의 성공은 청소년문제의 감소이다. 그러므로 단기적인 개입을 통해 문제시되었던 것이 감소하면 그것으로 청소년지도가 잘 되었다고 판단하는 것이다.

반면에 강점중심 접근법은 문제중심 접근법이 청소년을 부정적으로만 보고 청소년의 문제와 비행에만 초점을 맞춰 단기적인 처방으로만 접근하는 것에 비판하면서 나오게 되었는데, 이는 청소년의 긍정적인 부분에 초점을 맞추어 그들의 잠재력, 가능성, 아이디어, 장점 등에 관심을 갖는다. 청소년을 주체인 행위자로 보고, 청소년의 주도적인 능력을 인정해 준다. 청소년의 적극적인 참여와 역할을 강조하는 강점중심 접근법에는 청소년지도의 성공을 긍정적인 행동, 태도, 기능의 증가로 보았다. 이는 청소년의 잠재력, 가능성, 역량강화로 청소년개발과 맞닿아 있다. 단기적인 처방이 아니라 장기적인 변화를 도모하는 것이 강점중심 접근의 지도이다.

〈표 5-1〉 문제중심 접근법과 강점중심 접근법

문제중심 접근법	강점중심 접근법
청소년의 문제, 일탈, 범죄, 결점 등 청소년 문제의 부정적 측면에 초점	청소년의 잠재력, 가능성, 아이디어, 장점 등 긍정적 측면에 초점
청소년을 객체, 대상으로 봄	청소년을 주체, 행위자로 봄
보호와 격리, 규제와 처방, 문제에 대한 수동적인 반응, 단기적 개입 중시	사회 현안에 대한 청소년의 참여와 역할, 권리부여, 격려와 칭찬, 미래중심적이고 장기적인 지원 중시
청소년을 성인, 가족, 이웃, 학교, 지역사회 등의 사회적 맥락과 분리하여 고려	성인, 가족, 이웃, 학교, 지역사회 등의 사회적 맥락과 청소년과의 유기적 연관성을 고려
청소년시설 · 단체 등의 활동을 고립 또는 경쟁적인 차원에서 바라봄	청소년시설 · 단체 등의 상호협력을 중시
청소년지도의 성공을 청소년문제의 감소로 측정	청소년지도의 성공을 긍정적인 행동, 태도, 기능의 증가로 측정
전문가의 전문성과 지도에 주로 의존	전문가, 지역사회 인사 등 사회구성원에게 적절한 역할 부여

출처: 이미리 외(2014)

2. 청소년지도자의 역할과 자질

1) 청소년지도자의 개념

청소년지도는 청소년지도자의 개입으로 인한 지원과 조력이라 했다. 청소년지도의 핵심주체가 청소년지도자이다. 「청소년 기본법」에서는 청소년지도자를 청소년지도사, 청소년상담사와 청소년시설, 청소년단체 및 청소년 관련 기관에서 청소년육성에 필요한 업무에 종사하는 사람을 말한다. 이들은 직접적으로 청소년을 만나며 청소년 활동, 보호, 복지의 역할을 해 나가는 사람들이다.

최근에는 청소년지도자의 유형을 청소년지도사, 청소년상담사, 청소년시설·단체·관련기관 종사자로 분류하고 있다. 청소년지도사와 청소년상담사는 1~3급의 급수에 따라 분류된다.

국가검정자격시험이 있는 것은 청소년지도사와 청소년상담사이다. 이들은 청소년의 문제뿐만 아니라 청소년이 가진 강점과 역량에 예방과 성장, 변화 차원에서 접근하며 청소년의 균형적인 성장을 도모한다.

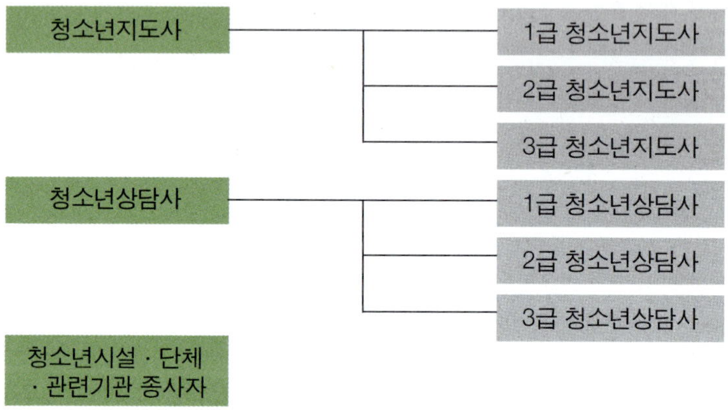

[그림 5-2] 청소년지도자의 분류

출처: 여성가족부(2022)

2) 청소년지도사

청소년지도사는 1993년부터 국가검정자격에 의해 양성하고 있으며, 1, 2, 3급으로 구분된다(2027년부터는 3급 폐지). 청소년 관련 분야의 경력 및 기타 자격을 갖춘 자로서 자격 검정에 합격하고 소정의 연수를 마쳐야 자격이 주어진다. 청소년지도사는 급격한 사회변화에 따라 나타나는 청소년문제를 해결하고 청소년활동을 체계적으로 제공하기 위해 청소년수련활동에 대한 전문지식과 지도기법 및 자질을 갖춰야 한다. 청소년지도사는 주로 청소년활동(프로그램, 사업)을 전담하여 청소년 수련활동, 교류활동, 동아리활동, 봉사활동, 문화활동 등을 지도한다. 청소년지도사에 응시할 수 있는 자격기준은 〈표 5-2〉와 같다.

〈표 5-2〉 청소년지도사 등급별 자격검정 응시자격 기준

등급	응시자격 기준
1급 청소년지도사	2급 청소년지도사 자격 취득 후 청소년활동 등 청소년육성업무에 종사한 경력이 3년 이상인 사람
2급 청소년지도사	1. 대학 졸업(예정)자 또는 이와 같은 수준 이상의 학력이 있는 사람으로서 2급 청소년지도사 자격 검정에 필요한 과목 모두를 전공과목으로 이수한 사람 2. 2006년 12월 31일 이전에 대학을 졸업하였거나 이와 같은 수준 이상의 학력을 취득한 사람으로서 별표 1의 2에 따른 과목을 이수한 사람 3. 대학원의 학위과정 수료(예정)자로서 2급 청소년지도사 자격검정에 필요한 과목 모두를 전공과목으로 이수한 사람 4. 2006년 12월 31일 이전에 대학원의 학위과정을 수료한 사람으로서 별표 1의 2의 규정에 따른 과목 중 필수영역 과목을 이수한 사람 5. 대학 졸업 또는 이와 같은 수준 이상의 학력이 있다고 다른 법령에서 인정받은 후 청소년활동 등 청소년육성업무에 종사한 경력이 2년 이상인 사람 6. 전문대학 졸업 또는 이와 같은 수준 이상의 학력이 있다고 다른 법령에서 인정받은 후 청소년활동 등 청소년육성업무에 종사한 경력이 3년 이상인 사람 7. 3급 청소년지도사 자격 취득 후 청소년활동 등 청소년육성업무에 종사한 경력이 2년 이상인 사람 8. 고등학교 졸업 또는 이와 같은 수준 이상의 학력을 인정받은 후 청소년활동 등 청소년육성업무에 종사한 경력이 8년 이상인 사람
3급 청소년지도사	1. 전문대학 졸업(예정)자 또는 이와 같은 수준 이상의 학력이 있는 자로서 3급 청소년지도사 자격검정에 필요한 과목 모두를 전공과목으로 이수한 사람 2. 2006년 12월 31일 이전에 전문대학을 졸업하였거나 이와 같은 수준 이상의 학력을 취득한 사람으로서 별표 1의 2에 따른 과목 이수한 사람 3. 전문대학 졸업 또는 이와 같은 수준 이상의 학력이 있다고 다른 법령에서 인정받은 후 청소년활동 등 청소년육성업무에 종사한 경력이 2년 이상인 사람 4. 고등학교 졸업 또는 이와 같은 수준 이상의 학력이 있다고 다른 법령에서 인정받은 후 청소년활동 등 청소년육성업무에 종사한 경력이 3년 이상인 사람

출처: 「청소년 기본법 시행령」 [별표 1] 청소년지도사 자격검정의 등급별 응시 자격 기준.

청소년지도사 자격을 위해 2, 3급은 객관식 필기시험과 면접, 1급은 주·객관식 필기시험에 합격해야 한다. 청소년지도사 자격검정의 합격 기준은 필기시험에서 매 과목 40점 이상, 전과목 평균 60점 이상의 점수를 얻어야 한다. 2008년 1월부터는 2급 자격기준 중 대학졸업(예정)자 또는 이와 동등 이상의 학력이 있는 자

로서 2급 청소년지도사 자격검정에 필요한 과목 모두를 전공과목으로 이수한 자와 3급 지도사의 경우 전문대학 졸업(예정)자 또는 이와 동등 이상의 학력이 있는 자로서 3급 청소년지도사 자격검정에 필요한 과목 모두를 전공과목으로 이수한 자에 대해서는 해당 급수의 청소년지도사 자격검정 필기시험을 면제시켜 주고 있다. 이러한 자격검정에 합격한 자는 자질과 전문성 함양의 내용으로 구성된 30시간의 연수를 받아야 한다.

〈표 5-3〉 청소년지도사 자격검정 과목 및 방법

구분	검정과목	검정방법	
1급	청소년연구방법론, 청소년 인권과참여, 청소년정책론, 청소년기관운영, 청소년지도자론	주 · 객관식 필기시험	
2급	청소년육성제도론, 청소년지도방법론, 청소년심리 및 상담, 청소년문화, 청소년활동, 청소년복지, 청소년프로그램 개발과 평가, 청소년문제와 보호	객관식 필기시험	면접 (3급 청소년지도사 자격증 소지자는 면접시험 면제)
3급	청소년육성제도론, 청소년활동, 청소년심리 및 상담, 청소년문화, 청소년지도방법론, 청소년문제와보호, 청소년프로그램 개발과 평가	객관식 필기시험	면접

주: 청소년지도사 자격검정의 과목과 관련된 전공과목의 인정범위는 여성가족부장관이 별도로 정하여 고시함.

출처: 「청소년 기본법 시행령」[별표 21] 청소년지도사 자격검정의 과목 및 방법(제20조제3항 관련)

자격검정을 통해 배출된 청소년지도사는 청소년시설이나 단체 등 청소년기관에서 청소년지도의 업무를 하게 되는데, 청소년시설과 단체에는 일정한 기준에 의해 청소년지도사를 배치하도록 「청소년 기본법」에 명시하고 있다. 청소년시설별 청소년지도사 배치기준은 〈표 5-4〉와 같다. 청소년단체나 청소년시설에 배치된 청소년지도사에게 국가 및 지방자치단체는 예산의 범위 안에서 그 활동비의 전부 또는 일부를 보조할 수 있다.

〈표 5-4〉 청소년시설의 청소년지도사 배치기준

<table>
<tr><th colspan="2">배치대상</th><th>배치기준</th></tr>
<tr><td rowspan="3">청소년
수련시설</td><td>청소년
수련관</td><td>1급 또는 2급 청소년지도사 각각 1명 이상을 포함하여 4명 이상의 청소년지도사를 두되, 수용인원이 500명을 초과하는 경우에는 500명을 초과하는 250명당 1급, 2급 또는 3급 청소년지도사 중 1명 이상을 추가로 둔다.</td></tr>
<tr><td>청소년
수련원</td><td>1) 1급 또는 2급 청소년지도사 1명 이상을 포함하여 2명 이상의 청소년지도사를 두되, 수용정원이 500명을 초과하는 경우에는 1급 청소년지도사 1명 이상과 500명을 초과하는 250명당 1급, 2급 또는 3급 청소년지도사 중 1명 이상을 추가로 둔다.
2)지방자치단체에서 폐교시설을 이용하여 설치한 시설로서 특정 계절에만 운영하는 시설의 경우에는 청소년지도사를 두지 않을 수 있다.</td></tr>
<tr><td>유스호스텔</td><td>청소년지도사를 1명 이상 두되, 숙박정원이 500명을 초과하는 경우에는 1급 또는 2급 청소년지도사 1명 이상을 추가로 둔다.</td></tr>
<tr><td rowspan="3">청소년
수련시설</td><td>청소년야영장</td><td>1) 청소년지도사를 1명 이상 둔다. 다만, 설치 · 운영자가 동일한 시 · 도 안에 다른 수련시설을 운영하면서 청소년야영장을 운영하는 경우로서 다른 수련시설에 청소년지 도사를 둔 경우에는 그 청소년야영장에 청소년지도사를 별도로 두지 않을 수 있다
2) 국가, 지방자치단체, 그 밖에 공공법인이 설치 · 운영하는 청소년야영장으로서 청소년수련거리의 실시 없이 이용 편의만 제공하는 경우에는 청소년지도사를 두지 않을 수 있다.</td></tr>
<tr><td>청소년문화의집</td><td>청소년지도사를 1명 이상 둔다.</td></tr>
<tr><td>청소년특화시설</td><td>1급 또는 2급 청소년지도사 1명 이상을 포함하여 2명 이상의 청소년지도사를 둔다.</td></tr>
<tr><td colspan="2">청소년단체</td><td>청소년회원 수가 2천 명 이하인 경우에는 1급 청소년지도사 또는 2급 청소년지도사 1명 이상을 두되, 청소년회원 수가 2천 명을 초과하는 경우에는 그 초과하는 2천 명마다 1급 청소년지도사 또는 2급 청소년지도사 1명 이상을 추가로 두며, 청소년회원 수가 1만 명 이상인 경우에는 청소년지도사의 5분의 1 이상은 1급 청소년지도사로 두어야 한다.</td></tr>
</table>

출처: 여성가족부(2022).

3) 청소년상담사

청소년상담사는 2003년부터 국가검정자격제도에 의해서 양성되고 있다. 2022년까지 총 21회의 자격검정이 있었고, 이를 통해 1급 1,194명, 2급 13,077명, 3급 19,546명으로 총 33,817명의 청소년상담사가 양성되었다. 청소년상담사 자격증은 상담관련 분야를 전공하고 상담실무 경력이나 기타 자격을 갖춘 자로서 자격검정에 합격하고, 100시간 이상의 연수를 마친 자에게 부여하는 국가자격증이다. 청소년상담사 자격검정 등급별 응시자격은 다음 〈표 5-5〉와 같다.

〈표 5-5〉 청소년상담사 등급별 자격검정 응시자격 기준

등급	응시자격 기준
1급 청소년상담사	1. 대학원에서 청소년(지도)학 · 교육학 · 심리학 · 사회사업(복지)학 · 정신의학 · 아동(복지)학 · 상담학 분야 또는 그 밖에 여성가족부령으로 정하는 상담관련 분야(이하 "상담관련 분야"라 한다)의 박사학위를 취득한 사람 2. 대학원에서 상담관련 분야의 석사학위를 취득한 후 상담 실무경력이 4년 이상인 사람 3. 2급 청소년상담사로서 상담 실무경력이 3년 이상인 사람 4. 제1호 및 제2호에 규정된 사람과 같은 수준 이상의 자격이 있다고 여성가족부령으로 정하는 사람
2급 청소년상담사	1. 대학원에서 상담관련 분야의 석사학위를 취득한 사람 2. 대학 또는 다른 법령에 따라 이와 동등한 학력을 인정받는 기관에서 상담관련 분야 학사학위를 취득한 후 상담 실무경력이 3년 이상인 사람 3. 3급 청소년상담사로서 상담 실무경력이 2년 이상인 사람 4. 제1호부터 제3호까지에 규정된 사람과 같은 수준 이상의 자격이 있다고 여성가족부령으로 정하는 사람
3급 청소년상담사	1. 대학 및 평생교육법에 따른 학력이 인정되는 평생교육시설의 상담관련 분야의 학사학위를 취득한 사람 2. 전문대학 또는 다른 법령에 따른 이와 동등한 학력을 인정받는 기관에서 상담관련 분야 전문학사를 취득한 사람으로서 상담 실무경력이 2년 이상인 사람 3. 대학 또는 다른 법령에 따라 이와 동등한 학력을 인정받는 기관에서 학사학위를 취득한 후 상담 실무경력이 2년 이상인 사람

등급	응시자격 기준
3급 청소년상담사	4. 전문대학 또는 다른 법령에 따른 이와 동등한 학력을 인정받는 기관에서 전문학사학위를 취득한 후 상담 실무경력이 4년 이상인 사람 5. 고등학교를 졸업하고 상담 실무경력이 5년 이상인 사람 6. 제1호부터 제4호까지에 규정된 사람과 같은 수준 이상의 자격이 있다고 여성가족부령으로 정하는 사람

주: 1) 상담 실무경력의 인정 범위와 내용은 여성가족부장관이 별도로 정하여 고시한다.
2) 고등학교, 대학, 전문대학 및 대학원은 별표 1의 비고 제4호와 같다.
3) 응시자격을 갖추었는지 여부는 자격검정 공고에서 정하는 서류제출 마감일을 기준으로 판단한다.
출처: 「청소년 기본법 시행령」 제23조 제3항 별표 3.

청소년상담사 자격검정은 여성가족부 주관으로 '한국청소년상담복지개발원'과 '한국산업인력공단'에 위탁하여 실시된다.

청소년상담사 자격검정은 필기시험과 면접시험으로 구성되어 있다. 1급 5과목, 2급과 3급은 각각 6과목이고, 합격기준은 매 과목 100점 만점으로 매 과목 40점 이상, 전 과목 평균 60점 이상이다. 필기시험 합격 후 면접시험을 볼 수 있고, 면접시험에 합격한 자에 한해 응시자격 기준에 해당한지에 대한 여부를 확인하기 위해 서류심사를 실시하며, 이를 통과한 자를 자격검정 최종 합격자로 본다.

〈표 5-6〉 청소년상담사 자격검정 과목과 방법

등급	검정과목		검정방법	
	구분	과목		
1급 청소년 상담사	필수	• 상담사 교육 및 사례지도 • 청소년 관련 법과 행정 • 상담연구방법론의 실제	필기시험	면접시험
	선택	• 비행상담 · 성상담 · 약물상담 · 위기상담 중 2과목		
2급 청소년 상담사	필수	• 청소년 상담의 이론과 실제 • 상담연구방법론의 기초 • 심리측정 평가의 활용 • 이상심리	필기시험	면접시험
	선택	• 진로상담 · 집단상담 · 가족상담 · 학업상담 중 2과목		

<table>
<tr><td rowspan="2">3급 청소년 상담사</td><td>필수</td><td>• 발달심리
• 집단상담의 기초
• 심리측정 및 평가
• 상담이론
• 학습이론</td><td rowspan="2">필기시험</td><td rowspan="2">면접시험</td></tr>
<tr><td>선택</td><td>• 청소년이해론 · 청소년수련활동론 중 1과목</td></tr>
</table>

주: '청소년 관련 법'이란 「청소년 기본법」, 「청소년복지 지원법」, 「청소년 보호법」, 「아동·청소년의 성보호에 관한 법률」, 「청소년활동 진흥법」, 「학교폭력예방 및 대책에 관한 법률」, 「소년법」을 말하며, 그 밖의 법령을 포함하는 경우 여성가족부장관이 고시함.

출처: 「청소년 기본법 시행령」 제23조 제3항 별표4.

청소년상담사에 합격한 자는 100시간의 의무연수를 받아야 한다. 자격연수 과목은 청소년 상담관련 이론과 실제적인 실무를 익힐 수 있도록 구성되어 있으며, 모든 급수에 5과목으로 구성되어 있으며, 급별 책무에 맞는 질적 교육을 위하여 이론, 세미나, 실습 등으로 구성되어 있다.

청소년상담사 역시 청소년지도사와 마찬가지로 「청소년 기본법」에 배치대상 청소년시설에는 일정한 기준에 의해 청소년상담사를 배치하여야 한다. 청소년상담사 배치기준은 〈표 5-7〉과 같다.

〈표 5-7〉 청소년상담사 배치기준

배치대상	청소년시설 배치기준
「청소년복지 지원법」 제29조에 따라 특별시 광역시 · 도 및 특별자치도에 설치된 청소년상담복지센터	청소년상담사 3명 이상을 둔다.
「청소년복지지원법」 제29조에 따라 시 · 군 · 구에 설치된 청소년상담복지센터	청소년상담사 1명 이상을 둔다.
「청소년복지 지원법」 제31조 제1호부터 제3호까지의 규정에 따른 청소년복지시설	청소년상담사 1명 이상을 둔다.

출처: 「청소년 기본법 시행령」 제25조 제2항 별표5.

4) 청소년지도사, 청소년상담사 보수교육

청소년시설 및 청소년단체 등에서 청소년육성 업무에 종사하는 청소년지도사는 역량강화 및 자질 향상을 위하여 「청소년 기본법」 제24조 2에 근거하여 2013년부터 보수교육을 의무적으로 받고 있다. 2017년 1월에는 「청소년 기본법 시행규칙」 제10조의2 개정(2017.1.1. 시행)으로 교육기간이 20시간 이상에서 15시간 이상으로 완화되었으며, 청소년정책 및 권리교육, 양성평등교육, 아동학대신고의무자 교육, 청소년활동과 안전, 직업윤리 등을 필수과목으로 운영하고 있다. 2년마다 15시간 이상의 보수교육을 받으면 된다.

청소년상담사 또한 청소년시설, 청소년단체 및 학교 등에서 청소년 상담업무에 종사하고 있다면 자질향상을 위하여 정기적으로 보수교육을 받아야 한다. 년 8시간 이상으로 실시하고 있다.

5) 청소년지도자의 자질과 역할

청소년지도자는 청소년을 직접적으로 만나 교육적 역할을 하며 청소년에게 현재와 미래의 삶을 잘 설계해 나갈 수 있도록 도와주는 영향력 있는 사람이다. 그러므로 이들이 인간적인 자질과 전문적인 자질을 갖춰 교육자이자 리더로서 역할을 다해야 한다.

청소년의 균형적인 성장을 돕기 위해서는 청소년지도자의 다양한 자질과 역할이 필요하다. 자질은 타고난 성품이나 소질, 어떤 분야의 일에 대한 능력이나 실력의 정도로(네이버 국어사전), 청소년지도자에게는 인간적인 자질과 전문적인 자질이 요구된다. 인간적인 자질은 공감, 이해, 경청, 눈높이 맞추기 등을 포괄적으로 접근하고 있다고 보이는 자기성장을 비롯하여 나타나는 윤리적 리더십과 감성적 리더십 안에서 찾을 수 있고, 전문적인 자질은 전문지식과 전문기술로 얘기할 수 있다.

역할은 자기가 마땅히 하여야 할 맡은 바 직책이나 임무, 주어진 사회적 지위나 위치에 따라서 개인에게 기대되는 행동을 말하는 것으로(네이버 국어사전, 두산백과사전), 청소년지도자는 프로그램개발 및 운영자, 동기유발자, 변화촉진자, 평가자의 역할로 나누어 얘기해 볼 수 있겠다.

(1) 청소년지도자의 인간적인 자질

① 자기성장의 인간적인 자질

청소년지도자는 개인적인 성장인 자기성장의 경험을 가지고 있는 자이다. 모든 분야의 지도자에게 자신의 인격개발은 기본적 자질로 요구되지만, 특히 청소년지도자는 청소년이라는 대상의 특수성과 지도방법과 내용의 특수성으로 인해 지도자의 인격과 관계된 개인적 성장이 중요하다. 자기성장은 자신에 대한 이해와 수용, 자기개방을 포함한다. 자기 자신에 대한 신체, 정서, 사회적인 면을 객관적인 시각으로 정확하게 이해하는 것과 있는 그대로의 자신을 받아들이는 것, 자신의 모든 것을 진실하게 개방함으로 다른 사람과의 참 만남을 가질 수 있고, 행동 또한 합리적이게 되며, 자신의 잠재성을 잘 기능하도록 한다(한국청소년정책연구원, 2014).

자기성장을 이룬 청소년지도자는 자신에 대한 정확한 이해를 바탕으로 자신이 청소년과 만날 때 자신의 생각이 청소년의 사고를 제한하지 않도록 주의할 뿐 아니라 자신이 가진 편견을 점검하고 편견으로 청소년들을 대하지 않는다. 건강한 청소년지도자로서 청소년과 진실되게 만남으로 그들의 잠재력을 개발하도록 격려하므로 청소년의 성장을 도모한다.

② 윤리적 리더십을 가진 청소년지도자

윤리적 리더십은 조직의 부하들에게 개인적인 행동과 상호관계를 통해 규범적으로 올바른 태도를 제시하고, 쌍방향 커뮤니케이션(two-way communication), 재강화(reinforcement) 그리고 의사결정(decision-making)을 통해 이러한 행동을 촉진하는 것이다(Trevino et al, 2003). 윤리적 리더십에서 리더는 조직원들의 윤리적 행동과 가치에 대한 기준이 되고, 조직 구성원의 만족, 동기부여, 몰입, 그리고 윤리적 의사결정에 영향을 미칠 수 있다(Brown & Trevino, 2006).

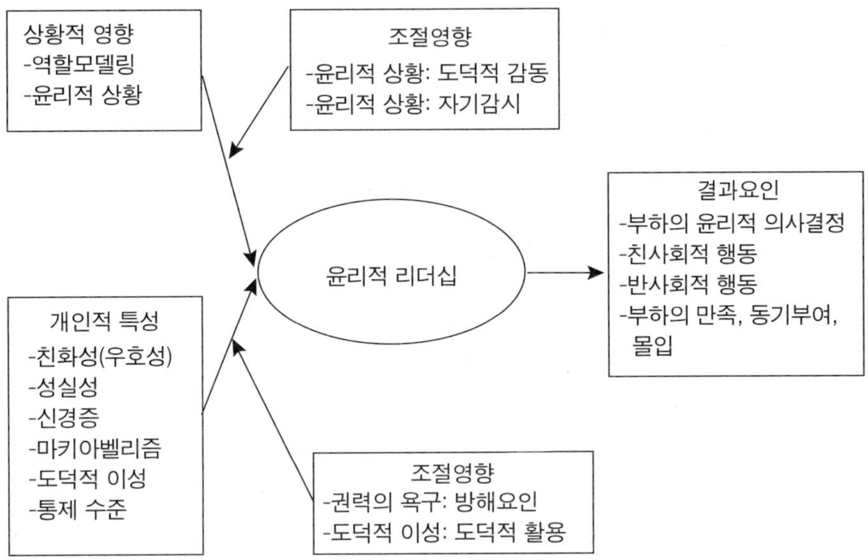

[그림 5-2] 윤리적 리더십 모델

출처: Brown & Trevino(2006)

윤리적 리더는 롤 모델로서의 역할을 하는 사람으로 태도와 행동이 바람직할 뿐만 아니라 격려, 인지적 자극을 제공하고 부하직원들의 발전을 위한 영향을 끼치는 사람이다. 윤리적 리더는 윤리적 리더십이 부하직원들의 직무 및 감정의 몰입과 직무성과를 강화시켜 준다고 보고 윤리적 리더십을 동기부여의 특성과 위임을 포함한 리더십 또는 정당성과 신뢰성 등을 포함한 리더십으로 보고 있다(Khantia & Suar, 2004, 이성훈, 2008 재인용).

윤리적 리더십	
윤리적 인간	윤리 관리자
특성 청렴 정직 신뢰성	가시적 행동을 통한 역할모델링
행동 올바른 일을 행함 사람들에 대한 배려 열려 있음 개인적 윤리	보상과 징벌
의사결정 가치의 견지 객관성 / 공정성 사회에 대한 배려 윤리적 결정 기준을 따름	윤리 및 가치에 관한 커뮤니케이션

[그림 5-3] 윤리적 리더십의 구성요소

출처: 이성훈(2008)

윤리적 리더십은 윤리적 인간과 윤리 관리자의 측면으로 이루어져 있는데, 윤리적 리더십을 구성하는 윤리적 리더들의 행동적 특징은 ①윤리적 리더들은 정직하고 배려하며 원칙 있는 사람들로서 공정하고 균형잡힌 결정을 내린다. ②윤리적 리더들은 자신의 팔로워와 윤리에 관하여 활발하게 커뮤니케이션을 갖고 명확한 윤리적 기준을 설정하며 이러한 기준들이 준수되도록 보상 및 징벌 시스템을 활용한다. ③윤리적 리더들은 이를 말로만 설교하는 것이 아니라 몸소 실천하며 윤리적 행동의 역할 모델링에 있어서 주도적인 역할을 수행한다(이성훈, 2008).

이러한 행동적 특징을 청소년지도자에게 적용해 보면,

첫째, 청소년지도자는 청소년을 존중하고, 배려하고, 공정하게 대한다. 모든 청소년을 소중한 한 사람으로 여기며 그들의 처한 상황을 알고 각각의 특성들을 이해하여 라포를 형성할 뿐만 아니라 그들의 상황에 맞는 배려를 하기 위한 노력을 한다.

둘째, 청소년들이 프로그램이나 정책 등에 참여할 수 있도록 기회를 제공해 주어야 할 뿐만 아니라 청소년들과 함께 하는 모든 영역에서 모든 사항들을 지도자가 결정하는 것이 아니라 지도자의 생각을 청소년들과 공유하고 그들의 의견을 받아 조율하고 최선의 지도가 이루어지도록 해야 한다. 같이 정한 기준에 따라 행동하도록 격려하고 칭찬하고 훈계하도록 한다.

셋째, 청소년지도자는 청소년의 모델로써 본이 되도록 행동한다. 청소년에게 요구한 실천사항들을 스스로 지켜나가므로 청소년들의 마음에 신뢰가 자리 잡도록 해야 한다.

넷째, 청소년지도자는 청소년들을 윤리적 인간으로서의 특성들이 발휘되도록 자신을 점검한다. 정직, 신뢰, 청소년에 대한 배려로 청소년과 소통하는 사람이어야 한다. 그럴 때 청소년이 믿고 따르며 청소년지도자의 지도의 효과가 나타날 수 있다.

③ 감성적 리더십을 가진 청소년지도자

감성적 리더십은 리더 스스로 자기 인식과 자기 관리를 통하여 구성원들의 감성을 명확하게 이해하고 구성원들과의 사회적 관계를 효과적으로 관리하는 능력이다. 감성적 리더십은 감정지능에서 발현되는데, 감성지능은 감정을 정확히 지각하고, 인식하고 표현하는 능력, 감정을 생성하거나 이용하여 사고를 촉진시키는 능력, 감정과 감정지식을 이해하는 능력, 감정을 조절하는 능력을 말한다. 이러한 감성지능은 자기인식능력, 자기관리능력, 사회적 인식능력, 관계관리능력으로 이루어져 있다.

〈표 5-8〉 감성지능 4가지 요소

구분		정의	내용	
개인적 능력	자기 인식 능력	자신의 감정을 명확히 인식하는 능력	감정적 자기인식능력	자신이 감정을 읽고 영향력을 깨닫는 것, 결정을 내리는데 본능적인 감각을 이용함
			정확한 자기평가능력	자신의 장점과 한계를 아는 것
			자기확신능력	자신의 가치와 능력에 대하여 긍정적으로 생각하는 것
	자기 관리 능력	자신의 감성을 효과적으로 관리하는 능력	감성적 자기제어능력	파괴적인 감정과 충동을 통제하는 것
			적응력	상황의 변화에 적응하고 장애를 극복하기 위해 유연하게 대처하는 것
			성취력	나름대로 정해 놓은 최선의 기준을 충족시키기 위해 노력을 아끼지 않는 능력
			진취성	주도적으로 먼저 나서고 기회를 포착할 수 있는 능력
			낙천적	모든 사물을 긍정적으로 보는 능력
사회적 능력	사회적 인식 능력	타인의 감성을 명확하게 인식하는 능력	감정이입능력	다른 사람의 감정과 시각, 생각에 적극적인 관심을 표명할 줄 아는 능력
			조직적 인사능력	조직단위에서의 효율성과 의사결정 구조, 경영방식 등을 읽어내는 능력
			서비스능력	부하직원과 고객의 요구를 인지하여 부응하는 능력
	관계 관리 능력	타인과의 사회적 관계를 효과적으로 관리하는 능력	영감을 불러 일으키는 능력	확고한 전망으로 사람들을 이끌고 동기를 부여하는 능력
			다른 사람을 이끌어주는 능력	적절한 피드백과 지도로 다른 사람의 능력을 지지해 주는 능력
			변화촉진능력	새로운 방향을 제안하고 관리하며, 사람들을 그곳으로 이끄는 능력
			갈등관리능력	이해관계 간의 갈등을 파악하고 이를 효과적으로 관리하는 능력
			팀워크와 협동을 이끌어 내는 능력	팀을 구성하고 협력체계를 조정하는 능력

출처: Goleman, D., Boyatzis, R. ,& Mckee, A.(2002)

감성적 리더십의 특성은 구성요소 안에서 발현된다.

첫째, 자기인식(self-awareness)능력이다. 감성적인 자기인식, 정확한 자기평가, 자신감을 포함하는 자아인식능력은 자신의 감정, 장점, 약점, 욕구, 추진력 등에 대해 깊이 있게 이해하는 능력으로 자기를 정확하게 평가하고 자기의 능력을 정확히 알고 장점을 발휘하는 능력이다.

둘째, 자기관리(self-management)능력이다. 감성적인 자기통제, 신뢰성, 양심성, 적응성, 성취지향성, 주도적 혁신성을 포함하는 것으로 내면의 대화를 통해 우리의 행동이 감정에 얽매이는 것을 막기 위한 감성지능의 한 요소이다. 자기관리능력이란 리더가 목표를 성취하기 위해 갖춰야 하는 구체화된 힘이다. 자기관리 능력은 리더를 솔직하도록 하고, 자신의 마음상태를 다스리도록 해준다.

셋째, 사회적 인식능력(social awareness)은 감정이입의 능력으로 리더가 갖춰야 할 요소이다. 감성적 리더는 긍정적인 방향으로 에너지를 발산하고 낙관적인 태도, 연민, 유대감을 불러 일으켜 사람들의 마음을 움직인다. 따라서 조직에서 의사결정구조, 경영방식 등을 읽어내는 능력과 구성원의 요구를 알아차리고 부응하는 능력을 갖추는 것을 말한다.

넷째, 관계관리능력(relationship management)이다. 이는 자기인식, 자기관리, 사회적 인식능력의 세 요소가 종합된 능력을 말한다. 관계를 관리한다는 것은 다른 사람의 감정을 잘 다룬다는 의미이다. 공감이 필요하다. 비전적 리더십, 영향력, 타인개발, 의사소통, 변화의 촉매, 갈등관리 등을 포함하는 것으로 타인과의 관계를 현명하게 해 나감으로 효율성을 추구해 나가는 것이다. 사람들 사이의 협력을 통해 모든 사람들이 쉽게 정보를 공유하고 효과적으로 협력을 가능하게 만드는 친밀하면서도 원활한 관계를 만들 수 있는 능력이다.

청소년지도자들에게 이러한 감성적 리더십이 필요하다.

첫째, 자신의 능력을 정확히 알고 또한 자신이 대상이나 사물에 대해 가지고 있는 자신의 생각을 명확히 알고 있어 그런 생각이 청소년지도의 과정에서 부정적 영향으로 작용하지 않도록 해야 한다. 자신이 청소년지도자로서 장점과 단점이 무엇인지를 파악하여 장점을 발휘해 청소년에게 긍정적인 영향을 미치도록 해야 한다.

둘째, 솔직하게 청소년에게 다가가야 한다. 청소년을 대할 때 자신의 감정을 숨기면서도 안에 신뢰가 없어서 목표를 성취해 나가기 어려우므로 청소년을 진실되고 일치된 마음상태로 만나도록 해야 한다.

셋째, 동기부여를 할 수 있어야 한다. 상황에 맞는 적절한 동기부여를 통해 청소년들로부터 기대 이상의 성취를 이끌어내도록 한다. 청소년들이 청소년지도자와 함께 하는 활동에 관심을 갖고 참여할 수 있도록 청소년지도자는 적절한 동기부여 방법을 사용한다. 동기부여가 잘 이루어질 때 몰입을 통해 활동의 효과성과 지속성을 유지할 수 있다.

넷째, 청소년과의 공감능력을 가져야 한다. 공감은 대상을 알고 이해하는 능력, 대상이 느끼는 상황이나 기분을 비슷하게 경험하는 심적 현상으로 청소년과 함께 할 수 있는 능력이다. 공감이 잘 이루어지기 위해서는 청소년지도자가 청소년을 둘러싸고 있는 사회적 연결망을 잘 파악하고 청소년들에 대한 최대한의 서비스를 발휘해야 한다. 그들의 입장에서 이해할 수 있어야 한다.

청소년지도자가 감성적 리더십을 잘 발휘할 때 기쁨과 만족을 조장할 수 있다. 청소년지도자 스스로 그리고 청소년들에게 기쁨과 만족을 경험할 수 있도록 하는 것은 자신과 청소년의 감정에 대한 이해와 조절능력이 뛰어나기 때문에 집단 안의 부정적 정서에 대해 민감하여 이를 제거함으로 청소년들에게 심리적인 안정감과 평온함을 제공할 수 있기 때문이다(Huy, 2009). 또한, 청소년들에 대한 공감행동을 함으로 긍정적인 관계를 형성하고(George, 2000), 만족감을 높이기 때문이다(Wolff, Pescosolido & Druskat,2002). 감성적 리더십을 가진 청소년지도자는 관계관리가 잘 되므로 청소년들의 소속감과 애착심을 높일 수 있고(Goleman, 1998; Sosik& Megerian,1999; Lewis, 2000), 청소년들의 개별적인 감정에 대한 이해를 바탕으로 공감행동을 해 나가므로 정서적 밀착과 정서적인 유대를 잘 이끌어 낼 수 있다.

(2) 청소년지도자의 전문적인 자질

① 전문지식

청소년지도자가 갖춰야 하는 전문지식으로는 청소년의 발달특성에 대한 전반적인 이해와 청소년의 환경을 아는 것이다. 청소년의 일반적인 발달특성들을 알고 거기에 맞춘 지도방법을 선택하여 제공할 필요가 있다. 또한, 청소년의 균형적인 성장을 위한 청소년활동과 프로그램을 개발하고 실행하는 데 필요한 지식을 갖추는 것이다. 청소년의 긍정적인 성장에 도움을 주기 위해서는 지도자가 청소년지도과정에서 필요한 전문적인 지식을 갖추고 청소년과 만나야 한다. 청소년의 특성을 알고 그 특성에 맞는 지도방법과 맞춤형 활동과 프로그램을 제공해야 한다.

② 전문기술

청소년지도자들이 습득하여 갖춰야 할 전문기술로 조정 및 통합의 기술, 인간관계 기술, 실무적 기술을 들 수 있다(한국청소년정책연구원, 2014).

조정 및 통합의 기술은 청소년지도의 업무를 관리하고 조정하는 기관장, 단체장과 같은 관리자나 상급 지도자에게서 요구되는 기술로 청소년 집단 간의 요구를 조정하고 통합하는 기술, 지도자와 청소년의 관계를 조정하는 기술, 지역 내 청소년기관 간의 업무를 조정하고 통합하는 기술, 성인과 청소년의 요구를 조정하고 통합하는 기술 등을 말한다.

인간관계기술은 모든 청소년지도자들에게 요구되는 기술이면서 특별히 실무지도자와 상위지도자 사이의 중재역할을 해야 하는 입장에 있는 중간관리자가 가져야 하는 핵심기술이다. 이는 사람들과의 관계 증진을 위한 기술로 청소년들과 원만한 관계를 유지할 수 있어야 하고, 다른 청소년지도자와의 관계에서도 발휘되어야 한다.

실무적 기술은 청소년지도를 직접 담당하는 역할을 하는 청소년지도자에게 더 요구되는 기술로 지도기술이다. 각각의 청소년활동과 프로그램을 지도할 수 있는 기술을 갖추어야 한다. 대상별 지도, 내용별 지도를 할 수 있는 능력을 갖출 때 전문성이 나타날 수 있다.

(3) 청소년지도자의 역할

「청소년 기본법」에 의하면 청소년지도자란 "청소년지도사 및 청소년상담사와 청소년시설, 청소년단체, 청소년관련기관 등에서 청소년육성 및 지도업무에 종사하는 자"를 뜻한다. 이 법에서 우리는 청소년지도자는 청소년육성 및 지도업무의 역할을 하는 사람임을 알 수 있다. 이 포괄적인 의미의 청소년육성 및 지도업무 안에서 청소년지도자는 구체적으로 어떤 역할을 해야 할까?

청소년지도자의 역할을 최윤진(1993)은 청소년 지도의 기본 원리인 개별성, 자율성, 창의성, 다양성에 기초하여 전문가로서의 역할, 촉진자로서의 역할, 비판적 분석자로서의 역할, 예술가로서의 역할을 제시했다. 또한, 이배근·정하성(2009)은 청소년 연구 학자들이 지적한 청소년지도자의 역할을 종합하여 전문가, 교육자, 변화촉진자, 정보제공자, 조직자, 비판적 분석 및 평가자, 프로그램 설계 및 개발자, 상담자 등의 순으로 나타났다고 하였다. 청소년지도사협회에서는 청소년지도자의 역할을 전문가로서의 역할, 교육자로서의 역할, 정보제공자로서의 역할, 촉진자로서의 역할, 조직자로서의 역할, 상담자로서의 역할, 프로그램 설계자로서의 역할, 분석가로서의 역할 등으로 분류하고 있다(청소년지도사협회, 2006).

공통적으로 청소년지도자의 정의에서 청소년육성과 지도업무를 감당하는 역할로 본다면, 청소년지도자의 역할은 전문가로서의 역할, 교육자로서의 역할, 변화촉진자로서의 역할, 프로그램 설계 및 개발자로서의 역할, 상담자로서의 역할, 지역사회 지도자로서의 역할 등으로 분류할 수 있다.

첫째, 전문가로서의 역할이다. 청소년지도자는 청소년을 지도할 때 지도활동에 대한 전문적인 지식과 기술을 가지고 할 수 있어야 한다. 이를 위해 전문적이고 체계적인 훈련과 교육을 받아야 하며, 자격을 습득하여 지도현장에서 활용할 수 있어야 한다.

둘째, 교육자로서의 역할이다. 청소년지도자는 청소년들에게 교육적인 영향을 미치는 사람이다. 청소년이 바르게 성장하고, 창의성과 인성을 갖춘 사람으로 성장할 수 있도록 노력을 기울여야 한다. 그러기 위해 교육적인 다양한 경험을 제공하고 그 경험 안에서 청소년이 사고함으로 통찰을 얻을 수 있도록 해야 한다.

셋째, 변화촉진자로서의 역할이다. 청소년지도자는 청소년의 개인적 성장을 지원하고, 그들의 문제해결과 의사결정 과정을 조력하며, 합리적인 사회적응 과정을 촉진시켜 주는 역할을 한다. 청소년이 스스로 동기부여하여 변화된 시대에 적응해 나가도록 길을 같이 찾아주는 것이다. 청소년들의 개별성과 자율성 그리고 다양성을 존중하여 그들이 자신의 잠재역량을 발휘할 수 있게 해야 한다.

넷째, 프로그램 설계 및 개발자로서의 역할이다. 청소년과 지도자가 만나 청소년과 상호작용을 통해 그들의 역량강화와 변화를 도모하는 것이 프로그램이다. 그런 프로그램을 개발하여 청소년에게 제공하는 역할은 청소년지도자에게 매우 필요한 역할이다. 청소년의 특성과 요구를 분석하고, 그것에 기반하여 프로그램의 목적과 목표를 설정하고, 목적과 목표에 맞는 프로그램 내용을 선정 및 조직하며, 평가하는 일련의 지도과정을 보다 효율적이고 체계성있게 설계하고 개발할 수 있어야 한다.

다섯째, 상담자로서의 역할이다. 청소년시기는 변화로 인해 고민이 많은 시기이다. 개인내적으로 또는 외적으로 맞닥뜨리는 문제들을 해결하지 못해 방황하고 힘들어할 뿐만 아니라 학업과 진로로 인해 상당한 스트레스를 경험하게 된다. 청소년지도자는 청소년의 문제행동과 심리적 부적응 등 개인의 특성과 상황을 이해하고 관심을 가지므로 다양한 고민과 스트레스로부터 벗어나 자립을 위한 취업과 사회생활에 적응해 나갈 수 있도록 상담자로서의 역할을 해 주어야 한다.

여섯째, 지역사회 지도자로서의 역할이다. 청소년이 문제행동과 부적응을 나타내는 것이 사회의 구조적인 문제 때문임을 인식하고 지역사회를 선도하여 지역사회가 청소년을 위한 유익환경으로 작용할 수 있도록 역할을 해야 한다. 청소년지도자는 사회의 모순이 무엇이고, 청소년에게 미칠 영향이 무엇인지 면밀히 분석하여 지역사회가 청소년을 올바로 키워내기 위해 어떤 모습이어야 하는지 제시하고 방향성을 모색할 수 있어야 한다.

3. 청소년지도방법

1) 청소년지도방법의 의미 및 원리

청소년지도방법은 청소년지도자에게 요구되는 전문성과 관계되는 것으로, 청소년지도가 지식적 교육과는 다르게 체험활동과 프로그램을 매개로 이루어지기 때문에 다른 지도에서보다 방법이 중요하게 여겨진다.

청소년지도방법은 청소년지도를 효과적으로 이루어내기 위해 청소년지도자가 전문적으로 수행하는 행위이다. 청소년지도를 효과적으로 이루어내고 청소년지도라는 핵심적인 요소를 전략적으로 구체화하기 위해서는 기본적으로 청소년지도가 목표하는 바가 무엇인지를 알고 그 목표 달성에 필요한 내용을 청소년에게 전달해야 한다. 청소년에게 전달하여 청소년의 균형적인 성장이라는 목표를 달성해 나가려면 청소년지도자가 전략을 가지고, 다양한 기법과 수단을 사용해야 한다. 그것이 청소년지도방법이다. 광의적인 의미에서의 청소년지도방법은 청소년지도자가 청소년의 긍정적인 성장과 발달에 도움을 주는 조력활동이고, 그것을 달성하기 위한 구체적인 프로그램 단위에서 실천적 개입을 해 나가는 것이 협의적인 의미에서의 청소년지도방법이다. 구체적인 지도의 영역에서 활용 가능한 전문적인 지도기법, 기술, 지식을 말하는 것이다.

이러한 의미를 가진 청소년지도방법은 청소년지도의 이념과 목표를 달성하기 위한 수단적, 도구적 성격을 가질 뿐만 아니라 체계적이고 계획적으로 이루어진다. 청소년의 긍정적인 성장과 발달이라는 궁극적인 목표에 도달하기 위한 다양한 노력이 전문적이고 의도적으로 이루어지게 된다. 청소년지도자의 역량이 영향을 미치게 되는데, 청소년지도자가 청소년 개인과 집단을 지도하기 위한 마음가짐이 필요하다. 이는 청소년지도자의 실천적 가치이고 준거로 청소년지도방법의 기본원리이다(오윤선·황인숙, 2018).

청소년지도방법의 기본원리는 존중의 원리, 자기주도성의 원리, 다양성의 원리, 상호성의 원리, 활동성의 원리, 즐거움의 원리, 효율성의 원리이다.

2) 청소년지도방법의 유형

청소년지도방법의 유형에는 대상별 지도방법과 내용별 지도방법으로 구분할 수 있다. 대상별 지도방법에는 개인중심 지도방법과 집단중심 지도방법이 해당하고, 각각의 청소년이 가지는 특수한 상황들에 따른 지도방법이 있을 수 있다. 내용별 지도방법은 어떤 활동 내용이냐에 따라 지도의 방법이 달라질 수 있다. 대상과 내용은 지도현장에서 같이 접목되어야 하므로 청소년지도자는 지도방법을 잘 숙지하여 어떤 대상으로 어떤 내용의 지도가 이루어져야 하는지를 적절하게 적용할 수 있어야 한다.

(1) 대상별 지도방법

① 개인중심 청소년지도방법

개인중심 청소년지도방법은 청소년지도자와 청소년이 개인적으로 대면을 통해 이루어지는 지도로 청소년지도자와 청소년의 직접 대면과 보조자나 기자재의 도움을 받아 이루어지는 개인 지도 형태로 이루어진다. 청소년 스스로 현실을 지각하고 자신의 인지과정을 통해 자신의 행동에 반응하며 자신의 태도를 형성함으로써 자기변화를 도모하는 것을 목표로 한다. 지도의 특성에 따라 도제 제도, CAI, 원격교육, 상담, 직접 개별 학습, 개인 학습 프로젝트, 인턴십, 다중미디어 학습으로 나누어 볼 수 있다(김영인·김민, 2016).

첫째, 도제 제도(apprenticeship)는 기술 습득을 위한 지도로 경험이 많고 숙련된 지도자가 같이 지내면서 개인적인 기술 연마를 위해 도움을 주는 지도방법이다. 개인적인 기술을 향상시키기 위한 지도를 할 때 사용하는 방법이다. 청소년지도 현장에서 일반적으로 사용되는 방법은 아니지만, 청소년기관에서 지도자가 하는 지도를 받고 이후 지도자를 따라 청소년지도자가 행하는 지도 현장에 함께 참여함으로 청소년지도자의 지도방법 등을 터득하여 지도자로 성장해 나갈 때 도제 제도를 통한 지도가 이루어졌다고 할 수 있다.

둘째, CAI(computer assisted instruction)는 개인 컴퓨터를 통한 자기 주도형 학습형태이다. 사전에 프로그래밍된 소프트웨어를 가지고 컴퓨터를 통해 상호작용하는 방식이다. 이는 이미 지도자 개인이나 전문가가 프로그램을 계획한 것을 컴퓨터 프로그램으로 제시하여 청소년들이 선택하여 개인적으로 학습하는 것이다. 청소년지도 현장에서 비대면으로 지도하기 위한 다양한 프로그램 제공으로 활용되고 있다.

셋째, 원격교육은 가르치는 사람과 배우는 사람 간 물리적인 거리가 존재할 때 그 거리를 넘어서 교육할 수 있는 방송, 통신수단 또는 여러 가지 방법을 사용하여 개별교육을 하는 것을 말한다. 실시간 화상으로 상호작용이 가능한 여러 매체(Zoom, Webex 등)를 활용하여 시공간을 넘어 지도자가 청소년을 지도할 수 있다.

넷째, 상담(counseling)은 전문적인 훈련을 받은 상담자가 청소년 개인의 문제를 스스로 해결해 나갈 수 있도록 도움을 주는 것으로 상담관계 안에서 문제에 초점을 맞추어 들어주고 해결책을 같이 모색해 나가는 것이다. 청소년지도에서 상담의 지도방법이 활용될 수 있다. 청소년상담사가 그 역할을 전문적으로 할뿐만 아니라 청소년지도사도 상담의 방법을 활용하여 청소년을 지도하는 가운데 토로하는 어려움을 나누고 같이 고민해 줄 수 있다.

다섯째, 직접 개별 학습은 한 지도자가 청소년을 수시로 만나 상호 커뮤티케이션을 통해 학습하는 방식이다. 개인지도, 멘토링(mentoring), 코칭(coaching) 등이 있다.

멘토링은 젊고 부족한 사람이 경험과 나이가 많은 사람에 의해서 훈련되고 개발되는 학습방법이다. 멘토링은 학습자의 교육적 성장을 지도해 주고 촉진시키는 종합적인 과정이다.

코칭은 사람은 무엇이든 할 수 있다는 무한한 가능성과 능력이 있다는 철학을 가지고 자신의 능력을 극대화하고 개발하여 목표를 성취할 수 있도록 돕는다. 코칭의 과정은 Check(피코치에 대한 사전 조사), Open(적극경청, 공감·수용, 친밀감·신뢰감 형성), Ask(상황질문, 문제질문, 확대질문, 대안질문), Comment(기대

설명, 기대와 실적의 차이, 피드백 주기), Help(실행과정 수립)으로 이루어진다. 코칭과정에서 자신의 능력을 발견해 나가고 원하는 목표에 도달하기 위한 대화를 사용하는데, 이는 GROW모델(Goal(목표, 원하는 목표, 원하는 것이 이루어진 상태), Reality(현재상황), Obstacles, Options(장애물, 대안), Will(실행방안))이다. 청소년의 성장을 위해 개별적인 관심을 가지고 목표를 정하고 그 목표에 도달하기 위한 노력을 지도자가 같이 해 주는데 직접 개별 학습의 효과가 나타날 수 있다.

여섯째, 개인 학습 프로젝트는 프로젝트 기반 학습으로(project based learning) 대안학교나 대안 교육 현장에서 주로 사용하는 개인중심 지도방법이다. 특정 영역에 대한 내용을 집중해서 조사하여 학습하는 것으로 자기 주도적인 역량을 발휘할 수 있는 방법이다. 청소년지도 현장에서는 청소년이 관심 갖고 있는 영역에 대해 스스로 주제를 정해 탐구할 수 있도록 지도자의 안내와 조력이 세심하게 이루어진다면 청소년지도가 효과적으로 이루어질 수 있을 것이다.

일곱째, 인턴십이다. 이는 도제 제도와 현장경험을 조합한 것으로 과거에 의사들의 현장 교육 및 훈련에 많이 사용되어 왔다. 현재는 다양한 분야에서 사용하고 있고, 기업에서 전문 분야를 미리 경험해 봄으로 경영학적 기법이나 전문적인 역할을 습득할 수 있는 장으로 많이 활용되고 있다. 인턴십은 청소년지도자가 청소년 현장을 익히고, 어떤 업무를 수행하는지를 알 수 있도록 하는 직무 훈련 과정으로 이루어지고 있으며, 실습 과정과 연계하여 적용되고 있다.

여덟째, 다중미디어 학습(multimedia learning package)의 방식이다. 다중미디어 학습은 다양한 매체를 활용하여 개별학습을 돕는 것으로 매체에 익숙한 청소년들에게 최근 지속하여 사회 변화 양상에 맞추어 활용되고 있는 부분이다. 직업교육이나 언어개발 등 개인의 성장을 위한 영역에서 다양하게 활용되고 있다.

② 집단중심 청소년지도방법

청소년지도는 집단으로 이루어지는 경우가 더 많다. 청소년과 프로그램을 진행할 때는 주로 집단으로 이루어지고 특별한 경우일 때는 개인중심으로 이루어지겠지만, 집단을 통해서 지도의 효과를 얻는다. 집단으로 이루어지는 청소년지도가 잘 이루어지기 위해서는 집단의 특성을 파악하는 것이 무엇보다 중요하다. 집단의 특성인 집단의 분위기, 집단원간의 상호작용 및 역동이 지도의 효과에 지대한 영향을 미치기 때문이다. 청소년지도자는 집단의 특성 파악 후 집단 지도방법을 알고 그 집단에 맞춰 적절한 방법을 선택하여 지도를 해야 한다. 집단중심 지도방법에는 강의형 기법, 토론 기법, 브레인스토밍, 역할연기, 현장경험, 게임 및 시뮬레이션 기법 등을 주로 사용한다(김영인·김민, 2016).

첫째, 강의형 기법은 전통적으로 가장 많이 쓰이는 기법으로 지도자가 다수의 청소년을 대상으로 많은 내용의 지도내용을 단시간에 전달할 수 있는 방법이다. 많은 청소년에게 많은 내용을 단시간에 전달한다는 장점이 있지만, 일방적으로 전달된다는 점이 단점으로 나타난다. 일방적으로 전달되다 보니 청소년의 참여가 자발적으로 이루어지지 않을 뿐만 아니라 동기부여가 잘 되지 않아 참여한 청소년들에게 의미없는 시간이 되는 경우도 있다. 이러한 단점을 보완하기 위해 강의를 통해 전달하려고 하는 목표를 구체적으로 세우고 전달내용을 체계적이고 조직적으로 구성해야 한다. 또한, 다양한 자료를 준비하여 청소년들이 강의에 집중하여 간접 경험을 할 수 있도록 하고, 지도자가 전달방식에 대한 연구를 통해 청소년들의 흥미와 관심을 집중할 수 있도록 해야 한다.

둘째, 토론 기법이다. 토론 기법은 쌍방향 의사소통이 가능하여 청소년들이 자신의 의견을 제시하고 다른 사람의 의견을 들을 수 있기 때문에 청소년지도 현장에서 많이 사용되는 방식이다. 토론 방식에는 심포지엄, 세미나, 배심 토론, 공개 토론, 소집단 분과 토론 등이 있다.

심포지엄과 세미나, 배심 토론은 청소년이 아닌 전문가들이 참여하고 청소년이 청중으로만 참여하고, 듣는 것으로만 끝난다면 지도가 효과적으로 이루어지는 어려울 것이다. 청소년지도 현장에서 이 기법들을 적용하되 청소년들이 전문가의 한 사람으로 참여하여 발표하거나 청중으로 참여했다면 청소년 모두에게 질의할 수 있는 장을 마련하는 등의 교류가 이루어지도록 할 수 있다.

공개 토론은 25명 이상의 집단 구성과 1인 이상의 전문가 및 사회자로 구성되며 사회자의 진행 아래 15~60분간의 공개적인 토론을 하는 것이다. 일반적으로 포럼이라고 부르며, 모든 구성원이 질의 응답형태로 의견을 발표하고 토론에 참여하여 활발한 커뮤니케이션이 이루어진다. 청소년지도 현장에서 특정한 주제를 가지고 포럼을 한다고 공지하고 청소년들이 참여하여 자신의 의견을 내고 토론할 수 있도록 하는 형태로 많이 사용되는 방법이다.

소집단 분과 토론은 대집단을 소집단(약 5~12명)으로 나누어 분과형태로 토론한 후에 다시 모여 분과 소집단의 토론 결과를 종합 정리하여 결론을 내는 방식이다. 대집단으로 토론을 진행했을 때 토론 참여에 장애가 많으므로 소집단으로 분류하여 활발하고 효과적인 토론이 이루어지도록 한다. 청소년지도 현장에서 소집단 분과 토론은 매우 활발하게 이루어지고 있다.

셋째, 브레인스토밍(brainstorming)은 새로운 아이디어를 자유롭게 제시하도록 하여 다양한 사고를 자극하여 활발한 논의를 하게 하는 방식이다. 브레인스토밍은 특정한 형식이 없다(비형식적이다). 제약이나 금지를 고려하지 않고 다양한 생각을 끌어낼 기회를 최대한으로 제공한다.

브레인스토밍 과정에는 네 가지의 회의 진행 규칙이 있다. ①부정적 비판은 허락하지 않는다. 모든 아이디어는 정확하게 똑같은 방식으로 취급되어야 한다. ②많은 아이디어가 나올수록 좋다. ③조합과 확대가 요구된다. ④얽매이지 않고 자유롭게 진행하여야 한다.

이러한 규칙에 따라 청소년지도 현장에서 브레인스토밍 방법은 다양하게 사용되고 있다. 다양한 의견을 통해 최상의 결론을 내고 싶을 때 브레인스토밍을 통해 접근하게 된다.

넷째, 역할연기(roleplay)는 어떤 상황이나 문제를 극화해서 표현해 보는 방식이다. 역할연기는 소집단 구성원들에게 서로 다른 역할을 주고 가상적 상황에서 역할을 해 보도록 함으로 나 아닌 다른 사람들의 역할이나 기능을 이해하도록 돕는 기법이다. 청소년지도에 있어서 역할연기는 많이 사용되고 그 효과도 입증되고 있다. 학교폭력 등의 상황에서 가해자, 피해자의 입장의 역할을 연기해 봄으로 이해하게 되고 학교폭력이 피해자에게 엄청난 어려움임을 알고 경계하게 되는 효과를 보게 된다.

다섯째, 현장경험의 방법이다. 미리 계획을 세워 현장에서 실제 경험을 통해 학습하고 지도하는 방식이다. 다양한 상황을 실제로 보고 느끼면서 상황을 이해하고 적응해 나가기 위한 것으로 단체 견학이나 수학여행 등의 학습 여행에서 많이 활용되는 지도방법이다. 청소년은 경험으로 학습이 이루어질 때 학습의 효과가 지속적이고 의미있게 되므로 직접 경험을 다양하게 제공하는 것은 의미있다. 이러한 현장경험이 의미있기 위해서는 경험학습에서 중요한 요소인 반성적 사고의 과정을 거치도록 지도 과정에서 독려하는 것이 필요하다.

여섯째, 게임 및 시뮬레이션 방법이다. 게임은 일정한 규칙을 정해놓고 승부를 겨루거나 즐기는 놀이를 말하고, 시뮬레이션은 복잡한 문제나 사회 현상 등을 해석하고 해결하기 위해 실제와 비슷한 모형을 만들어 모의적으로 실험하여 그 특성을 파악하는 것을 말한다. 게임이나 시뮬레이션은 인위적인 문제, 사건, 상황, 주제와 비슷한 환경을 게임이나 시뮬레이션 프로그램으로 제공하는 것으로 참여집단에게 직접적인 체험을 가능하게 하는 기법이다. 게임이나 시뮬레이션 기법은 시범을 통해 보여주고 직접 익힐 수 있도록 함으로 유용하게 활용된다. 최근에 와서는 컴퓨터를 이용한 게임과 시뮬레이션을 통합해 청소년의 흥미를 고려하여 교육적 효과를 높이고 있다.

(2) 내용별 지도방법

내용별 지도방법은 활동내용이 무엇이냐에 따라 지도의 구체적인 방법을 달리 적용해야 함을 보여주는 것이다. 활동내용은 다양한 영역이 있을 수 있는데, 일반적으로 심성계발 활동, 리더십 개발, 사회성 개발, 자연 체험 활동 지도, 문화예술 활동 지도, 봉사활동 지도, 자치활동 지도 등으로 분류할 수 있다. 이 분류는 김영인·김민(2016)의 지도 영역을 따라 요약한 것이다.

① 심성계발 활동 지도

심성계발은 인간의 참된 본성을 이해하고 이를 깨우쳐 발현시키는 것을 말한다. 그런 의미에서 인간으로서 기본적으로 갖추어야 할 덕을 함양하기 위한 것이라 볼 수 있다. 심성계발 지도는 청소년으로 하여금 자기이해, 자기수용, 자기개방 등을 통해 참된 나를 알아가게 하여 삶의 건강한 태도를 기르도록 하는 지도이다. 심성계발은 인간은 인간관계의 산물로 태어나면서 성장하고 죽음에 이르기까지 끊임없이 사람들 간의 관계와 그 구조 속에서 살아가기 때문에 이러한 인간관계 내에서 사람됨이 의미있다는 점과 인간의 삶은 참만남을 통해 이해할 수 있다는 점, 인간에게 집단의 힘이 작용한다는 기본전제를 가지고 지도를 해 나간다(전성민, 1993).

심성계발 지도시 지도자는 첫째, 집단역동에 대해 신뢰를 가지고 지도해야 한다. 집단이 자체적으로 잠재력을 가지고 있을 뿐만 아니라 구성원들의 잠재력을 발전시킬 수 있음을 확신하고 촉진해 나가야 한다. 둘째, 집단의 분위기를 바람직하게 조성해야 한다. 너무 의도적인 장면 구성을 피하고, 개인들이 표현하는 것에 주의를 기울이며, 활기찬 분위기 유지 및 관심의 표시를 공평하게 해야 한다. 셋째, 집단과 개인을 수용해 주어야 한다. 청소년의 태도가 맘에 들지 않고 납득이 안되는 일이 있더라도 의심하고 해석을 내리는 것이 아니라 기다려주는 자세가 필요하다. 또한 개인이나 집단에게 바람직하지 못한 일이 일어났다 하더라도 바로 평가하고 판단하지 말아야 한다. 넷째, 감성에도 초점을 맞추어야 한다. 심성계발 지도에서는 감정표현이 중요한 조건이고 방법이므로 참여 청소년들의 개인적인 감정을 자유롭게 표현할 수 있도록 조장할 뿐만 아니라 지도자 자신의 감정도 솔직하게 표현해야 한다. 또한, 민감하게 개인의 감추어진 감정을 감지하여 공감적 이해를 통해 신뢰의 관계를 유지하도록 해야 한다. 다섯째, 촉진자인 동시에 참가자의 역할을 해야 한다. 지도자는 심성계발을 촉진하기 위해 동기부여를 해 주고 참가자와 동일한 마음가짐으로 함께 하여야 한다(김영인·김민, 2016).

② 리더십 개발

청소년기는 리더십 발달의 결정적 시기이기 때문에 적절한 리더십을 발달시키는 것이 성공적인 성인이 되기 위한 중요한 발판이 된다(Golman 외, 장성훈 역,

2022).

청소년기는 자아에 대한 관심이 높아지고 사회적 관계가 확대되므로 이러한 특성이 리더십 개발과 밀접한 관련이 있다. 자신의 모습을 진지하게 바라보고 탐구하면서 자신을 어떻게 만들어갈 것인지 관심을 갖는다. 청소년기에 리더십 개발에서 자신의 삶을 잘 이끌어갈 수 있는 것이 중요한 요소가 되므로 스스로의 모습에 관심을 가지고 자신의 정체성을 형성해 나가므로 자신의 삶의 모습을 잘 만들어가도록 지도해야 한다.

이와 더불어 사회적 관계가 확대되므로 다양한 사회적 지위와 역할을 수행하면서 리더와 추종자 관계에서 리더십을 경험할 수 있도록 한다. 청소년들이 자신이 소속된 집단 안에서 성공적으로 리더십을 행사하거나 존경할 만한 리더십을 경험하게 된다면 리더십 형성에 자신감을 가지고 긍정적인 관점을 가지게 되지만, 그렇지 않을 경우 리더십에 대해 자신감 상실과 부정적인 관점을 가지게 되므로 리더십 개발 지도를 통해 청소년이 자신감과 긍정적인 관점을 통해 긍정적인 리더십을 행사할 수 있도록 해야 한다.

③ 사회성 개발

인간은 다른 사람과 더불어 살아야 하는 존재이고 청소년기는 관계가 넓어지는 시기로 사회성이 더욱 발달하는 시기이다. 상호작용을 통해 성장해 가기 때문에 사회적 존재로서 필요한 사회적 기술을 배워야 한다. 청소년기에 누구를 만나 어떤 사회적 관계를 가지느냐에 따라 자신의 모습 형성과 삶이 달라지기 때문이다.

사회성 형성의 중요한 요소가 되는 것은 감정조절, 공감, 의사소통, 인간관계 형성이라고 볼 수 있다. 이러한 능력을 길렀을 때 나를 잘 표현하고 다른 사람을 이해할 수 있어 좋은 관계를 형성할 수 있게 된다.

자신의 감정을 알고 조절할 뿐만 아니라 타인의 감정을 이해하는 것이 필요하다. 그것을 공감이라고 하는데, 공감은 나의 감정과 타인의 감정은 다르지만, 타인의 입장에서 그의 감정을 이해하고 체험해 보는 것이다. 공감을 통해 인격적인 인간관계를 맺을 수 있고, 협동성을 증진시키고 갈등을 해소할 수 있을 뿐만 아니라 이타심과 이타적인 행동을 증가시킨다. 공감은 생각 안에서 자기중심적인 사고에서 벗어나 타인의 감정을 식별하는 감정 인지 능력이 있어야 하고, 정서적이고 감각적인 기능을 작동시켜야 하며, 언어적이고 비언어적인 반응을 통해 이루어져야 한다(박성희, 2004).

감정조절 능력과 공감 능력과 더불어 사회성 개발을 위해서는 의사소통 능력이 필요하다. 의사소통이 제대로 이루어지지 않을 때 오해가 생기고 갈등이 발생하여 많은 문제가 발생하기 때문에 의사소통 능력을 길러주어야 한다. 의사소통에 있어서 가장 중요한 것은 상대에 대한 존중과 개방적인 자세이다. 존중과 개방성을 바탕으로 다른 사람의 말을 경청하고, 다른 사람에게 책임을 전가하는 '너 전달법'보다는 '나 전달법'으로 대화하는 훈련을 하여 타인과의 의사소통하는 기술을 익히도록 해야 한다.

④ 자연체험 활동 지도

자연체험 활동은 자연과 인간의 관계를 바탕으로 자연과 환경의 중요성을 깨닫고 자연에 호응하고 자연과 상생하는 건강한 인격체로 성장하도록 도와주는 분야이다. 시대의 변화와 요구가 자연체험 활동의 필요성을 증대시키고 있다. 무엇보다 예상하지 못했던 전염병이 인간을 위협하는 상황에서 인간이 자연과 생태에 어떤 생각을 가지고 접근해야 하는지, 환경오염을 줄이기 위한 인간의 노력이 어떻게 이루어져야 하는지 등 다양한 사고와 실천이 이루어질 수 있도록 지도할 필요가 있다. 인간의 편리를 위해 자연과 생태계를 파괴해 나가는 인간이기주의가 인간을 위협하는 전염병을 야기하여 부메랑으로 되돌아오는 것을 직시하여 청소년시기에 지속적 발전 가능성을 위한 관심의 영역에서 자연과 환경에 대한 관심과 보존을 위한 의식과 행동을 학습하고 실천할 수 있도록 이 영역에 대한 지도가 절실하다.

초기 자연체험 활동 지도는 자연에서 이루어지는 각종 탐사활동(무인도 탐험, 국토 탐사, 강 탐사 활동 등), 자연을 가꾸고 보존하는 활동, 자연탐구 중심의 야외활동 등이 주로 이루어졌다. 최근에는 자연 생태를 직접 체험하는 자연체험 활동으로 야영활동, 생태체험활동 등이 이루어지고 있다. 자연체험 활동은 청소년들에게 자연을 체험함으로 인간성을 회복하고, 자연과 더불어 살아갈 수 있음을 깨닫게 하고, 모험심과 개척정신을 기르는 데 도움을 준다.

이러한 자연체험 활동 영역의 지도는 참여한 청소년들이 자연에 대한 이해와 적응능력을 함양하도록 하기 위해 지도자가 자연에 대한 기본이해와 철학을 가지고 있어야 한다. 생태계의 기본 원리를 알고 접근해야 하며, 외부에서 이루어지는 지도가 많을 경우 안전과 위생, 보건에 대한 세심한 주의와 전문적인 위기관리 기술을 갖추어야 한다. 지도자의 이러한 능력을 통해 청소년들이 자연체험 활동에서 자연과 환경, 생태계에 대한 올바른 생각을 가지고 접근하여 지속적으로 인간에게 영향을 미치는 자연과 더불어 살아가는 방법을 터득할 수 있도록 지도해야 한다.

⑤ 문화예술 활동 지도

문화예술은 「문화예술진흥법」에서 음악, 무용, 연극, 영화, 연예, 국악, 사진, 건축, 어문, 출판 및 만화를 말하고(문화예술진흥법 제2조 제1호), 「청소년 기본법」과 「청소년활동 진흥법」에서는 청소년 문화활동은 청소년이 예술활동·스포츠활동·동아리활동·봉사활동 등을 통하여 문화적 감성과 더불어 살아가는 능력을 함양하는 체험활동이라고 정의내리고 있다. 이러한 문화예술을 통해 문화적 감성과 더불어 살아가는 공동체 의식을 함양하는 것이 문화예술 활동이라 할 수 있다.

문화예술 활동에서 지도해야 할 부분은 문화감수성 함양과 공동체 의식을 조성하고 강화하는 것이다. 문화감수성은 다양한 문화를 주체성있게 받아들이는 것으로 다양한 문화와 예술 경험이 문화를 바라보는 시각에 영향을 줄 수 있다. 다른 문화를 이해하는 능력 또한 문화감수성에서 관심가져야 할 것이다. 청소년 지도자들이 문화예술 활동 지도에서 청소년 개인이 가지고 있는 문화감수성이 어떤지 파악하고, 문화감수성의 변화가 있는지에 대한 평가를 통해 문화감수성 함양에 문화예술이 미치는 영향을 확인하고 문화감수성을 키우기 위한 노력을 해 주어야 한다.

개인적으로 문화감수성 함양을 이루어내야 한다면, 집단적으로는 공동체 의식을 조성하고 강화시킬 수 있도록 해야 한다. 다양성과 차이에 대한 이해를 바탕으로 수평적 관계 맺기가 이루어질 수 있도록 다문화적 경험을 많이 제공할 필요가 있다. 문화의 우월성이 여타의 문화에 대한 비하로 나타나지 않도록 문화적 정체성을 갖되 유연성과 포용성, 상대성을 가질 수 있도록 지도해야 한다. 문화예술 활동 지도에서 공존과 다양성, 차이의 요소들을 청소년들이 익히고 적용할 수 있도록 청소년지도자가 관심을 가지고 지도해야 한다.

⑥ 봉사활동 지도

봉사활동은 자발적인 자유의지를 가지고 타인, 지역사회, 국가, 인류사회에 공헌하는 행위로 자발적인 자유의지의 강조로 주로 자원봉사활동이라고 한다. 「자원봉사활동 기본법」에서는 봉사활동을 개인 또는 단체가 지역사회·국가 및 인류 사회를 위하여 대가 없이 자발적으로 시간과 노력을 제공하는 행위로 정의하고 있다(자원봉사활동 기본법, 제3조). 봉사활동은 개인적 차원에서는 자기 계발의 계기가 되고, 세상과 소통하는 계기가 되며, 삶의 가치를 발견하고 도덕적 인격을 완성해 나가 자아를 실현하게 된다. 사회적 차원에서는 사회적인 유대와 결속을 통해 사회통합을 이룰 수 있도록 하고, 국가적 차원에서는 국가가 해결하지 못하는 틈새를 메꾸는 역할과 민주주의의 토대와 문화를 형성하는 데 기여한다. 또한 인류적 차원에서는 지구인들 간의 인류애 형성과 소통에 긍정적인 영향을 준다. 각각의 차원에서 봉사활동은 필요하므로 봉사활동의 활성화가 이루어지고 있는데, 청소년에게 봉사활동은 봉사학습의 개념으로 접근하여 이들이 봉사를 통해 시민성 함양을 할 수 있으므로 청소년지도자가 실제적이고 도움되는 봉사활동이 이루어질 수 있도록 지도능력을 발휘해야 한다.

봉사학습이 효과적으로 이루어지기 위해 봉사활동은 실제적이어야 하고, 청소년의 발달 단계와 흥미에 적합해야 하며, 충분한 시간 동안 지속되어 대인관계

발전과 사람들 간의 신뢰와 이해가 쌓일 수 있도록 해야 한다. 봉사활동은 경험학습의 일종으로 이루어져야 하고 지도자는 봉사활동 안에서 반성적 사고의 과정을 거치도록 격려해야 한다. 반성적 사고를 통해 봉사활동에 참여했던 것을 다시금 돌이켜 보고 생각해 봄으로 자신의 경험으로 완전하게 받아들이고 변화를 도모할 수 있기 때문이다. 준비단계–활동단계–반성단계–발표와 격려 단계를 통해 청소년이 봉사활동의 주체로 참여하여 봉사적 요소와 학습적 요소가 동시에 구현될 수 있도록 지도자는 세심하게 배려하고 지도해야 한다.

⑦ 자치활동 지도

청소년 자치활동은 청소년 스스로가 공통의 목적과 관심사를 중심으로 조직하고 운영하는 활동이다. 청소년의 가장 큰 특성이 주도성이라고 볼 때, 주도성을 발휘하고 성장하도록 돕는 활동이 자치활동이다. 청소년이 자신들의 주도적인 역량을 발휘하여 외부의 간섭이나 압력없이 온전히 구성원 자신의 합의와 의사결정에 따라 운영되는 것이다. 이전에는 학교에서 이루어지는 동아리활동을 포함하여 학급활동, 클럽활동 등으로 학교 안에서 주로 이루어진 것으로 한정되어 있었다면 현재는 학교를 넘어서 다양한 공간 안에서 자신의 권리를 찾기 위한 영역으로 자리잡고 있다. 그런 의미에서 청소년 자치활동은 학교생활뿐만 아니라 청소년의 모든 삶의 장면에서 청소년들의 자율적 참여를 통해 스스로의 권리를 보장하고 자신의 생각과 행동에 책임져 나가기 위한 것이다.

청소년 스스로가 만들어가는 자치활동이므로 청소년지도자는 자치활동에 대한 이해를 바탕으로 적정한 개입과 지도방법을 적용해야 하는데, 자치조직을 구성하고 운영하는 데 필요한 제반 여건 마련을 도와줄 필요가 있고, 청소년들이 모든 것을 스스로 만들어가도록 하되 자문이 필요할 때 언제든지 요청할 수 있도록 열어 놓는 것이 필요하다. 최대한 민주적으로 자치조직이 운영될 수 있도록 지도자는 개인의 다양성과 가치를 존중해 주고, 청소년 개인들 간의 가치가 부딪칠 때 합리적으로 풀어낼 수 있도록 하고, 다수에 의해 소수가 일방적인 지배를 받지 않도록 청소년들에게 알려주어야 한다. 청소년 자치활동은 자발성에 의해 움직이기 때문에 다양한 욕구와 저항의 에너지를 건강한 방향으로 승화시킬 수 있음을 지도자가 인식하고 접근해야 한다.

제6장 청소년활동

1. 청소년활동의 의미

1) 청소년활동의 개념

청소년활동을 정의내리기는 매우 어려운 일임을 많은 학자들이 한 목소리로 얘기하고 있다. 청소년활동이 매우 넓고 다양하여 그 정의를 어떤 특정 개념으로 규정하고 한정짓기에는 어려움이 많다.

청소년활동은 청소년과 활동의 복합어로 이루어져 있다. 청소년이 어떤 존재인지에 대해서는 앞(1장)에서 언급했다. 청소년에 대한 분류도 학문적인 입장에서, 법적인 측면에서 또는 행정적인 측면에서 다양하게 분류하고 있지만, 가장 보편적으로는 9~24세 대상(청소년 기본법)으로 보고 있다. 활동(活動)은 몸을 움직여 행동함, 어떤 일의 성과를 거두기 위하여 힘씀, 동물이나 식물이 생명 현상을 유지하기 위하여 행동이나 작용을 활발히 함. 또는 그런 일이라고 정의되고 있다(네이버 국어사전). 기본적인 정의에 입각하여 청소년활동을 정의한다면

9~24세에 있는 대상이 다양한 행동이나 작용을 활발히 함으로 성과를 거두어 내기 위해 힘쓰는 것이라 할 수 있다. 움직임이 포함되어 있어야 하고, 그를 통해 무엇인가를 얻어야 하는 교육적인 내용이 내포되어 있음을 알 수 있다. 학자들은 청소년활동을 체험활동으로 보고, 경험을 통해 역량을 강화하고, 긍정적인 성장과 발전을 도모하는 것으로 보고 있다.

〈표 6-1〉 학자들의 청소년활동 정의

학자	개념
Benson & Pittman (2001)	• 청소년들이 다양한 체험, 경험, 활동 등을 통해 청소년기에 당면한 기본적인 욕구를 충족시키고, 성공적인 성인으로서의 삶을 위해 필요한 역량들을 발달시켜 나가는 일련의 과정
전명기 (2006)	• 청소년 개인의 역량을 강화하고, 다양한 능력을 보유할 수 있도록 하며, 청소년들이 자신들의 복지서비스를 활용할 수 있게 하는 것
배규환 외 (2007)	• 청소년들이 청소년기의 발달과업과 관련하여 성과를 거두기 위해 행하는 일련의 행동이나 작용
권일남 · 정철상 · 김진호 · 김영철 (2008)	• 청소년들이 행하는 자발적 · 비조직적 활동과 조직적이고 체계적인 목적을 가지고 수행하는 활동 • 청소년 모두를 유익하고 건전한 사회의 구성체로 성장시켜 국가자원으로 개발하려는 의도를 가진 모든 활동 • 개인의 성장발달을 기초로 타인과 지역사회 및 모든 관계요소에 긍정적 가치를 부여하는 활동
김현철 · 최창욱 · 민경석(2010)	• 청소년활동을 청소년체험활동으로 명명. 청소년기의 발달과업을 수행하기 위해 자발적으로 참여하는 제반의 활동
전명순 · 김태균 (2014)	• 청소년의 현재의 삶에 영향을 미치고, 미래의 건전한 성인으로 성장할 수 있도록 돕는 모든 활동
최창욱 · 문호영 · 김진호(2015)	• 청소년기에 직면하는 발달적 욕구 충족과 성공적인 성인의 삶에 필요한 역량 개발을 돕는 체험중심의 교육적 행위
전명순(2017)	• 청소년의 전인적인 성장과 역량강화를 위해 제공되는 다양한 활동
조현주(2020)	• 청소년들이 주어진 환경 속에서 개인적인 성장이나 사회적인 가치나 목표를 실현하기 위해 행하는 모든 정신적, 신체적 행위 전반

학자들의 정의를 통해 청소년활동은 청소년들의 실제생활에서 이루어지는 활동, 자발적으로 참여하는 활동임을 알 수 있다. 그러므로 청소년활동은 청소년기의 발달과업을 수행하기 위해 자발적으로 참여하는 체험활동이라 볼 수 있다. 발달과업의 수행은 궁극적인 목표, 자발적인 참여는 수단과 방법, 체험활동과 경험은 활동의 내용이다.

청소년활동은 청소년과 활동의 개념적 정의에서 세 가지 차원이 있다(권일남 외, 2018). 첫째, 청소년활동을 주요 대상과 행위를 중심으로 이루어진다는 관점에서 해석하는 것이다. 이러한 차원에서는 청소년을 대상으로 그들에게 자율적이든 타율적이든 어떤 것이든지 행동을 하는 것으로 청소년이 활동에 참여하여 자기주도적인 체험을 하는 것을 말하는 것이다. 둘째, 청소년활동을 제도적 관점에서 바라보는 시각이다. 법에서 규정한 관점으로 정부정책을 실현하기 위한 차원에서 청소년활동의 기능적인 부분을 강조한 것이라 할 수 있다. 셋째, 청소년활동의 외적인 부분만을 보는 것이 아니라 청소년시기에 달성해야 하는 발달적인 측면에서 청소년활동이 청소년들의 변화를 수반하는 기능을 수행하고 있는지를 보는 것이다. 청소년기의 다양한 활동을 통해 청소년 개인의 수준과 능력에 맞는 성장의 조건으로 활동이 활용되는 것으로 청소년활동이 단순한 체험을 넘어 교육적 효과와 개인의 내적 역량 개발이라는 점이다. 이러한 개념 정의를 통해 청소년활동의 방향이 청소년들이 자기주도적인 역량을 발휘하여 내적인 변화를 도모하는 것임을 알 수 있다.

정책적인 차원에서 청소년활동의 개념은 법적인 규정에서 제시하고 있는데, 「청소년 기본법」 제3조 3항에 '청소년활동이란 청소년의 균형있는 성장을 위하여 필요한 활동과 이러한 활동을 소재로 하는 수련활동·교류활동·문화활동 등 다양한 형태의 활동을 말한다.'로 정의하고 있어 청소년활동의 목적이 청소년의 균형있는 성장이라는 것과 청소년활동의 영역을 수련활동, 교류활동, 문화활동을 주요활동으로 규정하고 있다. 청소년의 균형있는 성장이라는 목적 달성을 위해 기획되고 계획되는 활동은 모두 청소년활동으로 정의하고 있다.

청소년활동은 목적지향적이고 행동지향적인 것으로 청소년기의 발달과업과 연관하여 성과를 거두기 위한 목적을 가진 행동이나 작용이라 할 수 있다. 청소년기에는 신체적 발달, 성적인 발달, 정서적 발달, 사회적 발달, 인지적 발달 등 다양한 발달을 이루어내면서 그 안에서 나타나는 불안정적인 요소를 극복하고 인성적인 부분과 안정적 정서를 획득하여 개인성장을 이루어낼 수 있도록 해야 한다. 이러한 목적달성을 위한 노력이 청소년활동인 것이다. 발달 과정상에서 달성해야 할 청소년기의 발달과업(가장 일반적인 청소년기의 발달과업은 자아정체성 확립, 그와 더불어 신체, 정서, 사회, 인지 안에서 이루어내야 하는 발달과업들)을 이루어내는 것을 청소년활동이라 할 수 있는 것이다.

그러므로, 청소년활동은 발달과업에 맞는 전인적 역량을 위해 내면적 외면적 변화를 꾀하는 움직임, 청소년을 대상으로 그들의 인지, 정서, 행동 영역을 변화시키기 위해서 행하는 일련의 행동이나 작용으로 정의할 수 있다. 움직임이란 동일시, 카타르시스, 통찰의 부분으로 활동에 참여한 타인들과의 동일시를 경험하면서 활동을 통한 정화작용을 거쳐 자신의 역량을 강화하기 위해 어떤 삶을 살아야 하는지를 깨닫게 되는 통찰까지 얻을 수 있는 움직임이다.

2) 청소년활동의 필요성

청소년활동은 경험적 측면으로 실천적 생활 체험활동이다. 자발적으로 아는 것을 행위를 통해 실현해 나가는 것이다.

청소년기는 발달 단계상 다른 발달단계에 비해 변화가 많고 급격한 시기이기 때문에 이 시기를 어떻게 보내느냐가 그 이후의 삶을 결정하게 된다. 한 사람의 청춘의 시기가 그 사람의 가치관, 사고방식, 세계관을 결정짓게 되므로 어떤 경험을 했느냐가 중요하다. 산업혁명 이전에는 가정과 일이 분리되지 않았기 때문에 가정에서 생활도 하고 일도 하면서 보냈다. 그러면서 자연스럽게 자녀들이 부모와 집안의 어른들의 삶을 터득하고 그들이 하는 행동을 보면서 익히고 실험하여 자신의 행동으로 만들어갔다. 또한, 환경적인 부분이 청소년을 억압하지 않았고, 그들의 발달 욕구에 따라 친구들과 놀고, 자연을 탐색하며 자신을 알아갔었다. 그러나 산업혁명이 진행되면서 도시화가 되고, 일을 찾아 이주하면서 부모들은 바빠지고 자녀들과 함께 가정에서 지내는 시간이 줄어들게 되었다. 그러면서 생활의 여러 면들을 알려주지 않으면 익히기 어렵게 되어 버렸다.

또한, 급격한 정보화사회로의 변화된 사회환경이 청소년들로 하여금 스마트폰 등의 매체 안에서 생활하게 하고 있다. 스마트폰의 보급률이 90% 이상을 보이는 우리나라 상황에서 정보매체의 발달이 다양한 정보와 지식을 제공하여 효율적인 삶을 살아가도록 하는 데는 긍정적이지만, 거기에 매이게 되는 경향을 나타내기도 한다. 특히 청소년은 스마트폰을 통해 알람을 들으며 아침을 맞고, 음악을 듣고, 정보를 검색하고, 친구들과 SNS를 통해 대화를 나누고 관계를 만들어가는 등 신체의 움직임의 기회가 줄어 신체의 문제증상이 나타나기도 하고, 친구들과의 직접적인 접촉 기회가 줄어들어 심리적인 부분에 있어서도 친밀한 안정적인 관계맺음이 부족한 실정이다. 청소년시기에는 다양한 경험을 통해 생각하고 고민하고 성장해 나가는 것이 필요한데, 온라인 상에서의 접촉이 주를 이루는 상황에서 직접적 접촉과 경험의 한계가 존재한다. 그로 인해 문제상황에 봉착했을 때 적절한 문제해결책을 찾지 못하는 경우가 발생한다.

청소년시기는 학업 안에서 지식을 추구하는 것이 주요 과제가 아니라 일상생활에서 적용할 수 있는 체험적 지식을 습득하는 것이 필요한데, 그것이 청소년활동을 통해서 가능하다. 가정과 사회의 환경이 청소년이 현재를 잘 살고 미래의 조화로운 성인의 삶을 준비해 나가도록 준비시키는 데 적절하지 않고, 자연스럽게 활동이 제공되지 않으므로 활동의 기회를 마련하여 제공할 필요가 있다.

청소년활동이 필요한 이유는 첫째, 청소년들은 학업 외에 여가와 일을 함께 하기를 원한다. 청소년들에게 학업만 강요하는 것은 청소년들의 재능을 무시하고 스트레스 상황으로 내몰리게 만들어 문제상황에 이르게 할 수 있을 뿐만 아니라 청소년들의 성장과 발달에 부정적인 영향을 미쳐 국가경쟁력을 떨어뜨려 우리 사회의 미래를 비관적으로 몰아갈 수 있다. 그러므로 청소년들이 여가시간을 활용하여 청소년활동에 참여함으로 각자의 재능과 끼를 발휘하여 스트레스를 어느 정도 해결할 수 있도록 해야 할 것이다.

둘째, 청소년에 대한 관점이 보호와 문제의 관점에서 가능성의 존재로 변화되었기 때문이다. 청소년을 사회의 한 구성원으로 인정하고, 그들이 건전하고 조화로운 성인의 삶을 준비하도록 하기 위해서는 청소년활동을 통한 다양한 능력과 기술을 습득할 수 있도록 해야 한다. 청소년시기의 청소년활동 참여는 강점을 강화하고(천정웅, 2013), 성인기에 필요한 역량을 개발하고 이를 통해 행복한 삶을 살 수 있도록 돕는데 영향을 미친다(이시연, 2019).

셋째, 청소년활동이 청소년들의 정서함양과 대인관계 향상 등에 도움을 주므로 청소년의 문제를 예방하는 데에 효과적일 뿐만 아니라 조화로운 성인으로 성장하여 행복감을 누릴 수 있게 해 주기 때문이다. 청소년 시기의 청소년활동은 행복감과 밀접하게 관련되어 있다. 학교 및 사회활동의 참여수준이 청소년의 행복에 영향을 미친다고 하였다(Ryff, 1997). 청소년들이 다양한 활동을 통해서 가지고 있는 호기심, 탐색력, 에너지를 표출하고, 집단 활동 과정에서 자신의 어려움으로부터 회복할 수 있도록 하는 긍정적인 전환 접근을 할 수 있다(천정웅·김미옥·최명민·노혜련·이용교, 2009; 최경옥, 2017). 청소년의 수련활동, 자원봉사나 동아리활동 참여가 주관적 안녕감을 향상시키고(김윤나·박옥식, 2009; 도종수, 2011; 이홍직, 2016; 정준교, 2005; 진은설, 2013; 함승우, 2016; 현정혁·홍준희·이현영, 2010), 청소년의 자아존중감 향상에 영향을 미친다(Barret & Greenaway, 1995). 미국캠핑협회(2004)는 캠프활동이 청소년의 자아존중감, 사회적 만족감 등에 유효한 의미가 있다고 하였고(ACA, 2004), 자원봉사활동, 체험활동 참여가 청소년의 자아존중감 향상에 영향을 미친다고 보고하고 있다(박성복·김규희, 2008; 문성호·문호영, 2009; 류시영·강방훈, 2012; 송진영·최영란, 2016).

청소년활동을 통해 자아존중감, 회복력을 키울 때 청소년이 학교폭력이나 왕따 등의 문제에 접근하지 않을 수 있고, 삶의 만족감과 행복을 경험할 수 있다.

넷째, 청소년활동은 교육이 목표로 하는 창의성과 인성을 갖출 수 있게 해 주기 때문이다. 창의성과 인성이 지식위주의 교육내용과 교육방식으로 얻어질 수 있는 것이 아니다. 창의성은 다양한 경험과 그로 인한 공부가 바탕이 되어 새로운 아이디어를 창출해 내는 것이므로 청소년들이 청소년활동을 통해 여러 영역의 경험을 쌓으므로 새로운 것을 발견하고 사고를 확장하여 개발할 수 있다. 그리고 비슷한 또래와 함께 청소년활동에 참여하고, 인간의 성장에 초점을 두는 활동의 내용으로 인해 청소년들은 자연스레 인성을 체득하게 된다.

청소년들이 그 시기를 보내면서 자신의 변화와 환경, 사회에 적응하고 성장해 나가면서 부적응을 겪게 되므로 스스로의 힘을 키울 수 있는 인위적인 활동의 제공이 필요하다.

3) 청소년활동의 구성요소

청소년활동이 그 모습을 제대로 갖추기 위해서 필요한 구성요소가 있는데, 그것은 청소년, 지도자, 프로그램, 활동환경이다.

첫째, 활동주체로서 청소년이다. 청소년활동의 대상은 청소년이므로 청소년이 주체로 참여할 때 의미가 있다. 청소년이 있어야 기본적으로 청소년활동이 이루어진다고 볼 수 있는데, 현재의 상황에서 청소년의 참여가 활발하게 이루어진다고 보기는 어렵다. 사회적 상황(청소년활동에 대한 무지, 입시위주교육, 공교육중심의 패러다임 등)을 극복하고, 청소년들이 주도적으로 선택하여 참여할 수 있도록 해야 한다.

둘째, 활동 조력자로서의 지도자이다. 청소년활동이 청소년의 경험성장을 증대하는 방향으로 진행되기 위해서는 청소년활동을 체계적으로 지원하고 관리하는 지도자의 역할이 필요하다. 지도자가 어떠한 생각을 가지고 어떤 지도를 해나가느냐에 따라 활동의 차이가 발생한다. 지도자의 능력이 활동의 질을 만들어 간다고 해도 과언이 아니다.

셋째, 활동경험으로서의 프로그램이 중요하다. 청소년과 지도자가 있는데, 프로그램이 없다면 활동이 이루어질 수가 없다. 프로그램은 청소년과 지도자의 매개로 작용하여 프로그램을 통해 청소년과 지도자가 만나게 된다. 프로그램은 청소년들과 사회적 요구에 부합하고, 청소년들의 능력과 흥미에 적합한 수준으로 구성되어야 한다.

넷째, 활동환경으로서의 활동터전이다. 활동을 하는 장소를 말한다. 장소는 활동의 잠재적 결정인자로서 작용한다. 청소년활동의 목표로 세우지는 않았지만, 장소가 어떤가에 따라 긍정적 영향, 부정적 영향을 받을 수 있다. 활동터전인 장소 안에서 중요한 것은 안전에 대한 부분이다. 청소년들이 안전하게 활동을 해나갈 수 있도록 지도자는 안전에 대한 관심을 가지고 준비하고 대비해야 한다.

이 네 가지의 청소년활동의 구성요소는 꼭 필요한 것이다. 네 가지의 요소가 잘 갖추어져 있을 때 활동이 제대로 이루어질 수 있다. 네 가지의 요소 중에서 청소년활동의 꽃은 프로그램이다. 어떤 프로그램이냐에 따라 어떤 청소년을 대상으로 할 것인지, 어떤 지도자를 배치할 것인지, 어느 장소에서 할 것인지가 정해지기 때문이다. 그렇다 할지라도 청소년활동에서 염두에 두어야 하는 것은 대상인 청소년이므로 청소년을 생각하며 효과적인 청소년활동을 전개해 나가기 위한 노력이 지속되어야 한다.

2. 청소년활동의 이론과 원리

청소년활동은 활동을 통한 움직임을 통해 청소년이 현재, 그리고 미래에 갖추어야 할 역량을 배양하여 균형적인 성장을 이루어가도록 하는 것이므로 청소년활동 적용시 청소년지도자가 어떠한 이론을 바탕으로 어떤 원리를 적용해 나가야 하는지 분명한 기준이 있어야 한다. 활동을 통해 지적인 부분과 정의적인 부분을 키워 행동할 수 있도록 함으로 필요한 것들을 체득하고 변화해 나갈 수 있도록 해야 한다.

1) 청소년활동의 이론

청소년활동은 청소년들에게 다양한 영역에서의 발전을 도모하고 있다. 활동을 통해 새로운 것을 탐색하고 삶에 적용해 나가게 된다. 또한 청소년활동은 현장중심으로 이루어지게 된다. 청소년활동은 다양한 현장중심 활동에서 청소년들이 참여하면서 본질적 지식을 얻도록 하기 위해 경험학습 이론, 구성주의 이론, 학습몰입 이론에 바탕을 두고 있다.

(1) 경험학습 이론

경험학습이란 학습자의 경험을 학습과정에 통합하는 교육이다. 경험학습은 삶 그 자체와 떨어질 수 없는 인간의 경험과 학습을 연결하고자 하며, 학습을 통한 학습자의 변화와 성장을 경험과 연관시켜 설명하고자 한다(김진한, 2020). 경험은 해 보는 것과 당하는 것의 경험이 결합되어야 한다. 경험은 17세기 초기 근대 철학과 근대과학에서 파생되어 현대에 이르러 존 듀이(John Dewey, 1959~1952)가 발전시켰다. 존 듀이는 과거의 경험이론에서 주장하는 이원론적 견해를 비판하고 경험과 정신이 서로 분리되어 작용하는 것이 아니라 동시에 작동하는 활동이라고 주장했다(이미숙·박상호, 2019). 교육에 있어서도 교육이 경험의 의미를 증진시키는 경험의 재구성이나 재조직이라고 보고 경험을 통한 교육을 강조했다. 존 듀이의 경험의 구조 속에서 성장은 연속성의 원리와 상호작용의 원리가 적용된다. 연속성의 원리는 시간적 측면으로 과거의 경험을 전달하는 것이고, 모든 경험에 과거, 현재, 미래가 연결되어 계속 변화되면서 발전되는 것이다. 상호작용의 원리는 공간적 측면으로 개인과 환경과의 상호작용에서 오는 여러 관계를 의미한다(정은찬, 2004). 지속되는 경험을 통해 성장한다고 보고 있다. 경험학습은 경험의 내부에서 경험에 힘입어 이루어지는 것이면서 경험을 위하여 이루어지는 발달이다.

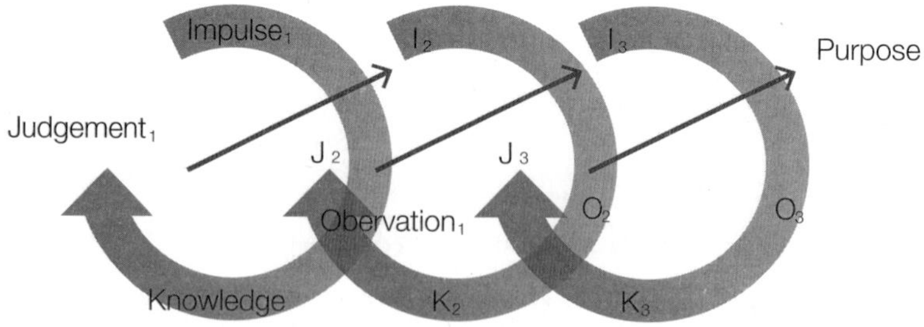

[그림 6-1] 듀이의 경험학습 모델

출처: 천정웅 외(2011)

위의 그림은 듀이의 경험학습모델인데, 충동1이 속에서 일어나면 관찰하고 지식을 얻고 판단하게 된다는 것이다. 계속해서 충동이 일어나면 관찰하고 지식을 얻어 판단하게 되고, 계속적으로 반복적인 판단에 의해 원하는 목적에 도달하게 되는 것이다. 경험은 인간의 기억과정에 강렬한 영향을 미치고 인간의 기존의 기억구조에 부단히 새로운 것을 통합해 가며 경험을 재구성하고 학습하게 된다.

콜브(D. Kolb)는 현대 경험학습이론의 초석을 마련하였다. 그는 경험의 변형을 통해 지식이 만들어지는 과정이 학습이라고 하였는데, 여기에 학습의 네 가지 측면이 포함되어 있다. 첫째, 내용과 결과가 아니라 과정으로서의 학습을 강조한다. 둘째, 지식은 단단한 형체로서 주입되는 것이 아니라 변형 과정으로서 끊임없이 창조와 재창조를 거친다. 셋째, 학습은 경험을 객관적이면서 주관적인 형태로 변형시킨다. 넷째, 학습을 이해하기 위해서는 지식을 알아야 한다(Kolb, 2015, 김신일 외, 2019 재인용).

콜브는 학습자 내부에서 일어나는 경험이 지식으로 바뀌는 과정을 학습으로 이해하였다. 경험, 지식, 인지, 행동을 총체적으로 통합하는 학습의 관점을 제시하고자 하여 이 네 가지는 구체적 경험, 성찰적 관찰, 추상적 개념화, 능동적 실험 등 네 가지 능력으로 이어진다. 콜브는 구체적 경험으로부터 시작하는 학습순환을 제시하였다.

지식은 두 축의 활용에 따라 분류되는데, 경험이 파악을 통해 포착되고 내향적으로 변형되면 발산적(divergent) 지식이 되고, 경험이 이해를 통해 포착되고 내향적으로 변형되면 동화적(assimilative) 지식으로 생성된다. 경험이 이해를 통해 포착되어 외향적으로 변형되면 수렴적(convergent) 지식이 되며, 파악을 통해 외형적으로 변형된다면 조절적(accommodative) 지식으로 생성된다.

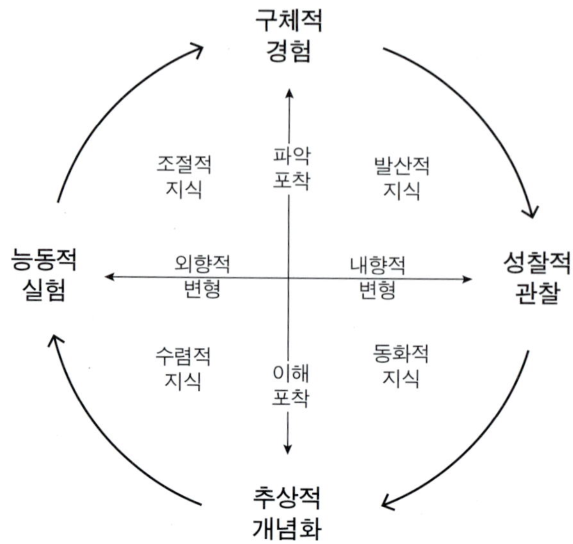

[그림 6-2] 경험학습순환 구조와 지식양상

출처: Kolb, D. A. (2015), 김신일 외(2019)

콜브는 구체적 경험, 성찰적 관찰, 추상적 개념화, 능동적 실험 점수를 측정해 네 가지 학습방식을 제시하였다.

구체적 경험 방식은 느낌(feeling)을 중시하고, 성찰적 관찰 방식은 관찰(watching)과 묘사를 통해 현재 생각이나 상황에 대한 이해에 초점을 맞춘다. 추상적 개념화 방식은 논리적인 개념에 초점을 맞추며, 사고(thinking)를 강조하고, 능동적 실험 방식은 상황을 변화시키는 행동(doing)에 초점을 둔다. 이를 바탕으로 학습유형을 조절(accommodation), 발산(divergence), 동화(assimilation), 수렴(convergence)으로 나누어 제시했다.

첫째, 조절 유형은 구체적 경험과 능동적 실험 능력을 강조한다. 이 유형의 강점은 계획과 임무를 실행하고 새로운 경험에 부딪치는 일에서 직접 행동하는 것이다. 조절자(accommodator)는 즉각적으로 바뀌는 상황에 자신을 적용시키는 데 적합하다.

둘째, 발산 유형은 구체적 경험과 성찰적 관찰을 강조한다. 상상력 및 의미와 가치에 대한 의식이 강점이고, 발산자(diverger)는 브레인스토밍과 같은 대안적 아이디어와 시사점을 만들어내야 하는 상황에서 잘 수행한다.

셋째, 동화 유형의 능력은 추상적 개념화와 성찰적 관찰이다. 이 유형의 강점은 다양한 관찰들을 하나의 통합된 설명으로 묶어 귀납적 추론과 이론적 모형을 만들어내는 것이다. 동화자(assimilator)는 아이디어와 개념의 유용성에 대한 생각이 크지 않고, 이론이 논리적으로 타당하고 정확한지에 관심을 둔다.

넷째, 수렴 유형은 추상적 개념화와 능동적 실험 능력에 주로 의존한다. 문제해결, 의사결정, 아이디어의 실제적 적용 등의 강점을 가진다. 수렴자(converger)는 지식을 가설-연역 추론을 통해 구체적인 문제에 초점을 맞춰 조직한다(김진한, 2020).

이러한 경험학습 이론을 밑바탕으로 청소년지도, 청소년활동 프로그램을 진행할 때 청소년들에게 경험을 제공하고 그 경험을 통해 다양한 앎을 통한 지식으로 자리잡을 수 있도록 하며, 그 지식이 내면화되어 행동의 변화를 가져올 수 있도록 하고 있다. 경험학습 이론은 청소년지도의 영역에서 매우 중요한 이론으로 모든 청소년지도학의 영역에서 영향을 미치고 있으므로 청소년지도자가 경험학습 이론을 잘 숙지하여 청소년지도 현장에서 활용할 수 있도록 해야 할 것이다.

(2) 구성주의 이론

구성주의는 현대 심리학의 시조로 일컬어지는 독일 구성주의 심리학자 빌헬름 분트(Wilhelm Wundt, 1832~1920)의 제자인 에드워드 티치너(Edward Bradford Titchener, 1867~1927)에 의해 창시되었다. 구성주의는 인간의 정신, 특히 의식을 구성하는 요소와 그 구조를 분석하고자 했던 최초의 심리학파로 지각이 감각이라는 요소들을 결합해서 생긴다는 기본 입장을 갖고 있다.

구성주의는 아는 것에 대한 인식론이며, 지식을 구성하는 방법에 대한 학습론이라 할 수 있으며 지식의 상대성과 개인의 능동적인 지식 구성과정을 강조하였다(안민정·조부경, 2021). 구성주의에서는 학습자가 구성해 가는 지식과 탐구활동이 중심이 되어 끊임없이 변화 발전된다고 보기 때문에 가장 중요한 것이 탐색과 발견이다. 이러한 탐색과 발견이 청소년활동의 다양한 경험을 통해서 가능하게 되므로 청소년활동의 이론적 바탕이라고 볼 수 있다.

구성주의는 학습자가 개인적으로, 사회적으로 배운 내용의 의미를 자기 나름대로 구조화하는 것이므로 의미를 구성해 나가는 것 자체가 학습과정이 된다. 여기에 두 가지 가정을 제시할 수 있는데, 첫째는 학습에 관하여 학습자의 사고과정에 초점을 두어야 한다는 것이고, 둘째는 학습자에 의해 구성된 경험 혹은 학습자가 속한 지역사회에서 일어나는 상황과 전혀 별개의 의미를 지닌 지식은 존재하지 않는다는 것이다(권일남·오해섭·이교봉, 2018). 그러므로 학습자와 분리된 독립적인 외부세계에 존재하는 지식은 없고, 개인이 배운 것을 스스로 구성해 나가는 것이다.

구성주의에 입각한 구성주의 학습의 원리(김영인·김민, 2021; Fosnot, 1996)는 첫째, 학습은 구성적·능동적 과정이라는 것이다. 학습자에 의한 능동적인 지식 구성을 본질로 하기 때문에 그들의 자율성과 자기주도성을 매우 중요하게 생각한다.

둘째, 학습은 반성적 능력을 통해서 이루어진다. 구성주의 학습은 반성을 통해 자신의 행동과 판단을 점검하고 비판해 나가 자신에게 적합한 지식을 구성해 나갈 수 있게 한다. 자신을 돌아보고 경험을 다시금 들여다보며, 반성적 글쓰기를 통해 나가게 된다.

셋째, 학습은 사회적·대화적 활동이라는 것이다. 이는 소통을 강조하는 것이다. 학습에서 교육자와 학습자, 학습자와 학습자 간의 대화를 통한 수평적인 소통을 이루어나가는 것이 의미의 이해와 공유, 형성이 촉진된다.

넷째, 학습은 적절한 불균형에 의해서 촉진된다. 학습자의 능력보다 과제의 수준이 조금 더 높은 인지적 불균형이 학습을 촉진하는 계기가 되기 때문에 이런 상황을 만들어 탐구와 토론이 이루어질 수 있도록 해야 한다.

다섯째, 학습은 도구와 상징을 통해서 촉진된다. 학습과 연관되고 목적에 맞는 도구, 언어의 상징체계를 활용하는 것이 도움이 된다.

여섯째, 학습은 삶의 방법을 알게 하는 과정이다. 구성주의 학습은 외부에 존재하는 명제적 지식을 발견하고 수용하는 과정이 아니고 학습자 스스로 자신의 삶의 맥락에 적합한 지식을 형성하는 과정이다.

이러한 구성주의 학습의 원리에 따라 청소년활동이 이루어지고 있다. 청소년활동은 청소년의 자기주도적인 역량을 발현시키도록 스스로 선택하게 하고, 청소년활동에 참여하였을 때 활동 안에서 지도자와 같이 참여한 청소년들과 다양한 활동 안에서 대화와 협력을 통한 소통을 이루어나간다. 활동을 통해 청소년은 발전해 나가며, 활동을 마쳤을 때 다시금 활동을 점검하고 돌아보는 반성적 사고의 시간을 거쳐 활동 안에서 얻은 다양한 것들을 삶에 적용할 수 있도록 하고, 활동을 좀더 흥미있게 해 나가기 위해 다양한 도구를 사용하여 활동의 목적을 달성해 나간다. 이러한 일련의 과정 안에서 지도자는 청소년이 스스로 해 나갈 수 있도록 조력하는 안내자의 역할을 해 나가게 된다.

(3) 학습몰입 이론

몰입은 사람들이 집중하여 활동할 때 경험하고 느낄 수 있는 긍정적인 에너지다(Csikszentmihalyi, 1975; 신은정, 2015). 몰입을 제시한 Csikezentmihalyi(1975)는 학습에서의 몰입이라는 개념도 제시하였는데(최미옥·홍아정, 2015), 학습몰입은 과업이나 과제에 온전한 집중을 통해 몰두하여 최적의 상태에서 수행하는 과정이다. 학습자는 몰입을 통해 창조성과 즐거움을 경험한다. 학습에서의 몰입은 학습에 필요한 고도의 집중과 참여를 통해 학습자의 정체성을 유지하고, 학습에 집중하는 상태이며, 학습자가 외부의 압력으로 인해 행동의 통제를 받는 것이 아니라 자신의 의지에 따라 일상생활을 하고 있는 상태를 말한다(박정례·한상훈, 2013). 초기에는 몰입을 학습자의 행동적 측면을 중심으로 실질적인 과제나 학습에 활용하는 시간으로 정의하였고(Astin, 1993), 학습몰입에 대해 학자들은 학습자의 흥미, 노력, 그리고 집중의 정도(Marks, 2000), 학습자의 발전을 도모하는 중요한 요인으로 보고 있다. 몰입을 통해 자신이 하고 있는 행위에 완전히 빠져들어 능력을 최대한 발휘함으로 개인의 행복과 자아실현, 목표 달성을 해 나갈 수 있고, 그런 경험과 결과를 통해 긍정적이고 즐거운 상태를 체험할 수 있다(Csikszentmihalyi, 1990; 김진호, 2002).

Csikszentmihalyi는 학습몰입을 9가지로 구분하여 제시하였다.

〈표 6-2〉 Csikszentmihalyi의 9가지 학습몰입 구성요인과 특징

구성요인	특징
통제감	통제하려고 노력하지 않아도 학습자가 통제 감각을 갖는 것
자기목적적 경험	학습자가 혜택보다는 학습 그 자체에서 보상을 받는 것
시간감각의 왜곡	학습몰입 경험에 느끼는 시간(시계의 시간 측정과 관련 없음)
과제에 대한 집중	학습몰입 동안 다른 모든 상황을 잊어버릴 수 있는 것
자의식의 상실	학습자가 학습몰입 상태에서 자의식이 사라지는 것
구체적인 피드백	학습자의 학습몰입 경험을 토대로 본인의 학습 수행에 대해 명확한 피드백을 주는 것
명확한 목표	학습자가 학습몰입 상태에서 학습 목표가 분명해지는 것
도전과 능력의 균형감	학습몰입을 통해 학습자가 학습과제 도전과 높은 학습능력 수준을 인식하는 것
행위와 의식의 통합	학습몰입 상태 학습자의 관심과 의식이 학습활동과 하나가 되는 것

출처: 김희종, 2019

청소년활동은 자발적인 참여에 의해 이루어지는 교육적 경험이기 때문에 흥미와 즐거움이 있어야 하고, 성취의 즐거움을 맛볼 수 있으면 효과성과 지속성을 가질 수 있다. 그 지속성과 효과성과 관계있는 것이 몰입이다. 청소년활동에서의 몰입경험은 소년활동프로그램에 참여하는 청소년이 자신이 수행 중인 활동에 완전히 몰두하여 시간의 흐름이나 공간, 더 나아가서 자기 자신에 대한 생각까지도 잊어버리게 될 때 느끼는 최적의 심리적 상태라고 정의할 수 있다.

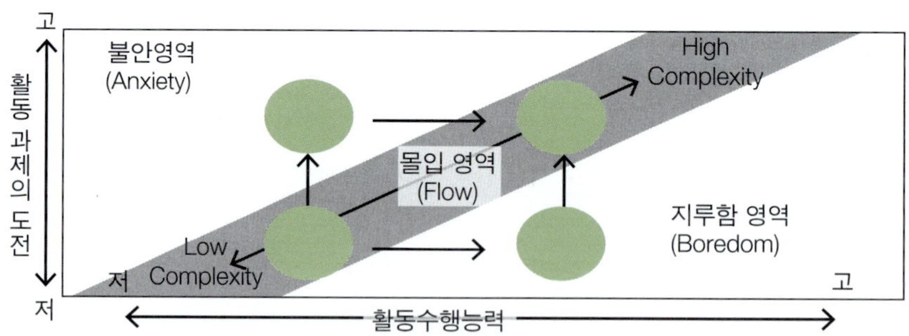

[그림 6-3] 몰입의 개념

출처: 천정웅 외(2011)

[그림 6-3]은 도전과 능력의 관계를 말하는 것이다. 몰입은 활동의 대상을 의미하는 도전과 개인이 지각하는 자신의 능력의 함수관계로 설명되고 있다. 도전수준과 능력수준이 균형을 이루면 몰입을 경험하지만, 자신의 능력에 비해 수준이 높으면 불안을 경험하고, 반대로 도전에 비해 자신의 능력수준이 높으면 지루함을 경험하게 된다는 것이다.

청소년이 활동에 참여할 때 자신의 수행능력이 낮은 수준이며, 그 수준에 적합한 활동 과제가 주어진다면, 청소년은 과제의 도전과 수행능력이 균형을 이뤄 몰입을 경험하게 된다. 자신의 수행능력이 점점 향상되게 되었는데, 과제의 도전이 그대로라면 청소년은 지루함을 느끼게 된다. 이때 다시 몰입을 경험하기 위해서는 과제의 수준을 높이든지, 청소년이 활동참여를 포기하든지 하게 된다. 반대로 청소년의 수행능력이 조금 향상되었다고 아니면 활동에 여러 번 참여했으니까 과제의 수준을 높였다. 그런데 수행능력이 따라가지 못해 불안을 느끼게 되는 것이다. 이때는 활동참여를 포기하거나 쉬운과제로 돌아가거나, 어려운 과제에 맞게 자신의 능력을 향상시키는 방법이 있다.

활동 참여의 즐거움과 지속성을 유지하게 해 주는 것이 몰입이다. 그러므로 청소년활동이 학습몰입의 이론을 적용하여 이루어질 때 참여한 청소년이 흥미를 느낄 뿐만 아니라 계속해서 청소년활동에 참여하고 싶은 욕구를 느끼게 되어 청소년활동의 활성화가 이루어질 수 있다.

2) 청소년활동의 원리

청소년활동은 움직임을 기반으로 하고 있기 때문에 행동적인 접근이 기본이다. 청소년활동은 활동을 통해 얻은 지식과 기술이 바탕이 되는 인지적인 요소가 정의적인 요소와 결합하여 행동으로 표출된다. 청소년활동을 통해 행동의 변화가 이루어지는 것이다. 이러한 측면에서 청소년활동의 원리는 행동의 원리, 체험을 기반으로 하는 현장학습의 원리, 생활에서 맞닥뜨리는 여러 가지 문제들을 해결해 나갈 수 있는 능력을 키우는 문제해결의 원리의 측면에서 살펴볼 수 있다

(권일남 외, 2018).

(1) 행동의 원리

행동의 원리는 레빈(Lewin)의 장이론에서 강조하고 있는 개념이다. 장이론에서는 행동은 개인적인 요소와 환경적 요소가 상호작용하여 나타난다고 보고 있다. 공식은 B(Behavior)=f(P(Person)·E(Enviornment))이다. 레빈은 인간의 행동을 생활에서 일어나는 변화, 행동을 둘러싸고 있는 환경적·심리적 요소들로 정의했다. 장이론에서 개인의 행동은 공존하는 사실들의 전체성, 곧 역동적 장으로부터 도출된다고 믿는다. 역동적인 장 안에서 모든 사상은 상호의존적이다. 행동(behavior, B)은 장의 함수이며, 이는 곧 장을 이루고 있는 개인(person, P)과 환경(environment, E)의 함수이다. 상호의존적 변인으로 이루어진 장의 한 부분의 변화는 행동의 변화를 가져오는 것이다. 레빈은 상호의존적 전체성을 갖는 역동적 장을 생활공간(life space, LS)으로 명명하였다. 따라서 행동은 생활공간의 함수이다. 이를 공식화한다면 B=f(L, S)=f(P, E)이며, 이는 P=f(E)임과 아울러 E=f(P)인 관계를 먼저 받아들일 때 의미가 있는 것이다. 그에게는 심리적 장, 즉 생활공간이 심리학의 우주이다. 생활공간은 특정 순간에 한 사람의 행동을 결정하는 사실들의 전체라고 할 수 있다. 생활공간의 특성은 정태적으로 뿐만 아니라 동태적으로도 접근할 수 있다. 행동변화의 결과에 따른 부분의 배열 상태를 스냅사진 찍듯이 표상하는 정태적 접근은 생활공간의 구조를 이해하는 데, 행동변화의 과정을 연속적으로 영화에 담듯이 표상하는 동태적 접근은 생활공간의 역동성을 이해하는 데 중점을 둔다. 생활공간의 두 특성은 완전히 상호의존적이다(박병기, 2003).

장이론은 실제의 상호의존성을 강조함으로 논리와 경험의 통합적 방법론이라 할 수 있다. 이러한 관점에서 청소년활동은 이론과 경험의 통합이 이루어져 있고, 참가자들의 적극적인 행동의 변화를 위한 과정이 지도자와 프로그램 환경 간의 상호작용, 상호기능적 행위로 이루어짐을 알 수 있다. 청소년지도자들의 철학, 신념, 인격 등 그들이 가지는 내적인 요소들이 개인적 요소(P)로, 참가자의 상황인 연령이나 숫자, 활동규모, 참가자나 현장의 분위기 등이 환경적 요소(E)

로 복합적으로 어우러진다. 그런 상호의존적인 작용을 통해 청소년들이 활동 안에서 실제적인 행동의 변화를 도모하게 되는 것이다.

(2) 현장학습의 원리

교육이 추구하는 바를 달성하기 위해서는 학습자들의 능동성과 자기주도성이 무엇보다 필요하고, 이를 강조한 학습자 중심의 학습환경이 중요시된다. 이러한 경향이 반영된 것이 현장체험학습이다.

현장학습은 현장체험학습과 같은 의미로 사용되는데, 현장체험학습은 현장학습과 체험학습의 의미를 동시에 내포하고 있다. 현장학습은 학습장소를 현장으로 옮김으로써 학습의 목표를 효율적으로 달성하려는 수업방법이다(네이버지식백과). 현장학습에서의 현장은 다양한 모든 장소가 될 수 있고, 본래 학습을 통해서 얻고자 하는 목표 달성이 이루어지면 되는 것이다. 실제적인 활동을 통해서 이루어지는 학습이므로 일상생활에서 맥락에 근거하여 주어지는 문제를 이해하고 해결하면서 배우게 된다. 직접 체험을 통해 배우게 되므로 진정한 학습, 체득되는 학습이 된다. 이는 이론에서 제시한 경험학습과도 연관된 부분으로 반성적인 성찰, 추상적인 구체화, 능동적 실험이라는 과정을 거쳐 유용한 경험으로 자리잡게 되므로 체험을 중심으로 이루어지는 현장체험학습이 체계적으로 잘 진행된다면 매우 효율적이고 학습자의 기억에 지식을 내면화하는 데 의미있고 강한 수단이 될 수 있다(김효진, 2015).

현장체험학습은 사전활동, 현장활동, 사후활동의 과정으로 이루어진다(박혜원, 2007).

사전활동은 현장을 답사하기 전 활동으로 주제설정부터 계획 수립, 장소 선정, 교육과정과 교과서 분석, 조사 학습까지 현장체험을 위한 준비단계이다. 현장 활동에서 일어나는 시행착오를 줄이기 위한 단계이기 때문에 매우 중요하다. 이러한 사전조사와 학습이 충분히 이루어 때 현장 활동이 단순한 관람으로 끝나지 않고 학습의 내용과 연계될 뿐만 아니라 학생들의 흥미를 유발할 수 있다.

다음 단계인 현장 활동은 현장에서 직접 체험을 하는 학습활동으로, 이 단계에서는 사전활동 단계에서 수립한 주제를 중심으로 계획에 따라 구체적인 활동을 수립한다. 현장체험활동이 직접적으로 이루어지는 단계이므로 이 단계를 어떻게 해 나가느냐에 따라 학습의 성패에 영향을 줄 수 있다. 현장 활동은 사전에 계획한 절차대로 이루어져야 하며, 교수와 학습자, 학습자와 학습자 간에 의사소통이 원활하게 이루어져야 한다. 현장 활동에는 실험, 관찰, 조사, 견학 등의 활동이 있다.

마지막 단계는 사후활동이다. 사후활동은 현장 활동 후의 학습으로 현장체험학습을 완성하는 단계이다. 보고서를 작성, 발표 및 평가가 이루어진다. 주제를 중심으로 학습한 내용을 정리하고 발표와 토론을 통해 학습이 이루어지는 단계이다. 무엇보다 중요한 것은 현장 학습 활동을 통해 배운 새로운 지식을 중심으로 학생들 스스로가 새로운 지식을 재구성할 수 있는 환경을 지도자가 조성해 주는 것이 중요하다.

〈표 6-3〉 현장학습의 교수-학습 모형

과정		활동내용
1단계	사전활동	현장체험학습의 목표와 주제 선정
		현장체험학습활동의 계획 수립
		현장 사전 자료 조사
		조 편성 및 역할 분담
2단계	현장활동	견학 및 체험
		기록, 관찰, 촬영, 인터뷰
		사전학습 계획에 따른 현장학습 진행
		목표와 주제에 따른 과제 수행
3단계	사후활동	현장활동의 내용 정리
		보고서 작성 및 제출
		결과물에 대한 토의 및 수정, 보완
		평가활동

현장체험학습 활동은 다음과 같은 교육적 효과를 나타낸다(김효진, 2015).

첫째, 통합적인 사고를 기를 수 있다. 현장체험학습의 전, 중, 후 활동이 유기적으로 결합된 학습이 필요하고, 교실에서 배운 지식과 교실 밖에서 얻은 체험을 연계하여 지식과 정보를 융합하므로 통합적인 사고가 가능하게 된다.

둘째, 공동체 내의 협업 방식을 배울 수 있다. 현장체험학습은 주입식으로 이루어지는 교육이 그 안에서 문제해결을 위한 공동체 학습이 요구되므로, 자연스럽게 토론과 피드백을 서로 해 나가는 협업능력의 향상을 가져올 수 있다.

셋째, 자기주도적인 학습태도를 기를 수 있다. 현장체험학습은 현장에서 직접 관찰하고 생각하고 탐구하는 활동이 이루어지므로 능동적인 학습활동을 해 나가는 자기주도적인 능력을 향상시킬 수 있다.

넷째, 사회성을 기를 수 있다. 현장에서 폭넓은 경험을 통해 사회적 태도나 능력을 기를 수 있고, 더불어 사는 인성을 함양시킬 수 있다. 공동체성을 통해 사회성을 기를 수 있다.

다섯째, 다른 학습자들과의 상호작용을 활발하게 하게 되므로 학습 방식을 배울 수 있고, 새로운 학습의 기초를 형성할 수 있다. 조별 활동과 결과물을 만들어내는 다양한 활동을 통해 관찰과 토론을 활발히 해 나가면서 문제해결을 해 나가게 된다.

현장체험학습에 있어서 강조해야 하는 것은 안전성이다. 현장학습에는 위험한 요소가 수반되므로 지도자가 주도면밀하게 준비하여 모든 예측가능한 위험에 대비하여 방지책을 강구하는 것이 중요하다.

그러기 위해 사전답사를 실시하여 현장상태를 점검하고, 위험한 장소에 대한 사전 교육을 철저히 하고, 접근 금지가 필요한 곳에는 접근 금지 표시를 해 둬 위험으로부터 미리 차단할 수 있도록 한다. 또한 사용할 기자재를 점검하고, 긴급사태에 대한 대비책을 미리 마련해 둔다. 현장체험 실시 전 오리엔테이션을 통해 안전사고 예방에 대한 충분한 숙지를 통해 현장체험을 할 수 있도록 한다.

3) 문제해결의 원리

우리는 매일매일 그리고 하루종일 대화를 하며 지낸다. 가벼운 대화나 유머도 있겠지만, 아침부터 잠자리에 드는 순간까지 대부분의 대화가 문제-갈등-협상인 것을 생각하면 우리의 하루는 문제를 해결해 나가기 위한 연속일 수도 있겠다. 일상생활에서 많은 문제를 맞닥뜨리며 그것을 해결해 나가야 하기 때문에 문제해결은 인간에게 필수적인 능력이 된다. 그러기 때문에 모든 교육과 학습에서 문제해결이 중요하게 다루어지고 있다.

문제해결(Problem solving)은 어떤 것을 명확하게 인식하기 위해, 직면한 어려움으로부터 벗어나기 위해, 이를 극복할 수 있는 어떠한 방법을 찾기 위해, 학습자가 원하는 목적을 달성하기 위해 적합한 방법을 찾는 것으로 즉각적으로 문제가 해결되는 것이 아니라 점진적으로 어떠한 새로운 방법을 찾는 것이다(Newell & Simon, 1972). 또한 문제해결은 특정 지식 내에서의 전문적 능력이고, 새롭게 맞닥뜨린 문제를 해결하기 위해서 이전에 학습한 원리, 절차, 지식, 인지 전략을 새롭고 독특하고 일반적이지 않은 방식으로 결합하는 능력을 말한다(박민정, 2018).

문제해결의 특징은(Jonassen, 2010) 첫째, 일상생활의 도처에 편재되어 있는 것으로 실제성(authenticity)을 가진다. 둘째, 문제해결은 관련성(relevance)을 가진다. 자신들과 관계되고, 관심있는 문제들은 내재적인 동기를 불러 일으키기 때문에 중요하다. 셋째, 문제해결은 더욱 심화된 학습을 수행하며, 결과적으로 의미 창출에 기여할 수 있다.

문제해결의 특징은 상황화된 학습(situated learning)에서 지식이 실제로 활용될 수 있도록 실질적인 맥락을 고려한 학습을 통해 유의미한 학습이 이루어져야 함을 주장한 것과 관련이 있다(Brown, Collins & Duguid, 1989; Resnick, 1989). 즉 문제해결은 일상생활에 실제적으로 일어나는 것이며, 학습자와 관련 있는 문제로 동기가 유발되며, 문제를 해결하는 경험을 통해 학습자에게 지식이 활성화되면서 새로운 의미와 이해를 창출하도록 돕기 때문에 교육에서 중요한 요소이다.

학습자가 문제해결을 수행, 경험하는 수업에서는 피상적인 문제보다 비구조적이거나 일상생활에서 발생하는 문제를 다루고자 하며, 문제해결 과정 속에서 다양한 활동을 통해 지식 형성을 도울 수 있다. 문제해결 수업을 위해 학습자에게 관련된 문제로 흥미를 유발해야 하며 학습자의 참여적인 학습을 위해 문제와 관련된 실제적 환경도 고려하여야 한다(박민정, 2018).

문제해결을 통한 의사결정의 단계는 7단계로 나눌 수 있다(권일남 외, 2018). 문제해결체계 7단계는 나름의 합리적 체계를 가지고 있어서 이 단계를 따라 문제해결과 의사결정을 해 나갈 때 더 나은 선택을 할 수 있도록 돕는다.

[그림 6-4] 문제해결체계 7단계

출처: 권일남 외(2018)

첫 번째 단계는 문제 인식이다. 자신이 해결해야 할 문제가 자신 앞에 있다는 것을 인식하는 단계이다. 내가 해결하려고 시도하는 문제는 무엇인가? 내가 이루고자 하는 목표는 무엇인가? 내가 그 문제를 충분히 이해하고 있는가? 나에게 필요한 행동은 무엇인가? 이러한 질문을 통해 그 답을 적어가는 것은 문제를 인식하는 데 도움이 된다.

두 번째 단계는 대안을 결정하는 단계이다. 문제가 무엇인지 인식했다면 그 문제를 해결해 나가기 위한 대안을 결정해야 한다. 대안은 문제상황을 해결하기 위해 할 수 있는 행동과정이다. 한 문제에는 많은 가능한 대안들이 있을 것이다. 가능한 대안을 최대한 많이 찾는 것이 필요하다.

세 번째 단계는 정보를 수집하는 단계이다. 가능한 대안들의 목록을 작성했다면 그 작성한 내용의 정보를 수집하는 것이다. 다양한 대안에 대한 실질적이고 객관적인 정보를 수집해야 한다. 내가 각각의 대안에 대해 무엇을 알아야 하는가? 어떤 재료나 정보가 대안이 도구로 필요할 것인가? 소요 예산은 어떠한가? 먼저 활용 가능한 대안인가? 이러한 다양한 질문을 통해 대안에 대한 정보를 수집해 나간다.

네 번째는 대안을 평가하는 단계이다. 대안에 대한 다양한 정보를 수집한 후 문제해결에 있어서 각각의 대안의 장점과 단점, 이익과 손해를 평가해 볼뿐만 아니라 그 대안을 선택해서 문제를 해결해 나갈 때 발생할지도 모르는 새로운 문제점들은 없는지 면밀히 살펴봐야 한다.

다섯 번째는 실행 가능한 해결책을 선택하는 단계이다. 선택한 대안들에 대한 평가를 바탕으로 대안들에 대한 우선순위를 정하고, 그 중에서 가장 효과적인 문제해결을 위한 대안을 선택해야 한다.

여섯 번째는 선택한 사항을 실행하는 단계이다. 실행 가능한 해결책을 선택했다면 그 선택한 것을 실행해 나가야 한다.

일곱 번째는 결과를 평가하는 단계이다. 자신이 선택한 대안이 문제해결에 좋은 방법이었는지, 더 나은 해결방안이 있었는지 등을 점검하여 선택한 대안이 문제해결에 유익하지 않았다면 다른 대안을 다시 찾아볼 수도 있을 것이다.

이렇게 7단계에 거쳐 문제를 알고, 그 문제해결을 위한 가장 최적의 방법을 선택하여 문제해결을 해 나갈 때 그 단계 안에서 스스로 의사결정의 주체가 되어 자기주도적인 역량을 배양해 나갈 수 있다.

문제해결체계를 알고, 이것을 학습에 적용하여 문제해결학습에 적용가능한데, ①문제의 선정, ②해결방법의 계획, ③자료모집, ④활동의 전개, ⑤결과의 검토의 5단계로 이루어진다. 청소년들에게 흥미있고, 경험에 맞는 문제를 선택하여 그 문제를 해결해 나갈 수 있는 체계적인 접근을 해 나가도록 학습 안에서, 활동 안에서 격려할 수 있다.

이러한 문제해결력은 4차 산업혁명 시대를 맞아 더 중요성이 강조되고 있다. 4

차 산업혁명 시대에는 인간 대신 인공지능이 인간의 판단 영역까지 개입하면 인간의 일자리가 없어지는 것은 아닌지에 대한 불안감이 있으나 한국고용정보원 미래직업연구팀의 연구에서는 인공지능과 인간이 잘하는 분야가 극명히 다르다는 것을 알 수 있다. 인공지능은 기억력이나 신체적 강인성, 시력·청력·공간지각력 등에선 인간과 비교할 수 없을 정도로 뛰어나지만, 창의력과 설득·협상·말하기 등에선 인간이 우월한 것으로 조사되었다(양지윤, 2017). 따라서 앞으로는 인간이 인공지능보다 뛰어난 영역인 창의성과 소통과 같은 능력이 더 중요해지는 세상이 될 것이다(나흥열, 2020). 이러한 창의성의 발현은 문제해결력을 통해 가능하다.

최근 창의적 문제해결론 중 TRIZ(발명적 문제해결론)는 기술적 난제를 해결한 특허들에서 관찰되는 공통적 문제해결 원리들을 체계화한 것으로(Altshuller & Shapiro, 1956), 오늘날 삼성전자, 포스코, Intel, P&G 등과 같은 우수한 기업들이 공학적 문제해결을 위해 많이 활용하고 있다(나흥열, 2020).

TRIZ는 발명적 문제해결론(Teoriya Resheniya Izobretatelskikh Zadatch)이란 러시아어 머리글자를 모은 것으로, Altshuller가 20만 건의 특허 중에서도 기술적 모순을 해결한 특허 4만 건을 분석하여 문제해결에 사용되는 공통적 규칙성을 확인하고 이를 체계화한 것이다(Terninko et al., 1998). 그는 유사한 해결원리들이 여러 분야의 문제해결 과정에서 반복적으로 사용된다는 것을 발견하였다(Altshuller & Shapiro, 1956; Terninko et al., 1998). TRIZ의 문제해결 과정은 당면 문제를 일반적 문제로 추상화한 후 일반적 문제의 해결책에서 유추하여 당면 문제의 해결책을 찾는 것이다. 기술적 문제의 해결책을 찾기 위해 보통은 시행착오(trial & error)적 방법이 자주 사용되고 있으나 TRIZ에서는 유추적 방법을 활용하여 효율적으로 문제를 해결한다.

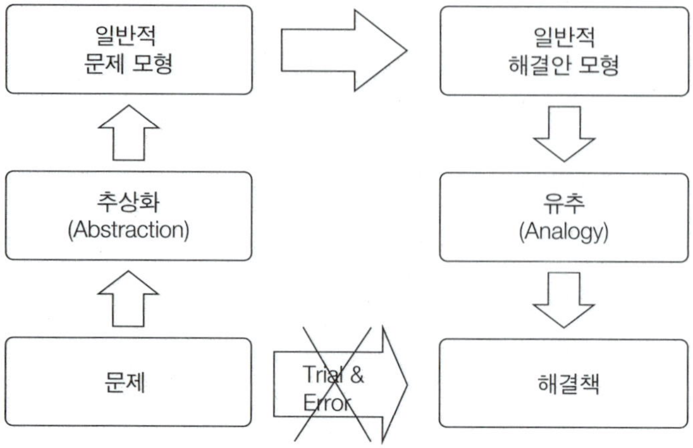

[그림 6-5] TRIZ 문제해결 과정

출처 : 박영택(2019)

예를 들어, 좁은 곳에 주차가 어려운 문제점을 해결하기 위해 TRIZ에서는 먼저 '자동차', '주차'와 같은 구체적인 대상 대신 '상자'나 '이동'과 같이 일반화된 상황으로 추상화한다. 그 다음 "상자를 좁은 공간으로 이동시킨다"라는 일반화된 문제를 바탕으로 다양한 일반적인 해결책들을 적용한다(윤홍렬, 2009). 이를 바탕으로 자동차에서 오는 고정관념을 탈피해 다양한 아이디어를 도출할 수 있다. 이처럼 '추상화'는 TRIZ의 '유추적 문제해결' 과정에 있어 다양한 아이디어를 도출하기 위한 핵심적인 단계이다. 사람들은 일반적으로 문제와 가장 가까운 영역에서부터 상상해 나가기 때문에 추상화를 이용하면 사고를 더욱 쉽게 확장할 수 있다(Ward et al., 2004).

전통적인 문제해결법과 발명적 문제해결법의 과정을 청소년활동 안에 적용한다면 청소년들이 당면할 가능성이 있는 다양한 문제들(가정, 학교, 또래관계, 사회관계 등에서 일어날 수 있는 문제들)을 지도자가 제시할 수도 있고, 청소년들이 직접 찾아볼 수 있게 하여 문제로 인식하게 한다. 문제인식을 통해 어떻게 문제를 해결할 수 있을지 그 해결책을 찾아가는 과정에서 문제의 사안에 따라 일반적인 문제해결 절차를 따라서 대안을 통해 해결책을 찾아갈 수도 있고, 유추적 문제해결 과정을 사용할 수도 있을 것이다.

청소년활동이 이루어지는 동안 그 과정이 문제해결의 원리를 적용하여 행해질 때 청소년들은 현실적인 문제들을 이해하고 고민하고 문제해결 수행을 해 나가면서 성장해 나가므로 청소년지도자들이 지도의 현장에서 문제해결의 원리를 익히고 그 방식들을 활용할 수 있도록 해야 한다.

3. 청소년활동의 유형

청소년활동의 영역은 시대에 따라 약간씩 정책적인 부분에서 변화되었다. 청소년활동은 매우 다양하다. 1991년에는 고유활동, 임의활동, 수련활동으로 구분하였다. 고유활동은 학교, 직장, 복무처를 중심으로 이루어지는 학업, 근로, 복무활동을 의미, 임의활동은 가정을 중심으로 이루어지는 수면, 식사, 신변잡일 등의 자유활동, 수련활동이란 일반사회의 생활권이나 자연권에서 심신단련, 자질배양, 취미개발, 정서함양, 사회봉사 등 배움을 실천하는 체험활동을 의미한다.

1997년 한국청소년개발원에서는 청소년수련거리를 개발하였는데, 수련거리백과에서 건강, 정서, 용기, 예절, 협동, 긍지의 6가지 영역으로 나누었다. 어떠한 기준을 가지고 분류하느냐에 따라 그 영역이 다를 수 있다.

1) 법적 청소년활동의 영역

「청소년 기본법」 제3조 제3호에서 청소년활동을 정의하며 청소년활동의 영역을 수련활동, 교류활동, 문화활동으로 명시하고 있다. 그 세 영역에 대한 정의는 「청소년활동 진흥법」에서 제시하고 있다.

첫째, 청소년수련활동은 청소년이 청소년활동에 자발적으로 참여하여 청소년시기에 필요한 기량과 품성을 함양하는 교육적 활동으로서 청소년지도자와 함께 청소년수련거리에 참여하여 배움을 실천하는 체험활동을 말한다(「청소년활동 진흥법」 제2조 제3호). 청소년활동이 가지는 기본적인 특성인 자발성에 입각하여 선택되고, 그 활동이 교육적인 활동이면서 체험활동이어야 한다. 청소년수련활동은 광범위하다. 건강/스포츠, 모험개척, 역사탐방, 봉사협력, 교류, 과학정보, 진로탐구, 자기개발, 문화예술, 환경보전, 기타 등의 내용적으로 분류되어 있는 이런 모든 활동들을 청소년지도자와 함께 참여하여 배움을 실천하게 될 때 수련활동의 범주에 포함할 수 있을 것이다.

둘째, 청소년교류활동은 청소년이 지역 간, 남북 간, 국가 간의 다양한 교류를 통하여 공동체 의식 등을 함양하는 체험활동을 말한다(「청소년활동 진흥법」 제2조 제4호). 여성가족부에서는 청소년들의 글로벌 리더십과 국제시민의식을 함양하고 국가 간 우호 증진 및 협력 기반을 조성하기 위해 다양한 국가 간의 청소년교류 사업을 실시하고 있다.

셋째, 청소년문화활동은 청소년이 예술활동, 스포츠활동, 동아리활동, 봉사활동 등을 통하여 문화적 감성과 더불어 살아가는 능력을 함양하는 체험활동을 말한다(「청소년활동 진흥법」 제2조 제5호). 문화적인 영역에서 청소년들이 체험활동을 해 나갈 때 문화활동의 영역으로 분류할 수 있는데, 대표적으로 청소년어울림마당과 동아리활동을 들 수 있다.

청소년어울림마당은 문화예술, 스포츠 등을 소재로 한 공연, 경연, 전시, 놀이체험 등 문화체험이 펼쳐지는 장으로 청소년들의 접근이 용이하고 다양한 지역사회 자원이 결합된 일정한 공간(상설 공간) 지원을 해 나가는 것으로 전국 126개소(시·도 대표 청소년어울림마당 71.25백만원, 시·군·구 어울림마당 24백만원 지원)에서 어울림마당이 이루어지고 있다. 시도 대표 어울림마당 16개(연 8회 이상(단, 세종특별자치시는 연 5회 이상), 시·군·구 어울림마당 110개(연 5회 이상)가 이루어지고 있고, 어울림마당은 주말중심의 정기 운영이 원칙이다.

청소년동아리활동은 문화·예술·스포츠 등 다양한 동아리 활동을 통해 건강한 또래관계 형성 및 자신의 특기·소질을 개발할 수 있는 자기 주도적 활동을 지원한다. '21년 기준 2,500개 동아리를 지원(1개 동아리당 125만 원 이내 지원)하고 있다.

2) 청소년수련활동인증제

청소년수련활동인증제는 「청소년활동 진흥법」에 따라 2006년도부터 시행된 제도다. 이 제도는 청소년수련활동이 청소년의 균형있는 성장에 기여할 수 있도록 국가 및 지방자치단체 또는 개인, 법인, 단체 등이 실시하고자 하는 청소년수련활동을 인증하고, 인증된 수련활동에 참여한 청소년의 활동기록을 유지, 관리, 제공하는 청소년수련활동 프로그램에 대한 국가인증제도다. 즉, 청소년이 안전하고 유익한 청소년활동에 참여할 수 있도록 일정기준에 따라 심사하여 프로그램을 인증하는 국가인증제도이다.

(1) 청소년수련활동인증제의 목적과 특징

청소년수련활동인증제의 운영 목적은 국가가 ①청소년수련활동의 공공성과 신뢰성을 인증함으로써 청소년활동 정책의 실효성 제고, ②청소년의 교육·사회적 환경 변화에 따른 양질의 청소년활동 정책과 참여 기회 제공, ③다양한 청소년활동 정보 제공 및 청소년 활동 참여 활성화, ④자기 계발 및 진로 모색 등 활용 가능한 활동 기록 관리 및 제공이다.

청소년수련활동인증제의 특징은 첫째, 맞춤형 참여로 청소년의 눈높이에 맞는 재미있는 수련활동에 참여할 수 있다는 것이다. 둘째, 안전과 전문성으로 안전한 활동환경을 갖추고 전문성을 지닌 지도자가 함께 한다는 것이다. 셋째, 체계적인 관리를 들 수 있는데, 인증신청, 수시점검, 사후관리 등 인증수련활동의 시작부터 끝까지 꼼꼼하게 관리가 이루어진다. 넷째, 경험을 활용할 수 있다. 인증수련활동 참여 후 여성가족부장관 명의의 참여 기록확인서를 발급받을 수 있고, 포트폴리오를 작성하여 관리할 수 있다.

(2) 인증신청 대상 활동

인증신청에 있어서는 인증을 신청하여야 하는 대상 활동과 인증신청을 할 수 있는 대상 활동, 인증신청 제외 대상 활동으로 구분할 수 있다.

첫째, 인증을 신청하여야 하는 대상 활동은 청소년 참가 인원이 150명 이상인 청소년수련활동과 위험도가 높은 청소년수련활동이다. 위험도가 높은 청소년수련활동은 〈표 6-4〉와 같다.

〈표 6-4〉 위험도가 높은 청소년수련활동

구분	프로그램명내용
수상활동	래프팅, 모터보트, 동력요트, 수상오토바이, 고무보트, 수중스쿠터, 레저용 공기부양정, 수상스키, 조정, 카약, 카누, 수상자전거, 서프보트, 스킨스쿠버
항공활동	패러글라이딩, 행글라이딩
산악활동	암벽타기(자연암벽, 빙벽), 산악스키, 야간등산(4시간 이상의 경우만 해당)
장거리 걷기활동	10km 이상 도보 이동
그 밖의 활동	유해성 물질(발화성, 부식성, 독성 또는 환경 유해성 등), 하강레포츠, ATV탑승 등 사고위험이 높은 물질 기구 장비 등을 활용하여 이루어지는 청소년수련활동

출처: 「청소년활동 진흥법」 시행규칙 제15조의 2 제2호 관련, 별표 7

둘째, 인증을 할 수 있는 대상 활동은 청소년 시기에 필요한 기량과 품성을 함양할 수 있는 교육적 활동으로 인증 기준을 충족하는 청소년활동이다. 대부분의 청소년활동이 해당한다고 볼 수 있다.

셋째, 인증신청 제외 대상 활동은 단순 체험(견학) 활동, 단순 기능습득을 위한 훈련 내지 강좌, 운영시간 최소기준 미 충족 활동(최소 2시간), 불특정 다수를 대상으로 하는 행사나 축제 등이다.

(3) 운영체계, 인증기준 및 인증절차

청소년수련활동인증제의 운영체계는 [그림 6-6]과 같다.

[그림 6-6] 수련활동인증제 운영체계

출처 :청소년활동정보서비스
https://www.youth.go.kr/youth/youth/contents/trngActCrtfcOperSystmForm.yt?curMenuSn=348

인증기준은 공통기준(활동프로그램, 지도력, 활동환경), 개별기준(숙박형, 이동형), 특별기준(위험도가 높은 활동, 학교단체숙박형, 비대면방식 실시간 쌍방향, 비대면방식 콘텐츠 활용 중심, 비대면방식 과제수행 중심)으로 나눈다. 기본적인 인증기준에 사회적인 상황의 변화로 비대면방식의 활동의 필요성으로 인해 특별기준에 비대면방식에 대한 내용이 부가되었다. 구체적인 영역과 기준은 [그림 6-7]과 같다.

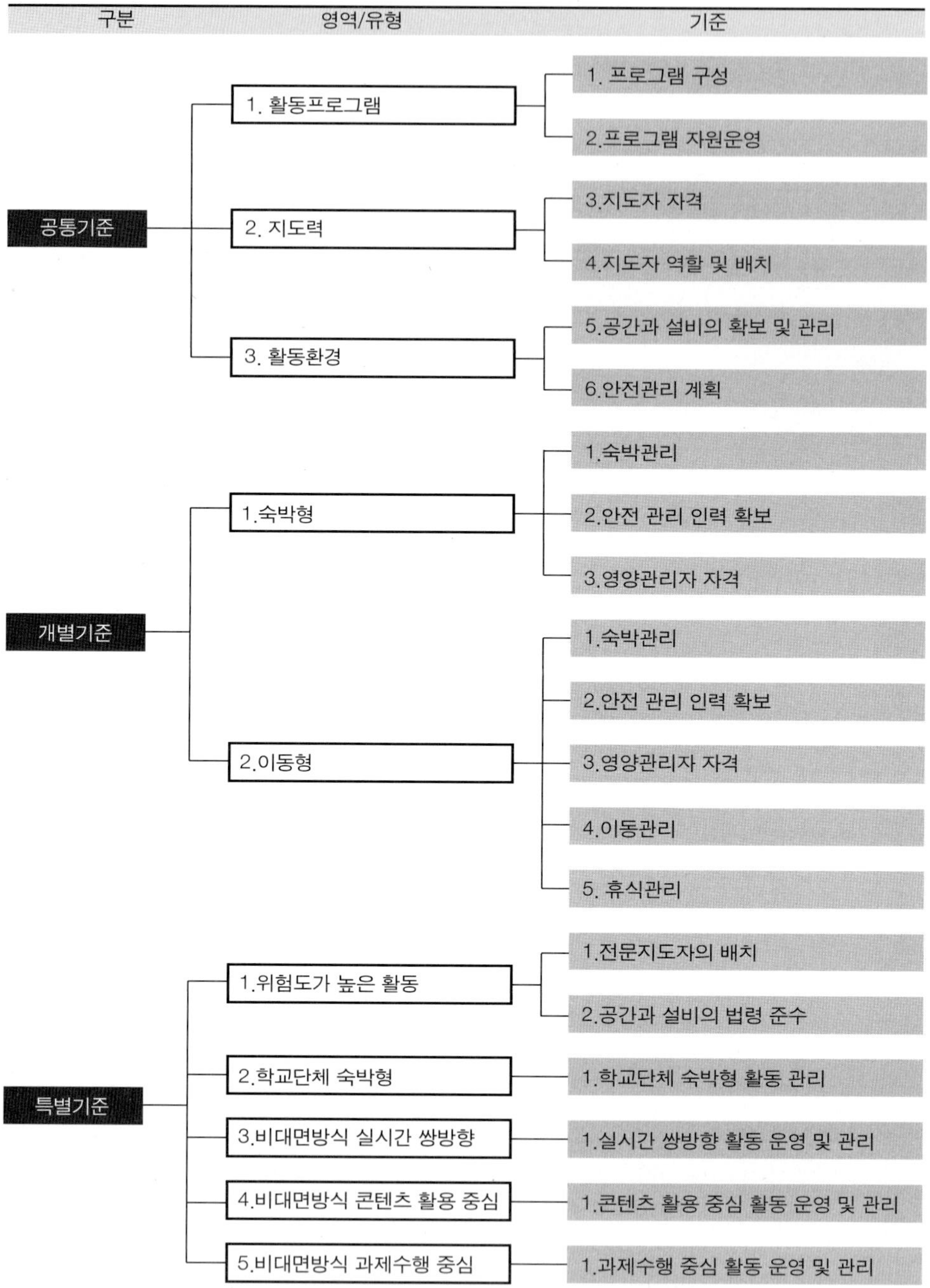

[그림 6-7] 인증기준별 구성항목

출처 :청소년활동정보서비스

(4) 인증수련활동의 유형

인증수련활동의 유형은 기본형, 숙박형, 이동형, 학교단체숙박형으로 구분한다. 각 유형에 대한 내용은 〈표 6-5〉와 같다.

〈표 6-5〉 인증수련활동의 유형

활동유형	내용
기본형	전체 프로그램 운영 시간이 2시간 이상으로써, 실시한 날에 끝나거나 또는 2일 이상의 각 회기로 구성되어 있으며 숙박 없이 수일에 걸쳐 이루어지는 활동
숙박형	숙박에 적합한 장소에서 일정기간 숙박하며 이루어지는 활동
이동형	활동 내용에 따라 선정된 활동장을 이동하여 숙박하며 이루어지는 활동
학교단체숙박형	학교장이 참가를 승인한 숙박형 활동 **개별단위프로그램:학교단체 숙박형 활동을 구성하는 각각의 프로그램

3) 국제청소년성취포상제

국제청소년성취포상제(만 14세 이상 만 24세 이하 청소년)는 1956년 영국 에딘버러 공작에 의해 설립되었으며, 청소년이 다양한 활동영역에서 자기주도적으로 활동하여 스스로의 잠재력을 최대한 개발하고 삶의 기술을 갖도록 하는 전 세계 130여 개국(유럽·지중해·중동지역 50개, 아프리카지역 28개, 아시아태평양지역 26개, 아메리카지역 28개)에서 운영되는 국제적으로 공인된 자기 성장 프로그램이다.

국제청소년성취포상제는 개별성(Individual), 비경쟁성(Non-competitive), 성취지향성(Achievable), 자발성(Voluntary), 발전성(Development), 균형성(Balanced), 단계성(Progressive), 영감을 주는(Inspirational), 지속성(Presistence), 재미(Enjoyable)의 원칙아래 참여 청소년이 자기 주도성과 도전정신을 통해 자신의 역량을 지속적으로 개발시킬 수 있는 습관을 가질 수 있게 지원한다.

(1) 포상활동 영역

국제성취포상제의 포상활동 영역은 신체단련활동, 봉사활동, 자기개발활동, 탐험활동, 합숙활동인데 합숙활동은 금장단계에서 추가로 참여해야 하는 활동이다.

- 신체단련활동 : 몸과 마음을 건강하게 하는 활동
- 봉사활동 : 타인과 지역사회에 도움을 줄 수 있는 활동
- 자기개발활동 : 개인의 관심 분야를 배우고 익히는 활동
- 탐험활동 : 자연에서 도전정신과 팀워크 그리고 환경의 소중함을 깨닫는 활동
- 합숙활동 : 새로운 사람들과 가치있는 목적을 공동으로 이루는 활동

(2) 포상 단계별 활동 기간

포상 단계별 포상활동 영역 최소 활동 기간은 〈표 6-6〉과 같다. 동장→은장→금장 순서로 단계를 밟아가게 되는데, 이때 동장 6개월 이상, 은장 6개월 이상, 금장 12개월 이상으로 이루어지고, 이전 단계 포상 받지 않은 신입회원일 때는 동장 6개월 이상, 은장 12개월 이상, 금장 18개월 이상의 기간동안 활동해야 한다.

동장은 만 14세 이상, 은장은 만 15세 이상, 금장은 만 16세 이상이 참가할 수 있고, 만 나이로 연령 조건을 충족하면 은장, 금장부터 참여할 수 있지만 동장단계부터 활동하도록 권장하고 있다.

〈표 6-6〉 국제청소년성취포상제 포상 단계별 포상활동 영역 최소 활동 기간

<table>
<tr><th>구분</th><th>봉사활동</th><th>신체단련</th><th>자기개발</th><th>탐험활동</th><th>합숙활동</th></tr>
<tr><td rowspan="2">금장
만 16세 이상</td><td>최소 12개월
48회(시간) 이상</td><td>최소 12개월
48회(시간) 이상</td><td>최소 12개월
48회(시간) 이상</td><td>3박 4일</td><td>4박 5일</td></tr>
<tr><td colspan="3">은장을 보유하지 않은 경우,
3가지 영역(봉사, 자기개발, 신체단련) 중
1가지 영역을 선택해 추가로 6개월 활동</td><td>예비탐험 1박 2일
1일 최소
야외활동 8시간</td><td>금장 단계에
한함</td></tr>
</table>

<table>
<tr><th>구분</th><th>봉사활동</th><th>신체단련</th><th>자기개발</th><th>탐험활동</th><th>합숙활동</th></tr>
<tr><td rowspan="2">온장
만 15세 이상</td><td>최소6개월
24회(시간) 이상</td><td>최소6개월
24회(시간) 이상</td><td>최소6개월
24회(시간) 이상</td><td>2박 3일</td><td></td></tr>
<tr><td colspan="3">동장을 보유하지 않은 경우,
3가지 영역(봉사, 자기개발, 신체단련) 중
1가지 영역을 선택해 추가로 6개월 활동</td><td>예비탐험 1박 2일
1일 최소
야외활동 7시간</td><td></td></tr>
<tr><td rowspan="2">동장
만 14세 이상</td><td>최소 3개월
12회(시간) 이상</td><td>최소 3개월
12회(시간) 이상</td><td>최소 3개월
12회(시간) 이상</td><td>1박 2일</td><td></td></tr>
<tr><td colspan="3">참가자는 3가지 영역(봉사, 자기개발, 신체단련) 중
1가지 영역을 선택해 3개월 추가 활동 수행</td><td>1일 최소 야외활
동 6시간</td><td></td></tr>
</table>

※ 활동 1회당 주1회 간격, 매회 1시간 이상 활동

4) 청소년자기도전포상제

청소년자기도전포상제는 만 7세 이상 만 15세 이하이거나 초등학교 1학년 이상 중학교 3학년 이하의 청소년이 운영기관에 등록하여 포상단계에 따른 활동을 수행하고 자신이 설정한 목표를 성취하였을 경우 포상하는 제도이다. 이는 청소년들이 포상 단계별(동장, 은장, 금장) 공통으로 4가지 활동영역에서 스스로 정한 목표를 성취해가면서, 숨겨진 끼를 발견하고 꿈을 찾아가는 자기성장프로그램으로 한국청소년활동이사장명의 인증서를 받을 수 있다.

기본이념은 성취지향적 활동, 단계적 활동, 스스로 하는 활동, 다양한 활동, 재능의 발견 및 개발의 기회, 경쟁이 없는 활동, 좋은 친구가 되기 위한 활동, 즐길 수 있는 활동이다.

(1) 포상활동영역

청소년자기도전포상제는 총 5개의 활동 영역 등 4가지 영역을 선택하여 활동하게 된다.

- 봉사활동 : 주변에 도움이 필요한 사람이나 지역사회를 대상으로 자원하는

마음으로 이뤄지는 활동

- 자기개발활: 개인적 관심과 흥미에 따라 실생활에 필요한 기술이나 사회·문화적 기술을 개발하는 활동
- 신체단련활동: 체력 증진을 통해 삶의 질을 개선하고자 하는 운동이나 신체를 이용한 활동
- 탐험활동: 청소년 자신이 성취하고자 하는 목표를 자연 환경 속에서 찾아 도전하면서 배우고 느끼는 야외활동
- 진로개발활동: 청소년들이 자신의 진로를 발견하기 위한 활동

(2) 포상 단계별 활동 기간

포상 단계별 포상활동 영역 최소 활동 기간은 〈표 6-7〉과 같다.

〈표 6-7〉 청소년자기도전포상제 활동기준

<table>
<tr><th rowspan="2">포상 단계</th><th rowspan="2">활동 구분</th><th colspan="5">활동영역</th></tr>
<tr><th>봉사활동</th><th>자기개발활동</th><th>신체단련활동</th><th>탐험활동</th><th>진로개발활동</th></tr>
<tr><td rowspan="2">동장</td><td>도전활동</td><td>8주(회)</td><td>8주(회)</td><td>8주(회)</td><td>1일/5시간</td><td>10개 과제</td></tr>
<tr><td>성취활동</td><td colspan="5">*참여청소년은 봉사 · 자기개발 · 신체단련활동 중 한 가지 영역을 선택하여 추가로 8주(8회) 이상 수행</td></tr>
<tr><td rowspan="2">은장</td><td>도전활동</td><td>16주(회)</td><td>16주(회)</td><td>16주(회)</td><td>1박 2일/10시간</td><td>14개 과제</td></tr>
<tr><td>성취활동</td><td colspan="5">*동장 미보유 청소년: 봉사 · 자기개발 · 신체단련활동 중 한 가지 영역을 선택하여 추가로 16주(회) 이상 수행</td></tr>
<tr><td rowspan="2">금장</td><td>도전활동</td><td>24주(회)</td><td>24주(회)</td><td>24주(회)</td><td>2박 3일/15시간</td><td>7개 과제</td></tr>
<tr><td>성취활동</td><td colspan="5">*은장 미보유 청소년: 자기개발 · 신체단련 · 봉사활동 중 한 가지 영역을 선택하여 추가로 24주(회) 이상 수행</td></tr>
</table>

※자기개발·신체단련·봉사활동은 1주에 각 1회 40분 이상을 원칙으로 함
※단계별로 4가지 활동 영역 모두 이수해야 함
※탐험활동은 사전 기본 교육이 필수로 진행되어야 함
※진로개발활동은 단계별 과제 수행 시마다 1회 활동으로 간주하여, 워크북 활동·캠프형 활동으로 운영할 수 있음

5) 학교교육에서의 청소년활동

학교교육에서는 제7차 교육과정의 특별활동의 영역을 들 수 있겠다. 여기에는 자치활동, 적응활동, 계발활동, 봉사활동, 행사활동으로 구분되어 있다. 2009년 개정 교육과정에서는 창의적 체험활동으로 명명하여 2015 개정 교육과정으로 계속 이어오고 있다. 여기에는 자율활동, 동아리활동, 봉사활동, 진로활동으로 구분되어 있다. 2022 개정 교육과정에서는 자율·자치활동, 동아리활동, 진로활동의 세 영역으로 분류하고 봉사활동은 동아리활동을 통해 이루어질 수 있도록 했다.

창의적 체험활동은 교과와 상호 보완적 관계 속에서 앎을 적극적으로 실천하고 심신을 조화롭게 발달시키기 위하여 실시하는 교과 이외의 활동이다. 창의적 체험활동은 초·중등학교 학생들이 건전하고 다양한 집단 활동에 자발적으로 참여하여 나눔과 배려를 실천함으로써 공동체 의식을 함양하고 개인의 소질과 잠재력을 계발·신장하여 창의적인 삶의 태도를 기르는 것을 목표로 한다.

창의적 체험활동은 자율·자치활동, 동아리활동, 진로활동의 3개 영역으로 구성하되, 학생의 발달 단계와 교육적 요구 등을 고려하여 학교 급별, 학년(군)별, 학기별로 영역 및 활동을 선택하여 집중적으로 운영할 수 있다. 초등학교의 창의적 체험활동은 공동체 생활에 필요한 기본 생활 습관을 형성하고 개성과 소질을 탐색하고 발견하는 데 중점을 둔다. 중학교의 창의적 체험활동은 자아 정체성을 확립하고 다른 사람과 더불어 살아가는 태도를 증진하며 자신의 진로를 적극적으로 탐색하는 데 중점을 둔다. 고등학교의 창의적 체험활동은 공동체 의식의 확립을 기반으로 나눔과 배려를 실천하고, 진로를 설계하고 준비하는 데 중점을 둔다. 창의적 체험활동에서는 모든 학교 급에서 학생과 교사가 공동으로 계획을 수립하고 역할을 분담하여 실천한다. 창의적 체험활동의 기본방향은 [그림 6-8]과 같다.

창의적 체험활동 교육과정의 구성 중점

창의적 체험활동은

- 학생의 자기 주도성과 선택을 기반으로 역량 함양에 기여하는 교육과정이다.
- 교과와 창의적 체험활동, 학년(군) 및 학교급, 영역과 활동 간의 연계와 통합을 추구한다.
- 학교 급의 정체성을 강화하기 위하여 학교 급별 특성을 고려하여 설계 운영한다.
- 학교의 자율적인 설계와 운영을 강조한다.

영역과 활동

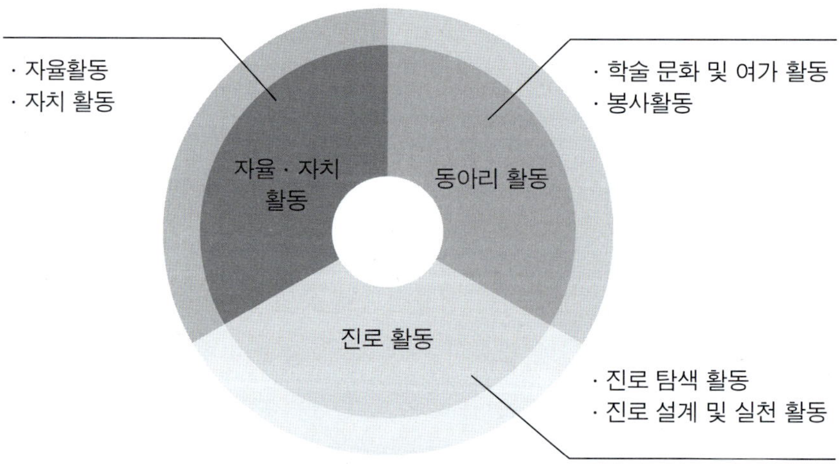

[그림 6-8] 창의적 체험활동 교육과정 설계의 개요

출처: 창의적 체험활동 교육과정(제2022-33호 별책40)

창의적 체험활동의 영역별 활동은 〈표 6-8〉과 같다.

〈표 6-8〉 창의적 체험활동의 영역, 활동 및 예시활동

영역	활동	예시 활동
자율 · 자치 활동	자율활동	• 주제 탐구 활동: 개인 연구, 소집단 공동 연구, 프로젝트 등 • 적응 및 개척 활동: 입학 초기 적응, 학교 이해, 정서 지원, 관계 형성 등 • 프로젝트형 봉사활동: 개인 프로젝트형 봉사활동, 공동 프로젝트형 봉사활동 등
	자치활동	• 기본생활습관 형성 활동: 자기 관리 활동, 환경 · 생태의식 함양 활동, 생명존중 의식 함양 활동, 민주시민 의식 함양 활동 등 • 관계 형성 및 소통 활동: 사제동행, 토의 · 토론, 협력적 놀이 등 • 공동체 자치활동: 학급 · 학년 · 학교 등 공동체 중심의 자치활동, 지역 사회 연계 자치활동 등
동아리 활동	학술 · 문화 및 여가 활동	• 학술 동아리: 교과목 연계 및 학술 탐구 활동 등 • 예술 동아리: 음악 관련 활동, 미술 관련 활동, 공연 및 전시 활동 등 • 스포츠 동아리: 구기 운동, 도구 운동, 계절 운동, 무술, 무용 등 • 놀이 동아리: 개인 놀이, 단체 놀이 등
	봉사활동	• 교내 봉사활동: 또래 상담, 지속가능한 환경 보호 등 • 지역 사회 봉사활동: 지역 사회참여, 캠페인, 재능 기부 등 • 청소년 단체 활동: 각종 청소년 단체 활동 등
진로 활동	진로 탐색 활동	• 자아탐색 활동: 자기이해, 생애 탐색, 가치관 확립 등 • 진로 이해 활동: 직업 흥미 및 적성 탐색, 진로 검사, 진로 성숙도 탐색 등 • 직업 이해 활동: 직업관 확립, 일과 직업의 역할 이해, 직업 세계의 변화 탐구 등 • 정보 탐색 활동: 학업 및 진학 정보 탐색, 직업 정보 및 자격(면허) 제도 탐색, 진로진학 및 취업 유관기관 탐방 등
	진로 설계 및 실천 활동	• 진로 준비 활동: 진로 목표 설정, 진로 실천 계획 수립 등 • 진로계획 활동: 진로 상담, 진로 의사 결정, 진로 설계 등 • 진로체험 활동: 지역 사회 · 대학 · 산업체 연계 체험활동 등

출처: 창의적 체험활동 교육과정(제2022-33호 별책40)

6) 청소년활동역량에서 청소년활동 영역

청소년활동역량은 청소년이 긍정적이고 균형적인 성장을 해 나가기 위한 기준으로 어떤 역량을 익히고 획득해야 하는지를 제시하는 것이다.

청소년활동역량이란 청소년들이 스스로 행하는 자발적, 비조직적 활동과 조직적이고 체계적인 목적을 가지고 수행하는 활동을 통해 청소년 개개인의 내외적 역량을 발현시켜 사회인으로 살아가는 데 필요한 능력을 갖추는 것을 말한다. 그런 능력을 갖추기 위해 청소년이 획득해야 하는 청소년 시기에 필수적인 공통적 조건이나 균형성을 발휘할 능력으로 역량군을 제시하고 있다(권일남 외, 2021). 역량을 8가지로 제시하고 있는데, 그 8대 역량이 활동의 영역이 될 수 있다. 청소년활동을 제시할 때 8가지 역량을 기준으로 청소년지도자가 활동을 구성하고 청소년에게 제공하여 8가지 역량을 배양하기 위해 노력할 수 있다.

청소년활동역량은 자아역량, 신체역량, 갈등조절역량, 성취동기역량, 대인관계역량, 문제해결역량, 리더십역량, 시민성역량이다.

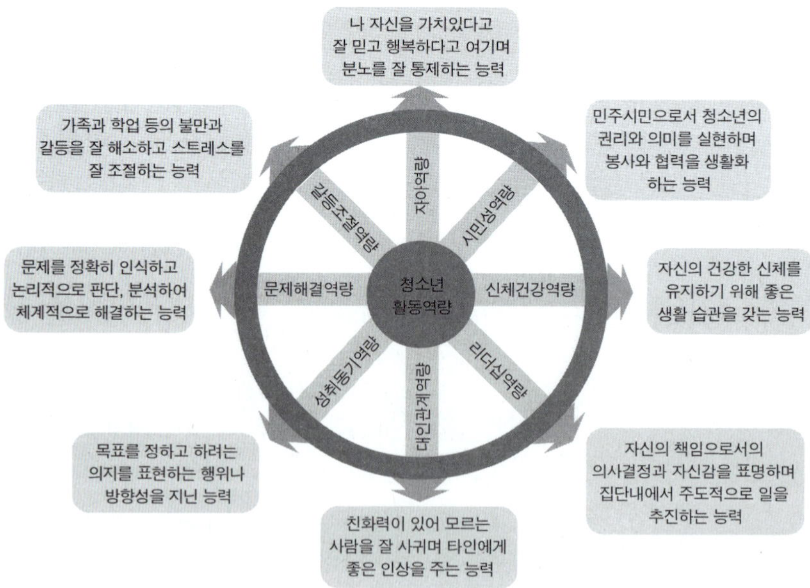

[그림 6-9] 청소년활동역량의 8대 역량

각각의 역량에 맞는 활동을 제공하여 그 활동에 참여함으로 필요한 역량을 배양할 수 있도록 청소년지도자는 노력하여야 한다.

4. 청소년활동시설 및 안전

청소년시설은 「청소년 기본법」 제3조 제6호에서 청소년활동·청소년복지 및 청소년보호에 제공되는 시설로 정의하고 있다. 청소년정책 전반에 요구되는 시설을 말하고 있다. 청소년활동시설은 「청소년활동 진흥법」 제2조 제2호에서 청소년수련활동, 청소년교류활동, 청소년문화활동 등 청소년활동에 제공되는 시설이라고 정의하고 있다. 그러므로 청소년활동시설은 법적으로 청소년들의 균형있는 성장을 위하여 필요한 수련활동, 교류활동, 문화활동 등의 다양한 활동을 할 수 있는 시설과 설비를 갖추고 청소년활동서비스를 제공하는 시설이라고 볼 수 있다. 또한, 기능적인 의미에서 청소년활동시설은 청소년활동이 효율적으로 이루어지기 위해 일정한 공간과 시설, 설비를 구비하고 전문적 지도능력을 가진 청소년지도자에 의해 조직적이고 체계적으로 청소년활동서비스를 제공하고, 지역에서 각종 청소년 관련 사업을 이행해 나가는 데 핵심적 역할과 조정을 해 나가며 청소년들이 만남을 통해 정보를 교류하고 문화적 기능을 수행할 수 있는 공간적 영역을 말한다.

이러한 청소년활동시설에서 활동 시, 그리고 공간 이용 시 가장 우선되어야 할 것이 안전이다. 시설과 더불어 그 안에서 담보되어야 할 안전을 생각해 봐야 한다.

1) 청소년활동시설

청소년활동시설은 청소년수련시설과 청소년이용시설로 구분된다. 국가와 지방자치단체는 물론 법인, 단체 또는 개인 등의 민간분야도 활동시설의 설치와 운영이 가능하지만, 민간의 경우에는 시·군·구청장의 허가를 받아야 한다.

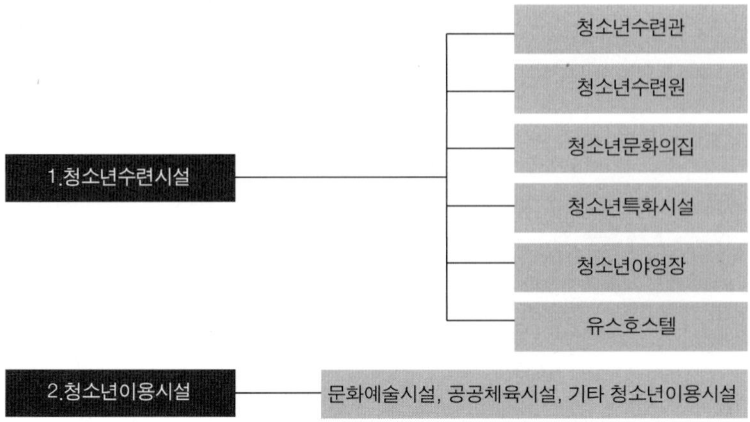

[그림 6-10] 청소년활동시설의 종류

출처: 여성가족부(2021)

(1) 청소년수련시설

청소년수련시설은 수련활동에 필요한 여러 시설, 설비, 프로그램 등을 갖추고 청소년지도자의 지도하에 체계적이고 조직적인 수련활동을 실시하는 시설을 말한다. 이전에는 생활권 수련시설(청소년수련관, 청소년문화의집), 자연권 수련시설(청소년수련원, 청소년야영장), 유스호스텔로 구분되었으나, 2005년부터는 청소년수련관, 청소년수련원, 청소년문화의집, 청소년특화시설, 청소년야영장, 유스호스텔로 구분하고 있다. 청소년수련관은 다양한 수련활동을 실시할 수 있는 각종 시설 및 설비를 갖춘 종합수련시설을 의미한다. 청소년수련원은 숙박기능을 갖춘 생활관과 다양한 수련활동을 실시할 수 있는 각종 시설과 설비를 갖춘 종합수련시설을 말한다. 청소년문화의집은 간단한 수련활동을 실시할 수 있는 시설 및 설비를 갖춘 정보, 문화, 예술 중심의 수련시설이고, 청소년특화시설은 청소년의 직업체험, 문화예술, 과학정보, 환경 등 특정 목적의 청소년활동을 전문적으로 실시할 수 있는 시설과 설비를 갖춘 수련시설이다. 그리고 청소년야영장은 야영에 적합한 시설 및 설비를 갖추고 수련활동 또는 야영 편의를 제공하는 수련시설이고, 유스호스텔은 청소년의 숙박 체제에 적합한 시설, 설비와 부대 편의시설을 갖추고 숙식 편의 제공, 여행 청소년의 활동지원 등을 주된 기능으로 하는 시설이다. 1992년 이전에는 수련시설이 150여 개에 불과하였지만 매년 지속적으로 증가하여 2022년 기준 837개의 시설이 설치·운영되고 있다.

〈표 6-9〉 청소년수련시설의 현황 (단위: 개소)

구분	총계	수련관	문화의집	수련원	야영장	유스호스텔	특화시설
계	837	198	333	154	32	106	14
공공	647	196	329	64	19	26	13
민간	190	2	4	90	13	80	1

출처: 여성가족부(2022)

거의 위탁이나 민간으로 운영되는데, 국립시설로는 국립중앙청소년수련원, 국립평창청소년수련원, 국립청소년우주센터(고흥), 국립청소년농생명센터(김제), 국립청소년해양센터(영덕), 국립청소년미래환경센터(경북 봉화)가 건립되어 운영되고 있다. 국립중앙청소년수련원(2021)은 청소년수련 프로그램의 개발·보급 및 시범운영, 청소년지도자의 양성 및 연수, 국내·외 청소년교류 및 수련시설 간의 네트워크 정보 제공 등의 기능을 수행하기 위하여 설립된 국립수련시설이다. 국립평창청소년수련원(1998)은 자연권 청소년수련활동의 시범적 운영 및 총괄·지원을 위한 자연권 수련시설로서, 수련시설에 대한 지원과 청소년수련활동 운영의 새로운 방향을 제시하는 기능을 수행하고 있다. 국립청소년우주센터(2010)는 우주분야에 대해 전문화·특성화된 수련시설로서 청소년 우주체험 활동의 장을 해외에서 국내로 전환하여 우리나라 청소년들에게 우주체험 활동의 기회를 제공하려는 목적으로 건립된 국립수련시설이다. 국립청소년농생명센터(2013)는 농업생명체험에 대해 전문화·특성화된 수련시설로서 생명과학·농업기술·생태환경의 특화된 체험을 제공하려는 목적으로 건립된 국립수련시설이다. 국립청소년해양센터(2013)는 해양환경체험에 대해 전문화·특성화된 수련시설로서 해양자원 개발 및 기술 발전에 대한 비전을 제시하려는 목적으로 건립된 국립수련시설이다. 국립청소년미래환경센터(2021)는 인류 보편적 환경 문제에 대해 전문화·특성화된 수련시설로서 지구온난화 등 환경문제에 대응한 에너지, 환경, 산림 등의 지속가능한 발전교육의 장을 제공하려는 목적으로 건립된 국립수련시설이다.

지방자치단체가 건립하는 청소년수련시설은 주로 생활권수련시설로 행정구역별로 1개소씩 건립하는 것을 목표로 하고 있다. 「청소년활동 진흥법」에 따르면 지방자치단체는 시·군·구에 청소년수련관을 1개소 이상 설치·운영해야 하며, 읍·면·동에는 청소년문화의집을 1개소씩 설치하여야 할 의무를 지닌다.

(2) 청소년이용시설

청소년이용시설은 청소년수련시설이 아닌 시설이지만, 설치 목적의 범위 내에서 청소년 활동 실시와 청소년의 건전한 이용 등을 위하여 제공할 수 있는 시설을 의미한다.

청소년이용시설로는 ①「문화예술진흥법」 제2조제1항제3호의 규정에 의한 문화시설, ②「과학관육성법」 제2조제1호의 규정에 의한 과학관, ③「체육시설의 설치·이용에 관한 법률」 제2조제1호의 규정에 의한 체육시설, ④「평생교육법」 제2조제3호의 규정에 의한 평생교육시설, ⑤「산림 문화·휴양에 관한 법률」 제13조, 제14조 및 제19조의 규정에 의한 자연휴양림, ⑥「수목원조성 및 진흥에 관한 법률」 제2조제1호의 규정에 의한 수목원, ⑦「사회복지사업법」 제34조제4항의 규정에 의한 사회복지관, ⑧시민회관·어린이회관·공원·광장·고수부지와 그밖에 이와 유사한 공공시설로서 수련활동 또는 청소년 여가선용을 위한 이용에 적합한 시설 등이 해당된다.

첫째, 문화공간은 공연시설(공연장, 영화상영관, 야외음악당 등), 전시시설(박물관, 미술관, 화랑, 조각공원), 도서시설(도서관, 문고), 지역문화 복지시설(복지회관, 문화체육센터), 문화보급전수시설(지방문화원, 국악원, 전수회관) 등으로 분류된다.

둘째, 과학관이 있는데, 과학관 중 대표적인 이용시설로는 국립중앙과학관과 국립서울과학관이 있다.

셋째, 체육시설이 있다. 우리나라의 체육시설은 정부의 지속적인 투자로 양과 질적인 측면에서 괄목할 만한 성장을 이루어 왔다. 현재 정부가 지원하고 있는 공공체육시설의 종류로는 생활체육공원, 국민체육센터, 마을단위 생활체육시설,

동네운동장, 길거리농구대, 시·군 기본체육시설 등이 있다.

2) 청소년단체

(1) 한국청소년단체협의회

1960년대부터 청소년단체 활동이 활발히 추진되면서 청소년단체 간의 협력과 교류 지원을 하는 단체로 창립되었다. '한국청소년단체협의회(The National Council of Youth Organizations in Korea)'는 "국제연합헌장과 세계인권선언의 정신에 입각하여 국내·외 청소년단체의 상호연락과 제휴 및 협조를 도모함으로써 청소년활동의 발전에 기여함"을 목적으로 1965년 12월 8일 국내 15개 민간 청소년단체의 협의기구로 창립되었다. 청소년문제에 대한 공동연구, 정보교환, 청소년단체 간의 상호협력을 도모하고, 청소년관련 정부부처, 유관 사회단체, 각급 학교 및 세계청소년기구와의 연계적인 협력체계를 구축하여 활동하고 있다.

한국청소년단체협의회는 현재 9개의 지방청소년단체협의회를 포함하여 64개 청소년단체가 가입되어 있다(여성가족부, 2023).

(2) 한국청소년수련시설협회

'한국청소년수련시설협회(The Korea Association of Youth Centers)'는 전국의 800여 개 공공 및 민간 청소년수련시설(청소년수련관, 청소년수련원, 청소년문화의집, 청소년야영장, 청소년특화시설, 유스호스텔)의 발전을 위한 지원, 청소년수련시설 간 연계 협력을 위한 협의와 조정, 청소년수련시설 운영 활성화 정책 제안 등을 위해 1989년 10월 1일 민간 청소년수련시설 중심으로 창립하였다. 1994년 6월에 사단법인(문화체육관광부)으로 승인받았으며, 2002년도에 공공 청소년수련시설을 포함하여 조직과 기능을 재정립하였으며, 한국청소년수련시설협회로 명칭을 정하여 2004년 2월에 공포된 「청소년활동 진흥법」 제40조 의거 2005년 9월에 특수법인(국가청소년위원회)으로 재출범하였다.

한국청소년수련시설협회의 주요 기능으로는 청소년활동 기반 확대 및 운영 활성화를 위한 지원기구로서의 역할을 수행하며, 지방청소년수련시설협회(14개소)와 시설유형별협의회(청소년수련관, 청소년문화의집, 청소년수련원, 유스호스텔)를 중심으로 구축되어 있다. 또한, 시설협회의 회원인 청소년수련시설 설치·운영자 및 위탁운영단체가 실시하는 사업과 활동에 대한 협력 지원, 청소년지도자의 연수·권익증진 및 교류사업, 청소년수련활동의 활성화 및 수련시설의 안전에 관한 홍보 및 실천운동, 청소년 수련활동에 대한 조사·연구·지원사업, 청소년수련시설, 청소년사업 및 활동에 대한 범국민적 인식 제고를 위한 적극적인 홍보활동, 청소년활동 참여 극대화를 위한 지역사회 및 학교 등과의 연계사업 개발·운영지원, 청소년활동을 통한 지역문화 기반 조성을 위해 다각적인 실천 방안 수립, 청소년과 함께하는 지역공동체 조성을 위한 지방협회 구성 및 지역단위 청소년활동 지원체제 구축 등도 수행하고 있다(여성가족부, 2023).

3) 청소년수련시설 안전

청소년활동은 경험학습에 근간을 두고 있어 간접경험이 아닌 직접경험을 강조하고 있다. 직접경험에서는 안전과 청소년활동의 관계는 우리가 풀어야 할 숙제이다. 위험성이 높을수록 청소년활동의 매력도는 높아지게 된다(김진호, 2015). 청소년활동은 기본적으로 행동을 전제로 하고 있고, 매력있는 활동이 되기 위해서는 모험적인 요소가 들어가게 되며, 청소년의 발달특성상 예측불가한 행동을 하게 되는 특징을 가지기 때문에 안전 문제가 발생할 수 있다. 무엇보다 청소년활동시설은 청소년의 성장을 위한 다양한 활동이 실제적으로 전개되는 공간으로서 안전한 여건, 상황 및 시설의 관리를 위한 총체적 접근을 하고 있다.

시설적 측면에서 안전관리는 청소년시설의 유형에 따라 다르게 접근해야 한다. 숙박시설의 유무에 따라 숙박시설이 있는 청소년수련원, 유스호스텔은 숙박과 관련된 안전기준이 추가되어야 하고, 청소년수련관, 청소년문화의집은 숙박시설이 없고, 생활권에 위치에 있기 때문에 숙박과 관련된 기준은 적용받지 않는다. 청소년특화시설의 경우는 특정 목적을 전문적으로 실시할 수 있는 시설과 설비를 갖춘 시설이 있기 때문에 전문시설에 따른 안전기준의 적용이 이루어져야 한다.

(1) 청소년시설의 종합 안전점검

청소년활동시설 특히 수련시설에 대한 종합 안전점검에 대해서는 「청소년활동 진흥법」과 「청소년활동 진흥법 시행령」에 명시되어 있다.

「청소년활동 진흥법」 제18조의 3(감독기관의 종합 안전·위생점검)에서 '여성가족부장관 또는 특별자치시장·특별자치도지사·시장·군수·구청장은 수련시설의 안전과 위생관리를 위하여 정기적으로 수련시설에 대한 종합 안전·위생점검을 실시하고 그 결과를 공개하여야 한다.'고 명시하고 있고, 그 결과에 따라 보완이나 개선을 요구할 때 운영대표자는 특별한 사정이 없으면 그 요구에 따라야 한다고 제시하고 있다.

「청소년활동 진흥법 시행령」 제11조(감독기관의 종합 안전·위생점검 절차 등)에서 수련시설에 대한 종합 안전·위생점검을 2년마다 1회 이상 실시해야 한다고 명시하고 있고, 그 점검은 안전·위생 분야 공통, 안전(건축, 토목, 기계, 소방, 전기, 가스), 위생의 분야로 나누어 실시하도록 하고 있다.

또한, 「청소년활동 진흥법」 제18조의 4(수련시설 종사자 등에 대한 안전교육)에서 '여성가족부장관은 수련시설의 운영대표자 및 종사자의 안전관리 역량을 강화하고 수련시설에서의 안전사고를 예방하기 위하여 수련시설의 운영대표자와 그 종사자를 대상으로 안전교육을 실시할 수 있다.'고 명시하고, 「청소년활동 진흥법 시행규칙」 제8조의 4(안전교육의 내용·방법 등)에서 안전교육은 매년 1회 이상 실시하도록 하고, 안전교육의 내용은 1. 청소년수련활동 및 수련시설의 안전관련 법령, 2. 청소년수련활동 안전사고 예방 및 관리, 3. 수련시설의 안전점검 및 위생관리, 4. 그 밖에 수련시설 종사자 등의 안전관리 역량 강화 및 안전사고 예방을 위하여 필요한 사항으로 규정하고 있다. 안전교육은 집합교육 또는 이러닝과 집합교육을 혼합한 방법으로 실시할 수 있다.

(2) 청소년활동시설 안전기준

청소년활동시설은 청소년들의 이용이 활발하게 이루어짐으로 안전에 대한 대비가 철저하게 이루어져야 한다. 아무리 좋고 유익한 활동을 했더라도 그 활동 안에서 사고가 발생한다면 그 활동은 의미가 없어지기 때문이다. 그러므로 청소년과 청소년지도자 모두 안전의식을 가지고 청소년활동에 임할 수 있도록 교육과 관심을 가져야 한다.

「청소년활동 진흥법 시행령」 제10조(수련시설 안전점검)에 안전기준을 제시하고 있는데, 다음과 같다.

■ 청소년활동 진흥법 시행령 [별표 1] 〈개정 2019. 7. 2.〉

수련시설의 안전기준(제10조 제2항 관련)

1. 수련시설의 설치 · 운영자는 항상 안전사고 예방에 주의를 기울여야 하며, 특히 장애 청소년 및 미취학아동 등 특별한 보호를 필요로 하는 이용자에 대하여는 안전사고 발생에 대비하여 대피가 편리한 숙소를 배정하고, 안전사고 예방을 위한 인솔자 교육을 강화하는 등 특별한 주의를 기울여야 한다.
2. 부상자 · 병자에 대하여 응급처치를 할 수 있는 구호설비 · 기구를 갖추어야 한다.
3. 비상연락장치를 유지하여야 한다.
4. 안전사고 · 응급환자 발생 등에 대비하여 긴급 후송대책 등의 방안을 마련하여야 한다.
5. 위험한 장소에는 방벽(防壁) · 울타리 · 위험표지물 등 안전시설을 설치하여야 하며, 이용자가 있을 때에는 안전요원 또는 긴급구조요원을 배치하여야 한다.
6. 자연체험시설 등을 설치한 경우에는 시설의 종류에 따라 안전모 · 안전띠 · 구명대 등 필요한 개인보호장구를 갖추고, 이를 이용자에게 착용하도록 하여야 한다.
7. 매월 1회 이상 시설물에 대한 안전점검(세부적인 점검사항은 여성가족부령으로 정하는 바에 따른다)을 실시하여야 하며, 점검결과를 시설물 안전점검기록대장에 기록 · 관리하여야 한다.
8. 시설물에 위험요인이 발견될 때에는 즉시 그 시설물의 이용을 중단시키고 보수 등의 조치를 취하여야 한다.
9. 수련시설의 종사자에 대하여 정기적으로 안전교육을 실시하여야 한다.
10. 시설의 이용방법, 유의사항, 비상 시의 대피경로 등을 이용자들이 잘 볼 수 있는 장소에 게시하여야 한다.
11. 해당 시설이용 및 수련활동에 관한 안전교육 프로그램을 마련하여 이용자(인솔자를 포함한다)에 대하여 사전 안전교육을 실시하여야 한다.

12. 태풍 · 홍수 · 해일 등 재해발생의 우려가 있는 경우에는 이용자들을 신속히 대피시켜야 한다.
13. 해당 수련시설 안에 법 제33조 제2항 각 호의 영업을 위한 시설 또는 그 밖에 다른 법령에 따른 시설이 설치된 경우에 이 기준에서 특별히 정한 경우를 제외하고는 그 법령에서 정한 안전기준 등을 준수하여야 한다.
14. 청소년수련시설의 숙박 · 집회시설 및 숙박 · 집회시설과 이어진 건축물에는 샌드위치 판넬 등 연소 시 유독가스가 발생되는 건축자재는 사용할 수 없다.

5. 청소년활동의 향후 과제

청소년활동이 더 발전되고 청소년의 균형있는 성장이라는 목표 달성을 해 나가기 위해서는 어떤 방향으로 나아가야 할지 고민이 필요하다.

먼저는 청소년활동에 대한 명확한 개념 정의가 이루어져야 한다. 그 개념 정의에는 청소년에게 어떤 변화를 제공해 줄 것인지가 분명히 담겨있어야 하고, 청소년 개인의 역량강화의 관점에서 활동이 전개되도록 정의할 필요가 있다.

둘째, 다양한 연계활동이 이루어지도록 해야 할 것이다. 청소년활동이 가정, 지역사회와 연계하고, 학교와 연계하여 청소년의 다양한 성장을 도모하도록 노력해야 한다. 청소년은 현재의 변화에 잘 적응하며 살아가고 있다. 시대와 사회적 환경이 급속도로 변화하고 있는 상황에서 청소년을 둘러싸고 있는 환경을 고려하고 인터넷 시대, 글로벌화 시대에 발맞추어 다양한 활동의 내용을 발굴할 뿐만 아니라 지역의 여러 자원들을 활용하여 할 수 있는 활동을 제안하고 협력하여 나가야 한다. 그래서 청소년들의 경험을 확장하여 건강한 사회의 한 일원으로 성장해 나갈 수 있도록 도와야 한다.

셋째, 청소년에게 필요한 역량이 무엇인지를 점검하고 개인의 특성에 맞는 맞춤형 활동이 이루어지도록 해야 한다. 각 개인의 강점역량과 약점역량이 무엇인지를 분석하여 부족한 역량 향상을 위한 활동을 통해 기본적인 역량의 수준을 갖추도록 하고, 강점역량을 통해 진로를 찾아갈 수 있도록 안내할 필요가 있다.

넷째, 청소년활동중심의 청소년정책 변화가 필요하다. 청소년활동은 청소년학의 영역에서 독자적인 영역이며, 청소년지도사의 전문 영역이다. 정보화시대로 변화되면서 간접체험의 비중이 커지고 있는 상황에 있으나 청소년들에게는 직접 체험의 기회를 통한 성장이 필요하기 때문이다. 청소년학의 관점이나 청소년지도사의 전문성 영역, 청소년의 균형성장의 측면 모두에서 청소년활동은 매우 중요한 영역이므로 청소년정책 마련시 청소년활동중심의 정책기조로 변화하여 정책을 만들고 실행하기 위해 노력해야 한다.

다섯째, 중앙의 청소년활동 정책이 청소년수련시설에서 실행할 수 있는 정책이 될 수 있도록 체계적인 전달체계가 필요하다. 현행 중앙의 청소년활동정책 전달체계는 주로 4가지 경로를 통해 이루어지고 있다. ①여성가족부→한국청소년활동진흥원→지방청소년활동진흥센터→청소년 및 학부모에게 전달, ②여성가족부→한국청소년활동진흥원→국립청소년수련시설→청소년 및 학부모에게 전달, ③시도 및 시군구→청소년수련시설→청소년 및 학부모에게 전달, ④민간 청소년수련시설→청소년 및 학부모에게 전달의 방식이 그것이다. 이러한 전달체계 안에서 발생하는 문제점은 지방청소년활동진흥센터와 청소년수련시설간의 관계가 모호하다는 것이다. 지방청소년활동진흥센터는 청소년들에게 직접제공기관인 청소년수련시설인지, 아니면 청소년수련시설을 지원하는 기관인지에 대한 모호성이 발생하고 있다. 또한, 시도 및 지자체의 예산으로 청소년수련시설이 운영되기 때문에 지자체의 재정상황, 관심정도에 따라 청소년활동의 활성화가 결정된다. 지방청소년활동진흥센터의 기능과 권한 등에 대한 현실적인 논의와 더불어 청소년수련시설의 운영비 지원 방안 논의가 있어야 할 것이다(김태균, 2016).

청소년활동은 청소년학이나 청소년지도학에서 핵심적인 부분이다. 모든 영역이 청소년활동 안에서 이루어질 수 있다. 청소년활동 안에서 청소년의 교육과 성장을 도모하기 위한 다양한 시도가 있을 때 청소년의 경험이 쌓이고 그 경험을 통한 반성적 사고과정이 그들을 균형잡힌 한 사람으로 성장하게 할 것이다.

제7장 청소년프로그램 개발과 평가

청소년은 변화가 급격하게 일어나는 시기를 지나고 있으며, 다양한 경험을 통해 성장한다. 그리고 그 성장에 영향을 미치는 것으로 여러 가지가 있다, 어떤 청소년은 그들의 변화인 인지적인 변화, 정서적이고 감정적인 변화, 신체적인 변화, 사회성의 변화와 발달 등에 긍정적으로 대처하고 생각하기도 하지만, 어떤 청소년은 그 변화와 발달이 불편하고 싫게도 여겨진다. 그것은 환경의 영향이 작용하기 때문이다. 청소년을 둘러싼 환경이 영향을 주게 되는데, 가까운 미시체계인 가족을 비롯하여 먼 거시체계까지 다양한 영향을 준다. 그 영향의 한 부분이 청소년프로그램이 될 수 있다. 청소년프로그램에 참여함으로 청소년은 변화를 경험하게 되고, 어떤 프로그램에 참여하느냐에 따라 경험의 폭 또한 달라질 수 있다.

청소년프로그램 개발과 평가의 부분은 권일남 외(2021)의 내용을 참고하여 새롭게 재구성했다.

1. 청소년프로그램의 의미

1) 프로그램과 청소년프로그램

본래 '미리 쓴다'는 뜻을 지닌 라틴어(Pro+Graphein)에서 유래한 말로써 17세기에 처음으로 문헌에 나타났으며, 운동회의 순서나 음악회의 연주곡목 순서 등을 미리 짜놓은 것을 의미하였다. 이후 1920년대에 라디오가 개발되며 방송 시간표를 일컫는 말로 흔히 사용되었다. 컴퓨터에서는, 1946년 과학잡지 《네이처 Nature》에 게재된 에니악(ENIAC) 관련기사에서 처음으로 쓰였다(두산백과). 프로그램은 순서나 절차이다. 지시사항들이 나열된 순서를 프로그램이라고 한다. 프로그램이라는 말은 광범위하게 사용되고 있다.

프로그램은 흔히 커리큘럼과 혼용해서 많이 쓰이기도 한다. 커리큘럼(Curriculum)은 정해진 교육목표를 달성하기 위해 구조화해 놓은 것으로 학교교육에서 주로 사용하는 교육과정이다. 전문가에 의해 정해진 학습목표에 따라 내용을 전달하는 것이 주가 되는 것이다. 이에 반해 프로그램은 개인들이 원하는 요구가 무엇인지를 파악하고 그들의 문제에 관심을 가져 학습자에게 도움이 되는 것으로 구성되어 있다. 프로그램에서는 상황을 중요시한다.

프로그램은 세 가지 의미가 있다. 일상적 의미의 프로그램, 교육적 의미의 프로그램, 통합적 의미의 프로그램이 그것이다. 첫째, 일상적 의미의 프로그램은 일반적인 프로그램의 의미로 순서나 절차를 말한다. 둘째, 교육적 의미의 프로그램은 앞에서 설명한 커리큘럼의 의미와 같다. 셋째, 통합적 의미의 프로그램은 다양한 내용을 담아내어 전체의 내용이 통합되어 하나의 의미를 만들어내는 것이다.

이러한 프로그램의 세 가지 의미에서 청소년프로그램의 의미를 살펴본다면, 첫째, 일상적 의미에서의 청소년프로그램은 청소년 개인과 집단의 어떤 순서나 절차를 나타내는 것으로, 청소년의 일과나 집단으로 무엇을 하게 될 때 집단의 일과를 말하는 것이다.

둘째, 교육적 의미에서의 청소년프로그램은 청소년이 반드시 알아야 할 내용을 중심으로 전문가가 제공해 주는 체계적인 교육을 의미한다. 청소년이 현재를 행복하게 보내고 미래의 건강한 성인의 삶을 잘 살아가기 위해 필요한 것을 내용으로 청소년지도자나 청소년전문가가 구체적인 계획을 세워 접근하는 것이다. 교육적 의미에서 청소년프로그램은 지도자의 역량이 영향을 미치고 청소년의 주도성은 발휘되지 못한다.

셋째, 통합적 의미에서의 청소년프로그램은 청소년프로그램의 내용이나 방법, 구체적인 활동과 매체가 유기적으로 통합된 실체이다. 청소년프로그램의 목표를 비롯하여 내용, 장소와 매체의 모든 요소들이 통합되어 일관성 있게 이루어진다.

청소년프로그램의 세 가지 의미를 일반적인 프로그램의 의미와 연관지어 언급하였지만, 우리가 염두에 두어야 하는 것은 청소년프로그램은 통합적 의미에서의 접근으로 이해해야 한다는 것이다. 청소년프로그램은 청소년 중심으로 설계하여 청소년의 참여를 이끌고 그 안에서 청소년들이 발달적 욕구를 해결해 나가며 그들의 삶을 향상시켜 갈 수 있도록 제공되어야 한다. 그러므로 청소년프로그램을 통해서 얻고자 하는 궁극적인 목표는 역량강화이다. 청소년들이 프로그램에 참여함으로 내재되어 있는 그들의 잠재력을 발견하여 발현할 수 있는 기회제공과 전환점을 제공해 주어야 한다.

그래서 청소년프로그램을 개발하는 것은 청소년에게 영향을 미치는 여러 과정과 내용들을 하나로 묶어 제공하는 것이 된다. 청소년의 성장에 필요한 모든 영역의 학문적인 구성요소를 종합하여 총망라해 놓은 것이 청소년활동이라면, 그 활동이 구체적으로 실현되어 영향을 미치는 요소로 작용할 수 있도록 하는 것이 청소년프로그램이다.

2) 청소년프로그램의 특징

청소년프로그램은 청소년의 전인적인 성장을 돕고 균형잡힌 성장을 하는 데 구체적으로 작용한다. 그러므로 단순히 청소년프로그램의 성과에 그치지 말고 청소년이 인간존중과 인간존재의 가치를 가질 수 있도록 하는 것이 필요하다. 청소년프로그램에 참여함으로 인성적인 부분을 익혀가고, 조화로운 인간으로 성장할 수 있도록 해야 한다.

이러한 청소년프로그램이 가지는 특징은 첫째, 청소년을 대상으로 한다. 청소년프로그램은 대상이 분명하기 때문에 그 대상을 염두에 두고 프로그램을 개발해야 한다. 대상에 대한 이해가 우선되어야 한다. 청소년의 욕구, 그들의 사고방식, 그들의 상황과 환경, 그들에게 영향이 되는 요소 등의 파악을 통해 프로그램에 접근해야 한다.

둘째, 청소년프로그램은 청소년의 현재와 미래를 담아내야 한다. 청소년기는 과도기이면서도 한 고유의 시기이다. 과도기의 의미에서는 성인의 삶이 목적지이기 때문에 아동기에서 성인기로 넘어가는 중간단계이므로 그 당시에는 모든 것을 목적지에 맞추고, 책임감과 자율성을 뒤로 미루게 된다. 그렇다고 청소년시기가 갖는 고유의 것들을 포기해서는 안된다. 현재의 청소년의 시기를 잘 보내야만 미래도 행복할 수 있다. 그런 의미에서 청소년프로그램을 통해 현재를 잘 살고 미래의 성인의 삶을 잘 준비할 수 있도록 해야 한다.

셋째, 청소년프로그램의 핵심적인 목적은 잠재력 개발을 통한 역량강화이다. 청소년기에 진로에 대한 인식 및 탐색, 그리고 결정이 거의 이루어지게 되는데, 대부분의 청소년들이 자신이 누구인지에 대한 고민이 많다. 청소년시기가 자신의 정체성을 찾아 고민하는 시기이기 때문에 더욱 그렇다. 그런 고민안에 있지만 정작 자신이 좋아하는 것과 잘하는 것, 재능이 무엇인지 잘 모른다. 청소년프로그램이 그 역할을 할 수 있다. 청소년프로그램 참여를 통해 청소년들이 자신 안에 내재되어 있는 잠재력을 발견하고, 그 능력을 잘 발휘해 자신의 진로와 연관시킬 수 있도록 해야 한다. 그러므로 청소년프로그램은 다양한 활동 경험을 제공함으로 청소년이 자신의 역량을 알아갈 수 있다.

넷째, 청소년프로그램은 청소년들에게 자신의 내면을 바라보는 동일시와 정화작용, 통찰을 제공한다. 청소년프로그램 참여 시 참여하는 대상들끼리의 만남을 갖게 된다. 이 만남을 통해 활동을 해 나가면서 또래 또는 나 아닌 다른 사람들과 동일시를 경험하게 된다. 자신이 가지고 있는 생각, 고민, 어려움, 즐거움 등 여러 사고와 감정들을 자신만 경험하는 것이 아니라 다른 친구들도 비슷하게 느끼고 인지하고 있음을 알게 된다. 그 동일시를 통해 안정감을 얻으면서 자신 안에 내재되어 있던 감정의 응어리들을 풀어낼 수 있는 과정으로 가게 되는데, 그 과정이 정화이다. 자신의 사고와 감정의 내용들을 다시 한 번 생각하고, 끄집어내며 해결해 나간 후 어떻게 앞으로의 삶을 살아야 할 것인지 고민하게 된다. 삶의 구체적인 계획과 다짐을 결정하게 되는데, 이 과정이 통찰이다.

다섯째, 청소년프로그램은 인간존중의 가치를 고취하고, 청소년들이 자기존재에 대한 위협에 능동적으로 대응하도록 한다. 청소년프로그램은 지·덕·체의 균형성을 확보하면서도, 덕성을 근간으로 한 인간존재성의 회복을 더욱 더 중시한다. 다른 사람의 존재를 인정하고 존중할 뿐만 아니라 자기자신의 존재성에 대해서도 관심을 갖게 한다. 청소년프로그램이 자기존재에 대한 위협이 되는 불안, 우울, 고독감 등의 위협적인 요소들이 발생했을 때 이에 어떻게 대처하고 스스로 자신으로 설 수 있도록 도와주는 역할을 한다.

3) 유사프로그램과 청소년프로그램의 차별성

청소년프로그램을 바라보는 시선이 기존의 여러 가지 프로그램의 범주와 다르지 않다는 시선이 컸다. 청소년프로그램은 대상이 명확한 것을 비롯하여 다른 점이 분명히 있고, 의미가 적지 않다. 특히 청소년프로그램과 유사하게 여기는 프로그램 영역은 사회복지 프로그램, 평생교육 프로그램, 심리 및 상담교육 프로그램이다. 차이점은 〈표 7-1〉과 같다.

청소년프로그램은 청소년의 자발적인 참여를 통해 청소년의 성장을 도모한다. 청소년이라는 고유의 한 시기에 있는 대상을 다루며, 그들이 당면하고 있는 현재적인 삶의 행복과 더불어 미래적인 삶의 준비를 통해 잘 기능하는 인간으로 성장할 수 있도록 돕는다.

청소년의 특징은 주도성이다. 스스로 무엇인가를 해낼 수 있는 시기가 바로 청소년기다. 청소년프로그램 참여 또한 주도적으로 이루어질 수 있다. 그것이 바로 다른 유사한 프로그램들과의 차별성이라 할 수 있는데, 청소년프로그램의 기획부터 평가까지 모든 개발 절차에 청소년들이 참여하여 프로그램에 영향을 미칠 수 있다.

〈표 7-1〉 청소년프로그램과 유사프로그램과의 차별성

구분	청소년프로그램	평생교육프로그램	사회복지프로그램	심리 및 상담 프로그램
대상	청소년	유아~노년	모든 사람	모든 개인
목적	청소년의 균형잡힌 성장을 위한 역량강화	지역사회의 교육문제해결(학교교육의 보완)	인간의 삶에서 긍정적인 변화(사회복지적 목적)	개인의 심리적 변화
내용	–청소년의 현재와 미래의 삶에 필요한 모든 것 –지적, 정서적, 심동적인 부분	–인력개발 –오락과 교양, 취미활동 –인성개발 –환경보전문제	–가정문제, 사회문제 해결을 통한 개인, 가족, 집단과 지역사회의 변화	–자기성찰, 대인관계, 집단역동을 통한 문제해결
차별성	대상(참여자)의 주도성	지도자의 의도성과 대상(참여자)의 수동성		

출처: 권일남 외(2021)

다른 프로그램은 모든 인간을 대상으로 문제를 해결하고, 긍정적인 삶을 살아가도록 돕기 위한 노력을 하고 있으나 청소년프로그램은 대상을 청소년으로 명료하게 하여 지원한다. 청소년이라는 대상의 균형적인 성장을 위해 모든 프로그램의 내용을 결정하게 된다. 무엇보다 가장 큰 차별성은 다른 프로그램은 프로그램의 내용과 변화의 내용을 지도자가 결정하여 제공하고 대상과 참여자는 수동적이지만, 청소년프로그램은 청소년 스스로가 프로그램을 자발적으로 선택하여 참여할 뿐만 아니라 참여의 모든 과정에서 주도적인 영향을 미칠 수 있다.

4) 청소년프로그램에서 지도자의 역할

청소년프로그램에서 청소년지도자는 핵심인력으로 중요한 역할을 한다. 청소년이 성장해 나가면서 스스로 능력을 갖추고 변화해 나가기 위한 노력을 하지만, 조력자로서 가정에서의 부모, 학교에서의 교사, 지역사회의 기관에서 청소년지도자들이 도움을 준다. 특히 청소년지도자는 청소년프로그램을 통해 청소년과 함께 해 나간다.

그렇기 때문에 청소년지도자는 청소년을 지도하는 전문지식과 기술이 있어야 하며, 무엇보다 인격적인 영향을 줄 수 있도록 인간적인 능력을 갖추어야 한다. 그리고 청소년기에 꼭 필요한 역량이 무엇인지를 구체화하여 그것을 충족시켜 나가기 위해 노력해야 한다. 청소년으로 하여금 자신 안에 있는 능력을 발견하여 뭔가 해볼 수 있게 가능성을 열어주는 사람, 뭔가를 해 나갈 때 혼자가 아니고 지지가 있다는 느낌을 주는 사람이 청소년지도자인 것이다.

그런 의미에서 청소년지도자가 청소년지도 안에서 프로그램에 담아내야 하는 것은 첫째, 청소년지도 차원에서 프로그램은 심각한 위험이나 역경의 상황에도 불구하고 그것을 스스로 극복해 내고자 하는 의지를 다질 수 있는 탄력성을 갖도록 해야 한다. 환경적 스트레스나 불안정하고 불확실한 조건 하에서도 적응을 잘 하며 외상적 사건에서 회복하려는 개인적인 능력인 탄력성을 가질 수 있도록 돕는 것이 청소년프로그램이어야 한다. 회복탄력성을 가진 청소년은 내외적 어려움을 넉넉히 견뎌낼 수 있는 힘이 있어 건강한 삶을 살아갈 수 있다.

둘째, 청소년들의 긍정적인 삶을 위해 희망을 주는 것이 필요하다. 희망은 내일을 꿈꾸게 한다. 자신이 하는 일에 긍정적 결과를 기대하여 부정적 정서를 감소시키고 스트레스 상황에 대처해 나가면서 회복하는데 도움을 주는 희망을 가질 수 있도록 해야 한다. 그 희망이 역경을 넘어갈 수 있도록 돕는다.

셋째, 스스로 자기주도적인 도전을 가능하게 해 주어야 한다. 프로그램은 플랫폼으로 그 깔아진 판에 어떤 것을 올리느냐가 중요하다.

탄력성과 희망을 통한 내면적 역량을 기르고, 자기주도적인 도전을 할 수 있도록 지도하기 위해서 청소년지도자는 청소년에게 맞는 프로그램을 제공하는 것이 필요하다.

예쁜 꽃을 발견해서 돈을 치르고 집으로 가져와 매일 물을 주며 정성스럽게 돌봤는데 그만 꽃은 시들어버린다. 이 꽃은 일주일에 한 번만 물을 주어야 하는 꽃이었기 때문이다. 지도자가 관심있게 바라보는 청소년에게 그들과 상관없고 그들이 원하지 않는 열정과 사랑으로 정성을 기울이고 그들에게 맞지 않는 것을 제공해 준다면 그들도 피지 못하고 시들 수 있다. 그러므로 청소년 지도자는 청소년이 꽃 필 수 있도록 청소년 각자 개인의 특성에 맞는 프로그램을 제공해 주는 것이 필요하다.

5) 활동현장에서의 프로그램의 중요성

청소년의 활동현장은 학교와 그 외 기관들이다. 최근에는 창의적 체험활동과 자유학기제의 시행으로 활동에 대한 필요성과 수요가 많아지고 있고, 청소년기관들과 연계하여 프로그램을 진행하고 있다.

그럼에도 불구하고 현장에서 제공되는 프로그램은 좋을 것 같은 프로그램, 쉽게 만들 수 있는 프로그램들로 청소년의 상황과 요구는 상당부분 배제되어 있다. 현장에서 프로그램은 기관의 이념과 목적, 사회적인 상황과 지도자의 능력, 청소년의 흥미와 관심 그리고 요구가 한데 어우러져야 한다. 무엇보다 청소년의 필요와 요구와 흥미를 반영하는 것이 중요하다. 즐겁게 참여하여 원하는 바를 얻을 수 있는 다양한 프로그램이 존재한다면 활동참여를 통해 활동의 효과성과 지속성을 담보할 수 있다.

활동현장에서 프로그램이 중요한 것은 현장에서 프로그램을 통해 지도력이 발휘되어 영향을 주기 때문이다. 그 중요성의 내용을 살펴보면 다음과 같다.

첫째, 프로그램 안에 미래의 지도의 방향성이 들어있다. 그러나 그것은 융통성 있게 변화가능해야 한다. 청소년지도자가 프로그램을 통해 목표한 바를 정해서 그 방향대로 지도하려고 하나 현재의 활동현장에서 청소년의 요구가 다른 데 있고, 현실적 상황이 청소년지도자가 처음에 정한 방향과 다르다면 그것을 충분히 반영할 수 있도록 해야 한다. 청소년들의 요구, 환경과 시대적 상황의 반영이 이루어지는 것이 중요하다.

둘째, 청소년들의 변화는 무엇에 대한 설명, 설득, 훈계를 통해서 일어나지 않는다. 신체적 움직암과 실제 생활의 체험을 통해 변화가 가능하다. 움직임과 체험을 통해 주변의 여러 상황과 현상을 인식하고 그들의 태도와 사고를 더욱 확장시켜 나갈 수 있기 때문에 현장에서 체험을 통한 변화를 도모하기 위해 현장 중심적인 프로그램으로 실시되는 것이 필요하다.

셋째, 청소년들은 청소년프로그램에 참여하는 동안 의미있고 만족스러운 경험을 한다. 그래서 활동현장에서 프로그램은 지도의 결과보다는 지도과정에 초점을 두고 있다. 과정안에서 청소년들이 하는 경험을 통해 변화가 일어나기 때문에 청소년지도자는 과정 안에서 세심한 배려와 관찰을 해야 한다.

청소년활동현장에서 프로그램은 청소년지도를 위한 다양한 역할을 제공하기 때문에 그 중요성이 강조되고 있다.

2. 청소년프로그램 개발의 기초

1) 청소년프로그램 개발 접근 방법

(1) 선형적/비선형적 접근 방법

선형적 접근 방법은 프로그램 개발시 일반적으로 적용하는 방법으로 단계별로 세분화한 프로그램 개발 과정을 한 단계씩 순차적으로 실천해 나간다. 프로그램 개발에서 고려해야 할 모든 요소들을 제시한 후, 어떠한 순서로 균형 있고 조화롭게 배치할 것인지를 알려주어 합리적이고 안정적이라는 평가를 받는 개발 방법이다.

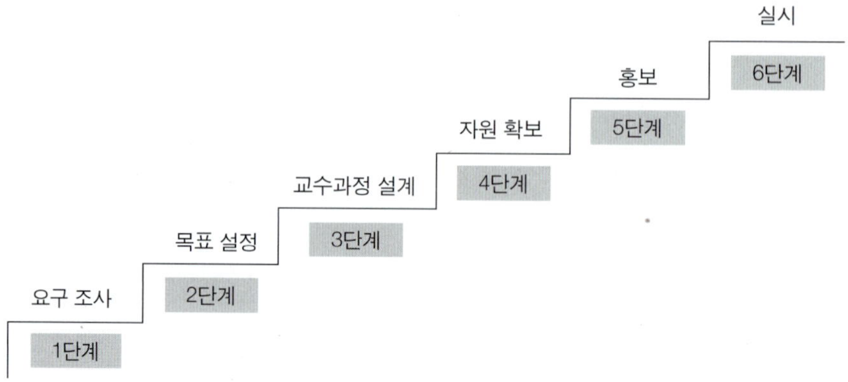

[그림 7-1] 프로그램 개발의 선형적 접근 방법

출처: Kowalski(1988), 신용주(2017 재인용)

이에 반해 비선형적 접근 방법은 여러 과정이 동시에 이루어지면서 각 단계가 계속 순환되는 특징을 가진다. 프로그램 개발의 상호작용 모형으로 불리는 이 접근 방법은 청소년과 지도자 및 청소년기관과 기관 간의 상호협상을 거치는 것이 특징이다.

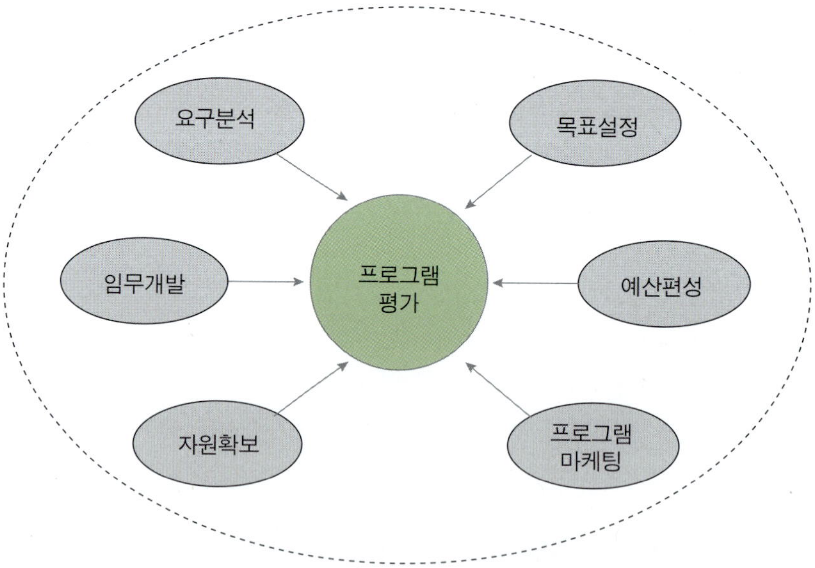

[그림 7-2] 프로그램 개발의 비선형적 접근 모형

출처: 김진화(2001)

비선형적 접근 방법은 일정한 순서는 정해져 있지 않고, 어느 단계에서 시작해도 무방하다. 모든 단계에서 평가를 계속 실시하며 프로그램 개발을 해 나간다. 좀 더 전문적인 지도자가 사용할 수 있는 프로그램 개발 방법이다.

(2) 통합적/비통합적 접근 방법

통합적 접근 방법은 프로그램 개발에 영향을 미치는 수많은 요인들을 종합적으로 파악하고 검토, 분석하여 프로그램 개발에 반영하는 방법이다. 미시적 요인인 청소년의 요구, 참여 방법, 물리적 환경, 프로그램 과정, 청소년기관의 목표, 자원 등에 대해 고려하고, 거시적 요인인 지역사회와 사회의 요구 및 국가, 제도 및 정책 등도 포괄적으로 고려한다. 프로그램 개발을 진행함에 있어서 전문성과 많은 시간을 필요로 하지만 그 포괄성으로 인해 가장 이상적인 프로그램 개발 방법이다.

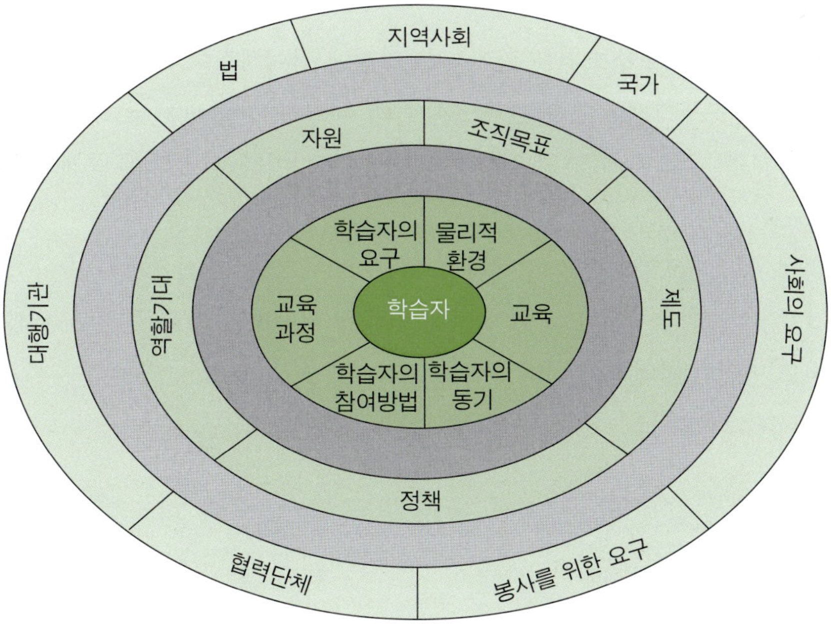

[그림 7-3] 프로그램 개발의 통합적 접근 방법

출처: 이해주 외(2002)

비통합적 접근 방법은 다른 접근 방법에 비해 가장 사용하기 용이한 방법이다. 새로운 프로그램을 개발하는 것이 아닌 타 기관에서 이미 개발해서 사용하고 있는 프로그램을 그대로 모방하는 것이므로 프로그램을 개발하는 지도자에게 특별한 경험이나 능력이 요구되지 않으며 청소년의 관심과 참여는 배제된다. 프로그램 개발의 전문가가 아니라도 프로그램 개발을 담당할 수 있다는 점에서 편리한 방법이다. 그러나 참신성이 부족하다는 비판이 있을 수 있으며, 청소년기관과 청소년과의 연계가 단절됨으로 인해 심각한 문제가 발생할 수도 있다는 한계가 존재하는 접근 방법이다.

청소년프로그램을 개발할 때 지도자는 기본적인 이론에 입각하여 적절하고 기관의 상황에 맞는 접근 방법으로 프로그램을 개발해 나가야 한다.

2) 청소년프로그램 개발 시 고려사항

청소년프로그램은 청소년을 단지 프로그램에 참여하도록 하는 수단에 그치는 것이 아니라 프로그램을 통해서 청소년들의 개인적 성장과 발달 그리고 사회가 지향하려는 의미나 가치를 명료하게 설명해 주고 이를 긴밀하게 연계하는 수단이다.

따라서 청소년프로그램을 이해하기 위해서는 [그림 7-4]에서와 같이 청소년프로그램에 관련되는 제반 요소의 전체 맥락을 이해하는 것은 물론 세부적인 의미까지도 면밀히 파악해야 한다.

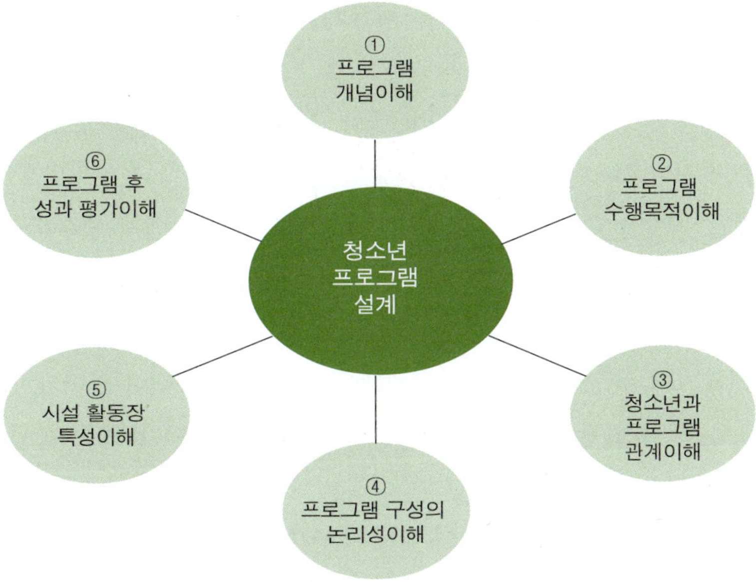

[그림 7-4] 청소년프로그램 설계시의 고려사항

출처: 권일남 외(2021)

첫째, 프로그램의 개념을 이해해야 한다. 일반적으로 프로그램은 일련의 과정을 의미하는 것으로 청소년을 위해 필요한 모든 것들을 담아내야 함을 기억하고, 청소년프로그램은 청소년의 발달과 성장과 성숙의 기폭제가 될 수 있음을 이해해야 한다. 프로그램을 통해 청소년의 변화와 성장을 이끌어낼 수 있음을 청소년 지도자는 인식하고 있어야 한다.

둘째, 프로그램 수행 목적을 이해해야 한다. 청소년프로그램은 청소년의 균형있는 성장, 전인적인 성장을 목적으로 이루어져야 한다. 목적이 균형있는 성장이라면, 목표는 균형잡힌 삶의 실현을 위해 필요한 구체적인 행위나 행동 또는 청소년의 문제행동의 개선에 필요한 구체적 행동이라고 볼 수 있다. 한 단어로 표현하자면 역량강화라 할 수 있다. 청소년지도자는 청소년프로그램이 지향하는 바가 무엇인지 명확히 알고 접근해야 한다. 청소년프로그램 개발 시 이러한 목적과 목표를 달성하기 위한 관점에서 어떤 프로그램이 청소년에게 필요할 것인지를 고민해야 한다.

셋째, 청소년과 프로그램의 관계를 이해해야 한다. 청소년프로그램에는 청소년의 성장가치가 내재되어 있기 때문에 프로그램을 통해 청소년은 자신의 미래에 필요한 재능과 힘을 얻을 수 있어야 한다. 청소년프로그램에 참여함으로 자신의 재능을 발견하고, 그 재능을 통해 진로를 설정할 수 있다면 청소년프로그램은 상당히 많은 역할을 한 것이다. 청소년프로그램은 청소년에게 필수적인 것으로 다양한 주제를 가지고 개발된 프로그램에 청소년이 참여하므로 자신을 발견해 갈 수 있도록 해야 한다.

넷째, 프로그램 구성의 논리성을 이해해야 한다. 프로그램이 의미가 있기 위해서는 창조성, 현실성, 논리성이 필요하다. 세 가지의 조건을 충족할 때 좋은 프로그램이 될 수 있다.

다섯째, 시설, 활동장의 특성을 고려해야 한다. 청소년프로그램에서 활동장의 특성을 파악하는 것은 매우 중요하다. 청소년프로그램은 청소년들이 경험의 가치를 얻을 수 있는 모든 곳에서 이루어지기 때문에 활동장의 특성을 알고 프로그램이 진행되도록 해야 한다. 활동장에서 가장 우선시되어야 하는 것이 안전이다. 청소년지도자는 활동장의 안전성을 확보하기 위해 주도면밀하게 활동장에서 발생할 수 있는 사고의 위험성을 인지하고 구체적으로 세세한 부분까지 점검해야 한다.

여섯째, 프로그램 후 성과평가를 고려해야 한다. 청소년프로그램은 청소년의 변화와 성장을 이끌기 위해 이루어지는 것으로 어떻게 그 변화와 성장을 평가할 수 있을지 고민이 필요하다. 청소년프로그램이 실질적으로 청소년들에게 어떤 영향으로 작용했고, 어떤 변화를 경험하게 했는지 프로그램에서 전달하고 달성하고자 한 의미가 적절히 이행되었는지를 판별해 내는 기준을 개발하고 적용하는 노력이 필요하다.

3) 청소년프로그램 개발 모형

프로그램의 개발절차에는 어떠한 형식과 기준에 따라서 적용해 낼 것인가에 따라 다양한 유형의 모형이 적용될 수 있는데 가장 보편화된 프로그램방식으로 적용되는 것은 주로 교육프로그램 개발에서 제시한 내용을 보편적으로 활용하고 있는 분석, 설계, 개발, 실행, 평가라는 일련의 과정을 거치는 구조화된 틀이다.

ADDIE(Analysis, Design, Development, Implementation, Evaluation) 모형은 프로그램이나 교육과정을 설계하는 프로그램 개발의 전형적인 틀로 과정중심으로 상황의 분석과 설계, 개발과 수행이라는 과정을 거치면서 지속적인 평가를 계속하여 반복하고 동시에 문제점을 환류하는 구조로 이루어져 있다.

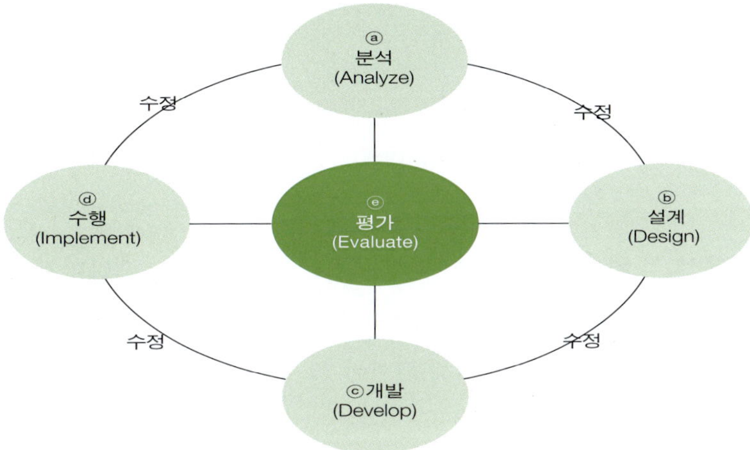

[그림 7-5] 프로그램설계(ADDIE)의 기본모형

출처: 권일남 외(2021)

ADDIE 모형의 적용도 이루어지지만, 일반적인 프로그램 개발 모형이 청소년 프로그램 개발에서도 동일하게 적용될 수 있는데, 그 기본 절차는 기획, 설계, 마케팅, 실행, 평가이다.

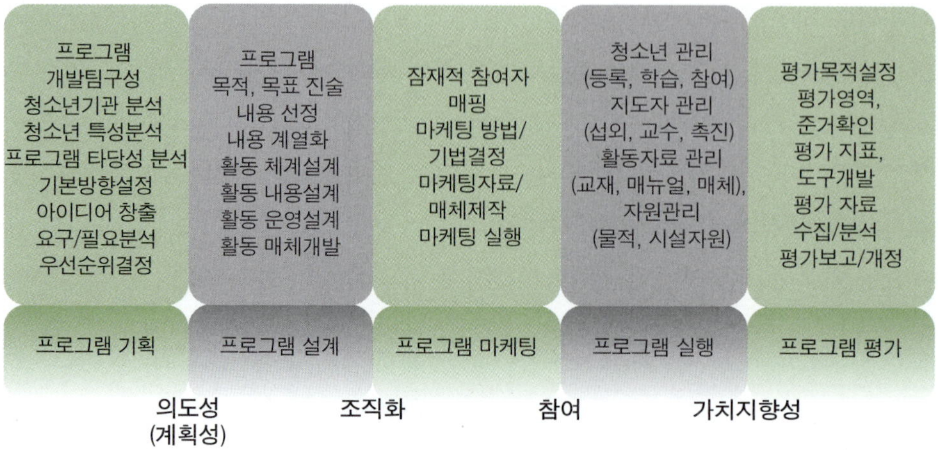

[그림 7-6] 청소년프로그램 개발 모형

각 단계에서 청소년지도자가 효과적인 청소년프로그램을 개발하기 위해 관심 갖고 해야 할 노력들을 해 나가므로 청소년의 잠재적 역량개발을 하게 된다. 각 단계에 구체적으로 준비하고 실행해 나가야 할 것이 무엇인지를 알아야 한다.

3. 청소년프로그램 개발 절차

1) 청소년프로그램 기획

기획은 프로그램 개발에 있어서 가장 기능적인 부분이며 필수적 요소로 프로그램 개발을 시작하여 프로그램을 실시하고 결과를 도출한 다음 이를 평가하기까지의 전체적인 틀을 구축하는 작업이다. 프로그램 기획은 프로그램을 개발하기 위한 포괄적인 계획을 수립하는 것으로 이 프로그램을 왜 개발해야 하는지에 답을 해 나가는 단계이다. 프로그램의 타당성 분석을 위해 프로그램개발팀을 만들어 전체적인 프로그램의 방향성을 설정하는 단계로 프로그램개발팀이 아이디어를 창출해 낸다. 또한, 프로그램을 개발하기 위한 기초 작업으로 청소년 기관과 청소년의 특성을 분석할 뿐만 아니라 현재의 시대상황과 환경적 상황의 고려, 청소년의 요구 분석을 통해 개발할 프로그램을 정하게 된다.

무엇보다 상황분석과 프로그램의 대상인 청소년 분석이 이루어져야 하는데, 상황분석에서는 지역사회 분석, 프로그램을 진행할 기관 분석, 사회적 추세 분석, 프로그램의 타당성 분석이 이루어져야 한다. 학습자인 청소년 분석은 잠재적 프로그램 대상이 되는 청소년에 대한 매핑, 청소년의 요구 및 필요를 분석해야 한다.

프로그램을 기획할 때 여러 환경요인들을 고려해야 한다. 역사적, 문화적, 정치적, 사회적, 경제적, 심리적인 외부의 환경 요인들이 개인과 조직 및 사회를 비롯하여 문제나 가치에도 영향을 미치기 때문이다.

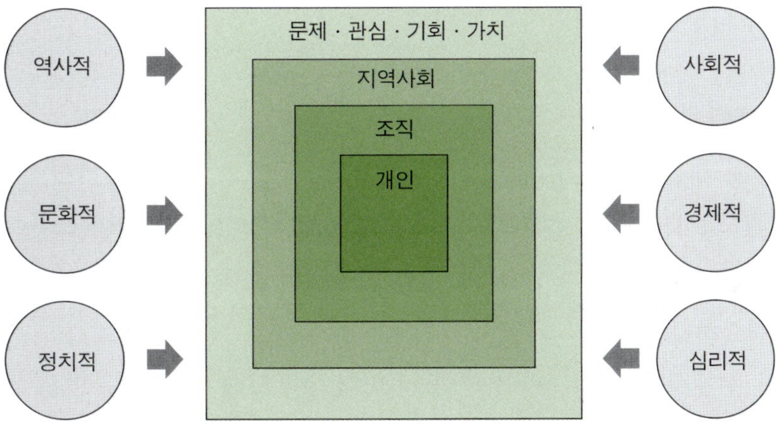

[그림 7-7] 프로그램 개발 환경 요인

출처: 신용주(2017)

(1) 상황분석

상황분석은 프로그램 개발을 둘러싼 상황적 요소들에 대해 다방면에서 분석을 해 나가는 것이다.

첫째, 지역사회 분석이 이루어지는데, 지역사회의 다원적인 측면에 대해 파악한다. 지역사회의 자연환경, 인구학적인 면, 지역사회가 정치, 경제, 사회적인 상황 등에 대해 파악하여 프로그램 개발에 반영한다.

둘째, 청소년기관의 분석을 한다. 청소년기관은 청소년프로그램 개발의 전체적인 방향과 성격에 큰 영향을 미친다. 청소년기관이 가지고 있는 이념, 가치, 기관 운영방침 등이 프로그램에 반영되므로 프로그램을 개발하고자 하는 기관이 추구하는 바를 파악해야 한다. 청소년기관의 분석을 통해 청소년기관의 요구가 어디에 있는지를 알고, 그 요구를 프로그램 개발에 반영해야 한다.

셋째, 사회적 추세를 분석한다. 사회적인 변화와 흐름이 어떤 방향으로 가고 있는지 파악하여 프로그램에 반영할 때 프로그램은 더 좋은 반응을 얻게 되고 효용성이 더 높아지게 된다. 사회적 추세를 분석하여 사회적인 요구를 파악하여 프로그램에 담아내야 한다.

넷째, 청소년프로그램 개발의 타당성을 분석한다. 청소년프로그램을 개발하게 된 이유가 타당한지를 확인하는 것이다.

(2) 청소년 분석

프로그램 대상인 청소년의 분석이 필요하다. 기본적으로 청소년의 특성을 명확히 알고, 그 특성을 개발할 수 있는 프로그램의 접근을 해 나갈 수 있도록 하고, 청소년들이 원하는 바가 무엇인지를 파악하여 그것을 프로그램에 담기 위한 노력이 필요하다.

요구는 현재상태, 바람직한 상태와 더 바람직한 상태 간의 격차이다. 요구분석인 필요한 이유는 원하는 바가 다를 경우 좋은 프로그램이라고 하더라도 기존에 바라는 결과가 제대로 나타나기 어려울 수 있기 때문에 간극을 최소화하는 것이 필요하다.

요구분석을 하는 방법은 매우 다양한다.

첫째, 가장 많이 사용되는 서베이(질문지) 기법이다. 미리 계획된 질문을 던져 원하는 답을 얻어내는 방법으로 가장 사실적이고 구체적인 정보를 담을 수 있는 장점 때문에 많이 사용된다.

둘째, 직접 현장에서 관찰을 통해 정보를 수집하는 방법인 관찰법이 있다. 행위자의 특별한 행동이나 특성을 주의깊게 관찰함으로 행위자가 알지 못하는 행동적 특성을 관찰하고 이를 토대로 정보나 각종 해결책을 제시하는 방법이다. 관찰에는 자연관찰, 유사관찰, 자기관찰, 참여관찰 등이 있다. 청소년을 관찰할 때는 그들의 언어, 표현양식, 놀이습관 등의 관찰을 통해 다양한 정보를 얻을 수 있다.

셋째, 청소년과 직접 얼굴을 보며 요구를 수집하는 면접법이 있다. 면접법은 질문지를 사용하지 않고 직접 질문을 통해 얻은 응답을 분석하는 면대면 조사 방법이다. 미리 질문지 항목을 구성하여 예상 질문으로 진행하는 구조화 면접법과 질문항목을 구성하지 않고 자유롭게 대상자의 의견을 묻는 비구조화 면접법이 있다.

넷째, 청소년의 삶에 있어서 중요하고 결정적인 사건들을 기술하도록 함으로써 구체적인 행동 기술을 수집하는 결정적 사건 분석법이 있다.

다섯째, 회의기법이다. 회의기법은 일정한 자격을 갖춘 10~15명 정도를 소그룹으로 정하여 얻고자 하는 주제를 제시하고 이에 대한 활발한 토론의 과정을 거쳐 결론을 도출하는 방식이다.

여섯째, 빅데이터 분석인 2차 자료분석이 있다. 이는 이미 설문이나 각종 자료수집의 방식을 통해서 얻어진 자료 또는 기록물을 중심으로 청소년들이 원하는 바가 무엇인지 파악해 보는 것으로 새로운 자료를 얻기 위한 수고를 덜어주는 방법이다.

일곱째, 프로그램결과 평가 분석 방법을 활용할 수 있다. 프로그램이 마쳐졌을 때 행했던 만족도 및 효과성에 대한 평가분석 과정을 통해 얻어진 자료를 활용하는 것이다.

여덟째, 중요도 기법을 활용하는 것이다. 중요도-수행도 분석을 통해 중요도도 높고, 실행도도 높은 것은 지속해서 프로그램으로 유지하고, 중요도는 낮고 실행도가 높은 것은 중요하지 않지만 많은 노력을 기울이고 있기 때문에 프로그램 반영을 고려해야 한다. 또한, 중요도와 실행도가 모두 낮은 경우에 해당하는 것은 프로그램으로 적합하지 않으므로 배제하고, 중요도는 높고, 실행도가 낮은 경우에 해당하는 것은 실행도를 높일 수 있는 방안을 마련하여 프로그램화하는 것이 필요하다.

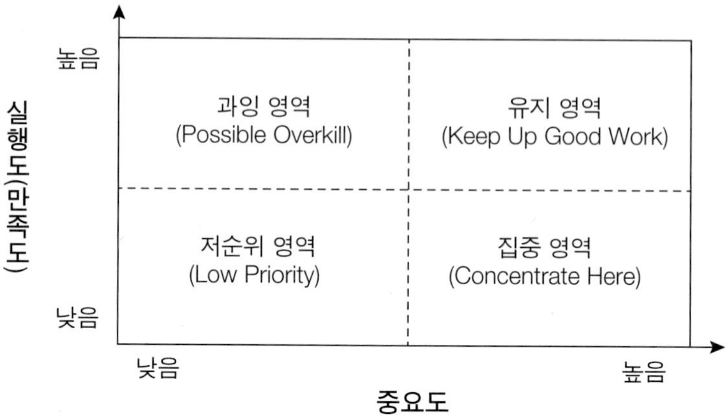

[그림 7-8] 중요도-만족도(실행도) 분석 매트릭스(IPA Matrix)

출처: Martila,J.A.,& James,J.C.(1977), 권일남 외(2021. 재인용)

이러한 다양한 방식을 통해 청소년들이 원하는 바가 무엇인지를 알고 그 원하는 바를 통해 어떤 프로그램을 개발할지 파악할 수 있다.

(3) 우선순위 설정

다양한 요구를 반영하여 지금의 청소년들에게 이러한 프로그램이 필요하다는 것을 인식했다면, 청소년 기관에서 자원과 여건이 허락하는 범위 내에서 청소년 프로그램을 위한 요구의 여과 과정을 거치게 된다. 이것이 우선순위 설정이다.

현재 청소년들의 내면에 있는 문제점은 무엇이고, 이러한 문제를 해결하기 위해 가장 시급한 것이 무엇인지를 파악하고 이들의 역량강화를 위해 가장 우선시되어야 할 것이 무엇인지 고려하여 먼저 프로그램화해야 할 것을 정하게 된다.

우선순위 설정은 첫째, 측정된 모든 요구의 리스트 작성, 둘째, 요구의 보편성과 중요도에 따라 순위별로 나열, 셋째, 프로그램으로 개발될 요구를 선정하고, 당위성을 기술, 넷째, 요구 분석의 결과를 프로그램의 구체적인 목표로 전환, 다섯째, 프로그램의 목표로 진술된 내용이 기관의 목적과 부합되는지를 점검하는 과정으로 이루어진다. 분산되어 있는 요구의 내용을 유목화하고, 서열화, 체계화 과정을 거쳐 가장 좋은 대안 또는 가장 시급하게 구체화해야 하는 것을 발견할 수 있다.

2) 청소년프로그램 설계

기획에서 우선순위에 따라 어떤 프로그램을 개발하기로 했다면 구체적으로 내용을 정하는 단계가 설계이다. 설계단계에서는 청소년프로그램의 목적과 목표를 설정하고, 내용을 구성하고, 실행을 위한 인력과 자원을 확보하고, 프로그램 진행의 자료를 구성하게 된다.

(1) 청소년프로그램의 목적과 목표

목적과 목표를 정하는 것은 방향을 명확히 해 나가는 것이다. 목적은 포괄적인 의미이고, 목표는 구체적인 부분이다. 목적은 프로그램의 수행 의미와 필요성을 포괄적으로 설명해 내는 접근이고, 목표는 구체적인 행위나 행동으로 청소년이 갖고 있는 문제행동의 개선에 필요한 구체적인 행동을 말한다. 청소년프로그램에 있어서 목적은 청소년의 균형있고 전인적인 성장이라고 볼 수 있고, 이러한 목적을 달성하기 위한 구체적인 목표는 역량강화라 할 수 있다.

프로그램의 목적을 기술할 때는 상황, 대상, 내용, 직접결과, 기대효과의 내용으로 기술하여 프로그램을 통해 이루고자 하는 방향이 잘 드러나도록 해야 한다.

> 부모와의 의사소통에 어려움을 경험하는(①상황) 중학생을 대상으로(②대상) 부모-자녀 관계 향상을 위한 효과적인 의사소통 기술을 교육함으로(③내용) 바람직한 대화방법을 익혀(④직접결과), 상호이해를 증진하고 좋은 관계를 갖게 한다(⑤기대효과).

또한, 목표 기술은 활동을 통해 도달하고자 하는 내용이 드러나도록 구체적인 행위동사로 기술해야 한다.

(2) 청소년프로그램 설계의 논리성

청소년프로그램의 내용 선정에 있어서 중요한 점은 논리성을 갖는다는 것이다. 목적과 목표에 맞춘 내용으로 구성해야 한다. 청소년의 대인관계 증진을 위한 목적을 프로그램을 개발한다면 대인관계 증진을 위한 활동의 내용으로 개방적인 태도를 기르기 위한 활동, 의사소통을 잘하기 위한 방법 익히는 활동 등으로 구성할 수 있다. 활동을 돕기 위한 도구를 제작하여 사용할 때도 목표에 부합한 도구를 사용하여 논리성을 확보한다.

또한, 프로그램을 효과있게 실행하기 위한 구체적인 자료를 만들고, 대상 선정, 인적인 자원과 물적인 자원을 확보해야 한다. 프로그램에 맞는 예산확보, 프로그램을 진행할 지도자 등을 정하고, 발생할지도 모르는 변수를 고려하여 대체 프로그램을 구성해야 한다. 대체 프로그램은 실제 설계한 프로그램의 목적과 목표에 맞추어 타당한 성과를 얻을 수 있는 프로그램으로 구성해야 한다.

이에 더하여 활동장의 특성을 고려하여 프로그램을 설계하고, 무엇보다 활동장의 안전성을 고려하여 프로그램이 안전한 환경 안에서 이루어질 수 있도록 해야 한다.

3) 청소년프로그램 마케팅

마케팅은 일반적으로 상품이나 서비스가 여러 경로를 통해 생산자에서 소비자로 이전되는 데 있어서 상품의 소유권 이전과 관련된 일련의 활동을 말한다. 청소년프로그램 마케팅은 청소년프로그램을 알리고, 참여대상자를 모으기 위한 것이라 할 수 있다.

마케팅 계획의 수립은 다음 [그림 7-9]와 같다.

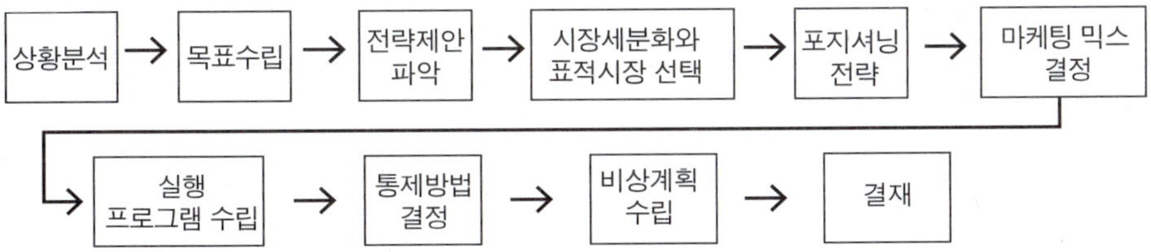

[그림 7-9] 마케팅 계획 수립 절차

(1) 상황분석(situation analysis)

청소년프로그램의 전략적 마케팅을 위한 설계의 첫 번째 단계로 3C분석과 SWOT분석으로 가능하다.

첫째, 3C분석은 소비자(Consumer)분석, 경쟁자(Competition)분석, 자사(Corporate)분석이다. 청소년프로그램의 소비자인 청소년들의 니즈, 트렌드, 문화, 최근 이슈 등을 분석하고, 개발된 프로그램이나 개발하려고 하는 프로그램이 타 시설 등에서 운영되고 있는지 파악하여 유사프로그램이 존재한다면 유사프로그램에 대한 장단점, 프로그램의 파급효과 등을 분석한다. 또한, 현재 개발된 프로그램의 가치, 장단점 분석, 자원분석, 조직 및 예산 분석 등을 토대로 얼마만큼 홍보에 투입될 수 있는가에 대한 자사분석을 실시해야 한다.

둘째, SWOT분석은 기업의 환경분석을 통해 강점(strength)과 약점(weakness), 기회(opportunity)와 위협(threat) 요인을 규정하고, 이를 토대로 마케팅 전략을 수립하는 기법이다. SWOT분석은 크게 내부환경(S, W)을 분석하여 강점과 약점을 발견하는 것과 외부환경(O, T)을 분석하여 기회와 위협을 찾아내는 것이다.

강점(Strengths)은 타시설 및 타프로그램과 비교를 통해 청소년들의 입장에서 강점으로 인식되는 것이 무엇인지 찾아내는 것이다. 약점(Weaknesses)은 타시설 및 타프로그램과 비교를 통해 청소년들의 입장에서 약점으로 인식되는 것이 무엇인지 찾아내는 것이다. 기회(Opportunities)는 외부환경에 해당되는 것으로 환경적으로 기회요인이 무엇인지를 찾는 것을 의미한다. 위협(Threats)은 외부환경에 해당되는 것으로 환경적으로 불리한 위협요인은 무엇인지를 찾는 것이다. 강점, 약점, 기회, 위협요인 등을 찾고 이를 토대로 SO전략(강점-기회전략), ST전략(강점-위협전략), WO전략(약점-기회전략), WT전략(약점-위협전략)을 세워 접근하게 된다.

(2) 목표수립(setting for marketing goals)

첫 번째 단계인 상황분석인 3C분석과 SWOT분석 등의 결과를 토대로 마케팅의 목표를 구체적으로 수립하는 단계이다. 청소년프로그램의 마케팅 목표는 프로그램의 모집인원을 모집하는 목표와 기관 홍보 등의 다양한 목적을 두고 목표수립을 할 수 있다.

(3) 전략제안 파악(recognizing alternative strategies)

청소년프로그램을 중심으로 개발된 프로그램을 투입시킬 수 있는 전략, 새로운 프로그램의 호응도를 높이기 위한 전략, 상황분석과 목표수립을 통한 새로운 프로그램 개발 전략 등 어떤 전략을 사용할 것인지를 정한다.

(4) 시장세분화(market segmentation)와 표적시장(target market) 선택

잠재 청소년들을 세분화하는 노력과 표적 집단을 구체화시키는 노력이 필요하다. 제한된 예산으로 많은 효과를 거두기 위해서는 개발된 프로그램에 맞는 집단에게 전략적으로 알릴 수 있는 전략이 마련되어야 한다.

(5) 포지셔닝 전략(positioning strategy)

청소년프로그램에서의 포지셔닝이란 프로그램이 청소년들에 의해 지각되고 있는 모습으로 정의할 수 있다. 이는 청소년프로그램이 청소년들에게 어떤 이미지로 보이도록 할 것이냐를 결정하는 전략이다. 고가의 전략, 저가의 전략 등과 같은 가격의 포지셔닝, 대형, 중형, 소형 등과 같은 규모에 따른 포지셔닝이 존재할 수 있다.

(6) 마케팅 믹스 결정(marketing mix strategy)

마케팅의 핵심 4요소(4P)는 제품(product) 또는 서비스, 가격(price), 유통경로(place), 촉진(promotion)으로 구성되어 있다. 청소년프로그램의 관점에서 제품은 청소년프로그램명, 가격은 참여경비, 유통경로는 맞춤형 홍보전략, 촉진은 매력성 등으로 설명될 수 있다. 마케팅의 핵심 4요소에 따른 청소년활동프로그램의 적용을 살펴보면 다음과 같다.

첫째, 청소년프로그램이란 청소년들의 욕구를 충족시키고, 균형성장을 돕기 위한 내용을 의미한다. 청소년들이 프로그램을 선택할 때 무엇을 보고 선택하는지를 눈여겨 봐야 한다. 타프로그램들과 차별되는 매력적인 제목만으로도 중요한 전략이 될 수 있다.

둘째, 가격(Price) – 참여비이다. 대부분의 청소년시설에서 이루어지는 청소년활동프로그램의 경우 무료로 진행되는 경우와 유료인 경우로 나누어 볼 수 있다. 일반적으로 무료인 경우 참여의 적극성이 떨어지는 단점이 있고, 유료인 경우 프로그램의 질적인 부분이 담보되어야 한다. 가격설정을 잘할 필요가 있다.

셋째, 유통(Place) – 프로그램 홍보이다. 프로그램 홍보는 개발된 프로그램을 청소년들에게 제공하는 과정으로 정의할 수 있다. 참여자들의 욕구 등을 바탕으로 개발된 프로그램은 가장 적격에 맞는 대상자에게 맞춤형 홍보가 이루어져야 한다.

넷째, 촉진(Promotion) – 프로그램의 매력성이다. 프로그램의 매력성은 프로그램에 참여한 청소년들이 호의적인 반응을 얻기 위해 행해지는 커뮤니케이션 활동을 의미한다. 프로그램의 매력성을 높이기 위한 전략을 세우는 것이 중요하다.

(7) 실행프로그램 수립(establish action plan)

마케팅 믹스단계를 통해 결정된 전략에 구체적으로 실행계획을 수립하기 위하여 언제, 어떻게, 어떤 방법으로 실행시킬 것인가에 대한 계획을 수립하는 단계이다. 아무리 좋은 전략을 가지고 접근해도 실행계획이나 실제 실행에서 문제가 발생될 경우 마케팅은 실패하게 된다.

따라서 마케팅 실행계획 수립 시 고려해야 할 사항으로는 첫째, 연간 사업전략과 실적평가에 지나치게 의존하지 않아야 한다. 둘째, 의사결정 과정이 지나치게 느리거나 비효율적일 경우 발생될 수 있는 문제를 고려해야 한다. 셋째, 소속원인 참여자의 태도를 고려해야 한다. 넷째, 청소년의 니즈에 대한 관심 여부이다. 다섯째, 역할, 책임 등에 대한 명확한 규정과 진전사항에 대한 평가 등을 고려해야 한다. 여섯째, 업무 위임의 효율성에 관한 사항이다. 청소년시설의 특성상 청소년지도자의 비율이 부족하여 1인 다역할을 하게 되므로 효율성에 대한 고려가 이루어져야 한다.

(8) 통제방법 결정(determination controllable methods)

청소년프로그램 마케팅에서 통제방법은 전략수립이나 실행계획 수립 시 영향을 미칠 수 있는 요소들을 어떻게 통제할 것인가이다.

(9) 비상계획수립(contingency planning)

외부 영향요소에 의해 마케팅 전략이나 실행계획이 제대로 작동하지 않은 경우를 대비하여 예상 시나리오를 설정하고 비상 대책을 수립하는 단계이다.

(10) 결재

수립된 마케팅 전략에 대한 최종 의사결정권자의 의사결정 단계이다.

이러한 과정에 따라 마케팅 전략을 수립하여 마케팅을 실시하게 되는데, 청소년들에게 친숙한 방식과 채널을 통해, 다양한 마케팅 방법을 사용하여 실시해야 한다. 마케팅 효과를 높이기 위해서는 누가 이 프로그램을 구매하게 되는지를 명확히 인식해야 하고, 청소년들이 스스로 홍보하도록 하는 것도 좋다. 청소년들이 프로그램에 참여하여 도움과 즐거움을 얻어 다른 청소년들에게 알려주도록 하는 방식이 효과적이다.

4) 청소년프로그램 실행

기획, 설계, 마케팅을 통해 프로그램이 완성되고, 홍보를 통해 대상들에게 프로그램을 알리고 모집이 완료된 후에 프로그램을 실제 진행하게 되는 단계이다.

프로그램 실행은 설계에서 마련한 자료를 중심으로 이루어지게 된다. 구체적인 틀은 여러방식이 있지만, 기본적으로 〈표 7-2〉와 같다.

〈표 7-2〉 청소년프로그램 실행을 위한 틀

제목			
소요시간		장소	
활동목표			
준비물			
활동단계	세 부 내 용		
도입			
전개			
마무리			

지도자가 청소년을 실제 만나 그들에게 영향을 미치는 단계가 실행이므로, 준비가 필요하다. 실행을 잘 하기 위해서는 프로그램 진행의 상상을 통해 시뮬레이션을 해 보는 것이다. 청소년들은 지도자의 생각보다 프로그램 안에서 더 많은 즐거움을 얻게 된다. 염두에 두어야 하는 것은 계획은 많았으나 실제 진행할 때 시간이 부족할 수도 있고, 청소년의 반응이 예상했던 것과 다를 수 있으므로, 너무 지루하게 느낄 때는 적절하게 활동을 조절할 필요가 있다.

5) 청소년프로그램 평가

평가는 프로그램을 마치고 프로그램의 효과성을 판단하는 것으로, 프로그램의 성공 여부를 확인하고, 프로그램의 진행상의 문제점을 발견하여 수정하기 위함이며, 프로그램 개발에 필요한 정보를 제공하기 위한 목적으로 이루어진다. 가장 크게는 프로그램이 정한 목적과 목표 달성을 이루었는가를 보는 것이다. 그러기 위해 평가도구와 기준이 명확해야 한다.

(1) 평가의 종류

평가의 종류는 실시시점에 따라 형성평가, 총괄평가로 나눈다. 형성평가는 실시되고 있는 프로그램을 개선하기 위해 행해지는 평가이고, 총괄평가는 프로그램의 결과에 초점을 맞춘평가이다.

또한, 양적평가(정량평가)와 질적평가(정성평가)가 있다. 양적평가는 계량적으로 측정 가능한 검증 방법을 통해 구체적인 평가결과를 보여주는 것이고, 질적평가는 정량적 접근이 어려운 주제의 평가에 주로 사용하여 변화를 판단하는 평가이다.

(2) 평가모형

일반적으로 평가에 가장 많이 사용되는 평가모형은 Stufflebeam의 CIPP(Context-Input-Process-Product)모델과 Kirkpatrick의 4수준 평가 모형이다.

① CIPP 모형

CIPP(Context-Input-Process-Product) 모형의 각 단계의 내용은 다음과 같다.

-C(상황평가) : 조직이 직면한 상황 또는 개인이 직면한 상황 등 주변 환경과 프로그램의 목적 간의 적합성 또는 연계성을 평가(교육수요 및 요구 반영 등)

-I(투입평가) : 목적을 달성하기 위해서 필요한 자원의 활용에 대한 평가(프로그램 담당자의 역량, 각종 시설 및 기자재, 예산, 조직의 각종 지원과 문화 등)

-P(과정평가) : 프로그램의 실천과정에 대한 평가(교육기간, 강사진, 교육방법, 교재개발, 교육생관리 등)

-P(산출평가) : 프로그램을 통해서 얻게 되는 산출물에 대한 평가(교육효과,

교육실적 등)

청소년프로그램에서 요구반영은 얼마나 이루어졌는가? 프로그램의 목적 달성을 위해 필요한 요소들을 프로그램에 사용하였는가? 프로그램 실행이 적절하게 이루어졌는가? 프로그램을 통해 얻어진 효과는 무엇인가? 등을 평가하게 된다.

② Kirkpatrick의 4수준 평가 모형

이 모형은 반응평가, 학습평가, 행동평가, 결과평가의 4가지 수준으로 평가가 이루어진다.

- 반응평가(reaction evaluation) : 학습자나 강사 또는 교육 담당자의 교육 프로그램에 대한 만족도 평가 등
- 학습평가(learning evaluation) : 참여자의 프로그램 내용에 대한 학습 정도를 검사하는 평가
- 행동평가(behavior evaluation) : 프로그램 참여 이후에 생활에서 얼마나 행동으로 나타나고 있는지를 평가
- 결과평가(result evaluation) : 프로그램의 운영 결과로 나타나는 효과에 대한 평가

(3) 청소년프로그램 평가 방법

청소년프로그램 평가는 기관에서 가장 쉽게 할 수 있는 만족도 평가가 주로 이루어지고 있다. 그러나 청소년프로그램을 통해서 얻고자 하는 것이 청소년의 균형있는 성장이므로 그 성과가 얼마나 달성되었는지 만족도 평가로는 매우 부족하다. 그러므로 청소년프로그램을 통한 변화를 파악하기 위해서는 역량평가 및 성과평가가 이루어져야 한다.

① 만족도 평가

만족도 평가는 프로그램 만족도, 강의 만족도, 시설이용에 대한 만족도, 프로그램 운영에 대한 만족도, 지도자에 대한 만족도 등으로 평가할 수 있다. 프로그램 전반에 대한 만족도, 프로그램 요소에 대한 만족도, 사회적 만족으로 구분하

여 평가할 수 있다.

첫째, 전반적인 만족도는 프로그램에 전반적으로 만족했는지, 프로그램에 기대했던 것보다 만족했는지, 프로그램 참여 후에 프로그램에서 다루었던 것에 호감을 가지게 되었는지 등의 질문으로 측정할 수 있다.

둘째, 프로그램 요소에 대한 만족은 프로그램에 대한 만족, 프로그램 진행에서 전달에 대한 만족, 프로그램 진행 환경 만족을 측정한다.

셋째, 사회적 만족은 프로그램을 통해 나타난 사회적 공헌도에 만족하는지를 측정한다.

② 역량중심 평가

역량중심 평가는 프로그램의 전체적인 과정상에서 이루어질 수 있는데, 청소년이 프로그램에 참여하면서 행한 활동의 기록을 남기고, 프로그램 시작 전과 후에 어떤 변화를 경험하게 되었는지를 평가하는 것이다.

구체적으로 청소년활동역량의 지표 구분을 해 놓았는데, 앞에서 프로그램의 영역으로 제시했던 부분이기도 하다. 자아역량, 신체역량, 갈등조절역량, 대인관계역량, 성취동기역량, 문제해결역량, 리더십역량, 시민성역량이 그것이다. 이 역량지표는 청소년시기에 반드시 갖추어야 할 기본적인 것으로 제시되었으며, 이러한 역량을 평균 수준 정도 가지게 되면 균형적인 성장이 가능하다고 보았다. 청소년프로그램을 통해 어떤 역량이 어느 정도 향상되었는지를 사전, 사후 관찰과 검사를 통해 가늠하여 프로그램의 효과성을 입증할 수 있다.

③ 성과중심 평가

청소년프로그램은 성장에 초점이 맞추어져 있다. 그것은 장기적 성과를 내포하고 있다. 그러므로 단기결과뿐만 아니라 프로그램 수행을 통해 청소년의 직간접적인 변화와 영향까지를 포괄하는 평가가 필요하다. 이것이 성과평가이다.

성과지표의 영역은 효율성, 효용성, 효과성이다. 각각의 지표 영역은 〈표 7-3〉과 같다.

〈표 7-3〉 성과지표의 영역

구분	효율성지표	효용성(품질)지표	효과성지표
측정지표	청소년이용률 교육이수율 1인당 청소년활동면적	만족도 민원감소율 사고감소율	청소년의 행동변화 관찰 활동역량진단수준 각종 심리검사 수준
자료수집	참여자명단 이수증 발행장부	참가만족도조사 참가자 일지	지도자의 관찰일지 참가자 활동일지 프로그램 결과물 분석

출처: 권일남 외(2021)

이러한 성과를 확인하기 위해서 로직(Logic) 모델을 활용할 수 있다. 로직모델은 프로그램 개발부터 성과평가에 이르는 전반적인 과정을 담고 있다.

4. Logic Model의 프로그램 개발 및 평가

로직모델은 개발되는 프로그램이 목적하는 최종적인 성과를 중시하며, 프로그램을 계획하고 이를 평가할 수 있도록 기획단계에서 이미 목적하는 성과와 이를 측정할 수 있는 방법까지 제시하도록 하고 있다.

로직모델은 'if ~ then'이라는 논리적 연결고리인 투입(inputs)→활동(activity)→산출(outputs)→성과(outcomes)로 기술되는 틀의 단계마다 '~하며 ~될 것'이라는 논리적 구조를 따르고 있다.

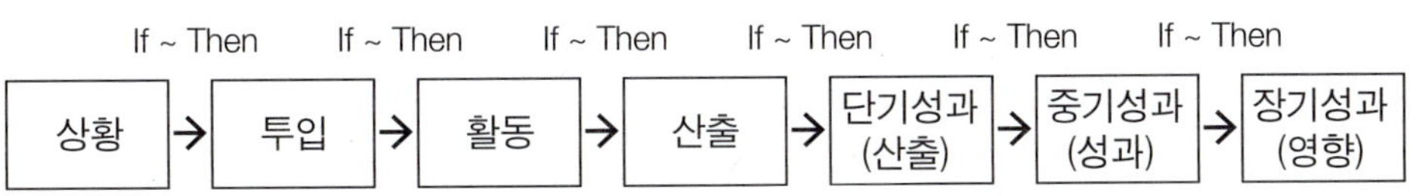

[그림 7-10] 로직모델의 논리흐름

출처: 권일남 외(2021)

투입과 활동은 계획된 수행이고, 산출, 성과, 영향은 의도된 결과이다. 상황에서는 프로그램을 기획해야 할 이유, 투입에는 프로그램에 투입되거나 소비될 자원, 활동에는 투입된 자원으로 수행할 수 있는 일을 기록하게 된다. 성과에 있어서 산출은 단기성과로 프로그램 활동의 직접적인 산물, 성과에는 프로그램으로 얻은 이익, 변화, 문제해결, 욕구충족 등을, 영향에는 궁극적이고 장기적인 변화를 표현한다. 단기성과는 생각의 변화이고, 중기성과는 행동의 변화, 장기성과는 상태의 변화를 기술한다.

로직모델의 기본도식은 [그림 7-11]과 같다.

사업명:
목 적: ㉮
가 정: ㉯

㉰상황	㉱투입	㉲활동	㉳산출	㉴성과		
				단기	중기	장기
영향요인						

[그림 7-11] 로직모델의 기본도식(worksheet)

출처: 권일남 외(2021)

이러한 기본도식에 따라 청소년기관에서 프로그램을 개발할 때 기록하게 되면 전체적인 프로그램의 내용과 진행, 성과까지를 한 표를 통해 확인할 수 있다.

제8장 청소년상담

청소년기는 혼란을 경험하는 시기이고 변화의 정점에 서 있기 때문에 그 특성상 어려움을 당하게 되고, 사회의 변화에 적응해 나가는 데 힘들 수 있어 어려움과 적응을 돕기 위한 상담이 필요하다. 청소년지도자는 청소년의 발달적인 측면과 문제적인 측면에서 상담적 접근을 통해 청소년의 성장을 도모할 수 있다.

1. 청소년상담의 의미와 특성

1) 청소년상담의 정의

상담은 전문적인 교육과 훈련을 받은 상담자에 의해 제공되는 전문적인 활동이다. 여기에는 내담자와 상담자가 필요하다. 둘이 존재할 때 상담이 성립되고, 상담관계는 일상적인 대인관계와 다르게 내담자를 긍정적인 방향으로 변화시킬 책임을 가진다. 여기에는 전문적인 조력이 있어야 한다. 그러므로 상담자는 상담에 필요한 전문적 지식과 기술을 갖춰야 한다.

상담은 상담자, 내담자, 이들 간의 관계라는 세 가지 요소가 의사결정과 문제해결에 관여한다. 상담은 내담자가 나타내는 주호소문제를 찾아내어 그것을 해결해 나가 긍정적인 변화를 꾀하는 것이고, 내담자의 문제를 예방하고 성장과 발전을 돕는다.

이러한 상담의 정의로부터 청소년상담의 정의를 내려보자면, 청소년들의 문제를 해결하고 그들이 사회에 잘 적응해 나가도록 돕는 것이라 할 수 있다. 청소년상담은 심리치료, 문제해결 뿐만 아니라 문제의 예방과 잠재력의 발달을 포함한다. 문제를 가진 부적응 청소년의 문제를 해결해 주는 데 그치지 않고 대다수의 일반 청소년의 정상적인 발달과 성장을 도와줌으로써 잠재력을 개발하고 전인적인 발달을 도모하는 것을 목적으로 한다.

그리고 청소년상담의 대상은 청소년뿐만 아니라 청소년을 둘러싼 환경을 포함한다. 청소년에게 영향을 미치는 가족, 친구, 학교, 지역사회, 국가 등 환경과의 관계에서 발생하는 문제들이 많기 때문에 환경의 영향들을 같이 다루게 된다.

청소년 상담은 직접적인 상담과 더불어 사이버 상담, 교육과 자문활동을 포함한 간접적인 방법으로 이루어지기도 한다.

그러므로 청소년상담은 도움이 필요한 청소년, 청소년과 관련된 사람, 기관을 대상으로 전문적인 훈련을 받은 상담자가 대면관계를 통해 다양한 매체를 활용하여 문제해결뿐만 아니라 성장을 이끌어내는 모든 과정이라고 정의할 수 있다.

2) 청소년상담의 필요성

청소년기는 급격한 신체적, 정서적, 정신적, 사회적 변화를 경험하는 시기이다. 질풍노도의 시기를 보내며 성인기를 준비하는 과정에 있다. 이러한 상황에서 학업과 진로에 스트레스를 경험하고 있으며, 사회적 변화가 위협을 일으키기도 한다.

또한, 청소년을 둘러싼 환경에서 가정환경은 청소년에게 편안한 안식을 주는 것이 아니라 여러 가지 가정의 형태나 가정폭력, 학대, 경제적 어려움, 부모의 이혼 등의 역기능적인 가족의 모습으로 가족 간의 결속이 약화되고, 의사소통의 결여로 안정을 잃어가고 있다. 청소년들에게 가정만큼이나 많은 시간을 보내고 있는 학교환경은 청소년에게 배움과 잠재력 실현 등의 긍정적인 면도 있으나 대학입시에 치중된 교육환경, 친구들 사이에서 나타나는 학교폭력 및 왕따 등은 부정적 영향을 주는 환경이 되고 있다.

이외에도 사회적인 환경이 청소년들에게 부정적인 영향을 미치고 있는데, 성인 사회의 가치관 부재, 향락주의, 쾌락주의에 따른 과소비와 부도덕한 기성 사회의 퇴폐문화가 정체성과 도덕성을 형성하고 모방심리가 강한 청소년들에게 부정적인 영향을 미쳐 문제행동으로 이어지기도 한다. 발달된 매체와 정보통신의 영향으로 인터넷, 게임 과몰입, 약물남용, 도박까지 이르는 경우가 있다.

이렇게 청소년들을 위협하는 요소들이 많이 있어 청소년들의 문제를 해결하고, 청소년이 바르게 성장하도록 돕기 위한 노력이 필요하다.

청소년상담은 문제행동을 보이는 청소년의 문제해결을 위한 치료적 접근과 성장촉진적 접근이 필요하다. 치료적 접근은 청소년이 부적응 문제를 가지고 있기 때문에 치료하는 것을 목표로 일대일 대면상담을 통해 해결해 나가고자 한다. 그와는 다르게 성장촉진적 접근은 청소년기의 발달과업을 비롯하여 청소년기의 특징이 아동기, 성인기와는 다른 독특함을 가지고 있기 때문에 청소년의 성장을 돕기 위한 접근으로 이루어진다. 여기에는 발달적 접근과 생태학적 접근으로 나누어 얘기될 수 있다. 발달적 접근은 청소년 대부분을 대상으로 그들의 전인적인 발달을 위해 발달과업을 해결해 나가는 과정을 도와줌으로써 문제를 예방하고 성장 발달을 촉진해 나갈 수 있도록 돕는 교육 및 상담활동이고, 생태학적 접근은 청소년을 대상으로 한 상담활동은 물론이고 청소년에게 가장 밀접하게 영향을 주고받는 부모와 교사를 대상으로 한 교육프로그램의 운영이나 청소년의 성장에 도움을 줄 수 있는 지역사회 자원인사의 개발 및 활용, 그리고 청소년에게 도움이 되는 정책 마련에 직·간접적으로 관여하는 방법 등을 포함하여 환경적인 요소에 접근하여 청소년에게 도움이 되고자 한다(이미리 외, 2019).

3) 청소년상담의 목표

청소년상담은 청소년의 성장과 문제해결을 목적으로 이루어지는데, 이러한 목적을 이루기 위해 구체적인 상담목표는 크게 행동변화 촉진, 적응기술 증진, 자기정체감 확립, 인간관계 개선의 4가지로 정할 수 있고(박옥임 외, 2013), 그 외에 합리적 의사결정 기술 증진, 잠재력 계발, 긍정적 자기 개념의 형성, 건전한 가치관 확립, 정신건강 증진 등으로 할 수 있다.

(1) 행동 변화 촉진

청소년이 더욱 생산적이고 만족스러운 삶을 살 수 있도록 청소년의 행동변화를 촉진하는 것이다.

(2) 적응기술 증진

청소년은 학교 및 사회에서 적응해 나가는 데 어려움을 겪고 있다. 청소년이 다양한 환경에 부딪치게 되고, 사회적 관계가 넓어지는 시기이므로 새로운 환경과 변화무쌍한 자신에게 적응할 수 있는 기술을 갖도록 도와주어야 한다.

(3) 자기정체감 확립

청소년기의 발달과업은 자기정체감 확립이다. 다른 어떤 시기보다 자신에 대한 고민이 많다. 정체감확립이 제대로 이루어지지 않으면 역할에 대한 갈등을 경험하게 되고, 심리적 어려움을 겪게 된다. 그러므로 청소년시기에 다양한 직간접 경험을 통해 자신이 누구인지, 무엇을 좋아하는지, 무엇을 잘하는지 등등 자기정체감을 확고하게 해 나가도록 도와야 한다.

(4) 인간관계 개선

청소년시기는 다양한 관계를 맺어가며 확장해 나가는 시기이다. 그러나 그 관계맺음에 어려움을 경험하게 된다. 성인으로 가면서 성인들이 설정해 놓은 목표나 가치관의 불일치로 부모, 교사와 갈등이 많다. 그렇기 때문에 또래들과 더 친밀감을 형성하고 그 집단에 소속되기를 원한다. 그 관계가 원만하게 지속되면 좋지만 또래 관계에서 왕따나 폭력 등으로 어려움을 겪게 된다. 또래관계 뿐만 아니라 성인들과도 원만한 인간관계를 형성할 수 있도록 도와야 한다.

4) 청소년상담의 기본 원리

일반적인 상담과 동일하게 청소년상담에서 상담자가 고려해야 할 상담의 7가지 기본원리는 다음과 같다(오윤선·김미숙, 2019).

(1) 개별화의 원리

개별화의 원리는 상담자는 내담자 각자의 개성과 개인차를 고려하여 상담에 임해야 한다는 것이다. 청소년상담에서 개별화는 청소년 개개인의 발달특성과 그들의 환경을 고려하여 청소년을 이해하고 청소년이 각자의 환경에서 잘 적응해 나가도록 도와야 한다. 상담자는 개별화의 원리를 적용하기 위해 청소년 내담자에 대한 편견이나 선입견에서 벗어나 청소년 내담자의 말을 경청하고 세밀하게 관찰해야 하며, 감정 변화를 민감하게 알아차리도록 해야 한다. 또한 청소년의 행동 유형과 원리에 대한 전문적 지식을 활용할 수 있어야 한다.

(2) 의도적 감정 표현의 원리

의도적 감정 표현의 원리는 상담자가 내담자로 하여금 감정을 솔직하게 표현할 수 있도록 노력을 기울여야 한다는 것이다. 청소년이 나타내는 언어적, 비언어적 표현을 인내심을 가지고 주의깊게 경청하고, 감정표현을 할 때 비난하거나 질책 또는 무시해서는 안된다. 의도적 감정 표현의 원리를 적용하기 위해 상담자는 스트레스나 긴장에서 벗어날 수 있도록 편안한 분위기를 만들고, 적극적 경청과 지지를 하고, 허용적 태도를 조성한다.

(3) 통제된 정서 관여의 원리

통제된 정서 관여의 원리는 내담자가 자기 문제에 대한 공감을 얻고 싶어 할 때 상담자가 통제된 정서를 유지한 채 내담자의 정서표현에 민감하게 반응하고 적극적으로 관여하는 자세를 말한다. 상담자는 자신의 정서를 통제하고 청소년이 하는 정서표현에 지지를 보내고 민감하게 반응해야 한다는 원리이다. 정서적 관여의 구성요소는 민감성, 이해성, 반응성이다. 청소년 내담자의 정서표현을 이해하고 민감하게 반응해 주어야 한다.

(4) 수용의 원리

수용의 원리는 가치있는 한 개인으로 인정받고 싶어하는 내담자의 욕구를 받아들이고 이해하는 것이다. 청소년 내담자의 존엄성과 인격의 가치를 존중하고, 그의 강점과 약점, 바람직한 성격과 그렇지 않은 성격, 긍정적 감정과 부정적 감정, 건설적 또는 파괴적 행동 등을 그대로 이해하고 따듯하게 받아들이는 태도이다.

수용의 원리는 청소년 내담자가 하는 말 모두 다 받아들이고 동의하는 것이 아니라 내담자의 의견에 동의하지 않더라도 내담자를 인격체로 존중하고 수용하는 것이다.

(5) 비심판적 태도의 원리

비심판적 태도의 내담자가 자신의 마음과 행동을 심판받지 않으려는 욕구를 수용하여 내담자의 태도, 행동, 기준 등에 대해 객관적이고 비심판적 태도를 갖는 것이다. 청소년을 상담할 때 청소년에게 잘잘못이나 책임성 유무를 따지는 등의 심판적 태도를 가지지 않고 가치중립적인 태도를 취해야 한다.

문제를 가진 청소년은 죄책감, 열등감, 불만감, 고독감 등을 가지고 있기 때문에 타인의 비판에 예민하여 자신을 방어하려고 한다. 그러므로 상담자는 청소년 내담자를 객관적으로 평가하여, 문제에 대해 나쁘다거나 책임져야 한다는 등의 과격한 표현을 해서는 안된다.

(6) 자기 결정의 원리

자기결정의 원리는 어떤 경우이든 상담에서 내담자 스스로 선택하고 결정한다는 것을 의미한다. 청소년이 스스로의 결정권을 가지고 문제해결책을 선택하여 의사결정을 할 수 있도록 청소년상담자는 도와야 한다. 자기 결정의 원리를 적용하기 위해 상담자는 청소년 내담자가 자기수용을 할 수 있도록 돕고, 내담자의 잠재능력과 강점을 발견하고 활용할 수 있도록 도와야 한다.

(7) 비밀보장의 원리

비밀보장의 원리는 상담 과정에서 있었던 모든 사항에 대해 비밀을 보장해 주는 것이다. 상담 과정에서 상담자는 청소년 내담자의 사생활과 개인적 문제 보호를 위해 내담자와의 대화 내용뿐 아니라 상담을 받았다는 사실도 비밀로 해야 한다. 비밀보장이 되어야 청소년 내담자는 솔직하게 자기개방을 할 수 있다.

그러나 내담자가 자신이나 타인을 해칠 위험이 있는 경우, 아동학대나 성폭력 등 범죄에 대한 사실을 알게 된 경우, 아동 내담자의 보호자 요청이 있는 경우, 내담자가 용인한 경우, 법원이 공개를 명한 경우, 상담자가 수련 기간에 슈퍼바이저의 지도를 받고 있는 경우에는 예외로 비밀보장의 원리가 적용되지 않는다.

5) 청소년상담의 특징

청소년상담은 문제해결의 접근에 있어서는 성인상담과 별다른 차이가 없으나, 청소년이라는 대상의 특수성으로 인해 다른 특징이 있다(이미리 외, 2019).

첫째, 청소년상담의 영역은 매우 넓다. 청소년상담에서 다루는 영역은 개인의 생활 지도를 비롯하여 학교 적응, 정신병리, 청소년 범죄까지 매우 넓은 범위이다.

둘째, 청소년은 회복탄력성과 변화가능성이 높다. 청소년은 정체성을 형성하고 발달해 가는 과정에 있기 때문에 변화가능성이 성인에 비해 크다. 청소년의 문제가 심각하다고 할지라도 변화의 가능성이 많다는 점을 청소년 상담자가 인식하고 청소년에게도 강조해 주어야 한다.

셋째, 청소년의 특성을 고려한 상담 기법이나 전략이 필요하다. 청소년 내담자는 주로 부모나 교사에 의해 상담을 받으러 오게 되는 경우가 많다. 그러다보니 상담에 대해 반항적이고 저항감과 적대감이 크다. 이것이 상담할 때 큰 방해요소로 작용하여 청소년 내담자가 쉽게 마음을 열지 못하게 한다. 그러므로 청소년 상담자는 청소년이 마음을 열고 쉽게 소통할 수 있는 효과적인 상담 기법을 개발하고, 다양한 상담 도구를 사용하여 접근해야 한다. 사이버상담이나 SNS상담, 그림이나 음악, 문학, 게임, 놀이 등의 매체를 활용한 다양한 상담전략을 발굴하여 활용해야 한다.

넷째, 청소년상담은 사회 환경적 맥락이 중요하다. 청소년은 환경의 영향을 많이 받기 때문에 가정환경, 학교환경, 사회환경 등을 고려해야 한다. 그러므로 청소년상담 안에 부모교육 및 상담, 또래상담, 교사 상담, 지역사회 자문 등의 내용도 포함시켜야 한다.

2. 청소년상담 이론

상담이론에 따라 인간관과 부적응의 원인을 달리 보고 있다. 그렇기 때문에 상담자가 어떤 이론적 배경을 가지고 접근하느냐에 따라 상담의 목표나 과정 그리고 방법이 달라질 수 있다. 많이 쓰이고 있는 정신분석학적 상담, 개인심리학적 상담, 인간중심상담, 게슈탈트상담, 현실치료, 인지행동치료를 중심으로 살펴보고자 한다. 청소년상담이론은 조옥귀 외(2020)의 내용을 참고하여 제시하였다.

1) 정신분석학적 상담

(1) 인간관

지그문트 프로이트(Sigmund Freud, 1956~1939)는 인간의 거의 모든 행동은 성적인 동기에 의해 발생했다고 보았다. 프로이트는 인간을 비합리적이고 결정론적인 존재로 보고 정신적 부적응은 유아기 욕구 좌절 경험에서 온다고 보았다. 6세 이전의 경험이 인간의 무의식에 남아있어 감당하기 힘든 스트레스를 경험하는 상황이 되면 부적응문제를 일으키게 된다는 것이다.

(2) 무의식

무의식은 인간의 정신구조를 이루는 세 요소 중의 하나다. 그 세 요소는 의식, 무의식, 전의식이다. 의식은 현재 자각하고 생각하고 느끼고 기억할 수 있는 내용을 포함하며, 무의식은 기억할 수 없거나 기억하고 싶지 않은 상처받은 경험, 성적이거나 공격적인 욕구를 포함한다. 전의식은 기억하지 못하지만 단서나 실마리를 주면 쉽게 떠오르는 내용을 포함한다. 이 중 무의식이 인간의 행동이나 성격 형성에 가장 많은 영향을 미친다. 그래서 부적응의 문제가 생기는데, 어릴 때 욕구 좌절 경험이 무의식 속에 억압되어 있다가 의식의 힘이 약해질 때 정서 부적응 행동이 나타나게 된다는 것이다.

(3) 성격구조

정신분석 이론에서는 인간의 마음은 세 부분(원초아, 자아, 초자아)으로 나뉘어 있으며 이들 간의 균형이 깨어질 때 심리적 문제가 발생할 수 있다고 보았다.

원초아는 본능적인 욕구를 추구하며 이를 즉각적으로 충족하고자 하는 부분이다. 즉, 쾌락의 원리에 의해 지배를 받는다. 고통을 피하며, 쾌락을 얻고, 긴장 감소를 목적으로 한다. 원초아는 성숙하지 않은 부분이고 인격의 개망나니 같은 측면이다. 생각은 하지 않고 단지 요구하거나 행동할 뿐이다. 원초아는 대부분 인식되지 않으며 무의식적이다.

이와 반대로 초자아는 바람직한 것 혹은 이상적인 것을 추구한다. 성격의 판사 같은 부분이다. 초자아는 그 사람의 도덕 원리로 그 관심사는 행위가 선한지 악한지 혹은 맞는지 틀렸는지를 구분하는 것이다. 초자아는 현실이 아니라 이상을 나타내며 쾌락보다는 완벽을 추구한다. 초자아는 부모나 사회의 표준이 내면화된 것으로 심리적 보상이나 처벌과 관련이 있다. 보상은 자부심이나 자기애이고 처벌은 죄책감이나 열등감이다.

이와 같이 원초아와 초자아는 추구하는 것이 서로 다르기 때문에 이 둘 사이를 중재할 수 있는 자아의 역할이 중요하다. 자아는 현실이라는 외부세계와 접촉한다. 자아는 성격을 지배하고, 통제하고, 조절하는 실행자다. 자아는 교통경찰관으로 본능과 주위 환경 사이를 중재한다. 현실원리에 의해 지배되므로 자아는 현실적이고 논리적인 사고를 하며 욕구를 만족시키기 위해 행위에 대한 계획을 세운다. 자아는 원초아의 욕구를 고려하면서도 초자아의 압력을 거스르지 않을 수 있는 방법을 찾아내어 적절한 수준에서 둘 간의 갈등을 해결할 수 있는 방법을 찾아내려 한다. 그러나 원초아 또는 초자아로 에너지가 지나치게 쏠리면 자아는 그 역할을 제대로 할 수 없어 심리적 갈등으로부터 자신을 보호하지 못한다.

(4) 불안

원초아 또는 초자아로 에너지가 쏠려 자아가 제대로 역할을 하지 못하게 되면 인간은 정서적으로 불안을 경험하게 된다. 이때 생기는 불안 즉 원초아가 압도적이거나 초자아가 압도적이어서 생기는 불안은 실제로 존재하는 위협 때문에 생기는 현실적 불안과는 다른 종류의 불안이다. 원초아가 우세하면 자신을 통제하지 못할 것 같은 불안인 신경증적 불안을 경험하고, 초자아가 압도적이면 도덕적 불안을 경험한다. 이런 불안의 정도가 과도해지면 자아는 자신을 지키기 위해 방어기제를 사용한다. 방어기제는 여러 가지가 있는데 상당수가 자신의 경험을 무의식으로 밀어 넣거나 왜곡시키는 것이다.

(5) 자아방어기제

자아방어기제는 개인이 불안을 극복하고 자아가 불안에 압도되지 않도록 돕는다. 이 자아방어기제는 병적인 것이 아니라 정상적인 행동이다.

① 억압

어떤 것을 자동적으로 못하도록 하는 것이다. 억압은 의식에 떠올릴 경우 자신에게 위협이 된다고 여겨지는 생각, 기억, 경험 등을 무의식의 영역으로 밀어 넣어 버림으로써 더 이상 힘든 마음을 느끼지 않도록 하는 방어기제이다.

② 거부(부인)

고통스럽거나 위협적인 상황을 부인해 버리는 것, 충격적인 상황에서 개인이 생각하고 느끼고 지각한 것을 왜곡하는 방법이다. 자신이 경험하고 있는 힘든 현실을 인정하지 않거나 없는 것처럼 여기는 것이다.

③ 반동형성

위협적 충격에 대한 또 다른 방어는 상반되는 충격을 적극 표현하는 것이다. 실제로 가지고 있는 감정과 반대되는 감정을 나타낸다.

④ 투사

자신의 심리적 속성이 타인에게 있는 것처럼 생각하고 행동하는 것으로 받아들일 수 없는 자신의 욕망이나 충동들을 다른 사람들에게 귀인시키는 것이다.

⑤ 치환

본능적 충동을 만족시키기 위하여 선정된 대상에게 장애물로 인해 접근할 수 없을 때 새로운 대상을 선정, 위협적 대상에서 보다 안전한 상대에게로 이동시켜서 충동을 해소하는 것이다.

⑥ 합리화

개인의 행동이 정당하고 합리적이라는 것을 입증하려는 시도이며, 이를 다른 사람에게 증명해 보이려는 것이다.

⑦ 승화

원래의 욕구나 충동을 보다 사회적으로 용납될 수 있는 형태로 전환시킴으로 해서 만족을 얻고자 하는 것이다.

⑧ 퇴행

심한 스트레스 상황에 처해 있는 사람들이 어렸을 때의 유치한 행동이나 원시적인 방어 행동으로 돌아가는 것을 말한다. 성인들은 무력감을 감내할 수 없을 때 퇴행적 행동이 나타난다.

⑨ 동일시

인간이 동일시하거나 모방하는 역할 모델을 만드는 것이다. 인간은 어떠한 모델이나 완전한 사람의 여러 특성을 모방하려고 선택할 수 있다. 자신이 닮고 싶은 대상에 대해 마치 자신이 그 대상이 된 것처럼 생각하는 것이다.

⑩ 보상

어떤 다른 생활 영역에 과잉 만족함으로써 한 영역에서의 좌절을 감소시키거나 어떤 바람직한 특성을 강조하여 약점을 감추려는 것이다.

⑪ 무효화

자신이 저지른 받아들일 수 없는 행동이나 추동을 상징적으로 회복하려는 것이다. 마치 그 행위가 일어나지 않은 것처럼 또는 그 추동이 없었던 것처럼 보이는 상징적 행동을 가리킨다.

(6) 성격발달단계

프로이트는 발달단계에 따라 성적 에너지인 리비도를 충족해 주는 신체 부위가 다르다고 보았으며, 이런 리비도의 욕구가 충분히 채워지지 않거나 반대로 과도하게 채워질 경우에는 그 발달 단계에 고착된 성격을 가지게 된다고 보았다. 프로이트가 제시한 발달 단계와 각 단계별로 고착될 경우 나타날 수 있는 성격적 특성을 정리해 보면 다음과 같다.

① **구강기(0~1세)** : 리비도의 주된 욕구는 구강(입, 입술, 혀)과 관련된다. 젖을 빨고 또 음식 먹는 것을 배우는 시기다. 따라서 입을 사용하는 여러 행동, 즉 빠는 것, 씹는 것, 깨무는 것 등에서 쾌락을 경험한다. 이 시기에 고착되면 성장해서도 과식이나 과음 등 물질에 대한 지나친 추구, 대인관계에서의 불신 혹은 위축 등이 나타날 수 있다.

② **항문기(1~3세)** : 리비도의 주된 욕구는 항문, 배변과 관련된다. 이 시기에 배변훈련이 얼마나 엄격하게 진행되는가 하는 것이 이후 성격 형성에 영향을 미친다. 이 시기에 고착되면 통제와 규범을 지나치게 추구하는 강박적 성격이 되거나 반대로 충동적인 성격이 되기 쉽다. 배변훈련이 적절한 시기에 이루어지지 않고 이완 쾌감에 고착하게 되면 자제력이 없고 분노가 많은 항문기 성격이 될 수 있다.

③ **남근기(3~6세)** : 리비도의 주된 욕구는 성기와 관련된다. 성에 대한 관심과 상상이 증가하며, 반대 성의 부모에게는 성적인 관심을, 같은 성의 부모에게는 적대감을 발달시킨다. 남아는 오이디푸스 콤플렉스, 여아는 엘렉트라 콤플렉스가 생기는 시기다. 같은 성의 부모에 대한 적대감을 들킬 것이 두려워 동일시를 통해 이를 극복하려는 과정에서 초자아 또는 양심이 형성된다. 그러나 부모가 동일시 대상이 될 정도로 매력적이지 못하면 초자아나 양심의 형성이 어려워질 수 있다.

④ **잠복기(6~12세)** : 리비도는 잠복상태에 들어간다. 이 시기는 보통 초등학교에 다니는 시기와 맞물리게 되는데, 학교생활에 따른 학업, 또래 친구들과의 우정 등 다양한 관심사가 생기면서 성적인 관심은 줄어들게 된다. 본능적 욕구와 만족보다는 사회적 요구와 기대에 순응하는 방법을 배우며 현실에 적응하는 기술을 습득해야 하는 시기이다.

⑤ **생식기(12~)** : 리비도의 주된 욕구는 남근기와 같다. 남근기와 다른 점은 자신만의 쾌락을 추구하기보다 이성과의 관계 안에서 이를 추구하고자 하는 것이다. 부모 이외의 다른 이성에게 매력을 느끼며 직접적인 성적 행동을 보이기도 한다. 이 시기의 욕구가 충족되지 못하면 오이디푸스 콤플렉스가 다시 등장하고 잠복기에 일시적으로 이루어졌던 원초아, 자아, 초자아의 균형이 깨진다.

(7) 상담과정과 기법

정신분석 상담의 목표는 무의식을 의식화하고 자아를 강하게 하여 행동이 본능의 요구보다는 현실에 바탕을 두도록 하는 것이다.

상담의 방법은 첫째, 심리적 문제의 해결을 위해서는 무의식 속에 억압되어 있는 생각, 감정, 경험 등을 꺼내어 내담자가 그것을 이해하고 수용할 수 있도록 하는 것이 중요하다고 보았다. 이를 위해 상담자는 내담자가 마음속에 떠오르는 것을 자유롭게 말할 수 있도록 하는 자유연상과 같은 방법을 사용할 수 있다. 자유연상은 정신분석적 치료의 핵심으로 내담자는 아무리 고통스럽고, 어리석고, 사소하고, 비논리적이고, 부적절하더라도 마음에 떠오르는 무엇이든지 가능한 한 많이 말하라고 고무된다. 이것을 통해 무의식적 소망, 환상, 갈등, 동기로 향하는 문을 열기 위해 사용하는 기본적인 도구다. 상담자는 무의식에 숨어있는 내담자의 과거 경험이나 사건이 내담자에게 어떤 의미를 주는지 해석해야 한다. 또한, 꿈의 분석을 통해 무의식적 자료를 얻게 된다.

둘째, 상담자는 내담자의 꿈이나 자유연상 등을 통해 언급한 무의식의 단서들을 종합적으로 이해한 다음 적절한 시점에 내담자에게 그 의미를 해석해 줄 필요가 있다. 상담자의 해석을 통해 내담자는 무의식에 억압하고 있는 충동과 소망, 분노, 상처 등을 의식하게 된다. 적절한 시점에 해석해 주어야 하는데, 적절한 시점이란 상담과정을 통해 내담자가 어렴풋하게라도 자신의 문제를 알게 되는 시점을 의미한다. 그 의미를 전혀 모를 때 상담자가 해석을 해주면 오히려 저항만 보일 수 있기 때문이다.

2) 개인심리학적 상담

개인심리학적 상담의 주요 인물은 알프레드 아들러(Alfred Adler, 1870~1937)이다. 성격에 대한 생물학적 요인을 강조하는 관점에서 벗어나 환경적 요인, 경험, 사회적 요인 등의 영향을 강조하였다.

(1) 인간관

아들러는 사람의 본성을 선하지도 악하지도 않은 것으로 보고, 성격은 분리할 수 없는 하나로 간주하여 총체론으로 성격에 접근한다. 아들러는 열등감을 강조하고 있으며, 이 열등감은 인간의 정상적이고 기본적 상태로 인간 추동의 원천이 된다고 보았다. 열등감을 통해 발전하기 때문에 인간을 목적 지향적 존재로 보고, 자기실현, 공동체감, 사회적 관심이 기본동기로 작용한다고 보았다.

(2) 열등감과 우월의 추구

열등감은 아들러가 가장 중요하게 생각하는 개념이다. 모든 사람은 열등감을 경험하며, 이 열등감 덕분에 지금보다 더 나은 목표를 추구하려 한다. 열등감은 주관적 세상에서 경험하는 것으로 현실적으로 다른 사람에 비해 열등할 수도 있고 그렇지 않을 수도 있다. 사람이 열등감을 극복하여 우월하고자 하는 동기를 긍정적 방식으로 풀어낼 수 있다면 사람은 위대한 성취를 이룰 수 있으며 최종적으로 사회와 공동체에 기여할 수 있게 된다. 그러므로 열등감을 효과적으로 다루어야 한다.

(3) 사회적 관심

사회적 관심은 공동체감, 사회감이라고도 하는데, 선천적으로 타고난 부분과 학습된 부분이 있다. 사회적 관심은 감정적, 인지적, 행동적 수준에서 경험할 수 있는데, 감정적 수준에서는 내가 인류의 일원으로 다른 사람과 공감할 수 있다는 것을 강하게 느끼는 것이고, 인지적 수준에서는 나와 사람들이 서로 의지하며 살아가야 한다는 상호의존성을 인식하는 것이며, 행동적 수준에서는 이 감정과 사고를 자기 발전과 다른 사람의 발전 및 협동, 돕기 행동 등 목표의 원천으로 삼아 이를 성취하기 위한 행동을 하는 것이다.

(4) 생활양식

생활양식은 한 개인이 자신만의 삶을 사는 방식이며, 삶의 문제와 대인관계를 다루는 방식이다. 사람이 그렇게 행동하는 이유를 설명할 수 있으며 사람이 일관성 있게 행동하는 이유도 설명할 수 있다.

(5) 형제 순위

형제 순위는 심리적 환경으로 생활 양식의 형성에 매우 중요하다. 독녀/독남은 부모에게 의지할 수도 그렇지 않을 수도 있다. 대인관계를 잘 맺을 수도 있고 아닐 수도 있다. 대체로 자기확신이 강하다. 부정적인 환경에서 이 환경을 혼자 감내해야 한다. 장녀/장남은 조숙할 수 있으며 상대적으로 고지식하고 보수적인다. 지도자 역할을 하지만, 다른 순위의 아동보다 문제아동이 될 가능성이 높다. 차녀/차남은 첫째를 따라 잡으려 노력하기 때문에 매우 경쟁적이고 지배적이다. 성공빈도는 높지만 끊임없이 경쟁하려 한다. 중간/가운데 아동은 평화를 추구하며 사회적 기술이 뛰어날 수 있다. 부모 및 가족의 관심 부족에 절망하고 주목을 받지 못한다고 느낀다. 다양한 경쟁자를 갖고 있다. 막내는 왕좌에서 쫓겨날 일이 없다. 손위 형제들에게 엄청난 열등감을 가질 수 있으며 이로 인해 탁월해지려 애쓴다.

출생순위가 중요한 것은 아니며 출생 순위에 따른 가족 내 역할 또한 단정할 수 없다. 출생순위는 특정 개인이 고유 환경이라는 맥락에서 이해해야 한다.

(6) 상담과정과 기법

개인심리학적 상담의 목표는 관계성을 강조하여 내담자의 사회적 관심과 공동체감을 증가시키는 데 있다.

상담과정은 격려 및 지지과정으로 관계 형성하기(내담자와 상담자가 치료적 관계를 형성하는 것으로 협력적, 협동적, 평등, 존중의 관계를 형성한다), 사정하기(상담자는 내담자의 초기 기억과 가족 역동을 포함한 배경 정보를 탐색하는 것으로 생활 양식을 사정하고 내담자의 문제를 개념화하여 삶의 의미에 대해 듣는다), 통찰 촉진하기(내담자가 자신의 잘못된 목표와 개념을 확인하는 것으로 상담자는 내담자의 과거 경험이 현재 내담자가 겪고 있는 문제들을 어떻게 생성했는지에 대한 견해를 제시한다), 재방향·재교육하기(내담자의 현재 방식을 대체할 대안적 태도, 신념, 목표 및 행동을 내담자가 익히는 것이다) 과정으로 이루어진다.

상담과정 안에서 다양한 유형의 질문을 던지고, 내담자의 조망 변화와 함께 행동을 변화시켜서 내담자의 기능을 증가시키기 위해 '마치 ~처럼 행동하기'를 사용한다. 내담자는 자신이 되고자 하는 사람이 되기 위해 도전하는 것이다.

또한, 자신으로 머무르기 기법을 사용한다. 이는 내담자가 현재 겪고 있는 문제에서 자신이 어떤 역할을 하고 있는지를 인식하게 만드는 데 도움이 된다. 자신의 과거 방식대로 행동을 하여 이 행동을 촉발하게 하는 요소를 확인하는 것이다.

버튼 누르기 기법을 사용한다. 우울함(부정적 감정 포함)을 멈추게 하거나 이런 감정을 만들어 내는 것을 멈추게 함으로써 내담자가 자신의 역할에 집중하게 만든다.

3) 인간중심상담

(1) 인간관

인간중심 상담은 미국의 심리학자인 칼 로저스(Carl Rogers, 1902~1987)가 주창하였다. 로저스는 정신분석이 매우 진단적이고 해석적이며 지시적인 면에 치중되어 있는 점에 반대하여 비지시적 상담을 표방하면서 새로운 상담의 원리를 제시하였다.

로저스는 내담자를 포함한 모든 인간은 자기실현 경향성을 가지고 있기 때문에 비록 고통이 있더라도 자신을 실현하는 방향으로 성장할 수 있다고 보았다. 인간중심상담은 우리가 문제를 이해할 능력이 있고 우리 내부에 그 문제들을 효과적으로 해결할 자원을 가지고 있다는 가정을 한다. 기본적으로 인간을 신뢰할 수 있다는 것을 강조한다. 상담자가 구체적으로 방향을 지시해 주지 않아도 내담자 스스로 점진적으로 성장해 나갈 수 있다는 것이다.

상담자와 내담자의 관계에서 내담자가 충분히 수용되고 존중되는 경험을 하면 스스로를 성장시켜 가는 자기실현 경향성을 발휘할 수 있다고 본다. 내담자들은 상담자의 이해와 수용, 지지, 존경, 돌봄, 긍정적인 관심을 필요로 한다.

로저스는 인간마다 현실을 다르게 느끼고 생각하고, 각자의 주관적인 경험이

행동을 지배한다고 믿었다. 사람은 외부현실보다는 오히려 내부적인 경험에 의해 이끌린다는 것이다. 인간은 기본적으로 자유로우며, 자신의 행동에 책임을 지고, 유목적적이며, 합리적이고 건설적인 방향으로 지속적으로 성장해 나가는 미래지향적 존재라고 보고 있다.

(2) 심리적 문제의 원인

타고난 실현 경향성을 가지고 있는 인간은 성장과정에서 환경과의 상호작용, 즉 다른 사람의 평가를 듣고 그에 반응하는 평가적 상호작용의 결과로 '자기'라는 구조를 형성하게 된다. 부모나 교사 그리고 권위적인 인물이 자신을 어떻게 생각하는가에 따라 스스로를 평가하는 방법을 배우게 된다. 그에 따라 자아개념을 발달시켜 나가게 된다. 일단 '자기'라는 구조가 형성되면 그에 일치하는 행동 방식을 선택하고, 또 그에 일치하는 경험을 자신의 것으로 받아들인다. 그러나 자기개념과 일치되지 않는 경험은 부정하려 하는데 그것이 누적되면 심리적 긴장감과 부적응을 경험하게 된다는 것이다. 그 경험이 자신의 존재 자체를 위협한다고 생각할수록 원래의 자기 구조를 더욱 강하게 유지하며 더욱 경직된 모습을 보이게 된다. 반대로 자기 구조에 대한 위협이 없다고 느끼면 자신 안에 받아들여 보다 통합적인 자기 구조를 만들게 된다. 지금-여기에서 경험하는 것들이 자기 개념과 불일치하므로 부정적 개념이 형성되어 심리적 문제가 생긴다.

(3) 자기

인간중심상담에서 중요한 개념은 자기(self)이다. 자기 개념은 현재 자신의 모습을 나타내는 현실적 자기(real self)와 앞으로 어떤 존재가 되기를 바라는 모습의 이상적 자기(ideal self)로 구분할 수 있다. 로저스는 자기 구조와 주관적 경험 사이의 일치가 매우 중요하다고 보며 양자가 일치할 때 적응적이고 건강한 성격을 지닌다고 본다.

(4) 자기실현 경향성

실현화란 유기체가 단순한 실체에서 복잡한 실체로 성장해 나가고 의존적인 존재에서 독립적인 존재로, 고정적이고 경직되기보다 유연성과 융통성으로 변화하고자 하며 자유롭게 표현하고자 하는 유기체의 경향성을 나타낸다. 로저스는 인간은 자아를 유지하고 향상시키고 실현화시킬 경향성이 있다고 보았고, 경험을 통해 자기실현 경향성을 발현할 수 있다고 하였다.

(5) 가치의 조건화

성격에 영향을 미치는 것이 가치의 조건화이다. 인간은 각자의 경험을 통해 가치를 형성하는데 가치의 기준이 주요한 인물이나 주변 사람에 의해 바뀔 수 있다. 인간이 겪는 불안, 갈등, 공포 등의 문제는 자신의 주관적인 내적 경험과 가치의 조건화와의 불일치를 통해 나타난 결과라 할 수 있다.

(6) 완전히 기능하는 인간

로저스가 주장하는 이상적인 인간관이 완전히 기능하는 인간이다. 이는 사회화된 인간, 심리학적으로 탐구 가능한 대상으로서의 인간, 실존적 자기 또는 실존적 인간을 뜻한다.

(7) 상담과정과 기법

인간중심상담의 목표는 내담자가 자기를 실현하도록 돕는 데 있다. 인간적인 성장에 초점을 두고 자기 자신이 되어 완전하고 충분히 기능하는 인간 유기체가 되는 것을 목표로 한다. 인간은 누구나 자기실현 경향성을 지니고 있기 때문에 실존적 존재로 자기실현을 이룰 수 있는 잠재력을 갖고 있다.

인간중심상담은 상담자의 태도가 내담자 자신의 존재와 태도 등을 변화시킨다고 보고, 안전한 분위기에서 상담을 받으면서 자신의 다른 가능성을 발견하고, 자신의 가면을 벗고 경험에 대한 개방, 자신에 대한 신뢰, 내적 평가, 지속적인 성장 의지 등을 가지면서 실현화된 사람이 된다.

인간중심상담에서는 상담자가 갖추어야 할 기본 태도이자 자세라 할 수 있는 상담기법으로 일치성, 무조건적 긍정적 존중, 공감적 이해를 제시한다.

첫째, 일치성 또는 진솔성은 로저스가 세 가지 요소 중에서 가장 중시한 것으로 상담자가 거짓된 태도를 보여서는 안되고, 자신의 내적 경험과 외적 표현이 일치되어야 하며, 내담자와의 관계에서 일어나는 감정을 솔직하게 표현하여야 한다는 것이다. 일치성은 단순한 자기 공개와 자기 개방과는 다르다. 자기 개방은 자신에 대한 생각이나 느낌, 경험 등을 표현하는 것이지만 일치성은 내담자의 경험에 대해 상담자가 느끼거나 생각하는 것을 표현하는 것이다.

둘째, 무조건적인 긍정적 존중은 가치의 조건화없이 내담자를 있는 그대로 수용하는 것이다. 내담자에게 결론을 강요하려는 시도를 하지 않고 내담자에게 완전한 감정표현의 기회를 제공하는 것이다. 상담자는 내담자를 하나의 인격체로서 온화하고 진실하게 보호하는 것이다. 보호한다는 것은 내담자의 감정이나 생각, 행동의 좋고 나쁨에 대한 판단에 의해 영향을 받지 않는다는 점에서 무조건적이다. 상담자가 내담자의 가치관, 생각, 감정 등에 대해 평가하지 않고 있는 그대로 수용한다는 것을 의미한다.

셋째, 공감적 이해는 상담 순간순간의 상호작용에서 나타나는 내담자의 경험과 감정들을 민감하고 정확하게 이해하는 것이다. 상담자는 내담자가 상담 시간에 나타내는 여러 가지 감정과 생각을 정확하게 이해하고 또 이를 표현해 줄 필요가 있다. 그렇다고 해서 내담자와 같은 감정상태에 빠지는 것은 아니다. 공감적 이해란 내담자의 감정에 빠져들지 않으면서 상담자가 마치 자신이 내담자의 상황에 처한 것처럼 느끼고 이해하는 것이다.

4) 게슈탈트 상담

(1) 인간관

게슈탈트 심리치료는 프리츠 펄스(Fritz Perls, 1893~1970)가 개척자이다. 게슈탈트 상담은 인간의 실존적, 현상학적 관점에 기반을 둔다. 펄스는 인간을 자신에게 필요한 것을 선택하여 게슈탈트를 형성할 수 있으며 접촉함으로써 해결해 가는 책임 있는 실존적 존재로 보았다. 개인은 환경과의 접촉을 통해 자신과 다른 사람의 요구와 감정을 알아차림으로써 삶의 문제를 효과적으로 처리할 수 있는 건강한 성격을 형성한다고 보았다. 펄스는 내담자들은 성장하고, 스스로 인생의 문제들을 다루어야 한다. 그러므로 내담자가 환경에 의존하지 않고 자신을 지지하며 자신의 문제를 해결해 나가는 책임 있는 사람이 되는 것은 게슈탈트 상담의 중요한 목표가 된다.

(2) 게슈탈트

게슈탈트(Gestalt)는 독일어 명사로 형태, 전체, 체계 등의 의미로, 개체가 자신의 욕구나 감정을 부분적, 요소적으로 지각하지 않고 하나의 의미있는 전체로 조직화하여 지각하는 것이다.

우리는 지금-여기에서 우리의 욕구나 감정, 그리고 환경 조건을 고려하여 가장 끌리면서 절실하게 필요한 행동을 게슈탈트로 형성한다. 게슈탈트 상담에서는 부분 또는 요소의 의미가 고정된 것으로 보지 않고 부분들이 모여 이룬 전체에 따라 달라진다고 본다.

(3) 전경과 배경

전경은 지금 여기에서 우리 의식의 초점이 되는 것이다. 한 사람에게 떠오른 전경은 그 사람에게 가장 중요하거나 의미있는 것이다. 그에 비해 배경은 지금 여기에서 우리의 초점 밖에 있는 인식 대상이다.

우리의 마음에서는 새로운 감정과 욕구들이 끊임없이 전경으로 떠올랐다가 배경으로 사라진다. 이것이 연속적으로 일어난다. 건강한 사람은 매 순간 자신에게 중요한 욕구와 감정을 알아차릴 수 있고 명확한 게슈탈트를 형성하여 전경으로 떠올리며, 에너지를 동원하여 해소한 후 배경으로 물러나는 과정이 자연스럽고 유연하게 일어난다.

(4) 미해결과제

미해결과제는 개인이 어떤 감정이나 욕구가 생겼으나 명확한 게슈탈트를 형성하지 못했거나 게슈탈트 형성은 했으나 완결하여 해소하지 못한 상태를 말한다. 표현되지 못한 감정들이 알아차림을 통해 경험되지 못하면, 그들은 배경에 남아서 자신과 다른 사람들과의 진실한 접촉을 방해하며 끊임없이 전경으로 떠오르고자 하며 사라지지 않고 현재의 삶에 계속 영향을 미치게 된다.

(5) 지금-여기

게슈탈트 상담에서는 지금-여기를 강조한다. 게슈탈트 상담자는 모든 것을 지금-여기에서 다룬다. 그래서 내담자에게 "지금 여기서 무엇을 느끼십니까?", "지금 당신의 손이 무엇을 말하고 있습니까?"와 같은 질문을 한다.

(6) 게슈탈트 경험 순환

우리가 건강한 삶을 영위하기 위해서는 분명한 게슈탈트를 형성하고 환경과의 접촉을 통해서 이를 해소하고 다시 게슈탈트를 형성하고 해소하는 순환과정을 되풀이해야 한다. 개인은 삶의 과정에서 어떤 욕구나 감정을 알아차리게 되면 배경으로부터 게슈탈트를 형성하여 전경으로 떠올리고, 이를 환경과 상호작용함으로써 해소하고 배경으로 사라지게 한 다음 휴식을 하던 중 또 다른 욕구를 느끼면서 새로운 게슈탈트를 형성하여 전경에 떠올리게 하는 순환 과정을 반복한다.

(7) 알아차림

욕구나 감정을 지각한 다음 게슈탈트로 형성하여 명료한 전경으로 떠올리는 행위를 알아차림이라 한다. 알아차림 자체가 치료적이다. 개인의 미해결과제를 알아차림으로써 해소할 수 있게 돕고, 지금-여기에서의 새로운 욕구나 감정을 알아차림으로써 미해결과제를 남기지 않을 수 있게 돕는다.

(8) 접촉

전경으로 떠오른 게슈탈트를 해소하기 위해 환경과 상호작용하는 행위, 즉 에너지를 동원하여 환경과 만나는 행위를 접촉이라 한다. 좋은 접촉은 자신에 대한 감각을 잃지 않으면서 다른 사람이나 사물과 상호작용할 수 있을 때인데, 좋은 접촉을 위해서는 명확한 알아차림과 충분한 에너지 그리고 자신을 표현하는 능력이 요구된다.

(9) 상담과정과 기법

게슈탈트 상담의 목표는 내담자가 미해결과제를 해결하여 실존적인 삶을 살도록 하는 것이다.

게슈탈트 상담에서 심리장애는 알아차림과 접촉이 제대로 이루어지지 않은 상태이다. 상담과정에서 알아차림과 접촉을 증진시키고자 하는데, 형식적인 과정이나 회기가 없이 상담자의 직관에 따라 내담자 문제를 평가하고, 각각의 방식대로 내담자의 변화를 돕는다.

상담기법은 첫째, 지금-여기 경험에 초점 맞추기가 있다. 상담자가 지금-여기에서의 다양한 질문을 통해 알아차림을 촉진하고자 한다. 내담자 자신의 욕구와 감정, 신체 감각, 언어와 행위, 환경 등에 대해 알아차릴 수 있도록 격려하고 질문한다.

둘째, 직면시키기이다. 상담자는 내담자의 회피행동을 지적하고 숨어있는 동기를 알아차리게 하고 접촉을 통해서 미해결과제를 해소할 수 있게 돕는다.

셋째, 역할 연기하기이다. 역할 연기를 통해 내담자는 예전에 회피했던 고통스런 자신의 감정이 어떤 것인지를 알아차리게 되면서 자신의 미해결과제를 해결할 수 있게 된다. 또한, 안전한 상담 장면에서 예전과 유사한 상황일 때를 상상하면서 예전과는 다른 대안 행동을 실험함으로써 환경과의 온전한 접촉 방식을 습득할 수 있게 돕는다.

넷째, 대화하기: 빈의자기법이다. 빈의자기법은 게슈탈트 상담에서 가장 많이 사용하는 것으로 내담자에게 중요한 어떤 사람에 대해 자신과 그 사람의 느낌을 알아보거나 상호작용을 할 필요가 있을 때, 내담자의 내면적 갈등을 다루어야 할 때 많이 사용한다. 두 개의 의자를 마주보게 배치하고, 내담자의 건너편에 자신에게 중요한 사람이 앉아 있다고 가정하거나 내담자를 갈등하게 하는 내면의 두 인격체로 나누어 각각을 빈의자에 앉게 하여 내담자가 두 역할을 오가며 대화를 나누게 한다.

다섯째, 꿈 작업이다. 여기에서는 꿈을 분석하거나 해석하지 않고, 꿈을 내담자의 욕구나 감정이 외부로 투사된 것으로 보고, 내담자가 알지 못했던 자신에 대해 알아차릴 수 있게 돕고 성장과 통합으로 이끌어 나가게 한다.

5) 현실치료

(1) 인간관

현실치료의 대표적 학자는 윌리엄 글라써(William Glasser, 1925~2013)와 로버트 우볼딩(Robert Wubbolding, 1936~)이다. 이들은 긍정적인 인간관을 가지고 있으며, 인간은 자기결정적이며, 자신의 삶에 대한 책임 능력이 있다고 본다. 인간은 자신의 행동, 사고, 정서, 신체 반응에 대해 자기 스스로 책임이 있고, 무엇을 선택하든 책임은 자기에게 있다고 본다. 현실치료에서는 특별한 경우 외에는 과거를 묻지 않고, 모든 개인은 성장의 힘을 가지고 있다고 믿고 있으며, 지금-여기에 모든 문제가 있다고 보았다.

(2) 선택이론

선택이론은 인간은 누구나 자신의 삶의 주인이 될 수 있으며, 자신의 삶을 통제할 수 있을 때 행복감을 느낀다고 본다. 선택이론에서는 우리가 행동하고 생각하는 모든 것, 좋은 것과 나쁜 것, 효율적인 것과 비효율적인 것, 즐거운 것과 고통스러운 것, 정상적인 것과 비정상적인 것들 모두가 우리 내면의 강한 욕구를 충족시키기 위한 선택이라고 본다.

글라써는 인간의 기본적 욕구를 5가지로 보았는데, 신뇌(new brain)에 위치한 소속과 사랑(사회집단에 소속하고 싶은 욕구, 일에 소속하고 싶은 욕구, 가족에 소속하고 싶은 욕구), 힘과 성취(내적 통제, 성취욕구, 자기존중욕구, 열정욕구), 자유(자유, 독립, 자율에 대한 욕구), 즐거움(많은 새로운 것을 배우고 놀이를 통해 즐기고자 하는 욕구)이라는 심리적 욕구와 구뇌(old brain)에 위치한 생존(자기 보존에 대한 욕구)이라는 생리적 욕구가 그것이다.

(3) 정신건강

현실치료에서 정서적으로 건강한 사람은 5가지 기본 욕구를 효율적으로 충족시킨 사람을 말한다. 이러한 사람들은 올바르고, 현실적이며, 책임감 있는 방식(3R: right, realistic, responsible)으로 행동을 선택하여 기본욕구를 충족시킨다. 이러한 기본 욕구를 3R이 아닌 올바르지 않고 비현실적이며, 무책임한 방식으로 충족하였을 때 정신질환이 생긴다고 보았다.

(4) 상담과정과 기법

현실치료의 목표는 개인이 인간의 기본욕구인 생존, 소속과 사랑, 힘과 성취, 자유, 즐거움을 올바르고, 현실적이며, 책임감 있는 3R 방식으로 충족시키도록 돕는 것이다.

그러기 위해 WDEP(Want–Doing–Evaluation–Plan)의 과정을 통해 상담이 이루어진다.

첫째, 욕구 탐색하기(Want)이다. '무엇을 원하는가?', '진정으로 원하는 것이 무엇인가?', '사람들이 당신에게 원하는 것이 무엇이라고 생각하는가?', '당신은 어떤 시각으로 바라보는가?' 이런 질문을 통해 욕구를 알아본다.

둘째, 전행동 탐색하기(Doing)이다. '당신은 지금 무엇을 하고 있습니까?'의 질문을 통해 그들의 내면세계로 들어가며 일상생활에서 어떠한 행동을 선택하는지, 또 시간은 어떻게 보내는지와 같은 질문을 할 수 있다.

셋째, 평가하기(Evaluation)이다. 자신의 행동과 욕구와의 관계를 점검해 보는 것으로 자신의 행동이 욕구충족에 도움이 되는지, 원하는 것이 현실적인지, 도움이 되는 행동을 하고 있는지 등을 점검한다.

넷째, 계획하기(Plan)이다. 현실적이고 실현 가능한 계획을 세우도록 돕는다. 계획의 목적은 성공경험을 갖도록 하는 것이므로, 이러한 계획 단계를 통해 내담자에게 그들 자신의 선택이나 활동에 대해 책임능력이 있다는 사실을 인정하도록 도와준다.

6) 인지행동 상담

(1) 인간관

인지행동 상담의 대표적인 학자는 알버트 엘리스(Albert Ellis, 1913~2007)와 아론 벡(Aron Beck, 1921~2021)이다. 이들은 인간의 인지, 감정, 행동 중에서 인지가 삶을 결정짓는 가장 중요한 요인으로 본다. 인간은 합리적이고 올바른 사고와 비합리적이고 올바르지 못한 사고를 모두 하는 존재다. 인간은 자신의 인지, 정서, 행동을 변화시킬 수 있는 존재다. 그러므로 노력하여 자신의 생각이나 태도, 행동을 합리적인 것으로 바꾸면 성숙한 사람으로 변화될 수 있다.

(2) 비합리적 신념

사고의 결과로 정서가 나타나는데, 정서는 적절한 정서와 부적절한 정서로 구분된다. 부적절한 정서는 '반드시 ~ 해야 한다, 반드시 ~이어야 한다'와 관련된 정서이고, 이러한 사고가 비합리적 신념이다. 인간이 가진 비합리적 신념은 첫째, 나는 항상 잘해야 하고 내가 잘한 일 때문에 다른 사람들에게 인정을 받아야 한다. 그렇지 않으면 쓸모없는 존재다. 둘째, 다른 사람은 내가 원하는 대로 항상 나를 사려깊고 공정하고 친절하게 대해야 한다. 그렇지 않으면 그들은 나쁜 사람이며 비난받고 처벌받아 마땅하다. 셋째, 내가 원하는 것은 항상 내가 원할 때에 가져야 하며 내가 원하지 않는 것은 피해야 한다. 내가 원하는 것을 가질 수 없다면 그것은 비참한 일이고 참을 수 없는 일이다. 이러한 융통성이 없고 비현실적인 신념은 정서적으로 부적응적인 문제를 야기한다.

(3) 역기능적 인지도식

벡은 인지치료에서 사람들이 경험하는 심리적인 부적응 문제는 스트레스를 주는 사건을 경험했을 때 자동적으로 떠오르는 부정적인 생각 때문에 발생한다고 보았다. 인지치료에서는 사건 자체가 심리적 고통을 가져오는 것이 아니라 그에 대한 인지적 과정이 중요한 영향을 미치는 것이라 보았다. 벡은 인지과정에서 가장 표면적으로 드러난 것을 자동적 사고라고 하였다. 자동적 사고란 기분이 달라질 때마다 개인에게 떠오르는 생각이다. 자동적 사고는 인지도식의 영향을 받는다. 인지도식은 자신이 경험한 세상을 이해하기 위해 만든 조직화된 틀이다. 감정과 연결되어 쉽게 떠오르는 자동적 사고와 달리, 인지도식은 비교적 접근이 어렵다. 그러나 힘든 일이 발생하거나 위협적인 상황에 처하면 인지도식은 어김없이 작동되어 생각, 감정, 행동에까지 영향을 미친다. 어떤 계기가 되었든 인지도식이 작동하면 그에 일치되지 않는 정보나 단서들은 간과되거나 왜곡된다. 인지왜곡이 나타난다. 여기에는 이런 것들이 있다. 근거없는 추론(지지할 만한 적절한 증거가 없는데도 결론에 도달하는 사고), 선택적 추론(사건의 일부 세부 사항만을 근거로 결론을 내리고 전체 맥락 중의 중요한 부분을 간과하는 것), 과잉일반화(단일 사건에 기초하여 극단적인 신념을 가지고 유사하지 않은 사건들이나 장면에 부적절하게 적용하는 과정), 확대와 축소(개인이 처한 상황보다 더 크게 또는 더 작게 지각하는 것), 개인화(관련지을 만한 일이 아님에도 외적 사건들과 자기 자신을 관련지어 생각하는 경향), 이분법적 사고(극단적으로 흑과 백으로 구분하려는 경향), 긍정격하(자신의 긍정적인 경험을 낮춰 평가하는 것), 파국화(걱정스런 사건에 대해 지나치게 과장하여 두려워하는 것) 등이다.

(4) 상담과정과 기법

인지행동 상담에서의 상담목표는 인지적 왜곡을 제거함으로 일상생활에서 순기능적 역할을 하도록 하는 것으로, 비합리적 신념을 합리적인 신념으로 바꾸도록 한다.

엘리스는 성격의 생득적인 면과 사회적인 면, 심리적인 측면을 말하였다. 그 중 심리적인 측면에서는 성격의 ABC이론을 제시하고 있다. A는 사실, 사건, 개인의 행동이나 태도 등이다. C는 그 사람의 정서적 행동적 결과 혹은 반응이다. 반응은 적절할 수도 있고 부적절할 수도 있다. A가 C를 직접적으로 일으킨다고 할 수 없다. A에 대한 그 사람의 신념인 B가 주로 정서반응인 C의 원인이 된다. 예를 들어 어떤 사람이 이혼 후에 우울증에 걸렸다면 우울 반응을 일으킨 것은 이혼 자체가 아니라 실패나 거부 혹은 배우자를 잃어버렸다는 사실에 대한 그 사람의 신념일 것이다. 엘리스는 이혼이라는 실제적 사건(A)이 아니라 거부와 실패에 대한 신념(B)이 우울증(C)을 일으키는 것이라고 주장한다. 따라서 인간의 정서적 반응이나 혼란을 일으킨 책임은 주로 자기 자신에게 있다. REBT(Rational Emotive Behavior Therapy)의 핵심은 사람들에게 혼란스러운 정서적 결과를 직접적으로 야기하는 비합리적 신념들을 변화시킬 수 있는 방법을 가르쳐주는 것이다. 엘리스는 '사람들은 생각하는 대로 느낀다'라고 반복해서 말한다. 우울증이나 불안 같은 혼란스러운 정서적 반응은 내담자의 자기패배적 신념체계에 의해 생기고 유지되며, 이 신념은 자신이 통합하고 창조한 비합리적인 사고에서 나온다. 비합리적 생각은 자기와의 대화, 자기언어화, 자기진술 등에 의해 더욱 내면화되고 신념화된다.

A-B-C 후에 D가 온다. 본질적으로 D는 내담자가 그들의 비합리적인 신념에 도전하도록 도와주기 위해 과학적인 방법을 적용하는 것이다. 탐지, 반박, 변별이 있다. REBT의 궁극적인 효과는 우울증과 자기 비난의 감정을 최소화하는 것이다.

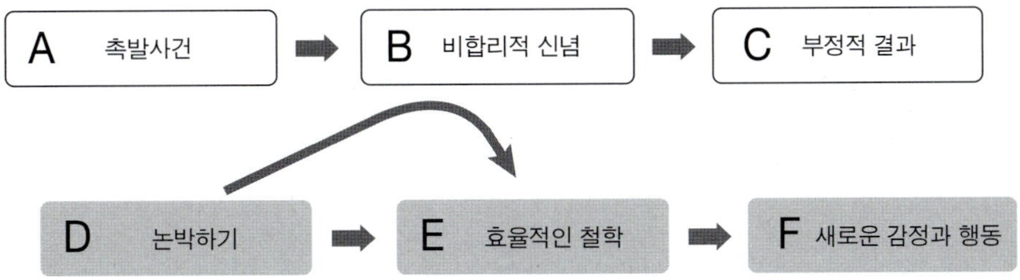

A(Activing events) : 촉발사건
B(Belief system) : 신념체계
C(Consequence) : 결과
D(Dispute) : 논박
E(Effect) : 효율적인 철학, 효과
F(Feeling) : 새로운 감정과 행동

[그림 8-1] ABCDEF모델

출처: 대구광역시상담복지센터 블로그

REBT 상담의 목적은 겉으로 드러난 내담자의 어떤 행동과 관련된 자신의 파괴적인 생각을 줄임으로써 그 행동을 바람직하게 변화시키거나 그의 행동 결과에 대해 자기 자신이나 다른 사람 또는 환경을 비난하지 않도록 하는 데 머무르지 않고 내담자의 정서나 행동, 특히 부정적인 정서나 행동에 큰 영향을 미치는 신념 또는 가치체계를 재검토하도록 도움으로써 성격이나 인생관을 근본적으로 변화시키는 데 있다. 머릿속에 떠오르는 자동적 사고를 식별해 내고 만들어진 비합리적 신념을 끌어내어 합리적 생각으로 바꾸어 주는 것이 필요하다.

3. 청소년상담 영역

1) 진로상담

진로는 앞으로 어떤 삶의 방향성을 가지고 살아갈 것인지를 결정하는 것으로 나아가야 할 길이다. 청소년시기는 진로에 대한 고민이 많고, 초중고 학령기를 거치며 진로인식, 진로탐색, 진로결정을 해 나가는 때이다. 중학교 시기에는 자유학기제, 자유학년제를 통해 자신의 꿈과 끼를 발견하여 진로를 발견할 수 있는 기회제공을 하고 있다.

진로상담은 진로 발달을 촉진하거나 진로계획, 진로 직업의 선택과 결정, 실천, 직업적응, 진로변경 등의 과정을 돕기 위한 활동이다. 이러한 진로상담은 관계 수립 및 문제를 평가하고, 진로상담의 목표를 설정하고, 문제해결을 위한 개입을 해 나가는 과정을 통해 상담을 진행해 나갈 수 있다.

문제를 평가할 때 진로 의사결정 수준에 따라 내담자를 분류하게 되는데, 진로결정형, 진로미결정형, 우유부단형으로 분류할 수 있다. 내담자가 가진 문제가 일반적인 정보에 대한 부족인지, 진로계획과 관련된 정보 부족인지, 진로발달에 관한 정보 부족인지 평가한 후에 진로상담의 목표를 정한다. 문제해결을 위한 개입을 진로의사결정 수준에 따라 상담자가 진행해야 하는데, 진로결정형은 자신의 진로결정을 구체적으로 준비할 수 있도록 도와주어야 하므로 현장 견학이나 실습의 기회를 가지게 한다. 진로미결정형은 진로를 결정하지 못한 것이 단순한 정보부족 때문인지, 심리적 문제 때문인지를 확인하여 경우에 따라 체계적인 개인상담을 통해 실제 결정 과정을 도와준다. 우유부단형은 계획없는 회피형인지 정보를 가지 우유부단형인지를 파악하여 계획없는 회피형일 때는 구조화된 개입을 통해 심리적인 장애를 다룸으로써 진로계획을 세울 수 있도록 조력하고, 정보를 가진 우유부단형은 내담자 자신의 의사결정 과정이나 방법에 초점을 두어 상담을 진행한다.

진로상담 목표는 다음과 같다.

첫째, 자신에 대한 이해를 증진시킨다. 자신이 누구인지, 무엇에 흥미를 느끼는지, 무엇을 잘하는지 자신이 가지고 있는 특성을 파악하는 것이 우선되어야 한다.

둘째, 직업세계에 대한 이해를 증진시킨다. 다양한 직업세계를 알고, 그 직업들이 어떤 일을 하며 시대의 변화에 따라 직업은 어떤 영향을 받는지 파악해 나가도록 한다.

셋째, 합리적 의사결정 능력을 키운다. 의사결정은 중요한 능력이다. 자신의 특성과 직업세계를 알고 그 둘을 연결하기 위해서는 합리적인 의사결정 능력이 요구된다. 청소년들이 자기주도적인 역량이 내재되어 있음에도 잘 발휘하지 못하고, 의존적이고 직관적으로 의사결정을 해 후회를 하는 경향들이 나타나는데, 이들이 합리적으로 결정할 수 있도록 상담 안에서 그 능력을 길러주도록 한다.

넷째, 정보탐색 및 활용능력을 증진시킨다. 수많은 정보들이 쏟아지는 현 상황에서 청소년들이 필요한 정보를 찾고 그 정보를 활용하여 자신에게 도움되도록 할 수 있다면 자신의 진로를 찾아가는 데도 긍정적인 영향이 있을 것이다.

다섯째, 일과 직업 세계에 대한 올바른 가치관과 태도를 가지도록 한다. 가치관 형성이 삶의 여러 요소에 영향을 미치고, 태도가 그 사람을 결정하게 되므로 일과 직업에 대한 자신의 가치관을 점검하고 바르게 세워갈 수 있도록 도와준다.

2) 학업상담

청소년 시기는 배움의 시기이다. 각자가 필요한 것을 찾아 배우면 좋겠지만, 학교 교육 안에서 짜여진 교육과정 안에서 배움을 해 나가고 있는 상황에서 청소년들은 학업에 힘들어한다. 학업을 해 나가는 자체의 스트레스, 정해진 목표 달성에 도달하지 못해서 오는 어려움 등으로 학업상담이 이루어진다. 대부분의 학업상담은 학부모의 의뢰로 시작되는 경우가 많으나 학생 자신이 학업문제를 해결하지 못해 상담을 요구하는 예도 종종 있다.

학부모에 의해 강요된 상담은 청소년이 상담의 필요성을 느끼지 못하는 경우가 많고, 학생 스스로 요청한 경우에는 상담이 훨씬 더 효과적이다.

청소년이 가진 문제와 상담을 받기 위해 찾아온 이유를 파악하고, 학업 문제의 배경이나 관련요인을 확인한 후 청소년이 상담과정에 적극적으로 참여하도록 한다. 청소년의 학업문제가 학습환경에 의해 발생한 경우 부모도 상담의 대상이 될 수 있다. 학업상담에서 학부모와 청소년이 함께 상담에 참여할 때 훨씬 더 좋은 상담 결과를 기대할 수 있다.

3) 대인관계문제 상담

청소년은 가족에서 확장하여 다른 관계들을 맺으며 성장해 나간다. 대인관계가 넓어지고, 친구 안에 소속되어 있기를 원하면서 그 안에서 어려움을 토로하는 경우가 많다. 대인관계문제 상담에서는 대인관계를 원만하게 해 나가는 것을 목표로 정서적 개입, 인지적 개입, 행동적 개입, 상호작용적(체계적) 개입의 전략을 사용하여 상담을 해 나간다.

첫째, 정서적 개입은 감정과 정서를 다루게 되는데, 청소년의 감정이나 감정상태를 표현하고, 명확히 하거나 구별하고 바꾸거나 수용하며 견디도록 하는 전략을 세운다. 감정체크리스트, 초점화 기법, 역할바꾸기, 자아바꾸기, 빈의자기법 등을 통해 감정과 정서를 다룬다.

둘째, 인지적 개입은 자신과 타인에 대해 지닌 사고, 신념, 태도를 다룬다. 사고, 지각 및 신념 체계에서의 오류를 변화시키거나 교정함으로 정서적으로 오는 불쾌감과 이에 따르는 부적응 행동을 감소시킨다.

셋째, 행동적 개입은 비생산적인 현재의 행동을 통제하게 하거나 제거하게 하는 것으로, 청소년의 행동이 그들의 목표, 야망 또는 가치를 성취하는 것을 방해할 때나 부정적인 결과를 초래할 때 청소년이 그들의 행동을 변화시키도록 도와준다. 역할연기와 행동시연, 기술훈련, 불안감소법 등을 통해 행동의 변화를 도모한다.

넷째, 상호작용적(체계적) 개입은 문제와 연관되어 있는 다른 사람 또는 상황에 대한 관계 패턴을 다루어 줌으로 관계 향상을 위한 노력을 해 나가도록 한다.

4) 학교폭력상담

학교폭력은 서로를 이해하지 못하는 상황에서 발생하게 되고, 지속해서 학교라는 공간 안에서 함께 생활해 나가야 하므로 신중하게 다뤄야 한다.

피해학생에 대해서는 보호와 치유를 통해 학교 적응을 잘해 나가도록 도와야 하고, 가해학생은 가해요인을 살피고, 적절한 처벌을 통해 다시 그런 일이 발생하지 않도록 하고, 주변학생들은 학교폭력에 대한 올바른 인식과 예방교육을 통해 주변에서 발생하는 폭력 상황을 극복해 나갈 수 있도록 도운다.

무엇보다 학교폭력은 폭력의 상황 해결을 위한 개입, 신변보호, 지속적 치료 등 재발 방지를 위한 전반적 개입이 필요하다.

라포형성을 시작으로 위기상황에 있다면 안전을 확보하고, 문제에 관한 정보 수집, 해결방안의 실마리를 찾아서 해결해 나간다.

5) 성상담

성은 2차 성징이 발달하는 청소년에게는 매우 중요한 부분이다. 성적호기심이 잘못 표출되어 성문제로 이어지는 경우가 있고, 성에 대한 사회적 인식에 따라, 성을 받아들이는 가정의 분위기에 따라 청소년의 성에 대한 시각과 관점 또한 영향을 받는다.

성상담은 성과 관련된 인지적, 행동적, 정서적 특징의 성장을 조력하는 과정으로 상담자는 청소년의 성과 관련된 문제가 지식이나 정보 또는 사회적 기술이나 태도, 심리적 갈등, 정신질환의 문제인지를 파악하는 것이 중요하다. 성상담의 궁극적인 목적은 신체적, 심리적 인간교육을 통한 건강한 성의식을 함양하고, 이를 토대로 원만한 인간관계를 형성할 수 있도록 돕는 데 있다.

청소년 내담자의 문제해결을 위해 상담자는 성에 대한 기본적인 지식을 가지고 있어야 하고, 성에 대한 상담자 자신의 태도를 확인해야 한다. 자신의 태도가 상담장면에서 청소년에게 미치는 영향이 크기 때문이다. 또한, 성에 대한 개방적인 의사소통 자세를 지니고, 기술적, 전문적 영역에 관해 전문가에게 조언을 구하거나 의뢰해야 한다.

성상담의 내용은 성충동, 자위행위, 임신에 관한 것이 있다.

첫째, 성충동과 자위행위이다. 2차 성징이 정상적으로 발달한 청소년은 기본적으로 성적 충동을 경험한다. 남자 청소년의 경우 후각 또는 시각적 자극을 통해 강한 성충동을 느끼고, 이때 몸안에 정신적으로 가까이하고 싶은 접촉 욕구, 접근 욕구, 성교 욕구가 형성된다.

자위행위는 자신의 신체를 스스로 자극함으로써 성적인 욕구를 해소하거나 성적 쾌감을 느끼고자 하는 자연스러운 행위를 말한다. 청소년은 신체적 성장에 따른 성욕의 증가, 자극적인 성 매체물의 영향, 과도한 학업 부담과 입시불안의 도피수단으로 자위행위를 탐닉하기 쉽다.

성충동과 자위행위로 인한 어려움을 느끼는 청소년을 위한 상담을 진행할 때 먼저는 사춘기를 겪는 청소년시기에 나타날 수 있는 자연스러운 현상임으로 불안해하지 않도록 한다. 지나친 자위행위로 청소년이 자신의 일상생활에 지장을 주지 않는지 함께 탐색하여 스스로 조절할 수 있는 방안을 찾아본다.

둘째, 임신의 문제가 발생할 수 있다. 임신은 예상하지 못한 경우가 대부분이다. 준비되지 않은 임신으로 인한 신체적, 정신적 어려움을 최소화하고, 주체적이고 안전한 성행위를 해야 함을 인식하도록 하고, 이를 통해 재임신을 예방하고 임신을 원할 때 임신할 수 있도록 건강한 몸의 관리를 돕는다.

6) 인터넷중독 상담

청소년은 스마트폰 사용과 더불어 인터넷과 친하게 지낸다. 매체에 익숙한 청소년들이 과다 사용하게 됨에 따라 심각한 수준에 이르는 경우가 있다.

인터넷중독을 해결하기 위해 인터넷 사용 패턴을 확인하고, 인터넷 사용 시간을 계획하고 실천해야 한다. 또한 인터넷 외의 다른 활동을 즐기도록 해야 하며, 자신이 가지고 있는 부정적인 정서를 조절할 수 있도록 도와야 한다.

청소년 인터넷중독 상담 시 사용하는 치료 기법은 인지행동치료이다. 이 기법을 활용하여 관계형성, 문제인식, 목표설정, 행동수정, 인지수정 단계를 거쳐 상담을 진행함으로 인터넷중독에서 벗어날 수 있도록 돕는다.

첫째, 관계형성 단계에서는 라포형성을 통해 상담자를 조력자로 인식하도록 돕는다.

둘째, 문제인식 단계에서는 청소년 내담자 자신이 인터넷 중독 문제를 가지고 있음을 인식하고 극복하고자 하는 동기를 갖도록 한다.

셋째, 목표설정 단계에서 상담종결 후 변화된 모습을 최종 목표로 설정하고 이를 위해 어떤 노력을 할 것인지 구체적인 계획을 세운다.

넷째, 행동수정 단계이다. 이 때는 청소년 내담자의 인터넷 사용 시간을 감소시키는 것을 목표로 스스로 자신의 인터넷 사용 행동을 계획하고 실행한다.

다섯째, 인지수정 단계에서는 자동적 사고를 이해하고 역기능적인 사고를 찾아서 합리적인 신념으로 수정해 나간다.

제9장 청소년인권

우리나라에서 청소년인권에 관심을 가지기 시작한 것은 2000년대부터이다. 2000년대에 교칙개정, 두발자유, 학교 내 종교자유를 위한 투쟁 등 권리를 찾기 위한 행동을 함으로 청소년 인권 문제에 관심을 갖게 되었다(이지수, 2006). 그 이후 정부차원에서 청소년들을 대상으로 인권실태 조사가 이루어졌고, 2005년부터는 초·중학교에서 인권교육을 해야 함을 권고하였다(구정우 외, 2016).

2010년 경기도, 2011년 광주와 서울, 2013년 전북에서 학생인권조례가 제정되어 학생인권에 대한 사회적 관심을 불러 일으켰고, 2012년 서울특별시 어린이·청소년 인권 조례, 2016년 부천시 아동·청소년 인권 조례, 2019년 동해시 아동·청소년 인권보장에 관한 조례가 제정되었다. 학생인권조례가 아동·청소년의 다양한 생활공간에서의 인권에 대한 내용을 다 아우르기 어렵기 때문에 실질적인 아동, 청소년의 권리보장을 위한 필요성 때문에 관심있는 지자체에서 아동·청소년 인권 조례를 제정하여 시행하고 있다(전명순, 2021).

청소년인권은 아동인권과 같은 맥락에서 이해되고 있다. 「청소년 기본법」 상 청소년의 연령이 9세 이상 24세 이하이고, 「아동복지법」 상 아동의 연령이 18세 미만이므로 청소년과 아동이 연령이 중첩되고 있기 때문에 이 장에서 얘기되는 청소년인권은 아동을 포함한 인권임을 밝혀둔다.

1. 청소년인권의 의미

1) 인권의 개념과 특성

인권은 인간의 권리, 인간이 인간으로서 당연히 누려야 할 권리라고 할 수 있다. 인권이라는 말은 보편성, 천부성, 항구성, 불가침성 같은 딱딱한 단어들이 붙기도 한다. 그런데 생각해 보면 누구에게나 인권은 있다라고 했을 때 당연히 연관되어 나오는 것들이다.

먼저 인권은 인종, 성별, 신앙, 사회적 신분 등에 구애받지 않고 모든 인간이 보편적으로 누리는 권리이다. 이것을 인권의 보편성이라 부른다.

인권은 사람이면 누구나 처음부터 가지고 태어나는 것이다. 사람이 태어나서 인권을 가지게 되기까지 다른 절차가 필요한 것은 아니다. 그냥 태어나기만 하면 된다. 이것을 인권의 천부성이라고 한다.

그리고 인권은 박탈당하지 않고 영구히 보장되는 권리이다. 따라서 범죄자라고 해도 그 사람의 인권 전체를 박탈할 수는 없다. 이것을 인권의 항구성이라 한다.

또한 인권은 인간이 그것을 향유하는 것을 침범받지 않을 권리다. 이것을 인권의 불가침성이라 한다.

1948년 유엔총회에서 제정한 〈세계인권선언〉(전문과 본문 30개조) 전문에서는 "우리는 인류 가족 모두가(보편성) 원래부터(천부성) 존엄성과 남들과 똑같은 권리와 남에게 빼앗길 수 없는(항구성, 불가침성) 권리를 가지고 있다는 사실을 인정하는 것이 자유롭고 정의로우며 평화로운 세상을 이루는 밑바탕이 된다는 점을 인정한다"라고 밝히고 있다.

인권(人權)이라는 말은 한자어이다. 이 단어는 영어의 human right를 번역한 것으로 1789년의 프랑스대혁명을 전후해서 사용하기 시작했다. 프랑스대혁명 당시에 발표된 〈인간과 시민의 권리선언〉에 'Les Droits de l' Homme'라는 단어가 나오는데, 이것을 영어로 번역하면 'the right of man'(인간의 권리)라는 뜻이 된다. 그것이 인권이 된 것이다. 기독교의 가르침에도 인권의 씨앗이 존재하는데, 십계명의 살인하지 말라에서 생명권에 대한 기원을 찾을 수 있다. 십계명에는 명령이지만, 그 명령에 의해 사람들의 생명이 보호되는 측면이 있다.

고대 철학에서는 플라톤이 여성에 대한 평등한 대우를 강조했다. 고대 그리스 사회에서 여성은 노예와 크게 다를 바가 없는 처지였다. 플라톤은 여성과 남성의 능력이 동일한 데다 여성도 개인적 능력에 따라 사회에서 하나의 역할을 담당할 수 있다고 보았다. 따라서 여성도 남성과 똑같이 교육을 받고 공직에 취임할 수 있어야 한다고 주장했다. 그 당시로서는 획기적인 것이었다.

사회 속에서 여성에게만 적합한 일, 남성에게만 적합한 일이 따로 있을 수 없다. 자연의 능력은 남성과 여성에게 똑같이 베풀어져 있다. 따라서 전체적으로 볼 때 여성이 약하다 하더라도 모든 일을 남성과 여성이 함께 분담하는 것은 너무나 자연스럽다(플라톤, 이환 역, 2014).

이렇게 고대에서도 인권에 대한 관념들이 존재했지만, 고대와 중세에 모든 사람들에게 권리가 인정되지 않았다. 노예, 여성, 비지배계층인 농노들은 자신의 권리를 제대로 인식하지 못하고 대우받지 못했다.

지금과 같은 인권이라는 관념이 본격적으로 형성되기 시작한 것은 중세이후 유럽과 아메리카 대륙에서부터이고, 특히 종교의 자유, 의사표현의 자유, 고문폐지, 재산권 보장 등이 이 시기부터 주장되고 실현되기 시작했다.

법률에서 인권은 〈세계인권선언〉 제1조, 우리나라 「헌법」 제10조, 「국가인권위원회법」 제2조에 명시되어 있다. 〈세계인권선언〉 제1조에서는 "모든 사람은 태어날 때부터 자유롭고 존엄성과 권리에 있어서 평등하다. 인간은 이성과 양심을 부여받았으므로 서로에게 형제(자매)의 정신으로 행해야 한다"라고 표현하고 있어 모두가 자유와 존엄을 가진 평등하다고 밝히고 있다. 우리나라 「헌법」 제10조에서는 "모든 국민은 인간으로서의 존엄과 가치를 가진다. 개인이 가지는 불가침의 기본적 인권을 확인하고 이를 보장할 의무를 진다"라고 명시하고 있고, 「국가인권위원회법」 제2조에서 "인권이란 대한민국 헌법 및 법률에서 보장하거나 대한민국이 가입 비준한 국제 인권조약 및 국제 관습법에서 인정하는 인간으로서의 존엄과 가치 및 자유와 권리를 말한다"라고 정의하고 있다. 인권은 인간으로서의 존엄과 가치, 자유와 권리임을 법률을 통해 알 수 있다.

그러므로, 인권은 모든 사람이 보편적으로 누리는 권리로 차별없이 누구에게나 동등하게 주어지는 것이다.

2) 청소년인권의 정의

청소년인권에 관한 다양한 연구들이 진행되고 있지만, 청소년인권에 대한 명확한 정의를 찾아보기는 어렵다. 보편적으로 청소년인권은 청소년으로서의 마땅히 누려야 할 권리, 자유 및 국가의 시민으로서 청소년이 행사해야 하는 자유, 권리로 볼 수 있다(한국청소년정책연구원, 2010). 그러나 이 안에 청소년기의 특성, 청소년인권의 특성, 사회의 구성원으로서 가져야 하는 기본적 권리에 대한 내용들이 담겨있지 못하다.

청소년인권은 청소년의 자율적 능력에 대한 신뢰와 인정의 정도에 따라 보호주의적 입장, 해방론적 입장, 두 입장이 절충된 조정적 자율론적 입장으로 구분하는 학자도 있다(정승원, 2000). 보호주의적 입장은 청소년을 미성숙한 존재로 보고 그들을 적극적으로 보호해야 한다는 입장이다. 해방론적 입장은 청소년을 자율적 권리 행사 능력을 지닌 주체로 인정해야 한다는 입장이다. 조정적 자율론적 입장은 청소년의 자율적 판단은 존중받아야 하며, 동시에 청소년은 신체적, 정신적으로 지속적인 성장의 과정에 놓여있기 때문에 일정 정도의 양육과 보호가 필요하다는 것이다. 인권이라는 개념 자체가 권리의 주체로서의 개인을 전제하므로 보호주의적 입장은 인권적 영역이 아니라고 할 수 있다. 해방론적 입장이 청소년을 인권적 존재로 보는 시각이라 할 수 있다.

미국의 국가청소년인권협회(National Youth Rights Association, 2006)에서는

청소년인권을 자격으로서의 청소년 권리와 시민적 권리의 두 가지 구별되는 요소를 포함하는 것으로 보았다. 자격으로서의 청소년 권리는 청소년을 사회의 한 구성원으로 인정하고 그들의 상황에 맞는 권리를 주어야 한다는 것으로, 고용, 교육, 소득보장, 주거환경, 경제적 불안정으로부터의 탈피, 건강관리 등이 해당한다. 시민적 권리는 청소년이 그들의 권리를 성취할 수 있는 자유를 보장하는 것으로 종교의 자유, 집회·결사의 자유, 표현의 자유, 출판의 자유, 범죄피해자의 보호 등이 해당된다.

또한, 청소년정책연구원(2010)에서는 청소년인권은 인간이기 때문에 누려야 할 보편적인 권리와 청소년이기 때문에 요청되는 특수한 권리를 포함하는 개념이라고 정의하고 있다.

정승재(2007)는 청소년을 대상으로 그들 존재의 존엄성을 근거로 한 치의 차별이나 부당한 대우없는 평등한 상태와 처우를 청소년인권으로 개념화할 수 있다고 보고, 국가의 미래인 학령기의 학생과 학교 밖 청소년이 사회구성원으로서 정당한 대우와 권익을 보호받으면서 자유롭게 활동할 수 있는 가치로 청소년인권을 정의하였다.

이러한 정의를 바탕으로 청소년인권은 인간으로서의 보편적 권리와 청소년으로서 누려야 하는 권리가 포함된 것으로 청소년들이 스스로 존엄한 존재로 인정하고, 주체적인 인간으로서 행사하는 권리라 할 수 있다.

3) 청소년인권을 위한 노력

초기 자본주의 사회에서 청소년은 노동 착취의 대상이 되었다. 산업혁명으로 기계제 공업이 도입되자 숙련도가 떨어지는 청소년의 노동력이 활용되기 시작했다. 그래서 청소년들은 열악하고 비위생적인 작업환경 속에서 오랜 시간 일하게 되었고, 이들에 대한 학대도 자주 일어났다. 빈번하게 일어나는 전쟁은 청소년들에게 치명적인 위협이었다. 전쟁이 일어나면 많은 아이들이 목숨을 잃거나 다치고 굶주려야 했다. 이러한 상황에서 아이들의 인권에 대한 인식이 생겨나기 시작했다. 19세기에 영국에서는 공장법(산업혁명으로 기계제 공업이 보급되면서 열악한 노동환경, 아동에 대한 노동 착취 등의 사회적 문제를 해결하기 위해 영국에서 처음 제정되었다)을 통해 아동의 노동시간을 제한했다. 지금으로서는 상상하기도 힘든 일이지만, 당시에는 어린아이들이 열악한 환경의 공장에서 긴 시간 동안 노동에 시달렸기 때문이다. 1833년에 개정된 공장법에서는 9세 이하의 노동을 금지하고 13세 이하의 노동은 1주 48시간 이내로 제한했다. 그리고 1847년에 개정된 공장법에서는 18세 이하 청소년의 노동시간을 1일 10시간 이내로 제한했다. 그리고 19세기 후반에는 아동에 대한 보편적 의무교육 제도가 도입되었다.

20세기에 들어서면서 아동의 권리를 보장하기 위한 국제적인 움직임이 더욱 활발해졌다. 특히 1차 세계대전을 비롯한 전쟁으로 인해 기아, 질병, 영양실조 등에 시달리면서 고아와 떠돌이 아동이 많이 발생했다. 이런 비참한 현실 속에서 아동 권리에 관한 최초의 국제 선언서가 만들어진다. 1923년에 〈아동권리선언〉이 아동구호를 위한 민간기구인 세이브더칠드런의 창립자 에글렌타인 젭에 의해 작성되었다. 그리고 이 선언은 1924년 11월 26일에 열린 국제연맹총회에서 채택되었다.

〈아동권리선언〉은 아동의 기본적인 생존이 위협받는 상황에서 꼭 필요한 내용들에 초점이 맞추어졌다. 5대 조항으로 이루어져 있다. 아동을 권리의 주체로 인식하기보다는 보호할 대상으로 보고 있다는 한계를 지닌다. 그럼에도 아동 인권에 관한 최초의 선언으로서 이후에 이루어지는 국제적 논의와 국제조약을 제정하는 데 출발점이 되었다는 점에서 큰 의미를 가진다.

우리나라의 아동 인권에 관한 논의와 실천도 있었다. 방정환은 1923년에 〈아동의 권리공약 3장〉을 만들었다. 그 내용은, 첫째로 어린이에 대해 완전한 인격으로서 예우를 하고, 둘째로 만 14세 이하의 어린이에 대한 무상 또는 유상의 노동을 폐지하며, 셋째로 어린이들이 가정이나 사회적 시설에서 고요히 배우고 즐겁게 놀 수 있어야 한다는 것이었다.

4) 유엔아동권리협약에서의 청소년인권

1959년에 열린 유엔총회에서는 〈유엔아동권리선언〉을 만장일치로 채택한다. 1923년에 제정된 〈아동권리선언〉을 확대, 보완하고 〈세계인권선언〉의 정신을 아동에게 반영한 것이다. 이 선언에서는 아동을 보호의 대상이 아니라 인권의 주체로 보는 전환이 이루어졌다.

그러나 〈유엔아동권리선언〉이 채택된 이후에도 세계 도처에서 기아, 질병, 빈곤, 전쟁 등으로 아동들이 고통 받는 것은 여전했다. 경제적으로 풍요로운 선진국에서도 아동 학대나 아동들의 자살이 증가하여 사회적으로 문제가 되었다. 그리고 가난한 나라에서는 유아사망률이 높은 데다 의료보호가 충분히 이루어지지 않아 아동들의 생존권이 위협받았으며, 제대로 교육받지 못하는 아동들이 수두룩했다.

이에 유엔은 1979년을 '국제 아동의 해'로 선포했다. 이런 흐름 속에서 1978년에 폴란드가 유엔 인권위원회에 아동 권리에 관해서도 법적 구속력이 있는 국제조약을 만들자는 제안을 했다. 이 제안이 받아들여져서 여러 유엔 기구들과 많은 정부기구들이 논의한 결과 1989년 11월 20일에 〈유엔 아동의 권리에 관한 협약〉이 유엔총회에서 만장일치로 채택되었다. 그리고 2005년까지 세계 192개국이 협약에 가입했다.

〈유엔 아동 권리에 관한 협약〉은 역사적 의미를 갖는 기념비적인 국제조약이라고 할 수 있다.

첫째, 유엔 아동 권리에 관한 아동 인권에 관해서 법적 구속력을 갖는 국제조약이다. 따라서 여기에 가입한 국가들은 협약을 이행할 법적 의무를 가지게 되었다.

둘째, 이 협약은 아동을 보호 대상으로만 보는 시각을 넘어서 적극적이고 능동적인 권리의 주체로 인정한다. 그리하여 이를 바탕으로 생존권, 보호권, 발달권, 참여권 등 아동의 권리에 대해 체계적이고 종합적으로 접근한다.

셋째, 협약을 이행하기 위한 보장 장치들을 두고 있다. 가입한 국가들은 협약 내용을 적극적으로 성인들과 아동들에게 알릴 의무가 있다. 또한 협약에 가입한 국가들은 이행 상황에 대한 보고서를 정기적으로 유엔 아동권리위원회에 제출해야 한다. 유엔아동권리위원회는 당사국들의 협약이 이행되는 상황을 심사하는 기구로서 열 명의 전문가로 구성되어 있다.

〈유엔 아동의 권리에 관한 협약〉은 우선 아동 인권에 관한 일반 원칙을 규정하고 있다. 차별금지, 아동에게 최선의 이익 보장, 아동의 의견 존중 등이다.

'차별금지'란 아동이 인종, 피부색, 성별, 언어, 종교, 정치적 의견, 민족적 인종적 사회적 출신 등에 관계없이 차별받지 않아야 한다는 원칙이다. 따라서 난민 아동들이나 소수집단에 속한 아동들도 다른 아동들과 동일한 권리를 가진다. 장애 아동들에게도 적절한 생활수준을 누릴 수 있는 평등한 기회를 보장해야 한다.

'아동에게 최선의 이익 보장'이란, 아동에 관한 모든 정책과 활동에서 아동에게 최선이 되는 이익을 최우선적으로 고려해야 한다는 원칙이다.

'아동의 의견 존중'이란, 자신이 견해를 형성할 능력이 있는 아동은 스스로에게 영향을 미치는 모든 문제에 대해 자유롭게 의견을 표명할 권리가 있다는 원칙이다. 이러한 아동의 견해는 연령과 성숙도에 따라 정당하게 존중받아야 한다.

〈유엔 아동의 권리에 관한 협약〉에서의 아동의 권리는 생존권, 보호권, 발달권, 참여권으로 첫 번째로 생존권은 청소년이 생명을 유지하고 기본적인 삶을 누리는 데 필요한 권리이다. 제6조 "당사국은 모든 아동이 고유의 생명권을 가지고 있음을 인정한다. 당사국은 최대한 아동의 생존과 발달을 보장해 주어야 한다"라고 규정하고 있다. 적절한 생활수준을 누릴 권리, 안전한 주거지에서 살아갈 권리, 충분한 영양을 섭취하고 기본적인 보건 서비스를 받을 권리 등을 포함한다.

두 번째로 보호받을 권리는 청소년이 모든 형태의 차별, 학대, 방임, 폭력, 고문, 징집, 부당한 형사처벌, 과도한 노동, 약물과 성폭력 등으로부터 보호를 받을 권리를 말한다. 위기 상황에 놓여 있는 아동, 즉 난민 아동이나 소수민족에 속하는 아동은 특별한 보호를 받을 수 있어야 한다. 19조 제1항에서는 "아동이 양육을 받고 있는 동안 모든 형태의 신체적 정신적 폭력, 상해나 학대, 유기, 성적 학대, 착취로부터 보호되어야 한다"라고 규정하고 있으며, 그 밖에도 보호받을 권리를 위한 여러 조항들을 두고 있다.

세 번째로 발달권은 청소년이 잠재력을 최대한으로 발휘하는데 필요한 권리로서 교육을 받을 권리, 놀이와 오락을 즐길 권리, 문화생활에 참여할 권리, 정보를 얻을 권리, 양심과 종교의 자유를 누릴 권리 등을 포함한다.

네 번째로 참여권에는 아동이 자신의 의견을 자유롭게 표현하고, 자신의 삶에 영향을 주는 문제들에 대해 발언권을 가지며, 단체에 가입하거나 평화적인 집회에 참여할 수 있는 권리 등이 포함된다. 〈유엔아동권리협약〉에서는 아동이 자신의 의견을 표명할 권리를 보장하는 등 참여권을 매우 강조하고 있다.

〈표 9-1〉 아동권리협약의 기본원칙 및 기본권리

구분	내 용	
기본 원칙	무차별의 원칙 (제2조)	모든 아동은 부모님이 어떤 사람이건, 어떤 인종이건, 어떤 종교를 믿건, 어떤 언어를 사용하건, 부자건 가난하건, 장애가 있건 없건 모두 동등한 권리를 누려야 한다.
	아동 최선의 이익 원칙 (제3조)	아동에게 영향을 미치는 모든 것을 결정할 때는 아동의 이익을 최우선으로 고려해야 한다.
	생존 및 발달 보장의 원칙(제6조)	생애시기에서 특별히 생존과 발달을 위해 다양한 보호와 지원을 받아야 한다.
	참여의 원칙 (제12조)	책임감 있는 어른이 되기 위해 아동 자신의 능력에 맞게 적절한 사회활동에 참여할 기회를 가지고, 자신의 생활에 영향을 주는 일에 대하여 의견을 말할 수 있어야 하며 그 의견을 존중할 수 있어야 한다.
기본 권리	생존권	적절한 생활수준을 누릴 권리, 안전한 주거지에서 살아갈 권리, 충분한 영양을 섭취하고 기본적인 보건서비스를 받을 권리 등. 기본적인 삶을 누리는 데 필요한 권리 (깨끗한 공기와 음식, 안전한 장소, 아프면 치료받을 수 있는 권리)
	보호권	모든 형태의 학대와 방임, 차별, 폭력, 고문, 징집, 부당한 형사처벌, 과도한 노동, 약물과 성폭력 등 아동에게 유해한 것으로부터 보호받을 권리(괴롭힘, 정서적 혹은 성적 학대, 전쟁 등으로부터 보호받을 권리)

구분	내 용	
기본 권리	발달권	잠재능력을 최대한 발휘하는 데 필요한 권리로, 교육받을 권리, 여가를 즐길 권리, 문화생활을 하고 정보를 얻을 권리, 생각과 양심과 종교의 자유를 누릴 권리(교육을 받고 문화생활을 누리고, 자유롭게 뛰어놀 수 있는 권리)
	참여권	자신의 생활에 영향을 주는 일에 대하여 의견을 말할 수 있어야 하며 그 의견을 말하고 존중받을 권리로, 표현의 자유, 양심과 종교의 자유, 의견을 말할 권리, 평화로운 방법으로 모임을 자유롭게 열 수 있는 권리, 사생활을 보호받을 권리, 유익한 정보를 얻을 권리 등(생각, 양심, 종교적 자유, 의견을 갖고 지역사회와 문화 속에 참여할 권리)

출처: 황옥경 외(2017)

2. 청소년인권의 역사

청소년인권의 역사는 인권에 대한 관심이 부각된 사회적인 상황에서 가장 뒤늦게 조명되기 시작하였다. 아동을 포함한 청소년인권의 역사는 황옥경 외(2017)의 내용을 참고하여 제시하였다.

1) 청소년인권의 위치

인권의 역사에서 아동과 청소년은 가장 뒤늦게 등장한 권리의 주체이다. 청소년을 보호의 대상이 아닌 자기결정의 주체로, 복지 시혜의 대상에서 정의로움을 요구하는 주체로 분명하게 규정하기 시작한 것은 〈유엔아동권리협약〉이다. 〈유엔아동권리협약〉은 보호의 대상자와 권리의 주체로서의 아동 청소년에 대한 인식변화를 강조한다. 그러나 아직도 대다수 사회에서 청소년을 보호의 관점으로 바라보는 것이 지배적이다. 아동과 청소년의 위치는 여전히 사회적 약자로 자신의 목소리를 갖지 못한 채 타인에 의해 대변되어야 할 존재로 인식되며, 자신의 권리를 옹호할 수 있을 만큼 세력화하기 힘들다는 데 있다.

2) 청소년인권 발달 역사

인권의 역사에서 청소년은 항상 부모나 성인의 시각에서 보호의 대상인 동시에 통제의 대상이었다. 인권이 침해될 가능성이 높음에도 불구하고 미성숙성, 의존성, 불완전한 의사능력과 선거권 부재 등의 이유로 청소년의 권리 침해에 대한 관심은 부각되기 어려웠다.

(1) 1924년 제네바선언

19세기 산업혁명이 가속화되면서 노동력이 부족해지자 아동과 청소년에 대한 노동착취가 빈번히 일어났다. 이에 대한 비판의 목소리가 커지면서 가혹한 노동으로부터 보호받을 수 있는 아동의 권리가 최초로 인정받는 계기가 마련되었다. 1914년 제1차 세계대전으로 아동이나 여성 등 사회적 약자들의 피해 심각하였다. 세계대전 종전 후 두 번 다시 이런 참화를 일으키는 일이 없이 평화적 사회를 지속하고 발전시키자는 사람들의 결의로 1920년 국제연맹이 결성되었고, 1924년 9월 26일 제5차 총회에서 아동의 권리에 관한 제네바선언을 채택하였다(에글렌타인 젭에 의해 탄생 : 제1차 세계대전 당시 수많은 어린 생명이 부모에 의해 목숨이 끊어지는 것을 보고 생명이 부모의 소유에 있지 않다는 것을 알리고자 함).

제네바 선언의 기본 이념은 "모든 나라의 남녀와 인류가 아동에 대하여 최선의 것을 주어야 할 의무를 진다는 것을 인정하고, 인종·국적 또는 신념에 대하여 어떠한 사유에도 관계없이 모든 아동에게 다음과 같은 사항을 보장할 것을 선언하고 또한 자기의 의무로서 수락한다"이다.

5개 조항

제1조. 아동에게 정상적인 발달에 필요한 수단이 물질적으로도 정신적으로도 주어져야 한다.

제2조. 아동은 기아나 질병으로부터 보호되어야 하며, 지체아나 비행에 빠져 있는 아동은 그 회복과 갱생을 위하여 도움을 받아야 한다. 또한 집 없는 아동에게는 주거가 주어져야 한다.

제3조. 아동은 재난 시 가장 먼저 구제되어야 한다.

제4조. 아동은 모든 형태의 착취로부터 보호되어야 한다.

제5조. 아동은 그 능력을 널리 인류동포를 위하여 바칠 수 있도록 길러져야 한다.

제네바선언은 아동의 생존을 위한 최저보장기준의 확보를 목적으로 하였으며, 아동의 권리는 이 선언을 시작으로 국제적 무대에 오르기 시작하였다.

(2) 세계인권선언(1948)

세계인권선언은 인간이라는 이유로 가지는 존엄과 권리에 대한 최소한의 보편적 기준들을 구체적으로 목록화한 것이다.

세계인권선언에 있는 아동과 청소년 관련 규정은 제16조 제3항 가정의 보호, 제25조 제2항 모자의 보호, 제26조 제1항 교육받을 권리와 무상교육제도 규정, 제26조 제3항 부모의 교육종류 선택 우선권 명시이다.

(3) 아동권리선언(1959)

유엔총회에서는 전문 10조로 된 세계아동권리선언을 공포하였다. 세계아동권리선언은 전문과 10개 조항의 본문으로 구성되어 있고, 아동을 단순한 구제나 보호의 대상이 아니라 처음으로 인권을 가진 자유의 주체로 파악하려 하였다.

아동인권선언 사상 획기적인 진전으로 평가되는 것으로 아동의 참여권을 기초하는 중요한 의미를 가지는 선언이다. 제네바선언과 비교할 때 이름과 국적 취득권, 적절한 영양·주거·의료 혜택을 받을 권리, 심신 장애아의 특수교육과 보호, 의무교육과 여가, 학대·방임·고용으로부터 보호받을 권리 등 한층 상세하고 넓은 관점에서 내용이 확대 개선되었다.

(4) 유엔아동권리협약(1989)

제네바 선언과 아동인권선언에서도 아동의 권리보다는 아동의 권리는 아동에 대한 보호라는 공식으로 인식되어 유엔은 1975년 청소년 3가지 주요영역을 참여(participation), 발달(development), 평화(peace)로 정하고 각 영역의 증진을 위한 지침을 개발하였다. 1979년 '국제 아동의 해'를 통해 아동의 인권 실현을 촉진하기 위해 아동권리에 대한 협약의 초안 제정을 위한 추진위원회를 구성함으로써 유엔의 '아동권리에 관한 국제협약'채택에 결정적 계기를 마련하였다.

아동의 권리를 구제 내지 보호로 보던 시각은 점차 아동 역시 하나의 인격체로 권리의 주체가 될 수 있다는 인식으로 확대되었고, 유엔은 1985년을 청소년의 해로 선포하고 이어서 1989년 아동을 권리주체로 인정하면서 법적 구속력이 있는 포괄적인 아동 권리를 보장한 유엔아동권리협약이 탄생했다.

3) 우리나라의 청소년인권 발달

우리나라는 유교 사상으로 연장자를 무조건 우선시한 나머지 연소자인 청소년의 인격을 존중하지 않았다. 동학사상의 영향으로 성인중심의 차별적 아동관이 변화를 맞게 되었다. 동학사상은 청소년을 인격을 가진 독립된 존재로 인정했을 뿐 아니라 성인과 대등한 능력을 지닌 존재로 여겼다. 또 연령에 따른 차별은 불평등한 것이라 보고, 태아까지 한 인격체로 존중할 것을 강조했다. 하지만 여전히 청소년은 차별 대우를 받았다. 근대에 들어 어린이의 권리를 주장한 사람은 소파 방정환 선생이다. 그는 동학의 아동존중사상을 창조적인 어린이운동으로 계승 발전시켰다.

(1) 아동의 권리 공약 3장(1923)

민족의 새싹인 어린이를 사랑하고 씩씩하게 키우기 위해서 어린이날을 제정하였고, 5월 1일 어린이날 기념식장에서 소년운동협회가 소년운동선언에서 '아동의 권리 공약 3장'을 선포하였다.

–아동의 권리 공약 3장 내용(방정환)

- 어린이를 재래의 윤리적 압박으로부터 해방하여 그들에 대한 완전한 인격적 예우를 허하라.
- 어린이를 재래의 경제적 압박으로부터 해방하여 만 14세 이하의 그들에 대한 무상 또는 유상의 노동을 폐하라.
- 어린이에게 그들이 고요히 배우고 즐거이 놀 만한 각양의 가정 또는 사회적 시설을 행하라.

이는 우리나라 최초의 권리선언으로 세이브더칠드런의 창시자인 영국의 젭 여사의 아동권리선언과 같은 해에 공포되었다.

(2) 아동과 청소년 관련 헌장

① 어린이헌장

1957년 어린이헌장(현재 어린이대공원에 있음)이 만들어졌다. 어린이의 권리와 복지, 바람직한 성장상(成長像)을 제시하여 사회의 전체가 이를 지켜주고 키워가며, 또 어린이 스스로도 그렇게 힘쓰게 하기 위해 마련한 헌장이다.

어린이헌장은 전문 및 본문 9개 항으로 제정되었는데, 전문은 "어린이는 나라와 겨레의 앞날을 이어나갈 새사람이므로 그들의 몸과 마음을 귀히 여겨 옳고 아름답고 씩씩하게 자라도록 힘써야 한다."로 되어 있었다.

본문은 어린이는 한 사람의 인간으로서 존중받아야 하고, 튼튼하게 낳아 참된 애정으로 교육하여야 하고, 마음껏 놀고 공부할 수 있는 시설과 환경을 마련해 주어야 하고, 공부나 일이 몸과 마음에 짐이 되지 않아야 하고, 위험할 때에 맨 먼저 구출되어야 하고, 어떤 경우에도 악용의 대상이 되어서는 안 되고, 굶주리거나 병들거나 결함이 있거나 보호가 필요한 어린이는 적절한 대처가 있어야 하고, 자연과 예술을 사랑하고 과학을 탐구하며 도의를 존중하도록 이끌고, 인류의 자유와 평화와 문화 발전에 공헌할 수 있도록 키워야 한다는 등의 내용으로 되어 있다.

그 뒤 1988년에 보건사회부는 〈어린이헌장〉이 제정된 지 30여 년이 넘어 시대에 맞지 않고 피상적이라 하여 관계 전문가 30여 명이 참석한 가운데 헌장을 개정, 제66회 어린이날을 맞아 전문과 11개 항으로 된 본문을 공포하였다.

개정된 〈어린이헌장〉은 인간으로서의 존엄성을 갖는 민주사회 시민으로서의 어린이상을 구체화하였으며, '굶주린 어린이는 먹여야 한다.'는 등의 피상적인 내용을 전면 개정하여 어린이의 건전한 출산과 건강·교육·레크리에이션·노동 등에 대한 사회의 보호를 구체화시켜 명시하고, 미래 사회가 요구하는 한국 시민과 세계인으로서의 진취적 기상을 갖추도록 할 것을 명시하였다.

〈어린이헌장〉은 어린이를 미래의 민족·국가의 주체로 보고 그들의 교육과 건강을 보살피고자 하는 목적에서 제정된 것으로, 국가의 장래를 생각할 때 매우 의의가 큰 것이다.

2016년 대한민국 아동권리헌장을 발표하였는데, 이는 전문과 9개 조항으로 이루어졌다. 학대 등으로부터 보호받을 권리, 놀권리, 표현의 자유와 참여, 상상과 도전, 창의적 활동 등을 비중있게 다루었다.

② 청소년헌장(1990년 제정/1998년 전면 개정)

미래사회를 이끌어 나갈 청소년들의 건전한 가치관을 정립하고 청소년의 건전육성을 위한 범국민적 공감대를 형성하기 위해 제정된 헌장이다.

청소년의 이상과 포부를 제시한 전문과 청소년의 권리·의무, 가정의 기능, 학교의 사명, 청소년 건전육성을 위한 국가와 사회의 역할 및 책임을 담은 5개 항의 본문으로 구성되었으며, 1990년 5월 12일 선포되었으나 1998년 10월에 개정되었다. 한국에서 처음 제정된 이 헌장은 청소년에 대한 가정·학교·사회·국가의 책무와 유기적 역할을 규정, 모든 유관 부처가 강력한 정책으로 이를 뒷받침함으로써 청소년문제에 적극 대처할 방침으로 마련한 것이다(네이버 지식백과).

> 청소년헌장 전문
>
> 청소년은 자기 삶의 주인이다. 청소년은 인격체로서 존중받을 권리와 시민으로서 미래를 열어갈 권리를 가진다. 청소년은 스스로 생각하고 선택하며 활동하는 삶의 주체로서 자율과 참여의 기회를 누린다. 청소년은 생명의 가치를 존중하며 정의로운 공동체의 성원으로 책임있는 삶을 살아간다.
> 가정 학교 사회 그리고 국가는 위의 정신에 따라 청소년의 인간다운 삶을 보장하고 청소년 스스로 행복을 가꾸며 살아갈 수 있도록 여건과 환경을 조성한다.
> ▼청소년의 권리
> 1.청소년은 생존에 필요한 기본적인 영양 주거 의료 교육 등을 보장받아 정신적 신체적으로 균형 있게 성장할 권리를 가진다.
> 1.청소년은 출신 성별 종교 학력 연령 지역 등의 차이와 신체적 정신적 장애 등을 이유로 차별받지 않을 권리를 가진다.

1.청소년은 물리적 폭력뿐만 아니라 공포와 억압을 포함하는 정신적인 폭력으로부터 보호받을 권리를 가진다.
1.청소년은 사적인 삶의 영역을 침해 받지 않을 권리를 가진다.
1.청소년은 자신의 생각과 느낌을 자유롭게 펼칠 권리를 가진다.
1.청소년은 자유로운 의사에 따라 건전한 모임을 만들고 올바른 신념에 따라 활동할 권리를 가진다.
1.청소년은 배움을 통해 진리를 추구하고 자아를 실현해 갈 권리를 가진다.
1.청소년은 일할 권리와 직업을 선택할 권리를 가진다.
1.청소년은 여가를 누릴 권리를 가진다.
1.청소년은 건전하고 다양한 문화 예술 활동에 자유롭게 참여할 권리를 가진다.
1.청소년은 다양한 매체를 통하여 자신의 삶에 필요한 정보에 접근할 권리를 가진다.
1.청소년은 자신의 삶과 관련된 정책결정 과정에 민주적 절차에 따라 참여할 권리를 가진다.
▼청소년의 책임
1.청소년은 자신의 삶을 소중히 여기며 자신이 선택한 삶에 책임을 진다.
1.청소년은 앞 세대가 물려준 지혜를 시대에 맞게 되살려 다음 세대에 물려줄 책임이 있다.
1.청소년은 가정 학교 사회 국가 인류 공동체의 성원으로서 자기와 다른 삶의 방식도 존중할 줄 알아야 한다.
1.청소년은 삶의 터전인 자연을 소중히 여기고 모든 생명들과 더불어 살아간다.
1.청소년은 통일 시대의 주역으로서 평화롭게 공존하는 방법을 익힌다.
1.청소년은 남녀평등의 가치를 배우고 이를 모든 생활에서 실천한다.
1.청소년은 가정에서 책임을 다하며 조화롭고 평등한 가족문화를 만들어 간다.
1.청소년은 서로에게 정신적 신체적 폭력을 행사하지 않는다.
1.청소년은 장애인을 비롯한 소외받기 쉬운 사람들과 더불어 살아간다.
1998년 10월 25일

(3) 아동·청소년 및 학생 인권 조례

지자체와 학교에서 청소년들의 인권에 대한 관심이 고조되면서 인권 조례들이 만들어 시행되고 있다.

2010년 경기도, 2011년 광주, 2012년 서울, 2013년 전북에서 학생 인권 조례가 제정되어 실행되고 있다.

서울특별시 학생인권조례의 주요 내용은 차별받지 않을 권리, 폭력으로부터 자유로울 권리, 정규교과 이외의 교육활동의 자유, 소지품 검사 금지, 휴대폰 사용 자유 등 사생활의 자유 보장, 양심·종교의 자유 보장, 집회의 자유 및 학생 표현의 자유 보장, 소수 학생의 권리 보장, 학생인권옹호관, 학생인권센터의 설치 등 학생인권침해 구제 등이다.

학생들의 인권을 보장하기 위한 노력으로 제정된 학생인권조례가 청소년의 생활 전반을 아우르기 어렵다고 보아 서울시, 부천시, 동해시에서는 아동(어린이)·청소년 인권 조례를 제정하여 전체 청소년의 인권보장을 위해 앞장서고 있다.

아동(어린이)·청소년 인권조례는 학생인권조례의 내용의 연장과 확장으로 이루어져 있다고 볼 수 있는데, 지자체마다 내용에 약간의 차이는 있다. 노동에 대한 권리, 자기결정권 및 참여의 권리, 인권보장에 있어서 가정, 시설, 학교, 지역사회, 빈곤·장애·소수자의 인권 영역을 다루고 있어 학생인권조례에서 더 확장되어 모든 청소년의 인권을 아우르기 위한 영역으로 확대하여 적용하고 있다.

학생인권조례가 시행되면서 학교에서 많은 혼란을 겪었다. 학생인권 보장이 교권과 반비례하여 적용되는 것으로 이해되어 학생지도에 어려움을 토로하기도 했다. 그러나 학생인권과 교권은 함께 존중되어야 하는 것이다. 서로가 각자의 권리를 인정해 주는 것이 무엇보다 중요하다.

학생인권조례와 청소년 인권조례의 실효성을 담보하기 위해서는 지속적인 개정을 통해 현실에 맞게 조정하는 것이 필요하다. 실태조사에 대한 내용이 조례안에 담겨있지만, 명확히 하는 지역과 그렇지 못한 지역 등 편차가 있으므로 실질적 적용의 노력이 필요하다.

3. 각 영역에서의 청소년인권

1) 가정에서의 청소년인권

가정에서의 아동과 청소년은 자녀라는 이름으로 일컬어진다. 부모는 자녀를 낳아 양육하면서 바르게 키워야 한다는 생각으로 훈육을 한다. 그 때 사용하는 것이 크고 작은 폭력이다. 가정 내 폭력은 지속적이고 반복적으로 발생하는 특성이 있다. 훈육이라는 미명 아래 발생하는 폭력은 사회적 무관심 속에 방치되어 왔다.

가정폭력을 경험한 아동과 청소년은 폭력을 대물림 받아 가정을 떠나서도 여러 가지 다양한 폭력상황에 노출될 확률이 높다. 아직도 우리나라의 사회 문화적 분위기는 가정 내 폭력을 훈육으로 보고, 아동·청소년이 이에 대응할 능력을 갖추지 못했으며, 지원체계가 충분히 홍보되지 않는 등 다양한 문제가 산재해 있다.

「가정폭력범죄의 처벌 등에 관한 특례법」 제2조 제1항에 의하면, 가정폭력은 가정 구성원 사이의 신체적, 정신적 또는 재산상의 피해를 수반하는 행위를 말하며 가정 구성원 사이의 모든 폭력을 포괄하고 있다. 가정폭력의 범주는 직접적인 폭행, 상해, 상습범, 유기, 명예훼손, 협박, 감금, 체포, 학대 등과 아울러 심한 욕설과 같은 언어적 폭력 및 의심과 같은 정신적 폭력도 포함한다.

가정폭력의 심각성은 일반폭력과 달리 가족을 포함한 친밀한 관계에서 지속적으로 반복되는 특성을 지니고 있으며, 시간이 지남에 따라 그 정도는 더욱 심해진다. 가정 내 폭력의 피해자는 의식 속에 내면화된 폭력이 당사자뿐만 아니라 대대로 전승될 수 있어 이들이 문제해결에 폭력을 쉽게 사용할 수 있는 악순환에 놓이게 된다.

가정폭력이 일어나게 되는 원인은 부모의 훈육에 대한 무지, 체벌을 당연시하거나 부모가 자녀를 소유물로 여기는 왜곡된 풍조, 부모의 그릇된 욕심과 기대 그리고 고립된 가정환경 및 부부갈등이라고 볼 수 있다.

가정폭력의 유형은 첫째, 신체폭력이다. 신체폭력은 물리적인 힘이나 도구를 이용하여 신체를 직접적으로 때리는 것 외에 물건을 집어 던지거나 어깨나 목 등을 꽉 움켜잡는 것이 포함된다. 훈육상의 체벌이라는 이름하에 행하는 경우가 많은데, 부모 자신의 좌절, 분노, 미성숙 등의 원인과 관련되어 나타나며, 멍, 화상, 찢김, 골절, 장기파열 등의 형태로 나타난다.

둘째, 정서폭력이다. 자녀에게 지극히 부정적인 태도를 갖고 언어적 폭력과 정서적 위협, 감금이나 억제, 기타 가학적인 행위를 가하는 것으로, 자녀를 무시하거나 애정이나 칭찬을 거부하는 것과 같은 소극적인 것도 포함된다. 비교 및 차별, 놀리거나 겁을 주는 등 정서적으로 불안하게 하는 행위는 당장은 자녀들에게 심각한 손상으로 나타나지 않으나 이후 대인관계나 사회적 적응에 부정적인 영향을 끼치게 된다.

셋째, 방임 및 유기이다. 부모나 양육자가 자녀의 신체적·지적·정서적 능력개발을 위해 기본적으로 필요한 조건들을 제공하지 못해 영양결핍, 불충분한 의료보호, 소홀한 교육 등 자녀가 건강과 안전을 위협받고 정서적 박탈감을 경험하게 되는 것이다.

넷째, 경제적폭력과 성폭력이다. 경제적 폭력은 생활비를 주지 않는 것뿐만 아니라 직업을 갖지 못하게 하는 것이고, 성폭력 청소년을 대상으로 하는 모든 성적 행위로, 성적 수치심을 유발하는 행위나 원치 않는 성관계를 요구하는 것을 포함한다.

이러한 가정폭력은 낮은 자아정체감으로 이어지고, 외부로 드러나지 않는다는 특수성 때문에 사회가 묵인할 경우 지속적이고 반복적인 폭력으로 이어지는 경향이 있다. 또한, 부모의 폭력은 자녀에게 전이되며, 나아가 사회적인 문제인 성폭력, 학교폭력, 아동학대, 노인학대 등으로 확대될뿐만 아니라 청소년기의 학교폭력을 거쳐 성인이 된 후 데이트폭력 및 군폭력 등 사회문제로 이어지게 된다.

가정 내 폭력을 없애기 위해서는 폭력적이고 위협적인 그리고 체벌을 동반한 훈육은 부모의 정당한 지도에 포함될 수 없다는 인식이 사회적으로 널리 공유되어야 하고, 가정폭력 예방 프로그램의 내용에 있어서도 갈등해결 방법, 자신과 타인의 인권 보호 등에 기반하여 폭력의 폐해로부터 벗어날 수 있도록 교육하는 것이 필요하다. 또한, 생애주기별 체계적인 부모교육, 부모의 상황과 요구를 반영한 실질적인 부모 양육지원 체계가 확립되어야 한다.

무엇보다 청소년은 부모 또는 보호자의 소유물이 아닌 한 인간으로서 이들의 인권을 존중해야 한다는 인식의 전환이 필요하다.

2) 학교에서의 청소년인권

학교는 청소년들이 하루 중 가장 많은 시간을 보내는 곳이다. 학생으로서 갖는 학생인권은 인간으로서의 존엄성을 보장받고, 헌법과 국제인권조약(유엔아동권리협약 등)에서 보장하는 인간다운 삶을 위해 반드시 필요한 권리이다.

학생이라는 이유로 마땅히 누려야 할 권리를 제한하거나 박탈하는 것이 아니라, 스스로가 권리를 이해하고 실천하는 과정에서 온전한 사회구성원으로서 책임과 역할을 다할 수 있도록 지원해야 한다. 「교육기본법」 제12조에서는 "학생의 기본적 인권은 학교교육 과정에서 존중되고 보호된다."고 명시되고 있고, 경기도(2010), 광주광역시(2011), 서울특별시(2012), 전라북도(2013)가 학생인권조례를 제정하여 운영하고 있다. 학생인권조례는 차별금지, 폭력으로부터 안전할 권리, 교육에 관한 권리, 사생활의 자유, 표현, 집회 및 결사의 자유, 자치 및 참여권리, 적법한 징계절차, 권리침해로부터 보호받을 권리의 내용으로 이루어져 있다.

그럼에도 학교에서 청소년의 인권 침해사례는 다양하게 발생하고 있다.

〈표 9-2〉 학교에서의 인권 침해사례

영역	침해사례
체벌 및 언어폭력	– 수업시간에 교과서 준비 안했다고 체벌 – 선생님이 화가 나면 창고로 끌고가서 욕설하고, 물건 던짐
사생활 자유	– 교복에 명찰 부착 – 머리가 길다고 벌점 줌
표현의 자유	– 학교 밖에서 합법적으로 개최된 인권 관련 집회에 참여했다고 징계 내림 – 허가받지 않은 전단지 교내 배포로 진술서 요구
휴식권, 건강권	– 교칙 위반 시 깜지 30장 쓰기 – 쉬는 시간 5분이어서 화장실 다녀오기 힘듦 – 이른 등교
학습권	– 교칙 위반했다고 수업 배제 – 떠들었다고 수업시간에 복도에 나가있게 함 – 수업준비 안되었다고 교실 뒤에서 벽만 보고 있게 함
참여권	– 학생회, 학급회의 개최 안 함 – 학교규칙 정할 때 학생의견 수렴 안 함

학생의 주변에서 일어나는 다양한 인권침해가 인간관계에서 비롯된다. 무엇보다 학생들이 자신이 당하는 것이 인권침해인지 모르는 경우가 많다는 것이다. 그러므로 모두가 학생인권조례의 내용대로 실천하는 것이 필요할 뿐만 아니라 학생들에 대한 인권교육이 필요하다.

청소년 스스로 불완전한 관계를 개선해 내려는 내면의 힘인 역량이 필요하다. 청소년의 자기주도적인 역량을 강화해 주어야 한다. 또한, 학생들의 합리적 의견 수렴과 합의를 통해 교칙을 결정하는 학교문화를 만들어 나가야 한다.

3) 지역에서의 청소년인권

지역사회에서의 청소년인권 문제는 청소년의 노동 현장에서 나타난다. 지역사회에서의 유해환경이 청소년의 삶을 위협하는 것 또한 문제라고 할 수 있다.

(1) 청소년 노동인권

청소년의 노동은 갈수록 많아지고 있다. 청소년 스스로 자립에 대한 욕구, 가정 형편이 어려워 경제적인 이유로 노동현장에서 아르바이트를 하거나 취업을 해 일을 하는 경우가 많다. 하지만 노동자로서 인정받지 못하고 부당한 대우를 받는 경우도 많다. 이전보다는 고용주도 청소년 노동에 대한 인식과 교육이 이루어지고 있어서 청소년의 노동에서의 권리를 지켜주고 있으나 아직도 당연히 보장되어야 할 노동자로서의 권리는 잘 지켜지지 않고 있다. 가장 많이 경험하는 것이 임금체불이고 모욕적인 말이나 폭언, 폭력을 경험하는 사례, 배달 아르바이트로 인해 사고를 당하는 경우 등 어려운 일이 다양하게 발생하고 있다.

특히 안전수칙을 제대로 지키지 않으면서 작업을 진행하여 사고로 이어져 목숨을 잃는 청소년들도 상당수 존재한다.

법에 저촉되지 않는 한 청소년들도 아르바이트를 할 수 있다. 모든 청소년은 건강이나 교육 및 발달에 위협이 되는 노동으로부터 특별한 보호와 지원을 받을 권리가 있다. 청소년은 차별없는 정당한 대우를 받아야 하며, 유해하고 위험한 환경에 노출되지 않고 안전한 노동환경을 제공받아야 한다. 청소년의 건강한 성장과 발달을 위한 교육이 노동으로 인해 방해받아서는 안되며, 신체적·지적·정신적·도덕적 또는 사회발전에 유해한 어떠한 노동의 수행으로부터 보호받아야 한다.

그러기 위해 청소년 스스로가 삶의 주체로 노동인권을 이해하고 적극적으로 행사할 수 있는 교육을 받아야 하고, 청소년이 안심하고 부당한 일에 대해 상담하고 도움을 청할 수 있는 기관을 마련해야 한다. 〈유엔아동권리협약〉 제32조 제2항에 모든 입법, 행정, 교육 등의 조치를 취하고, 최저고용연령, 고용시간, 고용조건, 처벌 및 제재수단을 마련할 것을 규정하고 있다.

한국청소년정책연구원(2016)의 조사에서 청소년 아르바이트 실태는 〈표 9-3〉과 같다.

〈표 9-3〉 청소년 아르바이트 실태

내용	남(%)	여(%)
아르바이트 경험 있다	15.1	11.8
아르바이트 피해 경험 중 임금 1~2번 정도 받지 못하거나 약속보다 적게 받은 경우	12.8	14.2
위에서 3번 이상인 경우	1.8	1.3
아르바이트 시간을 초과하여 일하였거나 하기로 한 일과 전혀 다른 일을 하는 피해경험 1~2번	11.8	13.0
아르바이트 과정에서 최저임금 이하의 임금을 받은 경험이 1번이라도 있는 경우	20.1	22.4
근로계약서 작성한 적 없음	72.0	66.6
부당하게 해고를 당한 경험 1번이라도 있는 경우	7.0	4.6
아르바이트 과정에서 1번이라고 불결하고 위험한 작업환경을 경험	9.5	
아르바이트 과정에서 폭언 등의 인격모독을 경험	10.0	11.5
구타나 폭행을 경험	3.9	1.8
성적 피해 경험	4.3	2.1

근로계약서 작성이 무엇보다 우선되어야 하는데, 작성하지 않은 청소년 비율이 굉장히 높게 나타났고, 피해경험 중 가장 심각한 성적 피해경험도 있는 것으로 나타났다. 권일남·전명순(2020)의 연구에서는 청소년들의 노동인권 의식이 높았고, 부당한 대우는 많이 느끼지 않으며, 일터 상황도 많이 좋아졌음을 확인할 수 있었다. 그러나 청소년 노동인권 교육에 있어서 실제적인 교육을 제대로 받지 못하였고, 학교나 지자체 등 청소년 노동인권 교육을 받을 수 있는 기관에 대한 정보가 부족함을 나타냈다.

이러한 결과들을 통해 청소년 노동인권이 제대로 지켜지기 위해서는 첫째, 청소년을 위한 노동교육의 강화가 필요하다. 노동교육, 가치, 아르바이트십계명 등을 교육하고, 아르바이트 과정에서 겪는 어려움을 대처할 수 있는 노동인권 교육의 활성화가 필요하다. 특히 학교 교육과정 내에서 학교급별로 체계화된 교육프로그램을 개발하여 시행하여야 하며, 청소년 고용 사업장의 사업주를 대상으로 청소년 노동인권 교육을 의무화해야 한다.

둘째, 유엔아동권리협약 등 국제조약의 성실한 이행, 「근로기준법」의 개정을 통한 불안정한 고용과 관련된 법률의 개선 등이 필요하다.

셋째, 청소년 근로인권 친화사업장을 발굴하여 지원해야 한다. 청소년모범사업장을 등록해서 청소년들이 그곳을 중심으로 일을 할 수 있고, 고용주가 건강한 사업장을 만들기 위한 노력을 하는 사회적 분위기를 조성하는 것이 필요하다.

넷째, 노동인권 침해에 대응하는 상담과 구제방안이 체계화되어야 한다. 청소년들이 안심하고 접근할 수 있는 시스템 구축과 적극적인 홍보로 신속한 상담, 처리 등이 이루어지도록 해야 한다.

(2) 지역사회 환경에서의 청소년인권

청소년을 둘러싸고 있는 지역사회 환경이 청소년의 건강한 성장과 발달을 해치는 인권 침해적인 환경으로 작용하고 있다. 이들의 건강한 성장을 위해 유해환경을 차단해야 하나 규제와 단속강화로 유해환경이 개선될 수 있는 것이 아니므로 지속적으로 관심을 가지고 개선해 나가기 위한 노력이 필요하다. 특히 어른들이 자신들의 이익을 위해 청소년을 유해환경에 노출시키는 경우가 많다.

청소년 유해환경은 청소년의 건전한 성장을 저해할 수 있는 사회적·심리적·문화적·물리적·구조적인 모든 요소로 상호작용하는 사물, 외부의 압력이나 상황, 조건, 행위 등을 모두 포함하는 것이다. 인권의 관점에서 볼 때 유해환경이란 건강한 발달을 저해하는 환경을 말하며, 완전한 인격발달에 저해가 되는 위험요인이 포함된 환경을 말한다(황옥경 외, 2017).

「청소년 보호법」에서 청소년 유해환경은 "청소년 유해매체물, 청소년 유해약물 등, 청소년 유해업소 및 청소년폭력·학대"(제2조 제8항)로 규정하고 있다.

우리나라 유해환경의 특징은 유해시설이 주택가에 있다는 것과 청소년의 생활공간인 학교 주변에 많아 청소년들이 유해시설에 자연스럽게 노출되고 있다는 점이다. 청소년들이 편의점이나 소매점에서 담배(50.5%)와 술(49.4%)을 직접 구입할 수 있고, 본드와 같은 흡입류 환각물질도 문구점에서 쉽게 구입할 수 있어 마약류 사용 위험성 또한 높아지고 있다.

청소년 매체이용 및 유해환경 실태조사(여성가족부, 2020)에서 청소년 출입이 제한적으로 허용되는 업소의 최근 1년간 이용률을 조사한 결과, 남자청소년은 'PC방'(71.8%) 이용률이, 여자청소년은 '코인 노래방'(79.4%) 이용률이 가장 높게 나타났다. 최근 1년 간 청소년 출입이 금지된 업소 중 '멀티방/룸카페' 이용률이 14.4%로 가장 높았고, '비디오/DVD방'(2.0%), '(이성이 동행한)숙박업소'(1.6%) 등의 순으로 나타났다. '16년 조사 이후 '비디오/DVD방'의 이용률은 점차 감소하였으나('16년 2.7%→'18년 2.3%→'20년 2.0%), '유흥/단란주점'(0.3%p), '나이트클럽/음악클럽'(0.3%p), '(이성이 동행한)숙박업소'(0.4%p) 이용률은 2018년에 비해 증가하였다. 청소년 출입·고용이 금지되는 업소를 이용한 청소년을 대상으로 업소 이용 시 나이 확인 여부를 조사한 결과, 나이를 확인하지 않고 출입을 허용한 비율은 '멀티방/룸카페'가 가장 높았다(나이 미확인 비율: 멀티방/룸카페(49.3%) 〉 비디오/DVD방(35.0%) 〉 유흥/단란주점(30.0%) 〉 나이트클럽/음악클럽(28.6%) 〉 (이성이 동행한) 숙박업소(25.0%)).

청소년이 PC방과 노래방을 자주 이용하는 것은 이들을 위한 적절한 공간이 없기 때문으로 청소년의 안전과 건강한 발달을 지원하기 위해 유해환경에 대한 접근을 통제하기 전에 안전한 공간을 제공하는 것이 필요하다.

유해환경에서 가장 쉽게 접하게 되는 것이 술과 담배인데, 이러한 유해약물은 PC방, 당구장, 오락실, 소주방, 호프집 등에서 쉽게 구하고 접할 수 있어 유해환경이 유해약물을 접촉하게 하는 장소가 되고 있으므로 관리가 필요하다.

이러한 유해환경과 유해약물이 청소년의 건강권을 위협하는 것이므로 청소년들이 유해환경의 위험성을 정확하게 이해하고 그러한 환경에 접근하지 않도록 교육해야 하며, 청소년의 환경을 건강하고 유익한 환경으로 바꾸어 나가기 위한 사회적 노력이 뒷받침되어야 한다.

또한, 통신기술의 발달로 청소년이 경험하는 유해매체가 증가되고 있다. 청소년이 음란물에 노출될수록 공격성이나 범죄를 저지를 확률이 높아지며 왜곡된 성의식을 형성하는 문제가 발생하게 되는데, 사이버공간에서 전달되는 유해매체는 시공간의 제한성이 없어 발견하거나 통제하기가 어렵다. 그래서 다양한 문제들이 발생하고 더욱 더 유해성이 증가되는 경향이 있다.

청소년들이 대중매체를 포함한 SNS 등 매체의 위험성에 그대로 노출되지 않도록 가이드라인을 제시하는 것이 필요한데, 이때 청소년의 정보접근법을 침해할 수 있으므로 정보접근법을 보장하면서 유해한 매체에 대한 노출을 최대한으로 줄이기 위한 안전장치를 마련해야 한다. 그리고, SNS상에서 서로의 인권을 존중할 수 있도록 사이버인권교육을 강화할 필요가 있다.

4) 청소년인권을 위한 노력

청소년과 사회전반에서 청소년인권을 지켜가기 위해서는 관심을 가지고 노력해야 한다. 무엇보다 우선되어야 하는 것은 청소년 스스로 자신들이 인격적인 사람으로 존중받아야 함을 인식하는 것과 부당한 것에 대해 자신의 권리를 주장할 수 있어야 한다.

사회에서 청소년인권을 정착시키기 위해서는 첫째, 유엔아동권리협약에 대한 교육과 홍보가 필요하다. 인권에 대해 아는 것이 모든 인권문제를 해결하는 출발점이 된다. 모든 사람에게 인권이 있고, 중요하며 존중되어야 한다는 생각을 가지고, 자신의 인권뿐만 아니라 타인의 인권도 존중해야 한다는 인식을 갖도록 한다.

둘째, 상대적으로 열악한 환경에 있거나 소수자 집단에 속한 청소년에 대해 특별히 배려하는 정책이 필요하다. 가난한 가정이나 한부모 가정의 청소년, 장애 청소년, 탈북 청소년, 가출 청소년, 탈학교 청소년 등에 대해 실효성 있는 보호와 지원이 이루어져야 한다. 이러한 상황에 있는 청소년들이 인권의 사각지대 안에 있는 경우가 많으므로 세심한 주의가 필요하다.

셋째, 실제 참여하는 것이 중요하다. 청소년도 한 사람의 시민이고 인격체이기 때문에 자신과 관련있는 문제들에 대해서는 의견을 낼 수 있어야 한다. 그리고 그 의견은 존중되어야 한다. 그렇게 할 때 청소년들이 겪고 있는 인권문제들이 잘 해결될 수 있다.

제10장 청소년참여

청소년참여에 대한 관심은 90년대 이후부터 지속적으로 이루어져 왔고, 청소년참여가 정책적으로 자리 잡기 시작한 것은 1998년 제2차 청소년육성5개년계획이다. 제2차 청소년육성5개년계획에서 시작한 청소년참여에 대한 관심이 제3차 청소년육성5개년계획에서는 계획수립 단계에서부터 청소년들을 참여시키기 위해 지방청소년 육성 정책 및 청소년시설에의 청소년 참여를 보장하였다. 또한 2003년에 개정된 「청소년 기본법」에서는 청소년참여를 청소년육성정책의 주요 추진방향으로 정하여 청소년참여를 청소년정책의 기본이념으로 삼았다. 이러한 일련의 과정들을 통해 청소년참여에 대한 관심을 보이고, 정책적으로 청소년참여를 보장하기 위한 노력을 기울이고 있다. 청소년정책기본계획에 청소년참여를 통한 주도적인 청소년으로의 성장을 중요한 정책 기조로 삼고 있고, 다양한 사업과 기구들을 통해 법적, 제도적 차원에서 청소년참여를 명문화하여 청소년참여 활성화를 위한 시도를 하고 있다.

1. 청소년참여의 필요성

1) 청소년참여의 의의

청소년참여는 청소년들이 능동적으로 자신의 생활환경에 참여하는 기회이고(Winter, 1997), 자신의 삶에 영향을 주는 그리고 자신이 살고 있는 지역사회에 영향을 주는 의사결정을 공유하는 과정이며(Hart, 1997), 책임과 의무를 갖고 스스로 의사결정을 할 수 있도록 포함되고 허용되고 조장되어야 할 청소년의 권리이다(Council of Europe, 1992; 한국청소년정책연구원, 2014 재인용).

청소년이 청소년시기에 어떤 것을 결정하지 않고 참여하지 않다가 갑자기 책임감 있고 참여하여 의견을 제시하는 어른이 될 수가 없다. 물론, 성인이 되어 그 상황에 접하게 되고, 의견을 제시하다 보면 발전되고 가능할 수도 있겠지만, 그걸 기대하기에는 쉽지 않다. 그러므로 청소년시기에 참여의 경험을 갖는 것이 무엇보다 중요하다.

청소년참여는 청소년을 사회구조에 통합, 청소년의 사회적 영향력과 권한을 강화하는 수단, 청소년들에게 책임감 있는 시민으로 발달하도록 기회를 제공하는 수단이 되며, 개인발달, 조직발달, 지역사회 개발의 측면에서 유용하다(Winter, 1997; Checkoway, 1999, 한국청소년정책연구원, 2014 재인용).

청소년참여를 논할 때 청소년을 위해 해야 할 일로 접근을 해야 한다(천정웅, 2014). 이 의미에서 먼저 정책의 대상으로서 청소년의 지위와 정책의 주체로서의 청소년의 역할에 대해서 알아보는 것, 둘째, 현재 어려움을 겪고 있는 문제의 피해자로서 그들에게 사회가 해 주어야 하는 대책과 지금 이 사회에 참여하면서 미래를 이끌어 나갈 문제해결의 주체로서 그들의 능력과 자질을 북돋워주기 위한 방안들에 대한 내용을 생각해 봐야 한다.

이 내용에 포함되어 있는 것은 첫째, 청소년들이 정책관심에서 소외되어 왔다는 것이다. 청소년이 사회의 한 일원으로 자리 잡고 있음에도 불구하고 기성세대는 어른중심에서 정책을 만들고 청소년은 등한시하였다. 둘째, 청소년들은 정책과정에서 소외되어 왔다. 청소년과 관련된 문제이지만, 어른들의 관점과 시각에서 그 예방과 대책을 마련하는 정책을 결정했고, 결정된 정책을 일방적으로 제시함으로 정책의 주대상인 청소년의 요구와 관심은 배제했다. 셋째, 청소년을 문제 주체로 생각하지 않아 왔다. 청소년이 문제의 피해자, 가해자이기도 하고, 청소년은 미래 사회의 한 일원으로 살아가야 함에도 불구하고 이들을 주체로 인정하지 않아 청소년 스스로 문제를 직시하고 그것을 해결해 나갈 능력을 기르도록 환경 마련을 하지 않았다.

청소년이 정책의 관심대상이 되고, 정책과정에서 청소년의 의견을 수렴하며, 문제해결의 주체로 자리잡게 하게 위해 청소년참여는 중요하다.

청소년도 사회의 구성원이므로, 동등하게 행복할 수 있는 권리를 부여해야 한다. 정책을 만들 때 청소년을 대상으로 한 것이라면 청소년에 대한 이해를 바탕으로 그들의 입장을 고려하기 위한 노력이 필요하다. 정책과정에서도 청소년정책의 수요자인 청소년이 참여하여 그들의 입장에서 원하는 바가 무엇인지, 필요한 정책이 무엇인지를 명확히 제시할 수 있도록 해야 한다. 어른들이 청소년을 위해 제공하고자 하는 수많은 정책들이 실제로 청소년에게 필요하지 않거나 청소년의 입장에서 중요하지 않거나 청소년에게 부작용을 일으킬 수 있는 내용일 수 있기 때문에 청소년의 시각에서 정책을 만들어 내야 한다. 청소년 스스로 느끼는 문제는 무엇이고, 그들이 부딪치는 어려움을 해결하기 위해 무엇이 필요한지, 문제해결을 위해 어른들이 해 주기를 바라는 것은 무엇인지, 스스로 할 수 있고 해야 하는 일은 무엇인지 생각하고 제시할 수 있는 관심과 배려가 필요하다. 또한, 청소년을 문제해결의 주체로서의 역할 정립에 참여의 의의가 있다. 청소년은 현재를 살 뿐만 아니라 미래의 삶을 준비하는 사람이다. 현재에서 당면한 여러 사안에 대해 스스로가 그것을 극복해 나가고 해결점을 찾아나가기 위한 노력을 해 나갈 때 경험과 극복과정 안에서 사회의 적응력을 가진 시민으로서의 자질과 능력을 갖게 된다. 자신의 삶과 사회를 이끌어가는 중요한 자산을 얻게 될 수 있다. 그런 점에서 청소년참여는 의미있다.

2) 청소년참여의 필요성

청소년참여는 청소년이 자신에게 영향을 미치는 의사결정을 해 나가는 것이며, 책임있는 사람으로 성장하기 위해 꼭 필요하다.

청소년참여가 필요한 이유는 첫째, 발달적인 관점에서 청소년은 성장하여 어른의 삶을 살고 스스로가 책임있는 판단과 행동을 해 나가야 하는데, 청소년기에 아무런 훈련없이 성인사회로 들어가는 것은 어렵다. 그러므로 일상생활에서 나타나는 사실들에 대해 판단과 행동의 기준을 설정하고 자신이 가지고 있는 사고나 하고 있는 행동을 넓은 사회적 영역으로 확산시키기 위한 능력과 실천을 경험하면서 성인이 되는 것이 필요하다.

둘째, 청소년은 참여를 통해 자신의 자아정체감에 대한 확립이 가능해지고 주도적인 인간으로 성장할 수 있기 때문이다. 참여는 능동적인 행동이다. 실천적인 참여를 통하여 자신이 어떤 사람인지를 발견할 수 있기 때문에 청소년기에 참여는 필요하다.

2. 정책적 청소년참여기구

청소년참여는 청소년정책의 핵심기조로 우리나라뿐 아니라 다른 나라에서도 관심을 가지고 있고, 국민이 자신의 의견을 제시하는 나라가 좋은 나라이다.

유럽연합(EU)은 「2019~2027년 EU 청소년 전략」(EU Youth Strategy 2019-2027) 채택('18)하여 청소년의 사회 참여와 시민으로서의 참여를 지원하고 이를 위해 필요한 자원을 확보하는 데에 초점을 두었다.

프랑스는 「청소년 기본계획(Politique en faveur de la Jeunesse)」 발표(2013, 2015, 2020, 2022, 교육·청소년·스포츠부)하여 참여활성화를 위해 국가차원의 서비스 연계 과정 확립, 사회적 다양성에 기초를 둔 참여문화 조성, 청소년 참여 인식 및 시민성 교육 지원 등의 세부과제 및 중점과제를 제시하였다.

호주도 청소년이 직면하고 있는 여러 이슈에 대해 청소년을 지원하겠다는 국가적 서약의 일환으로 「호주 청소년정책 프레임워크(Australia's Youth Policy Framework)」 발표('21.8)하여 청소년정책에 청소년 의견을 반영하기 위해 청소년 대상 컨설팅을 통해 청소년정책 우선과제·영역을 설정하고, 청소년옹호단체 지원 사업을 비롯하여 청소년의 의견을 듣기 위한 프로그램 등을 마련하였다(관계부처통합, 2023).

여러 나라와 더불어 우리나라도 정책적으로 청소년 참여를 활성화하여 청소년의 의견을 정책에 반영하는 노력을 해 오고 성과를 보였다.

대표적인 청소년 참여기구는 청소년특별회의, 청소년참여위원회, 청소년운영위원회가 있다.

1) 청소년특별회의

청소년특별회의는 「청소년 기본법」 제12조에 의거 범정부적 차원의 청소년정책과제의 설정, 추진 및 점검을 위해 청소년과 전문가가 참여하여 청소년의 권익과 복지, 역량 강화와 사회발전 동력화를 위한 정책 모색, 청소년정책의 중요성에 대한 사회적 공감대 확산의 목적으로 매년 개최된다.

청소년특별회의는 청소년위원(17개 지역회의 및 선발직) 및 전문가들의 토론과 활동을 통해, 청소년의 시각에서 그들이 바라는 정책과제를 정부에 제안한다. 2004년 시범사업으로 시작하여 2005년부터 정식으로 지금까지 이어 오고 있다. 공공행정분야의 국제적 공인을 받은 최고권위의 상인 'UN 공공행정상(UN Public Service Awards)'의 '정책결정 참여'분야 수상('12.6.25, UN본부)하였는데, 정책수요자가 정책과정에 직접 참여하는 선진 행정으로 인정받았다. 이는 청소년 관련 업무로는 UN 공공행정상 최초로 수상한 것이다.

청소년특별회의는 18년간 615개 정책과제를 제안하여 관련 부처에서 그중 89.4%인 550개 과제를 수용하여 정부에서 이행 추진하고 있으며, 정책 수요자인 청소년의 제안과 정부의 정책 추진 요구가 일맥상통하게 추진되고 있다.

2) 청소년참여위원회

청소년참여위원회는 중앙부처와 지방자치단체의 청소년들로 구성되어 청소년 정책이나 활동에 대한 정책자문 및 건의를 하는 청소년참여기구이다. 청소년참여위원회는 「청소년 기본법」에 근거하고 있고, 정기 및 임시회의를 통한 청소년 정책 모니터링활동 및 청소년 의견제안과 정책자문 워크숍 개최와 리더십 훈련 프로그램 등을 실시한다. 국가청소년위원회(2007년까지), 보건복지가족부(2010년 3월까지), 여성가족부(2010년 3월 이후) 청소년참여위원회를 비롯하여 전국 17개 시도와 시군구에서 청소년참여위원회를 구성하여 운영하고 있다.

청소년참여위원회는 청소년들에게 개인적으로 잠재역량을 개발하고 사회성을 향상시키는 한편, 사회적으로 청소년의 권리신장과 건전한 민주시민으로의 육성에 기여하고 있다.

3) 청소년운영위원회

청소년운영위원회는 청소년단체나 시설에서 청소년이 청소년시설의 모니터링과 더불어 청소년 사업 및 프로그램 운영과 관련된 의사결정과정에 참여할 수 있도록 하는 청소년자치기구이다. 청소년운영위원회는 청소년활동 진흥법에 근거하여 운영되며, 수련시설운영단체의 대표자는 이들의 의견을 수련시설에 반영하고 있다.

청소년운영위원회는 10인에서 20인 이내의 청소년으로 구성되어 있고, 임기는 1년이다. 정기회의와 수시회의를 통해 시설 모니터링과 운영에 참여하게 되고, 다양한 사업과 프로그램을 시행하고 있다. 활동백서 발간, 워크숍 등의 교육과 연수프로그램 운영, 타 위원회와의 네트워크 구성, 지역사회 내에서 운영위원회가 직접 주관하는 사업과 프로그램이 그것이다. 특히, 2003년부터 2006년까지 청소년운영위원회의 구성과 활동과정, 결과를 평가하는 '청소년운영위원회 평가위원회'를 구성하여 우수 청소년위원회로 선정된 위원회에는 해외청소년수련시설

연수 등의 인센티브를 부여하였다(천정웅, 2014).

3. 청소년참여의 형태와 영역

1) 청소년참여의 형태

청소년참여의 형태는 다양한데, 2010년 유엔에서는 청소년과 기후변화를 주제로 낸 보고서를 통해 기후변화에 대한 대처와 청소년참여 문제를 중점적으로 다루었다. 그 보고서에서 기후변화에 대처하는 노력에 참여하는 청소년들의 사례를 정리해서 아홉가지의 참여 형태를 제시하였다(UN, 2010; 천정웅, 2021 재인용). 그 아홉가지는 구체적으로 기후문제에 대한 대처 노력이지만, 그것이 청소년참여의 일반적인 형태라고 볼 수 있다.

(1) 정보제공과 청소년교육에 참여

정보제공과 청소년교육에 참여하는 것은 청소년이 사회적 이슈에 참여하기 위해 정보를 알아야 하고, 청소년이 동료교육을 담당하는 것을 말한다. 청소년이 많은 지식내용을 익혀야 하고, 데이터를 해석하고, 평가하는 것도 배워야 한다. 이런 상황에서는 청소년참여가 위에서 아래로 내려오는 일방향으로 끝날 수도 있다. 전문가들이 청소년이 알아야 한다고 생각하는 것을 청소년에게 알려주는 방식으로 이루어질 수 있다. 그러나 정보제공과 청소년교육에 참여는 이런 전문가가 당위적으로 가르쳐주는 것을 말하는 것이 아니라 청소년이 공식 또는 비공식 상황에서 서로 적극적으로 가르치는 것을 포함한다. 동료교육가로서 역할을 하게 되는 것이다.

(2) 정보를 나누며 역량을 키우는 청소년 참여

정보를 나누며 역량을 키우는 것은 구체적으로는 청소년이 세계 각지에서 수

많은 포럼에 참여해 기후변화에 관한 정보와 관점을 나누어 온 것을 통해 참여가 이루어졌음을 볼 수 있다. 정보공유와 능력배양은 능동적 학습과 공유, 그리고 발전이 함께 한다. 능력배양은 의식을 높이는 일과 연관되고 분석기술을 키우며 의사결정 능력을 높이는 일도 포함한다.

(3) 정보통신 기술을 활용하는 청소년 참여

정보통신 기술을 활용하는 청소년들이 많이 있다. 커뮤니케이션 네트워크는 계속 확장되면서 사람, 조직, 국가를 전례 없는 방식으로 이어주며 시민적 참여를 확장하고 있다. 물론 지구촌의 디지털 격차는 존재하나 인터넷은 세계를 잇는 네트워크, 협력적 파트너 관계, 청소년주도의 토론 포럼 등의 발전을 촉진시키고 있으므로 정보통신 기술을 활용하여 참여를 해 나가는 것이 더 확장되고 있다.

(4) 정보를 모으고 분석하는 청소년 참여

정보를 모으고 분석하는 청소년이 있다. 사회적 지표와 물리적 환경에 관한 지역의 데이터를 수집하고 데이터베이스를 만들며 활동계획을 설명하고 여러 연구물들을 분석하는 능력은 주어진 이슈에 관한 연구에 도움이 된다. 청소년들은 주어진 이슈를 분석하기 위한 지역의 능력을 높이기 위해 데이터를 수집하는 활동을 주도하거나 활발히 참여하고 있다.

(5) 캠페인, 로비, 지지활동에 참여하는 청소년 참여

캠페인, 로비, 지지활동에 참여하는 청소년과 단체들은 많이 있다. 세계의 기후변화와 관련하여 가장 강한 참여를 보이고 있다. 기후변화 운동에 참여하는 청소년들은 그들의 목표를 이루기 위해 다양한 전략을 구사한다. 청소년환경 활동가들에게 행동의 첫걸음을 내디디라고 북돋우기도 하고, 국가차원에서 녹색가치를 실현하기 위해 정부와 함께 활동하기도 한다. 자신들의 노력의 효과를 극대화하고 널리 알리기 위해 캠페인, 로비, 지지활동의 직접적인 행동과 더불어 인터넷 활동에도 참여하고 있다.

(6) 자문활동에서의 청소년 참여

자문활동에 참여하는 청소년들이 많다. 여러 국가의 정부나 국제기구에서 청소년의 관점을 끌어내기 위해 청소년 자문위원회를 조직하여 여러 자문 활동 계획을 마련하고 있다. 청소년들이 자문활동에 참여하게 하기 위해서는 청소년에게 자기 견해를 밝힐 공간과 기회가 제공되어야 하며, 기관과 단체는 청소년의 관심사에 반응하기 위해 애써야 한다.

(7) 활동을 이끄는 청소년 참여

활동을 이끄는 청소년들이 있다. 기후변화에 능동적으로 대처하기 위해 세계 각처에서 청소년들이 개인적으로 또는 단체로 노력하고 있다. 청소년이 자신이 삶을 살아가고 있는 세계를 보호해야 한다는 생각을 가지고 있어서 다양한 활동을 계획하여 지역 환경의 복원능력을 높이고 인간과 자연환경의 관계를 굳건하게 해 나가고자 한다.

(8) 정책개발 청소년 참여

정책개발에 참여하는 청소년들이 있다. 정책개발은 더 폭넓은 영향을 미칠 수 있는 제도를 만들어 내는 것이다. 정책개발과 의사결정 과정에서의 발언권을 달라고 주장한 청소년들의 요구가 많은 경우 외면당해 왔으나 다른 수준의 정책 개발의 일을 할 수 있었고 능력을 길러왔다. 청소년 스스로 시도하는 경우, 관리조직이 청소년참여를 돕는 경우들을 통해 권력의 걸림돌을 넘어서기 시작하여 정책을 협력해 만드는 일에 청소년이 참여하기 시작하게 되었다.

(9) 정책결정 과정의 동반자로서 청소년참여

정책결정 과정의 동반자인 청소년들이 있다. 청소년이 쟁점을 정리하고 대안을 개발하며 해결책을 찾는 일을 도울 수 있다면 청소년은 의사결정의 결과물에 의미있는 기여를 할 수 있고, 상당한 영향을 끼칠 수도 있다. 많지는 않지만 청소년이 최종 정책결정 과정에 참여하는 경우가 있다. 이렇게 될 때 청소년은 권한을 인정받는 협력적 의사결정에 참여할 수 있다.

2) 청소년참여의 영역

청소년참여의 영역은 청소년이 무엇에 참여하는가이다. 청소년참여는 청소년의 삶에 영향을 미치는 의사결정 과정에서의 참여인데, 가장 일반적으로 가정, 학교, 지역사회, 국가 등 청소년을 둘러싼 미시적인 환경체계에서부터 국가에 이르게 된다.

제도적인 측면에서 청소년참여의 영역은 가족, 근린지역, 지역사회, 학교, 경제, 정치적 과정, 대중매체, 지역사회개발, 정부, 복지서비스, 문화 등으로 구분할 수 있다. 또한, 문제나 이슈중심으로 구분하면 교육문제, 환경문제, 보건문제 영역으로, 김영인(2007)은 국가적 영역(정책참여, 선거참여)과 사회적 영역(봉사활동, 시민사회 및 지역사회 참여, 수련시설 운영참여)으로, 이채식·박은식(2007)은 일상적 문제에 대한 참여(이웃과 마을공동체 중심으로 일상적으로 일어나는 여러 일이나 문제에 관심을 가지고 활동에 참여하는 것), 사회참여(제도와 정책에 영향을 미치거나 환경과 여건을 변화시키려는 참여 방식), 정치참여(직간접적으로 정치적 의사결정 과정에 영향을 미치는 참여 방식)으로 구분하였다.

청소년참여의 영역을 구분할 때 의사결정 과정에 참여하는 것만으로 제한하기보다는 청소년이 자신의 삶의 공간 안에서 변화를 도모하고, 자발적으로 여기에 동참하는 것까지도 청소년참여에 포함해야 한다고 보고 있다(홍정희, 2016).

여기에서는 대표적으로 논의되는 청소년참여의 5대 영역인 또래 중심의 참여, 지역 중심의 참여, 정책과정의 참여, 단체자율참여, 사이버참여로 나누어 살펴본다(천정웅, 2021).

(1) 또래중심 참여활동

또래집단 참여는 청소년들의 흥미를 개발하고 또래와의 관계형성, 부모에 대한 심리적 의존감에서 벗어나는 데 도움이 된다. 또래 집단을 통해 사회적 활동을 조직화한다. 청소년 또래 중심의 참여는 매우 유용하지만 상당부분 특별한 도움장치나 단체의 협력으로 이루어지는 경우가 있다.

또래중심 참여활동으로는 자신들의 주장과 의견을 자율적으로 제시하거나 동료집단끼리 프로그램을 구성해서 참여하는 형태 그리고 동료들 간의 상호작용에 기반을 두는 또래상담과 자율법정 활동 등이 있다.

(2) 지역중심 참여활동

지역사회는 청소년의 구체적이고 원천적인 생활의 거점이고 청소년들의 관습과 태도, 가치의식을 길러주는 실천적 현장이다. 청소년들이 가장 많이 생활하는 장소이며, 문제를 일으키고 해결하는 장소이기도 한 지역사회에서 제공하는 제도와 행정에 청소년이 직접 참여해 의견을 개진할 통로는 거의 없는 것이 현실이다. 다양한 형태의 자원봉사활동에 대한 참여, 지역사회 문제해결을 위한 참여활동을 청소년들이 함께 할 수 있다. 프랑스의 청소년과 성인 민주포럼과 미국의 타운미팅 등은 지역사회 중심으로 이루어지는 참여활동의 좋은 예이다.

(3) 정책과정 참여활동

정책과정 참여활동은 청소년들이 자신들의 삶에 영향을 주는 지역사회와 국가의 청소년 정책에 관심을 가지고 그에 대한 의견을 제안하고 건의하는 것이다. 넓게 청소년들의 권한과 역할이 정책결정과정에 미치는 영향을 미치는 정도와 수준과는 관계없이 여러 사회문제에 대해 주장하는 여러 단계의 활동을 모두 포함한다. 정책참여에서 청소년들이 의사결정의 실질적인 참여 권한을 갖도록 하는 것이 무엇보다 중요하다.

(4) 단체자율 참여활동

단체자율 참여활동은 우리나라 청소년정책의 핵심인 청소년단체나 시설 등을 통해 조직적 활동, 집단적 활동, 체험적 활동을 하는 것이다. 청소년단체는 일정한 회원을 대상으로 정기적인 활동을 실시하고, 운영은 가입회원의 회비 중심으로 하고 있으며, 청소년시설은 일정한 규모의 활동공간을 중심으로 다수 청소년을 대상으로 체험활동을 실시하며, 운영은 주로 시설이용자의 사용료로 이루어진다. 이러한 청소년단체와 시설에서는 청소년의 개인차를 고려하여 사회성 개발을 강조한다. 청소년단체와 시설에서 이루어지는 모든 활동에 청소년의 자발적이고 자율적인 참여가 이루어질 때 진정한 참여가 될 수 있다.

(5) 사이버 참여활동

사이버참여는 사이버공간을 통해 청소년들이 참여하는 것이다. 디지털 사회가 되고 멀티미디어의 발전과 통신의 발달로 인한 다양한 청소년참여가 이루어지고 있다. SNS와 유튜브, 웹툰과 1인 방송 문화 콘텐츠에 대한 청소년들의 관심이 높아지는 상황에서 언제 어디서나 소통하고 콘텐츠를 만드는 청소년들의 참여가 사이버공간을 통한 선거운동과 토론의 형태로 활발하게 이루어지고 있다.

〈표 10-1〉 청소년참여 5대 영역별 주요 활동

영역	내용	국내외 주요 동향	특성
동료 집단 참여	의견주장 자율제시 프로그램 개별제시 동료 상호작용 문제 예방과 해결	또래상담 : 갈등관리, 약물예방 젊은이의 도전(프랑스) 청소년법정활동(미국)	자주/자립적
지역 중심 참여	원천적 생활거점 지역사회 청소년운동 지역특성부응 지역환경 개선발전	지역 내 자원봉사활동 지역문제 자율해결활동(독일) 생활화된 봉사활동(미국) 청소년 민주포럼(프랑스)	책임/협력적
정책 관정 참여	지역행정 수요계층 행정과정 정책제안 정책입안 자료원 정책토론, 협의 참여기구의 제도화	청소년참여위원회 활동 청소년위원회(미국) 지역청소년위원회(영국) 청소년자문위원회(프랑스)	직접/쌍방적
단체 자율 참여	조직적 집단적 활동 체험활동의 전제 청소년자치 활동	청소년운영위원회 청소년토론회(미국) 청소년자율운영신문(네덜란드)	자생/정기적

사이버 참여	정보사회 소통수단 정책과정참여 신속성 전자민주주의 공간	SNS 및 1인 미디어 활동 다양한 웹진 활동(미국) 활발한 인터넷 토론(영국) 사이버 상담	공개/자유적

출처: 천정웅(2021)

4. 청소년참여의 이론적 모형

1) 참여사다리 모형(Hart)

하트(Hart, 1997)는 14세 이하 청소년이 정책 또는 의사결정에 참여하는 수준을 8가지 발판 가로장으로 구분하여 제시하고 있다.

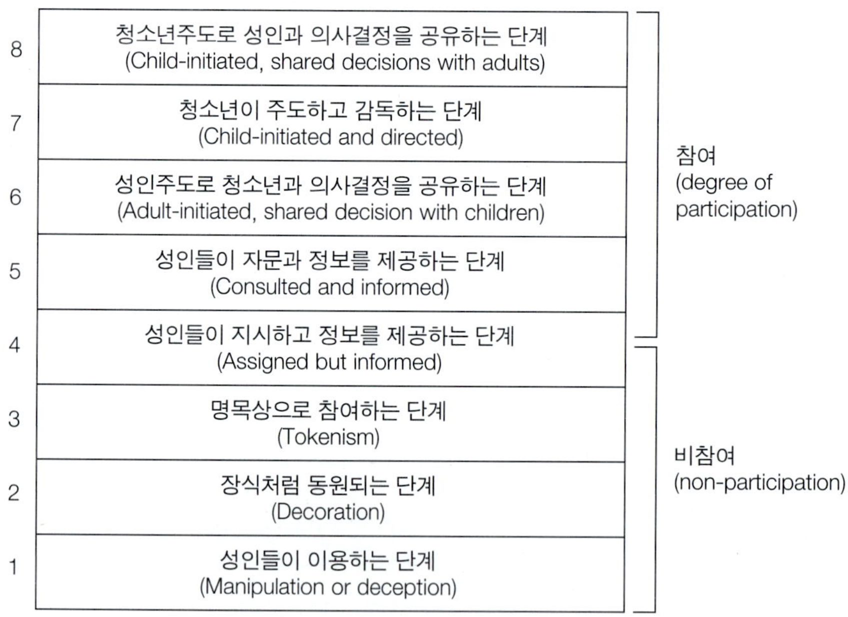

[그림 10-1] 청소년참여의 사다리 모형(Hart)

출처: 천정웅(2021)

하트의 사다리 8개 가로장 모형은 ①성인들이 이용하는 조작, ②장식처럼 동원, ③명목상으로 참여, ④성인들이 지시하고 역할을 부과하며 정보 제공, ⑤성인들의 자문과 정보 제공, ⑥성인 주도로 청소년과 의사결정 공유, ⑦청소년이 주도하고 감독, ⑧청소년 주도로 성인과 의사결정 공유이다.

(1) 성인들이 이용하는 단계

성인들이 이용하는 단계는 참여의 가장 낮은 단계로 어른들이 의도적으로 청소년의 목소리를 이용하는 단계이다. 성인이 주도하고 청소년들과 함께 운영하지만 청소년들은 그 사안이나 행동에 대한 이해가 없다. 청소년과 의논하지만 피드백 없고, 청소년들이 참여하는 것처럼 꾸미는 단계이다. 청소년들이 문제나 사안에 대한 이해 없이 플래카드를 들고 시위에 참여하는 단계이다.

(2) 장식처럼 동원되는 단계

장식처럼 동원되는 단계는 성인들이 주도하고 청소년과 함께 운영하지만, 청소년들은 그 내용에 대해 이해가 되어 있지 않고 참여가 안되는 단계이다. 성인들이 청소년이 주도하는 것처럼 꾸미지는 않지만 청소년들을 이용하는 단계이다. 이 단계는 청소년들이 행사에 한 순서를 맡아 공연을 하는 경우나 청소년들과 관련된 내용이나 주장을 담은 티셔츠를 입히는 경우이다. 이 단계에서는 청소년이 자신의 의견을 말할 수 있는 기회가 없다.

(3) 명목상으로 참여하는 단계

명목상으로 참여하는 단계는 성인들이 주도하고 청소년이 자신들의 의견을 내는 것처럼 보이지만 주제에 대한 선택권이 없고 자신의 의견을 형성할 기회가 없는 단계이다. 이 단계는 다루기 어렵고 구분하기도 어렵다. 이 단계에서 청소년은 회의에 참여하도록 초청되고 의견을 말할 수 있는 기회도 주어지지만 발표가 제한되고 자신의 의견을 형성하거나 다른 친구들과 협의할 기회가 주어지지 않는 단계이다. 명목상으로 참여하는 단계까지 실질적인 청소년참여가 아니다.

(4) 성인들이 지시하고 정보를 제공하는 단계

성인들이 지시하고 정보를 제공하는 단계는 결정한 후 통보하는 단계로 성인 주도이지만 청소년이 그 의도를 이해하고, 누가 그리고 왜 의사결정을 내리는지 알고, 이후에 의미있는 역할을 담당하거나 자원봉사를 할 수도 있는 단계이다. 이 단계에서는 청소년이 활동의 취지를 이해하고 있는가? 청소년들은 누가 결정을 내리는지 이해하고 있는가? 청소년들은 결정의 이유가 무엇인지를 이해하고 있는가? 청소년이 진정한 역할을 담당하고 있는가? 청소년들이 자발적으로 참여할 수 있도록 활동의 내용이 충분히 설명되었는가? 등이 고려된다.

(5) 성인들이 자문과 정보를 제공하는 단계

성인들이 자문과 정보를 제공하는 단계는 의견수렴 후 통보하는 것으로 성인들에 의해 계획되고 운영되지만 청소년들의 의견이 신중하게 고려된다는 것을 아는 단계이다. 청소년들을 대상으로 하는 조사의 경우 청소년들이 조사목적을 이해하고, 조사결과의 분석과 결과에 대한 논의에 청소년들이 참여하는 경우이다.

(6) 성인주도로 청소년과 의사결정을 공유하는 단계

성인주도로 청소년과 의사결정을 공유하는 단계는 진정한 참여가 시작되는 곳으로 성인들이 주도하지만 의사결정 과정에 청소년의 참여가 이루어진다. 이 단계는 청소년참여에서 매우 중요한 의미를 지니는 단계로 성인들이 청소년참여에 대한 유능성이나 확신을 갖지 못하면 다음 단계로 넘어가기 어렵다. 청소년들이 모든 과정에서 어느 정도의 참여가 필요하다.

(7) 청소년이 주도하고 청소년들이 감독하는 단계

청소년이 주도하고 청소년들이 감독하는 단계는 청소년들이 성인들의 참여 없이 자신들의 프로젝트를 시작하고 운영하는 단계이다. 놀이가 여기에 속한다. 성인들은 관찰자로서 존재하면서 청소년들의 활동에 대해 인식을 하지만 통제하지 않는 단계이다.

(8) 청소년주도로 성인과 의사결정을 공유하는 단계

청소년주도로 성인과 의사결정을 공유하는 단계는 청소년과 성인이 함께 프로젝트를 기획하고 운영한다. 청소년이 주도적으로 프로젝트를 개발하고 이를 수행하기 위해 성인들과 협력한다는 것은 청소년이 지역사회의 구성원으로서 역할을 수행하는 데 충분한 능력과 자신감을 가지고 있다고 볼 수 있다.

2) 청소년참여 8단계 모형(Checkoway)

체코웨이(Checkoway, 1998)는 청소년참여 8단계 모형을 제시하였는데, 조작 단계, 치료 단계, 정보제공 단계, 자문 단계, 유화 단계, 공동협력 단계, 권한이양 단계, 청소년통제 단계가 그것이다.

첫째, 비참여 단계이다. 비참여 단계는 조작 단계와 치료 단계이다. 이 두 단계는 그 본래의 목적이 청소년을 참여시키는 것이 아니라 참여자를 교육하거나 치료하는 것이 필요하다는 전제하에 청소년의 참여를 촉진하는 단계이다.

둘째, 명목참여 단계이다. 명목참여 단계에는 정보제공 단계, 자문 단계, 유화 단계가 속한다. 정보제공과 자문 단계는 참여자에게 정보를 제공하고 참여자들이 의견을 제시할 수 있지만, 그 의견이 받아들여진다는 보장이 없는 단계이다. 유화 단계는 명목참여 단계이지만 그보다 조금 높은 단계로 참여자들이 조언을 할 수는 있지만 의사결정은 여전히 권력소유자가 하는 단계이다

셋째, 청소년권력 단계이다. 청소년권력 단계는 청소년들에게 권한부여된 단계로, 이 단계에는 공동협력 단계, 권한이양 단계, 청소년통제 단계가 속한다. 공동협력 단계는 청소년과 권력소유자 간의 교섭을 통하여 권력이 재분배되고 청소년과 결정의 권한과 책임을 분담하게 되는 단계이고, 권한이양 단계와 청소년통제 단계는 청소년 참여자가 대부분의 의사결정을 맡게 되거나 전체 권한을 갖게 되는 경우이다.

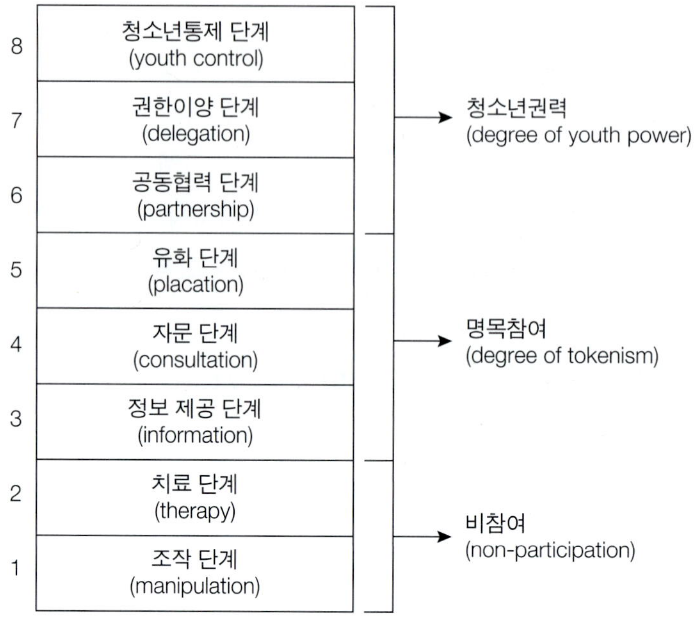

[그림 10-2] 청소년 참여의 8단계(Checkoway)

출처: 천정웅(2021)

3) 의사결정 과정 연속체 모델(Van Linden & Fertman)

하트와 체코웨이의 참여 모델은 점차적으로 완전자치를 할 수 있도록 도와주어야 한다는 접근으로 청소년참여에 단계가 있다고 보고 이를 단계별로 유형화하여 제시하여 단계적 계층화 모형이라고 불렀다.

이에 반해 빈 린든(Van Linden)과 퍼트만(Fertman)(1998)은 의사결정 과정에서 담당하는 역할이 중요할수록 청소년의 리더십 개발의 기회가 많다고 하면서 참여의 연속체를 5가지로 제시하였다. 그래서 이 모형은 비계층적 연속형 모델이라 부른다.

빈 린든과 퍼트만이 제시한 의사결정 과정 연속체 모델의 연속체는 청소년들이 자신에게 영향을 미치는 의사결정에 전혀 참여하지 못하는 경우, 선택된 청소년들이 의견을 제시하는 경우, 성인들의 집단에 청소년들이 형식적으로 참여하는 경우, 청소년과 성인이 의사결정을 위한 투표권의 대부분을 갖는 경우, 청소년과 성인의 의사결정에 대한 합의에 도달하는 경우 등으로 구분하였다.

이 연속체에서 청소년들이 의사결정 과정에서 담당하는 역할이 중요할수록 리더십을 개발할 수 있고 지도자로 성장하는 것을 촉진시켜 주게 되지만, 청소년들의 역할이 적을수록 청소년의 리더십 개발을 방해할 수 있다는 것이다. 그러므로 청소년을 사회의 한 일원으로 리더십을 개발하여 지도자로서의 역할을 담당하게 하려면 의사결정 과정에서 청소년의 역할을 확장시키는 것이 필요하다.

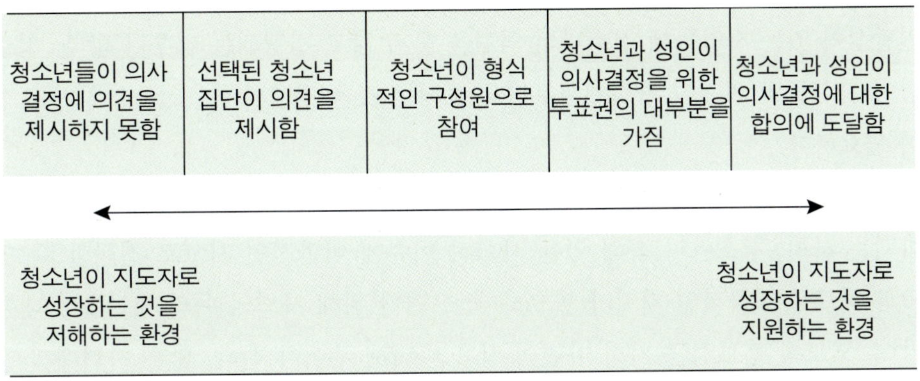

[그림 10-3] 의사결정 과정 연속체 모델(Van Linden & Fertman)

출처: 천정웅(2021)

5. 청소년참여 활성화 방안

청소년참여는 청소년이 사회의 한 일원으로 자리매김하는 것이다. 사회구성원의 참여가 제대로 이루어질 때 좋은 사회라고 할 수 있다. 청소년참여와 더불어 청소년의 시민적 관여가 청소년 성장에 중요한 요소로 인정되고, 청소년실천현장에서 다양한 청소년 운동 사례들을 확인할 수 있고, 청소년에 의한 의사결정이 강조되고 있으며, 청소년시설과 단체에서는 청소년프로그램에서 청소년의 자기주도적 역량 개발을 위한 참여가 활성화되고 있다.

청소년참여를 활성화하기 위해서는 먼저 청소년이 주체성을 가진 우리 사회의 한 구성원, 즉 지역사회의 한 일원으로 인정하는 것이 필요하다. 이는 청소년을 보는 관점과도 맥락을 같이 한다. 청소년은 미래를 준비하는 사람이라는 접근을 하게 될 때 현재의 그들의 권리와 자율성, 책임성은 뒤로 미루게 된다. 그러므로 청소년을 오늘의 사회의 한 일원으로 인정해 주고, 고유한 시기를 보내고 있는 사람으로 인정해야 한다.

둘째, 가정에서 청소년의 의견을 경청하는 것이 필요하다. 가정의 생활은 청소년과 매우 밀접함에도 불구하고 가정에서 일어나는 일이나 청소년과 직접적인 연관성이 있는 사안들에 청소년의 의견을 묻지 않고 결정되는 경우가 많다. 청소년이 자신들의 의견이 가정에서부터 존중되는 것을 경험할 수 있는 분위기 조성이 필요하다.

셋째, 청소년들이 사회적 이슈나 변화에 관심을 가질 수 있도록 해야 한다. 변화되는 사회, 청소년이 속해 있는 사회적 이슈에 비판적인 사고로 접근할 수 있도록 하므로 적극적인 지지가 필요하다. 그러기 위해 사회의 여러 사안들에 대한 알 수 있도록 정보접근 기회 마련의 장을 마련해 주어야 한다. 많은 사회에서 청소년, 특히 학생의 사회참여, 정치참여에 대한 것을 막는 경향이 있고 안 좋은 시선으로 바라보는 경향이 있다. 그러나 청소년의 사회참여와 정치참여는 앞으로 그들이 성인의 삶을 살아가는 데 의미있는 일이므로 성인들과 함께 사회적 이슈에 대해 토론할 자리를 마련하여 다양한 의견을 듣고 수렴할 뿐만 아니라 자신의 생각과 의견을 정리하고 제시할 수 있도록 해야 할 것이다.

넷째, 청소년 국제교류의 활성화가 필요하다. 세계적으로 청소년의 참여가 활발해지고 있고, 교류를 통해 넓은 안목을 키울 수 있으므로 청소년의 국제교류에 관심을 기울일 필요가 있다. 청소년의 국제교류는 전 세계의 청소년의 사회참여를 촉진하므로 유익하기 때문에 의미있는 참여활성화가 될 수 있다.

다섯째, 청소년참여 촉진을 위해 홍보를 다양화해야 한다. 정책적인 참여를 위한 청소년참여기구와 지역사회에 참여할 수 있는 여러 프로그램들이 있으나 청소년들이 잘 모르는 경향이 있다. 청소년들이 참여의 방법과 내용을 알 수 있도록 홍보방안 개발이 필요하다. 청소년들이 쉽게 접근할 수 있는 매체 등을 활용하여 다양한 사회적 운동에 참여를 선택할 수 있는 기회를 제공해 주어야 한다.

여섯째, 청소년이 주도적으로 스스로 기획하고 실행하는 활동 개발을 통해 청소년에게 재량권을 부여할 필요가 있다. 청소년이 관심을 갖는 영역에서 단체로, 또는 개인으로 결정한 활동을 수행할 수 있도록 지원해 주어야 한다. 참여는 개인적이고 사회적인 책임감과 다른 사람을 위한 헌신을 통해 나타나게 되는데 이는 실천을 통해 가능하기 때문에 지역사회에서 실천할 수 있는 것들을 스스로 생각해 볼 수 있도록 하기 위해 청소년들이 기획하고 실행하는 활동 개발이 필요하다. 청소년 열린광장을 통해 지역사회문제에 대한 토론으로 주인의식을 키우고, 청소년주장대회를 통해 하고 싶은 이야기를 발표하며, 정책에 관한 아이디어를 제언하는 청소년창안공모제 등을 적용해 보는 것부터 시작할 수 있다.

일곱째, 청소년참여를 위한 법적, 제도적 마련이 필요하다. 청소년참여가 청소년이 참여하겠다는 마음가짐으로만 이루어질 수 있는 것이 아니고, 사회적으로 인정되고 의미있는 참여가 되기 위해서는 법과 제도로 뒷받침되어야 한다. 우리나라에서 18세 선거권에 대한 오랜시간의 논의 끝에 18세 선거권이 주어진 것은 청소년참여를 위한 법적, 제도적 뒷받침의 시작이라 할 수 있다. 학교에서부터 학생회 등을 통해 청소년으로 하여금 교칙을 정하는 것, 학교행사 결정 등의 학교사업에 의무적으로 참여시키고, 더 나아가 지역사회에서 결정해야 하는 여러 사안에 지역사회 청소년이 사회의 한 일원으로 역할을 할 수 있도록 의무적인 참여를 법적, 제도적으로 마련하는 것도 도움이 될 것이다.

제11장 청소년복지

1. 청소년복지의 이해

1) 청소년복지의 개념

청소년복지는 사회복지의 한 분야이며, 청소년을 위한 사회복지적인 접근을 하는 것이다. 복지는 객관적이고 집단적인 성격을 가지며, 사회적 차원에서 공동의 책임과 협력이 강조된다. 그런 의미에서 청소년복지 또한 청소년을 위한 사회의 공동이 책임과 협력을 통해 청소년의 안녕을 위한 노력이라고 볼 수 있다.

청소년복지는 좁은 의미로 보는 청소년복지와 넓은 의미의 청소년복지의 관점으로 이해된다(정익중 외 4, 2022).

첫째, 좁은 의미의 청소년복지는 특별한 보호가 필요한 청소년을 중심으로 이루어지는 복지실천으로 청소년복지의 초기의 관점으로 청소년복지가 잘 발달되지 못한 시대나 국가에서 시작되었다. 좁은 의미의 청소년복지는 선천적 및 후천적 요인에 의해 신체적·정서적·행동적 장애를 가진 청소년, 구조적으로나 기능적으로 부적절한 양육환경에서 자라나는 청소년들(빈곤가정이나 학대와 폭력 및 해체 가정에서 자라는 청소년들)을 대상으로 전개된다. 이러한 청소년들은 가정과 부모의 보호와 역할이 제공되지 못하기 때문에 국가와 지방자치단체의 지원이 필요하다. 좁은 의미의 청소년복지의 대상자는 선별적 원칙에 따라 우선적으로 서비스 제공 대상자가 되지만, 최근에는 보편적 복지서비스 발달을 강조하므로 넓은 의미의 청소년복지에 포함되어 맞춤형 실천으로 변화되고 있다.

둘째, 넓은 의미의 청소년복지는 좁은 의미의 청소년복지 대상을 포함하고, 일반 청소년과 부모 및 그 가족을 대상으로 하는데, 산업화 이후 청소년을 포함한 사회복지문제의 발생 및 이에 따른 대책이 사회적 책임영역으로 간주되면서 발달하였다. 넓은 의미의 청소년복지는 특별한 문제의 발생을 예방하기 위한 차원에서의 복지를 강조하고 있다.

좁은 의미와 넓은 의미의 청소년복지를 대별하여 실제적으로 청소년복지는 「청소년 기본법」에서 정의하고 있다. 「청소년 기본법」 제3조 제4항에서 청소년복지는 청소년이 정상적인 삶을 누릴 수 있는 기본적인 여건을 조성하고 조화롭게 성장·발달할 수 있도록 제공되는 사회적·경제적 지원을 말한다. 이 개념에서 보면, 청소년복지의 목적은 청소년의 조화로운 성장과 발달이고, 그 목적을 이루기 위한 사회적, 경제적 지원을 해 주어 기본적인 여건을 조성해 주어야 함을 명시하고 있다. 청소년복지를 증진하여 청소년의 바른 성장을 도모해야 한다. 그러기 위해 청소년활동(청소년의 균형 있는 성장을 위하여 필요한 활동과 이러한 활동을 소재로 하는 수련활동·교류활동·문화활동 등 다양한 형태의 활동)과 청소년보호(청소년의 건전한 성장에 유해한 물질·물건·장소·행위 등 각종 청소년 유해 환경을 규제하거나 청소년의 접촉 또는 접근을 제한하는 것)가 함께 협력되어야 한다.

2) 청소년복지의 필요성과 원칙

(1) 청소년복지의 필요성

청소년의 건강한 성장을 위해서는 가정과 사회, 국가의 노력이 필요하다. 특히 가정은 일차적으로 청소년 삶의 기본적인 요건을 제공하는 장으로서의 역할을 수행하는데, 그 역할의 한계가 존재할 때 청소년의 올바른 성장을 위해 지역사회, 국가가 그 역할을 해 주어야 한다는 점에서 청소년복지는 필요하다. 그러므로 청소년복지는 청소년을 위해서, 청소년과 함께 살아가게 될 모든 사회 구성원 조직의 번영을 위해서 필요하다. 청소년들이 안정적으로 삶을 살아갈 수 있는 청소년복지가 이루어지면 사회는 지속적으로 번영하는 사회가 될 수 있다.

청소년복지는 치료적 차원에서 보호가 필요한 청소년을 정상적으로 회복시키기 위해서와 예방적 차원에서 특별한 문제가 없는 일반 청소년을 지원하기 위해서 필요하다.

먼저, 특별한 도움이 필요한 청소년을 위한 지원은 치료적 접근에서 이루어진다. 특별한 도움이 필요한 청소년은 부모 개인과 가족 및 사회적 요인으로 자녀를 제대로 키우기가 힘든 가정의 청소년, 선천적 및 후천적으로 유전적 요인, 질병과 사고 등에 의해 정상적으로 성장·발달하기 어려운 청소년, 부모와 가족이 적절한 방법으로 적절한 기간 동안 자녀를 양육하고자 하였음에도 불구하고 그 자녀가 불응함에 따라 바르게 성장·발달하지 못한 청소년이 포함된다. 이러한 청소년을 위해서는 보호와 계발의 복지실천이 필요하다(이소희, 2018). 보호의 차원에서는 특별한 도움이 필요한 청소년의 상황이 더 이상 악화되지 않도록 최대한 잔존능력을 유지해 주는 것이고, 계발의 차원에서는 특별한 도움이 필요한 청소년의 상황이 더 이상 악화되지 않을 뿐만 아니라 잔존하는 능력과 가족 및 외부의 자원을 최대한 활용하여 잠재능력을 계발하는 것이다.

장애를 지닌 청소년, 비행을 저지른 청소년, 한부모가정의 청소년, 다문화가정의 청소년, 입양가정의 청소년, 시설에서 양육받는 청소년이 여기에 해당한다.

이들을 위한 서비스는 일차적으로 가능한 한 일반 청소년과 비슷한 정상에 도달하도록 하는 것이며, 이차적으로 자신의 잠재력을 최대한 발휘하여 성장하는 것을 목표로 한다.

둘째, 특별한 문제가 없는 일반 청소년을 위한 지원은 권리보장의 차원에서 접근한다. 일반 청소년은 특별한 도움이 필요한 청소년에 대비되는 발달특성과 환경에서 생활하는 청소년으로, 특별한 어려움 없이 부모와 가족의 보호와 양육 속에서 자신의 가정에서 생활하고 있는 청소년, 선천적 및 후천적으로 유전적 요인, 질병, 사고가 없이 정상적으로 성장·발달하고 있는 청소년, 부모와 가족이 적절한 방법으로 적절한 기간 동안 양육할 때 믿고 따르므로 정상적으로 성장·발달하고 있는 청소년이 속한다.

이들 일반 청소년을 위해서는 천부적인 삶의 권리를 제대로 향유할 수 있도록 발달과업을 성취하고 더 나은 성장을 위한 예방 차원에서의 지원이 필요하다. 이를 위해 복지적인 접근은 보존(타고난 잠재능력이 손상되지 않도록 최대한 보존하는 것)과 육성(타고난 잠재능력을 보존할 뿐 아니라 계발 의의와 외부 자원을 활용하여 최대한 육성함)을 지향점으로 하고 있다.

(2) 청소년복지의 원칙

청소년복지는 궁극적으로 청소년의 삶의 질 향상을 추구하는 것으로 청소년의 기본적인 욕구 충족과 더불어 청소년의 환경 조성에 이르기까지 통합적으로 이루어지는 실천적인 활동이다. 청소년복지를 실현해 나갈 때 고려되어야 할 기본원칙이 있다. 조학래(2023)는 이전의 연구를 바탕으로 참여와 책임의 원칙, 보호의 원칙, 보편주의와 선별주의의 원칙, 개발적 기능의 원칙, 포괄성의 원칙, 전문성의 원칙을 제시하고 있다. 여기에서는 청소년 스스로의 행동적인 부분인 참여와 책임의 원칙은 제외하고 제시한다.

첫째, 보호의 원칙이다.

청소년복지는 기본적으로 부족한 청소년들에게 필요한 것들을 제공하고 안전한 사회환경을 제공하여 청소년의 기본적인 여건을 마련해 주는 것이다. 빈곤 및 장애, 위기 안에 있는 청소년들을 위한 보호는 체계적으로 이루어지되 지속성을 가지고 접근되어야 한다.

둘째, 보편주의와 선별주의 원칙이다.

보편주의는 모든 청소년에게 서비스가 이루어지는 것이고, 선별주의는 특별한 지원이 필요한 청소년, 예를 들어 빈곤가정 청소년이나 학교 밖 청소년 등 일정한 범주에 해당하는 청소년들에게 급여나 서비스를 제공하는 것이다. 청소년복지는 보편주의와 선별주의를 동시에 적용해야 한다. 특별한 지원이 필요한 청소년들에게 그들에게 맞는 복지서비스를 제공하여 기본적인 삶의 여건을 마련해줄 뿐만 아니라 모든 청소년의 삶의 질 향상을 위한 차원에서의 접근과 더불어 예방적 차원에서의 접근으로 이루어져야 한다.

셋째, 개발적 기능의 원칙이다.

개발적 기능의 원칙은 청소년의 잠재력을 개발하기 위한 복지체계이다. 청소년복지를 통해 청소년을 우리 사회의 인적자원으로 성장시켜 스스로의 자립뿐만 아니라 사회발전에 이바지할 수 있도록 하는 것이다. 개발적 기능의 원칙을 적용하고 강화하기 위해서는 직업능력 향상 교육, 문화적 지원, 민주시민 의식 함양 교육, 다양한 경험 제공 등이 필요하다. 이를 통해 자신의 역량을 알고 개발할 수 있기 때문이다.

넷째, 포괄성의 원칙이다.

포괄성의 원칙은 청소년복지 영역의 실천은 청소년활동, 청소년보호, 청소년복지를 기본으로 가족, 교육, 보건, 노동, 장애인 정책 및 실천 등과 연계하여 통합적으로 이루어져야 한다는 것이다. 청소년의 발달은 사회환경과 상호 관련되어 있으므로 사회환경과의 관련성 안에서 복지 서비스가 제공되록 하기 위해 국가의 복지정책의 변화가 필요하다.

다섯째, 전문성의 원칙이다.

청소년복지는 청소년이해를 바탕으로 이루어져야 한다. 청소년기에 대한 이해를 근간으로 복지정책에 대한 이해와 함께 전문지식과 기술을 갖춘 전문가의 활동으로 이루어져야 한다. 청소년기의 발달과업을 성공적으로 달성할 수 있도록 하기 위해서는 청소년기의 발달과업과 발달특성을 아는 전문가, 청소년복지의 방향성과 복지정책을 알고 매칭할 수 있는 전문성이 필요하다.

2. 청소년복지의 일반적 접근법

청소년복지를 보는 관점은 사회복지와의 맥락안에서 이해된다. 청소년복지를 어떻게 보느냐에 따라 다른 형태의 복지서비스가 제공된다. 그러므로 각각의 관점을 이해하고 청소년지도자로서 어떤 관점으로 접근할 것인지의 시각정립이 필요하다. 사회복지의 접근은 잔여적 접근, 제도적 접근, 발전적 접근의 세 가지이고, 그에 대응되는 청소년복지는 문제중심적 접근, 예방적 접근, 청소년개발적 접근이 있다(천정웅, 2023).

1) 사회복지의 접근법

사회복지는 잔여적 접근, 제도적 접근, 발전적 접근의 세 가지 접근법을 가지고 있다. 첫째, 잔여적 접근은 모든 사람들에게 그들의 욕구에 적절하게 가족과 시장경제가 자원이 되어 제공되는데 틈새에 놓인 개인들이 존재하므로 이들을 위한 보충적인 서비스 안전망을 제공하는 것이다. 다시 말해, 사회적 기능을 수행하지 못하는 계층에게 서비스를 시혜적으로 제공하는 것이다. 잔여적 접근은 일반적인 생활을 하는 사람들에게는 복지가 필요하지 않다는 전제에서 출발한다. 이렇게 특정집단에게 시혜적으로 제공되는 정책 서비스들은 제한적이고 일관성이 없고 부정적으로 나타나게 된다.

둘째, 제도적 접근은 복지노력을 사회문제에 대한 반응으로 본다. 이러한 사회문제는 대부분의 사람에게 영향을 미치고 있기 때문에 모든 대상자들이 서비스를 제공받는 것은 당연한 권리라고 본다. 제도적 접근은 일정하게 접근과 이용이 가능하고 욕구에 대한 일차적인 자원으로 보이기 때문에 낙인이 거의 없다. 이는 일반적인 상황에서도 지속적으로 복지서비스는 필요하기 때문에 보호적이고 치료적 서비스 뿐만 아니라 예방적 서비스를 받게 된다는 것이다. 이와 더불어 제도적 접근은 보충적 서비스를 필요로 한다. 다양한 청소년들에게 해당하는 서비스들이 가족, 지역사회 등과 관계를 맺도록 하기 때문이다. 제도적 접근은 모든 청소년을 보호하는 사회적 유용성이 큰 개념이라 할 수 있다.

셋째, 발전적 관점이다. 발전적 접근은 보다 나은 삶을 만들어가는 것이 사회복지제도라고 보는 관점이다. 사회가 반드시 문제를 해결하기 위해서 뿐만 아니라 삶을 더 향상하게 하고, 인간 발달을 충족하기 위해서 사회복지제도를 만들 수 있다는 견해이다. 발전적 관점은 제도적 개념을 넘어 인간발달, 사회발전에 초점을 맞춘다. 사회문제의 해결이나 예방을 전제하지 않고 인간의 잠재력 발달과 삶의 질 향상을 목적으로 한다. 공원관리, 주거, 일자리 마련 등이라고 볼 수 있다.

2) 청소년복지의 접근법

사회복지의 접근법과 연관하여 청소년복지의 접근법을 배열할 수 있을 것이다. 청소년복지의 관점은 청소년을 어떤 관점으로 보느냐가 영향을 미친다. 청소년시기의 발달적 특성이 변화를 통한 혼란이기에 그 안에 어려움이 있다고 보는 관점에서의 접근이 문제중심적 관점이고, 청소년은 스스로 자기의 역할을 해 나갈 수 있는 존재로 청소년의 문제가 발생한 이후에 해결하기보다는 문제가 생기기 전에 예방하는 것이 보다 효과적일 수 있다는 관점의 접근이 예방적 접근법이다. 청소년은 자신만의 독특성을 가지고 다양한 문화의 양상들을 만들어 낼 수 있으므로 그들의 잠재력을 발휘할 수 있도록 하는 것이 중요하다는 관점에 따라 청소년의 긍정적 발달과 청소년의 건강과 안녕에 기여하는 것이 청소년복지라고 보는 청소년개발적 관점이다.

청소년복지의 많은 관점이 존재하지만 크게 이렇게 보는 것이 의미가 있다고 여겨 이 3대 관점을 통하여 청소년에 대한 접근 방법, 일반적인 사회복지의 관점, 청소년복지를 보는 관점을 연결해 보면 〈표 11-1〉과 같다.

〈표 11-1〉 청소년, 사회복지, 청소년복지의 3대 관점

청소년에 대한 3대 관점	사회복지의 3대 관점	청소년복지를 보는 3대 관점
세대론적 관점	잔여적 관점	문제중심적 관점
기능주의적 관점	제도적 관점	예방적 관점
하위문화적 관점	발전적 관점	청소년개발적 관점

출처: 천정웅(2011)

3) 청소년복지의 특성

사회복지의 관점, 청소년복지의 관점을 통해 청소년복지가 사회복지의 한 영역으로 자리매김하고 있고, 그 안에서의 연관성으로 청소년복지를 바라볼 수 있지만, 청소년시기의 독특성 때문에 차별되는 특성을 갖는다. 그것이 발달단계의 특징을 알고, 발전적 관점에서 청소년의 삶의 질과 잠재력 향상을 위한 청소년개발적 관점에서의 접근과 맞닿아 있다.

그래서 조흥식(1999)은 전체 청소년의 삶의 질 향상을 위해서는 청소년복지 서비스 대상에 맞는 서비스와 더불어 청소년활동사업, 청소년행정이 같이 뒷받침되어야 함을 강조했다(홍봉선·남미애, 2020).

〈표 11-2〉 청소년복지의 주요 대상과 수단

대상	수단
요보호청소년	청소년복지서비스, 청소년활동사업, 청소년행정
비행청소년	청소년복지서비스, 청소년활동사업, 청소년행정
학생청소년	교육기회 확대사업, 청소년활동사업, 청소년행정
근로 · 농어촌 청소년	근로조건 개선사업, 청소년활동사업, 청소녀행정

출처: 홍봉선 외(2020)

이용교(1999)는 청소년복지의 서비스 영역을 세 가지 범주로 나누어 제시하고 있다(홍봉선·남미애, 2020).

〈표 11-3〉 청소년복지의 서비스 영역

가족의 양육을 보호하는 영역	청소년문제를 예방하는 치료하는 영역	사회문제의 예방과 피해자를 돕는 영역
– 생활보호 – 교육보호 – 시설보호	– 상담서비스 – 일시보호서비스 – 문제행동에 대한 대책	– 청소년권리의 옹호 – 학대받는 청소년 옹호 – 청소년 유해환경의 규제 – 청소년노동력의 보전

출처: 홍봉선 외(2020)

청소년복지의 서비스가 자신과 외부의 환경의 영향으로 발생하기 때문에 대책뿐만 아니라 학업성취와 진로지도 등 전반에 관심을 가지고 접근해야 함을 보여주고 있다. 앞에서 제시한 청소년원칙과도 맥락을 같이한다.

학자들의 여러 견해를 바탕으로 홍봉선·남미애(2020)는 청소년복지의 특성을 다음과 같이 제시하고 있다.

첫째, 청소년은 독립적이고 통합된 인격체로서 존중되어야 한다. 성인과 동등한 인격체로 인정해야 하므로, 빈곤, 장애, 비행 등 어떠한 조건하에서도 차별없이 인간으로서의 존엄성이 유지될 수 있어야 하며, 개별적이고 다양한 요구를 인정해야 한다.

둘째, 청소년은 완성된 존재가 아니라 성장과정 중에 있기 때문에 청소년복지는 긍정적이며 신속하게 지속적으로 이루어져야 한다. 청소년은 변화의 과정에 있기 때문에 포기와 실패는 존재하지 않으므로 청소년문제에 대해서도 비난이나 질타가 아니라 긍정적인 관심과 지지를 바탕으로 보호와 지원이 행해져야 한다.

셋째, 독립된 발달단계인 청소년기를 고려하여 과학적, 체계적이고 전문적인 개입이 이루어져야 한다. 가족으로부터 독립, 이성 친구 선택, 진로결정 등 다양한 발달과업을 수행하기 때문에 전문적인 지식과 기술에 근거하여 지원을 체계적으로 해 나가야 한다.

넷째, 현재 사회구성원인 청소년은 청소년복지의 대상인 동시에 주체이다. 상당부분 청소년정책과 청소년복지가 청소년을 미성숙한 대상으로 보고 비행과 범죄의 대책 및 예방에 치중되어 왔다. 청소년을 현 사회의 구성원으로 인정하고 청소년의 전반적인 삶의 질을 향상하는 데 초점을 맞추고 성인과 더불어 현 사회를 주도하는 중요한 파트너임을 인식하고 청소년의 권리와 참여가 보장되고 증진될 수 있도록 해야 한다.

다섯째, 청소년복지는 관련 사회정책과 통합적으로 이루어져야 한다. 청소년들은 가족, 학교, 지역사회의 영향을 많이 받으므로 사회보장제도, 가족복지, 아동복지, 교육정책, 노동정책 등 관련 정책과 연계되어 일관성 있게 통합적으로 추진되어야 한다.

여섯째, 청소년복지가 본래의 이념과 목적을 달성하기 위해서는 청소년 개인의 변화뿐 아니라 환경의 변화도 함께 수반되어야 한다. 따라서 청소년복지사는 상담사, 교사, 치료자의 역할 이외에도 필요한 자원을 개발하여 청소년과 환경에게 공급하여 연결해 주는 조정자, 중개자의 역할, 청소년의 권익을 보호하고 대변하는 옹호자, 대변자의 역할 등 보다 능동적이며 적극적인 역할을 수행해야 한다.

일곱째, 청소년복지에는 정부와 민간의 협력은 물론 전문가에서부터 지역주민 등 다양한 사람들의 협조가 필요하다. 사회복지사뿐 아니라 정신과 의사, 교사, 경찰, 청소년지도사, 가족치료사, 변호사, 학교사회복지사 등 전문가의 참여와 팀워크가 이루어져야 하며, 필요한 경우 자원봉사자 등 지역주민의 참여도 이루어지는 상호 협력적 체계 구축이 절실히 필요하다.

여덟째, 청소년복지는 문제가 있는 청소년에서부터 일반청소년까지 모든 청소년을 대상으로 하며 치료나 재활뿐만 아니라 예방적 차원에서의 다양한 서비스를 제공해야 한다. 물론 사회적 필요와 욕구가 크고 상대적으로 더 열악한 상황에 있는 청소년에 대한 개입과 지원이 우선되어야 하고, 최저생활보장 수준을 넘어 건강하고 문화적인 삶이 영위될 수 있는 최적의 수준이 되어야 할 것이다.

이러한 청소년복지의 특성이 있으므로 청소년복지가 청소년에게 직접적으로 의미있게 다가가기 위해서는 먼저는 청소년이 스스로 주도적인 역량을 갖추고 있음을 알고, 그 주도적인 역량을 발휘할 수 있도록 문제가 있는 청소년은 문제해결에 초점을 맞춰서, 경제적, 사회적 어려운 여건에 있는 청소년은 기본적인 삶의 여건 제공으로부터, 일반청소년은 건전한 성장 유지를 위해 접근하여 각자의 잠재력을 키워내는 것이 초점을 맞추는 것이 필요하다. 그럴 때 모든 청소년의 삶의 질 향상을 이루어낼 수 있는 발전적 방향으로의 전환이 가능하다. 더불어 청소년을 둘러싼 환경에 개입하여 청소년에게 긍정적인 영향을 미칠 수 있는 환경으로의 변화를 이끌어내야 한다. 청소년은 환경의 영향으로 그들의 변화와 삶을 긍정적으로 또는 부정적으로 받아들일 수 있기 때문이다. 청소년에게 의미 있는 환경이 조성될 수 있도록 전문적인 개입과 노력이 국가적인 차원에서 이루어져야 할 것이다.

3. 청소년복지의 발전 과정

청소년복지에 대한 관심은 1960년대부터 시작되었으나 사후대책 및 응급적인 차원에서 이루어졌다. 1981년 「아동복지법」이 제정되면서 전환을 모색하게 되었고, 청소년복지는 아동복지와 같은 맥락에서 이해되었다. 본격적인 청소년복지를 강조하고 정책적인 뒷받침이 이루어진 것은 2004년 「청소년복지 지원법」으로 제정되면서부터라고 할 수 있다.

이러한 맥락에서 우리나라 청소년복지의 변화는 청소년복지 개념 형성이 이루어지기 전과 청소년복지 개념 형성이 이루어진 이후로 크게 구분할 수 있으며, 청소년복지 개념 형성 이후의 발전과정을 청소년복지의 발아기(해방이후~1961년), 청소년복지의 도입기(1962년~1987년), 청소년복지의 전개기(1988년~2004년), 청소년복지의 확대기(2005년~현재)로 구분하고 있다(조성연 외 5, 2021).

1) 청소년복지 개념 형성 이전의 청소년복지 발달

우리나라에서 청소년복지의 단어가 사용되기 시작한 것은 1991년 「청소년 기본법」의 제정으로 보고 있다. 청소년복지 개념 자체도 없었고, 아동의 범주 안에서 이루어졌다.

(1) 전통사회의 청소년보호

우리나라의 전통사회에서 실시된 청소년보호는 삼국시대부터이다. 관가에서 병든 사람, 자활하지 못하는 사람과 함께 고아들에게 식량을 배급하고 재해를 당한 사람들에게 아동을 포함하여 관곡을 배급하였다는 기록 등이 남아있다.

이와 더불어 천재지변이나 질병 등으로 부모를 잃은 아동은 관가에서 지급하는 식량이나 의복만으로는 제대로 자라기 어려워 관이나 사찰에서 수용하여 보호하기 시작했다. 이것이 수용보호의 발단이 되었고, 10세가 지나면 본인의 희망에 따라 거주하도록 하였다.

이렇게 사찰을 중심으로 고려시대부터 실시되었던 수용보호는 조선시대에도 계속되어 관에서 수용보호해야 할 아동이 증가하자 수양을 원하는 사람이 있으면 수양할 수 있도록 조치하여 민간에 의한 수용보호가 이루어지도록 하였다.

(2) 해방전후의 청소년복지

일제가 지배하던 시기를 벗어난 해방이후부터 1960년대까지는 청소년복지가 절대빈곤과 시설보호 중심의 응급적 구호에 머물렀다. 이 시기에 한국전쟁으로 수많은 고아가 발생하여 이들을 보호하기 위한 시설보호사업이 아동복지의 주요 사업으로 발달하였다. 시설 운영에 필요한 재원은 외국의 원조에 의존하였다. 급격한 시설 증가로 원조를 받기 위해 보호시설을 설립하는 경우가 많아 아동이 불필요하게 가정을 떠나는 폐단을 불러일으키는 상황이 발생하기도 했다. 이를 막고 보호아동의 특성을 고려하여 시설을 분류하고 설립 및 운영지침을 규정하기 위해 〈후생시설 운영요령〉(1952), 「아동복리법」(1961), 「아동복지법」(1981)으로 이어져 제도적 조치를 취하였다.

이 시기에 비행청소년에 대한 보호도 함께 이루어졌는데, 이 또한 시설보호가 중심이었다. 우리나라 최초의 비행청소년 보호시설은 1923년 설립된 영흥학원이었고, 그 이후 목포학원(1938)이 설립되었다. 시설이 만들어짐과 동시에 법제정과 행정지원을 위한 조직이 갖추어지기 시작하여 「소년령」(1942), 「소년법」(1958)이 제정되었고, 경성소년재판소(1942)라는 소년법원이 설치되었다.

또한, 근로청소년의 복지도 함께 이루어졌다. 이는 사회적으로 경제적으로 혼란하고 어려운 상황에서 청소년이 심한 노동으로 혹사당하는 경우가 많아지자 미군정 체제 하에서 「아동노동법규」(1946)가 제정되었다. 1947년 이 법률을 「미성년자노동보호법」으로 제정하고 공포하였는데, 이는 「아동노동법규」를 더욱 발전시켜 최저 근로연령을 12세 미만으로 하향 조정하였고, 아무리 가난하여도 14세 미만 아동과 학교 수업 시간에는 근로할 수 없도록 하였으며, 청소년이 근로할 수 있는 직업의 유형을 제한함으로써 근로청소년을 보호하였다.

2) 청소년복지 발아기(해방이후~1961년)

청소년복지의 발아기는 해방이후부터 1961년 「미성년자보호법」과 「아동복리법」이 제정된 시기까지를 말한다. 이 시기는 청소년복지가 「조선구호령」(1944)과 몇 개의 미군정 법령에 따라 실시되었던 시기로 청소년복지가 아동복지와 구분되지 않고, 복지서비스는 긴급구호의 수준에서 이루어졌다. 보호를 요하는 아동의 보호, 비행청소년 보호가 같이 이루어져 보호의 차원에서의 접근으로 서비스가 제공되었던 시기이다. 보호의 영역에 따라 연령의 제한도 함께 제시되었다.

이 시기의 보호의 대상은 일차적으로 보호를 요하는 청소년이었고, 시설보호 대상은 13세 이하로 제한되었지만 근로아동은 18세 미만, 비행소년은 20세 미만으로 확대되었다.

첫째, 이 시기의 공공구호 대상에 65세 이상의 무의탁 노인, 6세 이하의 아동을 부양하는 여자(모), 13세 이하의 아동, 불치의 병으로 신음하는 사람, 보호를 요하는 임산부, 심신장애자 등이어서 13세 이하의 아동은 포함되어 있었으나 청소년은 포함되지 않았다. 13세 이하의 보호가 필요한 아동을 중심으로 청소년복지가 이루어진 시기이다.

둘째, 아동보호시설을 인가시설로 바꾸고, 사회복지시설을 대상별로 구분하였다. 이는 아동보호시설에 대한 정부의 지원과 감독 강화, 아동보호시설의 정체성 확보로 인해 수많은 전쟁고아를 수용호보하는 근거가 되었다.

셋째, 18세 미만 아동 노동의 보호가 이루어졌다. 「아동노동법규」(1947)를 통해 청소년을 보호의 대상으로 인식하고, 상공업체 고용금지(14세 미만), 중공업체 또는 유해업체 종사금지(16세 미만), 위험직종 또는 유해직종 종사금지(18세 미만), 그리고 일일 노동시간의 제한(16세 미만 8시간 이내)을 규정하였다. 이는 18세 미만 근로청소년을 보호하기 위한 최초의 규정이 되었고, 「미성년자보호법」(1947), 「근로기준법」(1953)에 계승되었다.

넷째, 「소년법」(1942)에 따라 반사회적 성향을 가진 20세 미만 소년의 생활환경조정과 품행교정을 위해 보호처분을 행하고 형사처분에 있어 특별 조치를 시행하였다. 비행소년은 20세 미만의 연령에 따라 보호가 이루어졌다.

3) 청소년복지의 도입기(1962년~1987년)

청소년복지의 도입기는 1961년 제정된 「미성년자보호법」과 「아동복리법」이 시행되고, 「청소년육성법」(1987)이 제정될 때까지의 시기를 말한다. 이 시기에는 청소년문제를 해결하기 위해 여러 부처가 각각 정책을 수립하여 시행하는 상황이었는데, 청소년업무를 보다 종합적으로 수행하기 위해 정부 차원에서 종합적으로 청소년대책을 협의·조정하는 기구의 필요성이 대두되어 1964년 내무부에 청소년보호대책위원회가 설치되었다.

이 시기의 청소년복지는 비행을 예방하거나 보호, 선도하고, 보호자가 없거나 보호자가 있어서 보호할 능력이 없는 요보호 청소년을 사회가 보호하는 데 일차적인 관심을 두었으며, 근로청소년의 복지와 장애청소년의 복지에 초점을 두었다.

첫째, 18세 미만의 보호를 요하는 아동을 보호하였다. 「아동복리법」에서 보호를 요하는 아동을 13세 이하에서 18세 미만으로 상향시키고, 보호를 요하는 아동에 대한 명확한 내용을 제시하였다. 보호를 요하는 아동은 그 보호자로부터 유실, 유기 또는 이탈되었을 경우, 아동의 건전한 출생을 기할 수 없는 경우, 그리고 기타의 경우로 한정하면서 아동이 건전하고 행복하게 성장할 수 있도록 명시하였다.

둘째, 아동복리시설을 세분화하였다. 「아동복리법」은 아동복리시설을 13개 종류로 구분하여 이전보다 시설의 종류를 세분화하였고, 장애아동을 위한 시설을 성인시설과 구분하였다. 아동복리시설 중 특이할 만한게 아동상담소와 아동휴양시설이 설치되었는데, 아동상담소는 긴급구호의 차원에서 수용보호하는 것을 넘어서 가정에서 보호자로부터 유실, 유기 또는 이탈된 아동을 상담하고 귀가 조치하거나 수용시설로 이송하는 기능을 수행하였다. 아동휴양시설은 수용시설이 아니라 아동이 이용하여 쉼을 얻을 수 있는 시설로 새로운 개념의 시설이었다.

셋째, 장애청소년에 대한 복지는 장애아동 혹은 전체 장애인의 복지와 분화되지 않은 상태에서 이루어졌다. 본격적인 특수청소년복지사업은 1970년대 들어 이루어지기 시작하였다. 1977년 「특수교육진흥법」이 제정되어 장애인은 국공립 특수교육기관에 취학하거나 사립교육기관 중 의무교육 과정에 취학할 경우 무상교육을 받을 수 있도록 하여 장애아동과 청소년이 일차적인 수혜자로 혜택을 받을 수 있게 했다.

넷째, 미성년자의 보호와 선도가 이루어졌다. 이 시기에 「미성년자보호법」이 제정되어 미성년자(만 20세 미만)의 흡연, 음주, 기타 선량한 풍속을 해치는 행위를 금지하고, 미성년자의 보호에 필요한 사항을 규정함으로써 미성년자의 건강보호와 선도를 도모하고자 하였다.

다섯째, 근로청소년을 위한 복지사업이 이루어졌다, 정부가 청소년에게 구체적으로 복지서비스를 제공해 준 것은 근로청소년에 대한 교육과 여가사업이다. 일반학교에 부설한 야간특별학급과 산업체 부설학교의 개설(1977)은 근로청소년에게 중등교육기회를 제공하여 산업체에게는 고용안정을 주고, 근로청소년에게는 일하면서 공부할 수 있는 기회를 주어 이중적인 목적을 이뤘다. 이는 배움을 갈망하는 근로청소년에게 매우 의의있는 사업이었다. 또한, 근로청소년의 건전한 여가생활을 도모하기 위해 주요 공단 지역에 근로청소년회관을 건립하기 시작하였고, 청소년근로자의 주거욕구를 충족시키기 위해 근로청소년 임대아파트를 건립하기 시작하였다.

다섯째, 중앙청소년보호대책위원회(1964)가 설치되면서 정부가 명시적으로 청소년을 정책대상으로 설정하게 되었다. 이에 따라 매년 청소년보호대책위원회가 열렸지만 청소년복지에 대한 획기적인 정책은 수립되지 않았다. 위원회는 후에 청소년대책위원회(1977)로 개칭되었다.

4) 청소년복지의 전개기(1988~2004년)

청소년복지의 전개기는 청소년복지가 아동복지와의 구분점이 생기기 시작한 때부터인 1987년 「청소년육성법」의 제정에서인데, 이 법에는 청소년복지라는 용어는 제시되어 있지 않다. 그 이후 「청소년육성법」 대체 입법으로 「청소년 기본법」이 1991년 제정되었는데, 그 법에 청소년복지에 대한 정의가 되어 있다. 청소년복지란 청소년이 정상적인 삶을 영위할 수 있는 기본적인 여건을 조성하고 조화롭게 성장·발달할 수 있도록 제공되는 사회적·경제적 지원을 말한다고 규정되어 있다. 「청소년 기본법」 제정 후 청소년복지 관련 정책이 획기적인 발전을 이루었으나 이 때의 정책은 청소년육성정책과 보호정책으로 양분되어 복지에 대한 언급은 미비했다.

5) 청소년복지의 확대기(2005~현재)

청소년복지의 발전적 계기가 마련된 것은 2004년 「청소년복지 지원법」이 제정되고, 여러 부처에서 관장하던 청소년업무를 국가청소년위원회로 일원화하면서부터라고 볼 수 있다. 국가청소년위원회는 2005년부터 위기청소년을 위한 안전망구축을 위해 지역사회청소년통합지원체계(CYS-Net)를 마련하여 사회적 필요성을 반영하였다.

이 시기의 특징은 「청소년복지 지원법」의 시행이다. 「청소년복지 지원법」은 청소년복지 증진에 관한 사항을 정하는 것을 목적으로 이루어졌다. 여러 차례 개정을 통해 특별한 보호가 필요한 청소년에게 보호, 자립을 위한 복지서비스를 제공하고, 모든 청소년에 대한 인권보장, 청소년복지시설의 체계화, 실태조사 실시, 보호지원의 목적 및 내용을 구체적으로 규정하였다.

4. 청소년복지정책

1) 「청소년복지 지원법」의 내용

(1) 청소년의 우대 및 청소년증

「청소년복지 지원법」은 국가 또는 지방자치단체가 운영하는 수송시설, 문화시설, 여가시설 등을 청소년이 이용하는 경우 그 이용료를 면제하거나 할인할 수 있도록 규정하고 있다. 또한, 9세 이상 18세 이하 청소년에 대해 청소년증을 발급받을 수 있도록 규정하고 있다.

> 제3조(청소년의 우대)
> ① 국가 또는 지방자치단체는 그가 운영하는 수송시설 · 문화시설 · 여가시설 등을 청소년이 이용하는 경우 그 이용료를 면제하거나 할인할 수 있다.
> ② 국가 또는 지방자치단체는 다음 각 호의 어느 하나에 해당하는 자가 청소년이 이용하는 시설을 운영하는 경우 청소년에게 그 시설의 이용료를 할인하여 주도록 권고할 수 있다.
> 1. 국가 또는 지방자치단체의 재정적 보조를 받는 자
> 2. 관계 법령에 따라 세제상의 혜택을 받는 자
> 3. 국가 또는 지방자치단체로부터 위탁을 받아 업무를 수행하는 자
>
> ③ 제1항 또는 제2항에 따라 이용료를 면제받거나 할인받으려는 청소년은 시설의 관리자에게 주민등록증(모바일 주민등록증을 포함한다), 학생증, 제4조에 따른 청소년증 등 나이를 확인할 수 있는 증표 또는 자료를 제시하여야 한다. 〈개정 2023. 12. 26.〉
> ④ 제1항 또는 제2항에 따라 이용료를 면제받거나 할인받을 수 있는 시설의 종류 및 청소년의 나이 기준 등은 대통령령으로 정한다.
> [시행일: 2024. 12. 27.] 제3조

제4조(청소년증)
① 특별자치시장 · 특별자치도지사 또는 시장 · 군수 · 구청장(자치구의 구청장을 말한다. 이하 같다)은 9세 이상 18세 이하의 청소년에게 청소년증을 발급할 수 있다. 〈개정 2018. 12. 18.〉
② 제1항에 따른 청소년증은 다른 사람에게 양도하거나 빌려주어서는 아니 된다.
③ 누구든지 제1항에 따른 청소년증 외에 청소년증과 동일한 명칭 또는 표시의 증표를 제작 · 사용하여서는 아니 된다.
④ 제1항에 따른 청소년증의 발급에 필요한 사항은 여성가족부령으로 정한다.

(2) 청소년의 건강보장

국가 및 지방자치단체는 성별 특성을 고려하여 청소년의 건강증진과 체력 향상을 위해 최선의 노력을 기울여야 한다고 명시하고 있으며, 관련 기관과 협의하여 성별 특성을 반영한 건강·체력 기준을 설정하여 보급할 수 있다고 규정하고 있다.

(3) 지역사회 청소년통합지원체계

지방자치단체의 장은 관할구역의 위기청소년을 조기에 발견하여 보호하고, 청소년복지 및 청소년보호를 효율적으로 수행하기 위하여 지방자치단체, 공공기관, 청소년단체 등이 협력하여 업무를 수행하는 지역사회 청소년통합지원체계를 구축·운영해야 함을 명시하고 있다. 또한, 모든 청소년이 필요한 사항에 대해 전문가의 상담을 받을 수 있도록 하기 위해 1388 상담 전화를 24시간 운영하고 있다.

(4) 위기청소년 지원

위기청소년(가정문제가 있거나 학업 수행 또는 사회적응에 어려움을 겪는 등 조화롭고 건강한 성장과 생활에 필요한 여건을 갖추지 못한 청소년)에게 효율적이고 적합한 지원을 하기 위하여 위기청소년의 가족 및 보호자에 대한 상담 및 교육을 실시하고, 이들에게 생활지원, 의료지원, 직업훈련 지원, 청소년활동지원 등을 제공할 수 있다고 명시하고 있다.

(5) 청소년부모 지원

국가 및 지방자치단체는 청소년부모와 그 자녀에게 복지지원을 할 수 있다. 복지지원은 생활지원, 의료지원, 주거지원, 청소년활동지원 등 대통령령으로 정하는 내용에 따라 물품 또는 서비스의 형태로 제공한다. 그 외에 청소년부모가 학업을 할 수 있도록 교육지원, 자녀를 안정적으로 양육할 수 있는 환경을 조성하기 위하여 직업체험 및 취업 지원을 할 수 있도록 명시하고 있다.

2) 청소년복지정책

(1)청소년방과후아카데미

청소년방과후아카데미는 방과 후 돌봄이 필요한 청소년에게 체험활동, 학습지원, 급식·상담 등 종합서비스 제공하는 것으로, 방과 후 돌봄이 필요한 청소년(초4~중3)(우선지원대상 : 저소득층, 한 부모, 조손, 다문화, 장애가정, 2자녀 이상 가정, 맞벌이 가정 등)을 대상으로 한다. 지역 여건 및 학부모의 수요를 고려한 체험활동, 기초학습, 급식, 상담, 부모교육 및 캠프 운영 등을 방과 후부터 21:00(일일 4시간 이상 연중 운영)까지 운영하는데, 주로 청소년수련관, 청소년문화의집, 종합사회복지관 등에서 사업을 수행한다.

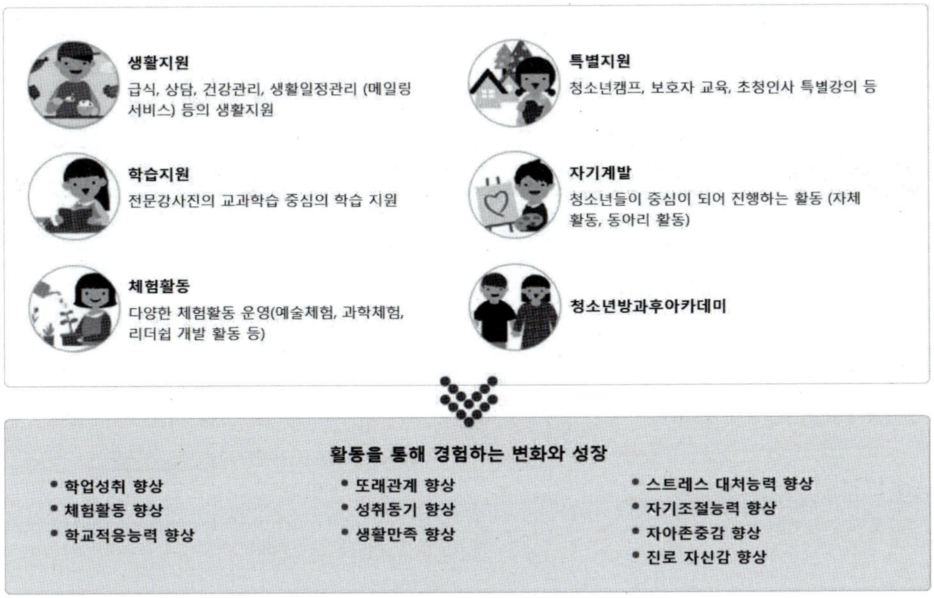

[그림 11-1] 청소년방과후아카데미 효과

출처: 여성가족부 홈페이지 https://www.mogef.go.kr/sp/yth/sp_yth_f004.do

(2) 위기청소년상담 및 복지지원(지자체 청소년안전망)운영

지역사회 내 청소년 관련 자원을 연계하여 학업중단, 가출, 인터넷중독, 등 위기청소년에 대한 상담·보호·교육·자립 등 맞춤형 서비스를 제공하는 사업으로 청소년(9세~24세)과 그 가족이라면 누구나 이용 가능하다. 청소년상담복지센터, 청소년 상담 채널, 지역사회 자원 등을 통해 위기청소년을 발견·구조(위기)청소년과 그 가족에 대해 상담 등을 지원하고, 청소년상담복지센터 대면 상담, 1388 청소년 상담 채널(청소년상담, 문자, 채팅 상담 등)운영, 청소년 동반자 파견 등을 지원하며, 일시보호소 운영과 긴급지원 서비스를 제공한다.

일시보호소는 시도 센터에 설치, 위기상황(가출, 성매매, 가정·학교폭력 등)에 노출된 청소년을 24시간 동안 보호하는 기능을 한다.

위기청소년 특별지원은 보호자가 없거나, 실질적으로 보호자의 보호를 받지 못하는 사회·경제적으로 어려움이 있는 위기청소년에게 생활비·치료비·학업 지원비 등 지원한다. 기타 지원을 필요로 하는 경우 지역사회 자원 연계망을 활용하여 지원한다.

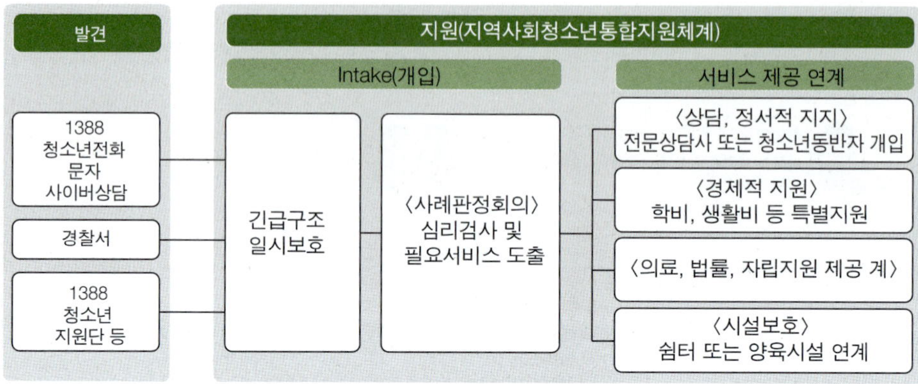

[그림 11-2] 지역사회청소년통합지원체계

출처: 여성가족부 홈페이지 https://www.mogef.go.kr/sp/yth/sp_yth_f006.do

(3) 위기청소년 특별지원

사회·경제적으로 어려움을 겪는 위기청소년에게 생활·건강·학업·상담·자립 등의 분야 지원으로 건강한 성장 지원을 하는 것으로 지원대상은 9세 이상~ 24세 이하 위기청소년이다. 위기청소년은 비행·일탈 예방을 위하여 지원이 필요한 청소년, 「학교 밖 청소년지원에 관한 법률」 제2조에 따른 학교 밖 청소년, 보호자가 없거나 실질적으로 보호자의 보호를 받지 못하는 청소년, 일정기간 이상을 한정된 공간에서 외부와 단절된 상태로 생활하여 정상적 생활이 현저히 곤란한 청소년을 말한다. 대상자는 가구소득 기준중위소득 100% 이하이고, 지자체 '청소년복지심의위원회'의 심의를 통해 대상자 선정 및 지원 금액·기간 등 결정하게 된다. 지원기간은 1년 이내이고, 필요시 1년 범위 내에서 한 번 연장 가능하며, 금전 지원, 물품 또는 서비스로 지원한다(물품이나 서비스를 제공한 기관, 시설로 입금 원칙). 지원내용은 아래 〈표 11-4〉와 같다.

〈표 11-4〉 위기청소년 특별지원 종류 및 내용

지원종류	지원 내용	지원 금액
생활지원	① 의복.음식물 및 연료비 기타 일상생활에 필요한 기초생계비 ② 숙식 제공	월 65만 원 이하
건강지원	① 진찰 · 검사 ② 약제 · 치료재료의 지급 ③ 처치 · 수술, 기타 치료 ④ 예방 · 재활 ⑤ 입원, 간호 ⑥ 이송 등 기타 조치사항	연 200만 원 이하
학업지원	① 초 · 중등교육법 제2조에 의한 학교 입학금 및 수업료 ② 교과서대금 ③ 초 · 중등교육법시행령 제97조 제1항에 의한 고등학교입학자격 검정고시 및 동법 제98조 제1항에 의한 고등학교 졸업학력 검정고시의 준비에 필요한 학원비 ④ 학원비(교과목 관련)	월 15만 원 이하 (수업료) 월 30만 원 이하 (검정고시) 월 30만 원 이하
자립지원	① 기술 및 기능 습득을 위한 비용 ② 진로상담 비용 및 직업체험 비용 ③ 취업알선 및 사후지도 비용	월 36만 원 이하
상담지원	① 정신적 · 심리적 치료를 위한 청소년 본인 및 가족 상담비, 심리검사 ② 프로그램 참가비	월 30만 원 이하 심리검사비 (연 40만 원) 별도
법률지원	① 소송비용 ② 법률상담비용	연 350만 원 이하
청소년 활동지원	① 수련활동비 ② 문화활동비(문화체험비) ③ 교류활동비 등	월 30만 원 이하
기타	① 청소년이 수치심을 느낄 수 있는 외모 및 흉터 등의 교정 ② 교복 지원, 체육복 등 ③ 학용품비, 수업준비물 등	

출처: 여성가족부 홈페이지 https://www.mogef.go.kr/sp/yth/sp_yth_f009.do

(4) 학교 밖 청소년 지원

학교 밖 청소년의 특성과 욕구를 파악하고 상담·교육·직업체험 및 취업지원 등을 제공하여, 학교 밖 청소년들이 건강한 사회구성원으로 성장할 수 있도록 지원한다. 지원대상은 9~24세의 학교 밖 청소년으로 초·중학교 3개월 이상 결석, 취학 의무를 유예한 청소년, 고등학교 제적, 퇴학처분을 받거나 자퇴한 청소년, 고등학교 미진학 청소년이 이에 속한다.

지원내용은 상담지원(초기개별상담을 통해 개인별 특성과 욕구를 파악하고 필요시 심층 상담 등 지원), 학업지원(학습동아리, 멘토링, 검정고시, 대학입시설명회 등 학력취득 및 상급학교 진학지원), 취업지원(적성검사, 직업탐색, 직업체험을 거쳐 명확한 진로설정 후 직업역량강화 프로그램, 내일이룸학교 등 연계 취업지원), 건강지원(건강검진을 통해 학교 밖 청소년의 건강한 성장 지원), 자립지원(정서적 어려움이 있는 청소년의 자존감 및 정서 회복을 위한 문화예술, 동아리 활동, 전용공간 등 지원) 등이다.

(5) 이주배경청소년 지원

이주배경청소년(청소년복지 지원법 제18조에 따라 다문화가족의 자녀, 중도입국청소년, 탈북청소년)의 원활한 사회적응 및 자립을 지원하는데, 지원대상은 9세~24세 이주배경청소년이다.

그 지원내용은 〈표 11-5〉와 같다.

〈표 11-5〉 이주배경 청소년 지원내용

구분	내용
교육 지원	- 한국어 교육(수준별 한국어, 의사소통), 진로 교육(진로 탐색 설계) 필수교육(안전, 건강, 유해환경), 선택교육(생활적응, 교과목, 시험대비 등) 운영

구분	내용
심리정서 지원	– 이주배경청소년의 욕구(심리정서, 진로 등)를 탐색하여 다양한 상담서비스 제공(대면상담, 비대면상담, 온라인상담, 집단상담 등) – 전국 찾아가는 상담을 위한 상담 및 사례관리사(20명) 위촉 상담역량 강화 및 전문성 유지 – 상담통역지원사 양성 지원으로 안정적인 상담환경 조성 *중국어, 베트남어, 러시아어, 몽골어 등 이중언어로 상담 통역 지원 및 병의원 진료 시 통·번역 등 지원 – 이주배경청소년의 특수성을 고려한 심리사회적응검사 및 상담매뉴얼 제작 보급 활성화
청소년 다문화감수성 증진 프로그램 운영	– 초·중학교 및 청소년기관 대상으로 다문화 이해도 증진 및 인식제고를 위한 통합 프로그램 제공
이주배경청소년 지원인력 양성	– 이주배경청소년 유관기관 종사자들의 다문화 역량 강화 – 청소년 지도자 대상 다문화 역량강화 교육과정 제작 및 보급

출처: 여성가족부 홈페이지 https://www.mogef.go.kr/sp/yth/sp_yth_f011.do

(6) 여성청소년 생리대 바우처 지원

여성청소년의 건강한 성장 지원을 위한 생리대 바우처 지원으로 지원대상은 자격기준을 충족하는 9세~24세 여성청소년이다. 그 자격기준은 「국민기초생활보장법」 따른 생계·의료·주거·교육 급여 수급자, 「국민기초생활보장법」 따른 차상위계층, 「한부모가족지원법」 제5조 및 제5조의2에 따른 지원대상자이다. 생리대를 구입할 수 있는 바우처 포인트(월 13,000원)를 지원한다.

3) 청소년복지지원기관과 청소년복지시설

(1) 청소년복지기관

청소년복지지원기관은 한국청소년상담복지개발원, 청소년상담복지센터, 이주배경청소년지원센터가 있다. 한국청소년상담복지개발원은 청소년복지 관련 정책 수립을 지원하고 사업을 효율적이고 체계적으로 수행하는 기관이다. 이는 정부 출연기관이고, 지자체에서는 청소년에 대한 상담·긴급구조·자활·의료지원 등의 업무를 수행하기 위해 청소년상담복지센터를 설치하여 운영하고 있다. 이주배경청소년지원센터는 이주배경청소년 지원을 위한 기관이다.

(2) 청소년복지시설

청소년복지시설은 「청소년복지 지원법」 제31조에 명시되어 있는데, 구체적으로 청소년쉼터, 청소년자립지원관, 청소년치료재활센터, 청소년회복지원시설이다.

첫째, 청소년쉼터는 가정 밖 청소년에 대하여 가정·학교·사회로 복귀하여 생활할 수 있도록 일정 기간 보호하면서 상담·주거·학업·자립 등을 지원하는 시설로 가정 밖 청소년 조기발견을 통한 범죄 및 비행으로부터 보호, 생활보호(의·식·주), 정서적지지 및 심리상담, 의료지원, 학업복귀, 취업지원 등 맞춤형 자립지원서비스 제공을 통해 신속한 가정복귀와 사회진출 지원한다.

둘째, 청소년자립지원관은 일정 기간 청소년쉼터 또는 청소년회복지원시설의 지원을 받았는데도 가정·학교·사회로 복귀하여 생활할 수 없는 청소년에게 자립하여 생활할 수 있는 능력과 여건을 갖추도록 지원하는 시설로 주거안정을 바탕으로 자립을 위한 사례관리 지원한다.

셋째, 청소년치료재활센터는 학습·정서·행동상의 장애를 가진 청소년을 대상으로 정상적인 성장과 생활을 할 수 있도록 해당 청소년에게 적합한 치료·교육 및 재활을 종합적으로 지원하는 거주형 시설이다.

넷째, 청소년회복지원시설은 「소년법」 제32조 제1항 제1호에 따른 감호 위탁 처분을 받은 청소년에 대하여 보호자를 대신하여 그 청소년을 보호할 수 있는 자가 상담·주거·학업·자립 등 서비스를 제공하는 시설로 비행 탈선을 예방하고 가정 사회로의 복귀와 건강한 성장을 도모한다.

청소년쉼터, 청소년자립지원관, 청소년회복지원시설의 운영현황은 다음 〈표 11-6〉과 같다.

〈표 11-6〉 청소년복지시설의 운영현황('23.10월)

구분	청소년쉼터			청소년 자립지원관 (13개소)	청소년 회복지원시설(17개소)
	일시쉼터 (33개소)	단기쉼터 (66개소)	중장기쉼터 (39개소)		
주요기능	거리상담, 가출예방, 조기발견, 초기 개입, 일시보호 및 단기쉼터 연계 등	가정 사회복귀 지원 및 유관시설 연계 등	가정복귀가 어렵거나 특별히 장기간 보호가 필요한 가정 밖 청소년을 대상으로 사회복귀를 위한 학업 및 자립 지원	주거안정 기반의 자립 사례관리	위탁청소년 보호 및 생활지원, 사회서비스 지원
입소기간	24시간~7일 이내 일시	3개월 이내 *3개월씩 2회에 한하여 연장 가능(최장 9개월)	3년 이내 *1회 1년에 한하여 연장 가능 (최장 4년)	1년 이내 *필요시 사례심의위원회 통해 6개월 이내 연장 가능 (2회 한도)	6개월 (법원결정)

출처: 여성가족부 홈페이지 https://www.mogef.go.kr/sp/yth/sp_yth_f014.do

제12장 청소년정책과 제도

1. 정책과 청소년정책

1) 정책의 의미

(1) 제도와 정책의 정의

제도(制度)는 사회 구조의 규범과 체계이다. 제도(制度)는 관습이나 도덕, 법률 따위의 규범이나 사회 구조의 체계이며, 제도 가운데 그 사회에서 실제로 받아들여지거나 지지를 받는 제도를 사회 제도라고 부른다. 사회제도란 사회적 행동을 일정한 방향으로 이끌어 주는 조직화된 관행과 절차이며 인간이 사회적으로 살아가는 데 필요한 기본적 틀로서, 모든 사회에 공통된 것이다. 또한 사회의 목표를 달성하기 위해 개인의 활동을 조직하고, 미래 세대를 양육하는데 필수적인 기능을 담당한다(위키백과). 사회제도는 그 제도의 목적, 구조, 기능, 특성에 따라 다른 형태로 형성되고 발전되어 가는데, 이러한 사회제도를 형성하고 변화시키는 의도적이고 직접적인 접근방식이 정책이다. 정책(政策)은 결정 사항을 안내하고 합리적인 결과를 수행할 수 있게 하는 원칙이나 규율을 가리킨다. 그러므로 사회는 그 사회의 제도의 목적과 기능에 따라 특정한 지향을 구체화한 정책과정을 거치게 된다.

정책은 미래지향성, 계획성, 목표성이 있다. 정책이란 미래를 예측하고 달성하고자 하는 목표를 정한 다음 이를 하나의 일관된 계획이나 프로그램에 의해 실행되는 일련의 행동경로이다. 정책은 현실문제를 해결하고자 하는 문제해결의 속성을 지닌다. 정책은 어떤 사회를 만들겠다는 의지가 담겨있는 것이다. 어떤 원인으로 바람직하지 않은 사회상태를 바람직한 상태로 바꾸겠다는 정부의 계획적인 의도가 내포되어 있다. 또한, 규범성을 가지는데, 그 정책을 채택한 조직의 구성원들에게 강제나 제약을 가할 수 있는 규범성이 있다. 이와 더불어 공식성을 갖는 것이 정책으로 어떤 사회를 만들겠다는 것을 정부와 공공기관이 공식적으로 결정하는 식이다. 이러한 정책의 속성들을 볼 때, 정책은 바람직한 사회상태를 이룩하려는 정책목표와 이를 달성하기 위해 필요한 정책 수단에 권위있는 정부기관이 공식적으로 결정한 기본방침이다.

(2) 정책의 구성요소

정책은 인간과 사회에 큰 영향을 미친다. 어떤 정책이 만들어지면 거기에 따라 움직이기 때문이다. 어떤 정책을 입안하고 집행하느냐에 따라 인류와 사회의 운명을 좌우하기도 한다. 그러므로 정책은 잘 만들어져야 한다. 정책은 적극적인 사회변동을 일으킨다. 사회의 여러 가지 문제를 해결하는 과정에서 정책은 강제력과 구속력을 통해 사회변동을 일으킨다. 사회변동을 일으키고 이를 통해 사회를 재구성한다. 정치적 속성과 맞물려 있다.

정책이 대부분의 사회구성원과 관련이 있는 시급한 문제들을 권위적으로 해결함으로써 생활의 질과 공익을 향상시키고자 하는 정부 및 공공기관의 미래 지향적인 활동방침이고 활동목표라 정의할 때 정책의 구성요소는 정책목표, 정책수단, 정책대상집단이 될 것이다.

첫째, 정책목표이다. 정책목표는 정책을 통해 달성하고자 하는 것으로 정책을 통해 이룩하고자 하는 바람직한 상태를 의미한다.

둘째, 정책수단이다. 정책수단은 직접적으로 영향을 미치기 때문에 이해관계자의 갈등은 치열하다. 공해감소를 위해 차량 배기가스 통제방법이 채택될 경우 운수회사는 반대할 수 있다. 그러므로 정책수단의 결정과 선택은 정책결정에서 매우 중요하며 효과성이나 능률성뿐만 아니라 평등성, 형평성 등의 평가기준도 만족해야 한다.

셋째, 정책대상이다. 누구를 위한 정책인지가 뚜렷하게 제시되어 그 대상을 위한 정책으로 자리매김하게 한다.

정책목표, 정책수단, 정책대상집단 이 세 요소가 정책을 구성한다.

2) 청소년정책

(1) 청소년정책의 의미

청소년정책(youth policy)은 청소년에 관한 국가정책으로 청소년에 관한 정책(youth-related policy)이기도 하고 청소년을 위한 정책(policy for youth)이기도 하다. 청소년정책에 관해 이스턴(Easton, 1953)은 청소년에 대한 권위있는 배분이라고 정의했고, 라스웰과 카플란(Lasswell & Kaplan, 1968)은 청소년 관련 목적 또는 가치를 지향하는 의사결정이나 행위로 보았다. 김영모(2001)는 청소년정책을 청소년의 기본적 욕구인 소득, 보건, 교육, 주거 이외에도 비행, 보호, 고용, 환경, 스포츠, 레크리에이션, 상담 등을 해결하기 위한 국가 및 공공기관의 개입이라고 하였고, 이용교(1995)는 모든 청소년의 바람직한 사회상태를 목표로 하여 국가와 지방자치단체가 청소년의 사회적 욕구를 충족시키고, 청소년문제를 해결하고자 법령과 시책을 통하여 밝힌 방침이라고 하였다. 유럽회의(Council of Europe)는 청소년정책을 청소년이 지식, 기술, 역량을 개발할 수 있는 학습, 기회와 경험의 제반 조건을 조성하는 것이라고 정의하였다(https://www.coe.int/en/web/youth/about-youth-policy).

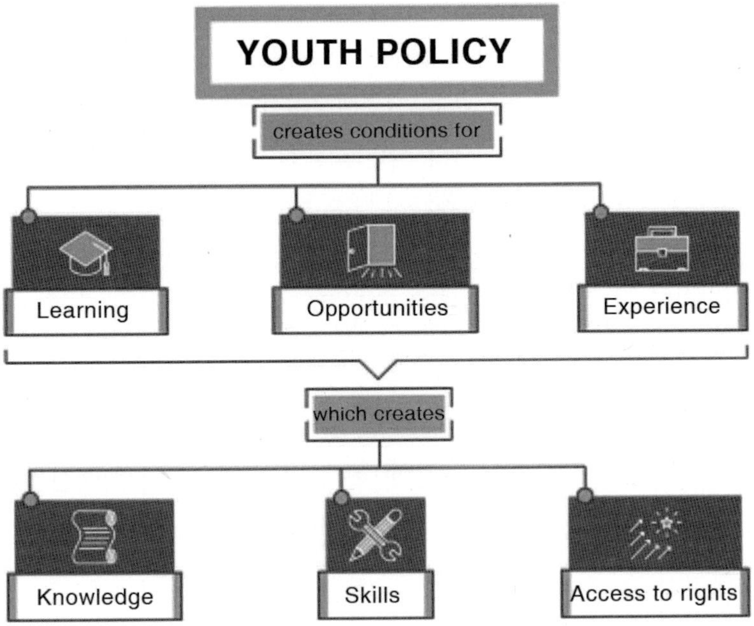

[그림 12-1] 청소년정책

출처: https://www.coe.int/en/web/youth/about-youth-policy

일련의 정의를 통해 청소년정책은 청소년을 바르게 키우기 위해 공적으로 다양한 노력을 제공하는 것이라고 볼 수 있다. 청소년정책은 바람직한 청소년의 삶을 위해 수립한 정책목표와 이를 달성하기 위해 필요한 정책수단에 대해 권위있는 정부기관이 공식적으로 결정한 기본방침이다. 다시 말해 청소년 연령세대와 관련이 있는 시급한 문제들을 권위적으로 해결함으로써 청소년 삶의 질과 공익을 향상시키고자 하는 정부 및 공공기관의 미래지향적인 활동방침 및 활동목표라 할 수 있다.

청소년정책의 목표는 청소년의 덕, 체, 지가 조화된 균형 잡힌 성장이다. 이러한 균형있는 성장을 위해 구체적으로 무엇을 해 주어야 하는지가 청소년정책의 수단이 된다. 미디어 리터러시, 스마트폰 사용 제한, 청소년활동 활성화, 청소년 다양한 문제 해결, 청소년 마음을 돌보기 위한 상담, 학업중단숙려제, 자유학기제 등과 같이 정책목표를 달성하기 위한 대안 프로그램과 사업을 제시하고 있다. 무엇보다 청소년정책은 정책대상집단인 청소년의 욕구를 반영하고 발달특성에 적합한 정책이어야 한다. 그러므로 정책대상집단에 대한 이해가 선행되어야 하고, 정책을 만들 때 각 정책에 따라 연령층을 명확히 하고, 그들에게 실효성있는 정책이 만들어질 수 있도록 해야 한다.

청소년정책에 관한 내용들은 청소년법과 지방자치단체 조례 등 관련 법령이나 청소년정책기본계획에 상당 부분 담겨있다.

(2) 청소년정책의 과정

청소년정책의 과정은 정책의 과정과 같다. 청소년정책의 의제설정–청소년정책결정–청소정책집행–청소년정책평가의 4단계 과정으로 이루어진다(천정웅 외, 2011).

① 청소년정책 의제설정

청소년정책 의제설정은 어떠한 사회적 문제에 대해 관심을 가지고 어떤 정책이 필요할지 고민하는 단계라고 할 수 있다. 청소년정책 의제설정에 영향을 미치는 요인은 청소년문제에 대한 사회적 관심, 사회환경의 변화, 정치지도자의 관심, 청소년정책의 대상인 청소년의 의식과 욕구, 언론매체의 보도내용, 청소년단체나 청소년관련 학자의 의견, 청소년 업무를 담당하는 정부관료의 능력과 자세 등이다(강병연·황수주, 2020). 이러한 요인들을 바탕으로 청소년과 관련된 주요과제를 국가 차원의 정책문제로 채택하는 과정 또는 행위를 청소년 정책의제설정이라 한다.

사회문제가 정책문제로 채택되기까지는 '사회적 문제'가 집단구성원들로부터 의견의 일치를 보기 어렵고 논쟁의 대상이 되면서 '사회적 이슈'가 되고, 이 이슈가 일반 대중의 주목을 받으면서 '공중의제'가 되면, 정부는 이를 공식적인 의사결정 과정에 따라 '정부의제'로 삼게 된다. 일반적으로는 이 4단계 과정을 거치지만, 경우에 따라 사회문제가 바로 정부의제가 되기도 하고, 사회문제가 사회이슈가 된 후 정부의제가 되기도 하고, 사회 이슈화를 건너뛴 후 공중의제를 거쳐 정부의제가 되기도 한다. 「미성년자보호법」이 1961년에 제정되었는데, 이는 한국전쟁 이후 보호를 필요로 하는 청소년과 비행청소년에 대한 보호와 선도의 필요성이 대두된 결과라 할 수 있다.

② 청소년정책결정

청소년정책의 결정은 민주성, 형평성, 효율성, 합법성 등의 원리에 따라 청소년의 바람직한 성장과 발달이라는 사회적 합의가치를 채택하고 이를 위해 합법적인 절차에 따라 최선의 대안을 선택하는 행위이다. 청소년정책결정은 청소년정책의 목표 설정, 청소년정책 대안 탐색 및 개발, 대안의 결과 예측 및 비교평가, 최선의 정책수단 선택의 과정을 통해 이루어진다.

청소년의 균형있는 성장이라는 목표 달성을 위해서 어떤 대안들이 필요할지 탐색하고(가정, 학교, 사회, 국가적인 차원에서의 대안들 포함), 각 대안들에서 우선순위를 결정하여 최선의 정책수단을 도출하여 채택한다.

③ 청소년정책집행

청소년정책의 집행은 정책의 내용을 구체적으로 실현시키는 과정이다. 청소년정책 결정 이후의 행정활동이 정책집행인데, 구체적으로 청소년정책 집행담당조직 구성 단계, 정책의 목표나 의도를 해석하여 적용가능하고 실현가능한 지침이나 운영규칙으로 구체화하는 정책해석과 구체화 단계, 집행담당조직의 운영 및 대상 집단에 대한 지출을 위한 재원을 확보하고 그 사용시기와 방법에 관해 결정하는 자원 확보와 배분 단계, 청소년정책의 대상자인 청소년 혹은 청소년관계자에게 특정한 편익 또는 규제를 전달함으로써 정책의 효과를 거두는 편익과 규제의 전달 단계로 정책집행이 이루어진다. 정책집행의 성공을 판단할 때는 실질적·내용적인 판단과 정책결정자들의 주관적인 판단에 따르며, 정책목표의 달성도, 능률성, 정책지지 및 관계집단의 만족도, 정책수혜집단의 요구 대응성, 체제유지 등도 같이 고려된다.

청소년정책이 효과적으로 집행되기 위해서는 관계부처의 기능과 역할이 중요하다. 현재 여성가족부에서 청소년정책을 집행하고 있는데, 여성과 가족이 혼재되어 청소년정책의 독립성이 확보되지 못하고 있는 실정이다. 또한, 관계부처의 실무자들이 정책대상인 청소년에 대한 이해를 바탕으로 정책을 집행해야 하는데, 형식적인 수준에 머무르고 있어 효율적 집행 수준까지 이르지 못하고 있는 실정이다.

④ 청소년정책평가

청소년정책평가는 정책에 대한 비판적 검토를 하여 전반적인 과정, 내용, 방법이 바람직하고 적절하게 이루어졌는지를 판단하는 것이다. 정책평가는 정책의 효과나 집행과정이 합리적이었는지, 목표달성이 잘 되었는지, 정책목표가 바람직하게 수립되었는지, 정책수단은 최선의 수단으로 선택되었는지, 정책의제설정과정이나 정책결정과정은 합리적으로 수행되었는지 등 정책과정 상에 나타나는 모든 활동이나 행위를 대상으로 평가를 하게 된다.

정책평가는 효과성, 능률성, 공평성, 충분성, 대응성의 기준에 따라 하게 되고, 형성평가와 총괄평가로 이루어지게 된다. 청소년정책은 장기적으로 이루어지게 되고, 성과 또한 즉각 나타나지 않으므로 과정상에서 정책이 청소년에게 의미있게 전달되고 있는지를 가늠해 보는 것이 필요하다.

2. 청소년정책의 변천

청소년정책은 법과 제도를 통해 변화를 거듭해 오고 있다. 그 대표적인 것이 청소년정책기본계획이다. 청소년정책과 맥을 같이 하는 법, 행정, 제도는 [그림 12-2]과 같다.

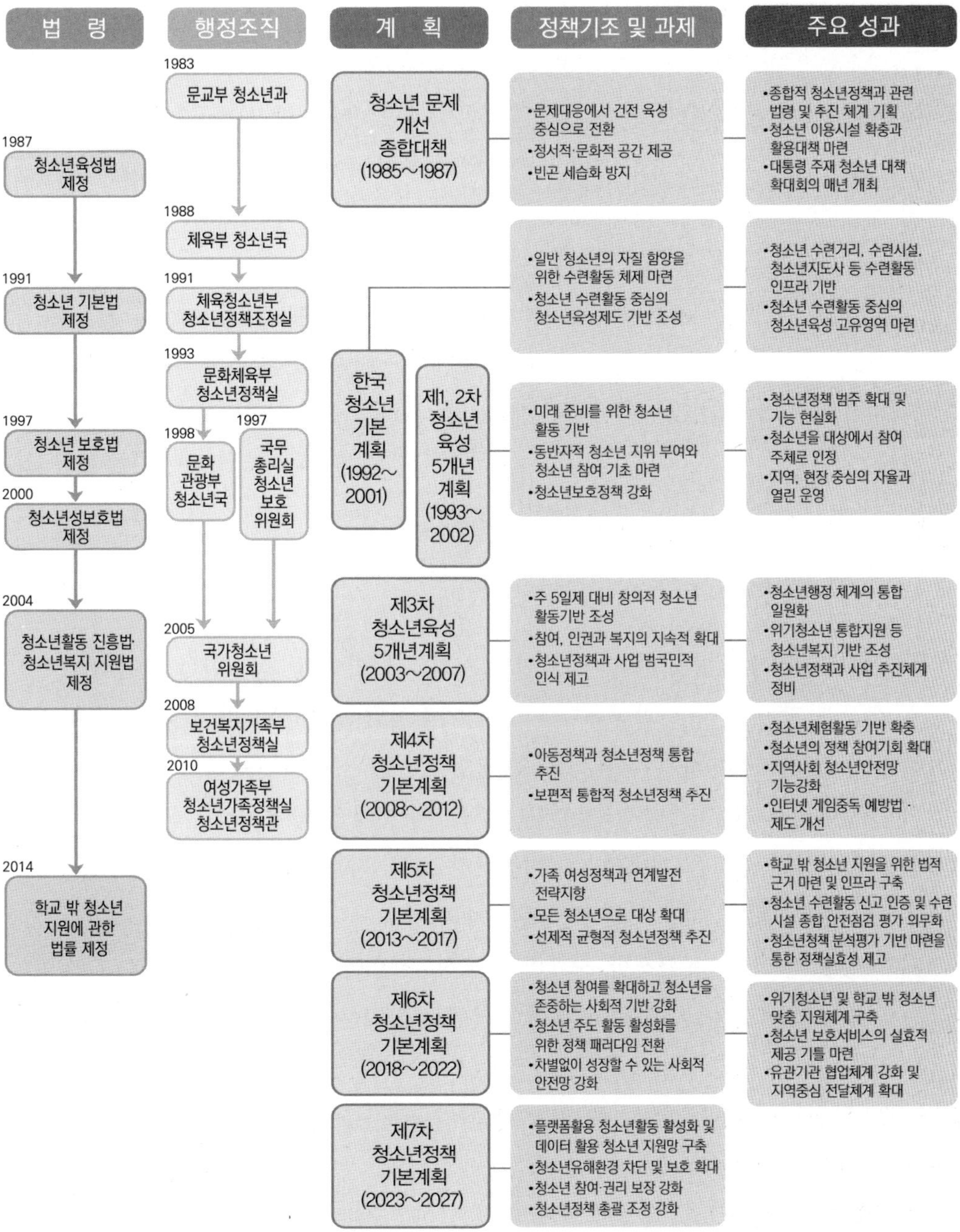

[그림 12-2] 청소년정책의 변천과정

출처: 여성가족부(2023)

청소년정책과 행정은 몇 차례 변화를 거듭해 왔고, 「청소년 기본법」 제13조에서 청소년육성에 관한 기본계획을 5년마다 수립하도록 명시되어 있다. 기본계획에는 이전의 기본계획에 관한 분석 및 평가, 청소년육성에 관한 기본방향, 청소년육성에 관한 기능의 조정, 청소년육성의 분야별 주요 시책, 청소년육성에 필요한 재원의 조달방법, 그 밖에 청소년육성을 위하여 특별히 필요하다는 인정되는 사항 등이다.

5년마다 수립되는 청소년정책기본계획이 청소년정책의 주요 흐름을 나타내고 정부와 지방자치단체와 청소년시설과 단체 등은 기본계획에 따라 구체적인 내용을 정하게 된다. 제1차부터 7차의 내용은 다음과 같다(강병연·황수주, 2020; 주경필, 2023).

1) 제1차 청소년육성 5개년계획(1993~1997)

제1차 계획 수립의 기본 전제는 미래 사회의 주역이 될 청소년이 어떤 모습으로 성장해 갈 것인지에 관심을 가지고 장기적이고 종합적인 차원에서 청소년정책을 수립하고 집행하기 위한 노력을 담았다. 제1차 청소년육성 5개년계획에서의 청소년정책 기본방향은 청소년이 각자의 취미와 능력에 따라 자발적으로 심신을 단련하여 소질을 계발할 수 있는 여건 조성, 청소년의 활동공간을 확보하고 우수한 프로그램을 개발 보급, 청소년단체와 지도자 육성, 청소년이 밝고 건강하게 성장할 수 있도록 건전한 사회환경 조성, 청소년에 대한 가정, 학교, 사회의 관심을 제고하고 청소년대책에 대한 범국민적 참여분위기를 확산하는 것이었다.

2) 제2차 청소년육성 5개년 계획(1998~2022)

제1차 계획은 청소년육성의 목표 달성은 하였으나 청소년을 미래의 주역으로 인식하는 것에 중점을 두어 청소년의 현재의 삶이 유보되어 그 한계점을 나타냈다. 2차 계획에서는 청소년을 오늘의 사회 구성원으로 인정하여 그들의 권리를 존중하고, 독립된 인격체로서 스스로 생각하고 행동하며 밝고 활기찬 창의적인 삶을 영위할 수 있도록 했다. 청소년의 삶의 질 향상과 건전한 민주시민의식 함양과 21세기 사회를 주도할 수 있는 자질과 능력배양이라는 정책목표를 설정하였다.

3) 제3차 청소년육성기본계획(2003~2007)

제3차 청소년육성기본계획은 '도전하는 청소년, 꿈이 있는 사회'라는 비전으로 참여·소통·체험의 3가지 이념으로 바탕으로 시행되었다. 효과적인 청소년 참여를 통해 적절한 정보제공과 지원을 하고, 지속적인 역량 강화를 통하여 양질의 계속적 관계 유지를 하며 다시 효과적인 청소년참여를 이끌어내는 순환구조를 형성하는 것이다.

4) 제4차 청소년정책기본계획(2008~2012)

제4차 청소년정책기본계획은 청소년정책과 관련된 환경변화를 고려하여 역량 강화의 필요성에 따라 역량 강화와 기회균등의 핵심 이념으로 청소년의 사회적 역량 강화, 청소년의 인권·복지 증진, 청소년 친화적 환경 조성, 청소년정책 추진체계 정비를 통해 건강하고 행복한 청소년 희망세상 실현을 기본이념으로 삼아 추진되었다.

5) 제5차 청소년정책기본계획(2013~2017)

제5차 청소년정책기본계획은 급변하는 청소년과 관련된 사회·경제적 환경을 미리 예측하고 선제적으로 대응할 수 있도록 하였다. 모든 청소년을 대상으로 청소년의 요구와 참여에 기초한 정책을 수립한 점에서 포괄적인 성격을 가진다. '청소년이 행복한 세상, 청소년이 꿈꾸는 밝은 미래'라는 정책비전 아래 청소년의 역량 함양 및 미래 핵심인재로 양성, 청소년의 자기주도적 참여와 권리 증진, 청소년의 균형있고 조화로운 성장, 청소년의 안전하고 건강한 생활환경을 정책목표로 수립하였다.

6) 제6차 청소년정책기본계획(2018~2022)

제6차 청소년정책기본계획은 저출산과 저성장, 4차 산업혁명 등으로 급변하는 사회경제적 흐름 속에서 기존 청소년정책의 대전환이 필요하다는 인식 아래 수립되었다. '현재를 즐기는 청소년, 미래를 여는 청소년, 청소년을 존중하는 사회'를 비전으로 청소년 참여 및 권리 증진, 청소년주도의 활동 활성화, 청소년자립 및 보호지원 강화, 청소년정책 추진체계 혁신의 4대 정책목표를 설정하였다.

7) 제7차 청소년정책기본계획(2023~2027)

제7차 청소년정책기본계획에서는 변화된 사회환경과 현재 청소년의 요구 및 특성을 반영하여 청소년의 역량 강화를 위한 플랫폼 기반 청소년활동 활성화, 지원이 필요한 청소년을 촘촘히 지원할 수 있도록 데이터를 활용한 청소년 지원망 구축, 증가하는 유해환경으로부터 청소년을 안전하게 보호할 수 있도록 유해환경 차단 및 보호 강화, 청소년이 건강하고 균혀있게 성장할 수 있도록 참여·권리 보장 강화, 청소년정책의 효과성과 실효성을 높일 수 있도록 총괄·조정 기능 내실화라는 수립방향과 함께 '디지털 시대를 선도하는 글로벌 K-청소년'이라는 비전을 제시하였다. 그 구체적인 목표와 정책과제는 [그림 12-3]과 같다.

비전	디지털 시대를 선도하는 글로벌 K-청소년	
목표	청소년 성장기회 제공	안전한 보호 환경 조성

정책과제	대과제(5개)	중과제(14개)
	① 플랫폼 기반 청소년활동 활성화	1-1. 청소년 디지털역량 활동 강화 1-2. 청소년 미래역량 제고 1-3. 다양한 체험활동 확대 1-4. 학교안팎 청소년활동 지원 강화
	② 데이터 활용 청소년 지원망 구축	2-1. 위기청소년 복지지원체계 강화 2-2. 청소년 자립 지원 강화 2-3. 청소년 유형별 맞춤형 지원
	③ 청소년 유해환경 차단 및 보호 확대	3-1. 청소년이 안전한 온 · 오프라인 환경 조성 3-2. 청소년 범죄 예방 및 회복 지원 3-3. 청소년 근로보호 강화
	④ 청소년의 참여 · 권리 보장 강화	4-1. 청소년 참여 활동 강화 4-2. 청소년 권익 증진
	⑤ 청소년정책 총괄 조정 강화	5-1. 청소년정책 인프라 개선 5-2. 지역 맞춤형 청소년정책 추진체계 구축

[그림 12-3] 제7차 청소년정책기본계획 비전, 목표, 정책과제

출처: 관계부처합동(2023)

3. 청소년법과 정책 및 행정조직

1) 청소년법의 체계

가장 상위의 법인 「헌법」 제34조에 '국가는 노인과 청소년의 복지향상을 위한 정책을 실시할 의무를 진다'고 하여 청소년 계층에 대한 복리 규정을 명시하고

있다. 헌법에 의해 위임된 청소년정책의 구체적 실현을 위해 최초로 제정된 청소년법이 「청소년육성법」(1987)이다. 그 후 이 법을 개정 보완하여 「청소년 기본법」이 1991년에 제정되었다. 특별한 규정이 없는 한 「청소년 기본법」에 따라 이루어진다. 청소년법에는 「청소년 기본법」, 「청소년 보호법」, 「아동·청소년의 성보호에 관한 법률」, 「청소년활동 진흥법」, 「청소년복지 지원법」, 「학교 밖 청소년지원에 관한 법률」이 있다. 각기 법에서 정하는 청소년 연령의 기준이 다르다. 〈표 12-1〉과 같다.

〈표 12-1〉 청소년법의 청소년 연령

법령	명칭	연령범위
청소년 기본법, 청소년활동 진흥법, 청소년복지 지원법, 학교 밖 청소년지원에 관한 법률	청소년	9세 이상 24세 이하
청소년 보호법	청소년	만 19세 미만(다만, 만 19세가 되는 해의 1월 1일을 맞이한 사람은 제외)
아동 · 청소년의 성보호에 관한 법률	아동 · 청소년	19세 미만의 자(다만, 19세에 도달하는 연도의 1월 1일을 맞이한 자는 제외)

한국의 청소년정책은 1987년에 제정된 「청소년육성법」으로부터 본격적으로 시작하여, 1991년 「청소년 기본법」 제정을 계기로 획기적 발전을 이루었다.

1961년 「미성년자보호법」과 「아동복리법」이 아동을 비롯한 문제 비행 청소년 대상의 보호 선도에 초점을 두었던 적이 있긴 했으나, 직접적인 청소년법령은 「청소년육성법」부터다.

청소년정책의 영역은 활동, 보호, 복지로 나뉘는데, 청소년활동정책은 「청소년 기본법」과 「청소년활동 진흥법」에서, 청소년보호정책은 「청소년 보호법」과 「아동·청소년의 성보호에 관한 법률」에서, 청소년복지정책은 「청소년복지 지원법」과 「학교 밖 청소년지원에 관한 법률」에서 주로 규정하고 있다.

₩2) 청소년 기본법

정부수립 이래 처음으로 수립된 한국청소년기본계획(1991)을 효과적으로 추진할 수 있는 법적 뒷받침을 마련하기 위해 기존의 「청소년 육성법」을 전면 개정·보완하여 제정한 법령으로 청소년육성·보호를 위한 미래지향적 정책 방향 제시 및 추진의 기틀을 마련한 법이다.

청소년육성 : 청소년활동을 지원하고 청소년의 복지를 증진하며 근로 청소년을 보호하는 한편, 사회 여건과 환경을 청소년에게 유익하도록 개선하고 청소년을 보호하여 청소년에 대한 교육을 보완함으로써 청소년의 균형 있는 성장을 돕는 것
청소년활동 : 청소년의 균형 있는 성장을 위하여 필요한 활동과 이러한 활동을 소재로 하는 수련활동 · 교류활동 · 문화활동 등 다양한 형태의 활동
청소년복지 : 청소년이 정상적인 삶을 누릴 수 있는 기본적인 여건을 조성하고 조화롭게 성장 · 발달할 수 있도록 제공되는 사회적 · 경제적 지원
청소년보호 : 청소년의 건전한 성장에 유해한 물질 · 물건 · 장소 · 행위 등 각종 청소년 유해 환경을 규제하거나 청소년의 접촉 또는 접근을 제한하는 것
청소년시설 : 청소년활동 · 청소년복지 및 청소년보호에 제공되는 시설
청소년지도자 : 청소년지도사, 청소년상담사, 청소년시설, 청소년단체 및 청소년 관련 기관에서 청소년육성에 필요한 업무에 종사하는 사람
청소년단체 : 청소년육성을 주된 목적으로 설립된 법인이나 대통령령으로 정하는 단체

「청소년 기본법」에서는 청소년육성, 청소년활동, 청소년복지, 청소년보호, 청소년시설, 청소년지도자, 청소년단체의 용어 정의를 하고 있다.

기본이념으로는 청소년의 참여보장, 청소년의 창의성과 자율성에 기초한 능동적 삶의 실현, 청소년의 성장여건과 사회환경의 개선, 민주 · 복지 · 통일조국에 대비하는 청소년의 자질향상 등을 설정하고 있다.

「청소년 기본법」에서는 청소년의 권리와 책임, 청소년의 자치권 확대, 가정의 책임, 사회의 책임, 국가 및 지방자치단체의 책임, 교육 및 홍보 등, 청소년정책위원회, 지방청소년육성위원회 설치, 청소년특별회의의 개최, 청소년육성에 관한 기본계획의 수립, 실태조사, 청소년의 달, 청소년시설, 청소년지도사의 양성, 청소년지도사, 청소년상담사, 청소년지도사·청소년상담사의 배치 등, 청소년지도

사·청소년상담사의 채용 등, 청소년지도사·청소년상담사의 보수교육, 청소년육성 전담공무원, 청소년육성 전담기구의 설치, 청소년지도위원, 청소년단체의 역할 등의 내용을 담고 있다.

3) 청소년활동 진흥법

「청소년활동 진흥법」은 다양한 청소년활동을 적극적으로 진흥하기 위해 필요한 사항을 정한 법이다. 2004년에 제정되었다.

청소년활동시설 : 청소년수련활동, 청소년교류활동, 청소년문화활동 등 청소년활동에 제공되는 시설 청소년수련활동 : 청소년이 청소년활동에 자발적으로 참여하여 청소년 시기에 필요한 기량과 품성을 함양하는 교육적 활동으로서 청소년지도자와 함께 청소년수련거리에 참여하여 배움을 실천하는 체험활동 청소년교류활동 : 청소년이 지역 간, 남북 간, 국가 간의 다양한 교류를 통하여 공동체의식 등을 함양하는 체험활동 청소년문화활동 : 청소년이 예술활동, 스포츠활동, 동아리활동, 봉사활동 등을 통하여 문화적 감성과 더불어 살아가는 능력을 함양하는 체험활동 청소년수련거리 : 청소년수련활동에 필요한 프로그램과 이와 관련되는 사업 숙박형 청소년수련활동 : 19세 미만의 청소년을 대상으로 청소년이 자신의 주거지에서 떠나 청소년수련시설 또는 그 외의 다른 장소에서 숙박 · 야영하거나 청소년수련시설 또는 그 외의 다른 장소로 이동하면서 숙박 · 야영하는 청소년수련활동 비숙박형 청소년수련활동 : 19세 미만의 청소년을 대상으로 청소년수련시설 또는 그 외의 다른 장소에서 실시하는 청소년수련활동으로서 실시하는 날에 끝나거나 숙박 없이 2회 이상 정기적으로 실시하는 청소년수련활동

청소년활동시설, 청소년수련활동, 청소년교류활동, 청소년문화활동, 청소년수련거리, 숙박형 청소년수련활동, 비숙박형 청소년수련활동에 대한 정의를 통해 법의 내용을 제시하고 있다.

「청소년활동 진흥법」은 교육청과의 협조, 청소년운영위원회, 청소년활동의 지원, 한국청소년활동진흥원(국립수련시설 : 국립중앙청소년수련원, 국립평창청소년수련원, 국립청소년우주센터, 국립청소년농생명센터, 국립청소년해양센터,

국립청소년미래환경센터), 지방청소년활동진흥센터의 설치, 청소년활동 정보의 제공 등, 학교와의 협력, 숙박형 등 청소년수련활동 계획의 신고(다른 법률에서 지도·감독 등을 받는 비영리 법인 또는 비영리 단체가 운영하는 경우, 청소년이 부모 등 보호자와 함께 참여하는 경우, 종교단체가 운영하는 경우, 비숙박형 청소년수련활동 중 인증을 받아야 하는 활동이 아닌 경우 신고 제외), 청소년활동시설의 종류(청소년수련시설 : 청소년수련관, 청소년수련원, 청소년문화의집, 청소년특화시설, 청소년야영장, 유스호스텔/청소년이용시설), 안전교육, 청소년수련활동인증제, 한국청소년수련시설협회, 지방청소년수련시설협회, 청소년교류활동의 진흥, 청소년문화활동의 진흥, 청소년축제의 발굴지원, 청소년동아리활동의 활성화, 청소년의 자원봉사활동의 활성화 등의 내용을 명시하고 있다.

4) 청소년복지 지원법

보호자 : 친권자, 법정대리인 또는 사실상 청소년을 양육하는 사람
위기청소년 : 가정 문제가 있거나 학업 수행 또는 사회 적응에 어려움을 겪는 등 조화롭고 건강한 성장과 생활에 필요한 여건을 갖추지 못한 청소년
가정 밖 청소년 : 가정 내 갈등 · 학대 · 폭력 · 방임, 가정해체, 가출 등의 사유로 보호자로부터 이탈된 청소년으로서 사회적 보호 및 지원이 필요한 청소년
청소년부모 : 자녀를 양육하는 부모가 모두 청소년인 사람

「청소년복지 지원법」은 청소년복지 향상에 관한 사항을 규정함을 목적으로 보호자, 위기청소년, 가정 밖 청소년, 청소년부모의 용어 정의를 통해 법의 내용을 명시하고 있다. 2004년에 제정되었다.

주요 내용은 실태조사(3년), 청소년의 우대, 청소년증(9세 이상~18세 이하), 청소년의 건강보장, 지역사회청소년통합지원체계, 청소년복지심의위원회, 상담과 전화 설치 등(1388청소년전화), 위기청소년 특별지원(생활지원, 학업지원, 의료지원, 직업훈련지원, 청소년활동지원), 가정 밖 청소년에 대한 지원, 이주배경청소년에 대한 지원, 청소년부모 지원, 예방적·회복적 보호지원, 한국청소년상담복지개

발원, 청소년상담복지센터, 이주배경청소년지원센터, 청소년복지시설의 종류(청소년쉼터, 청소년자립지원관, 청소년치료재활센터, 청소년회복지원시설) 등이다.

5) 청소년 보호법

「청소년 보호법」은 청소년에게 유해한 매체물과 약물 등이 청소년에게 유통되는 것과 청소년이 유해한 업소에 출입하는 것 등을 규제하고 청소년을 유해한 환경으로부터 보호·구제함으로써 청소년이 건전한 인격체로 성장할 수 있도록 함을 목적으로 한다. 1990년대 들어 급격한 사회 구조의 변화가 나타났는데, 핵가족화 경향에 따른 가족 유대 약화, 학력중심주의로 인한 입시 위주 교육 풍토의 만연 등이 복합적으로 작용하여 많은 청소년이 유해환경에 노출되었다. 이에 정부는 1997년 우리 사회에서 청소년 유해환경을 근절하기 위해 「청소년 보호법」을 제정하였다.

「청소년 보호법」에서는 청소년유해매체물, 청소년유해약물(약물에는 주류, 담배, 마약류, 환각물질(부탄가스, 본드, 신나, 칼라풍선), 청소년유해물건(고시된 성기구, 레이저포인터 등), 청소년유해업소(청소년출입·고용금지업소, 청소년고용금지업소), 유통과 청소년 폭력·학대, 청소년유해환경을 정의하여 법에서 사용하는 용어의 뜻을 밝히고 있다.

청소년유해매체물의 심의는 청소년보호위원회와 각 심의기관이 심의를 하게 되는데, 다음에 해당하는 경우에 청소년유해매체물로 결정해야 한다.

- 청소년에게 성적인 욕구를 자극하는 선정적인 것이거나 음란한 것
- 청소년에게 포악성이나 범죄의 충동을 일으킬 수 있는 것
- 성폭력을 포함한 각종 형태의 폭력 행위와 약물의 남용을 자극하거나 미화하는 것
- 도박과 사행심을 조장하는 등 청소년의 건전한 생활을 현저히 해칠 우려가 있는 것
- 청소년의 건전한 인격과 시민의식의 형성을 저해(沮害)하는 반사회적·비윤

리적인 것

• 그 밖에 청소년의 정신적·신체적 건강에 명백히 해를 끼칠 우려가 있는 것

이 외에도 청소년의 출입시간 제한(노래연습장(오후 10시~오전9시), 게임제공업(오후10시~오전9시), 찜질시설이 있는 목욕장업(오후10시~오전5시)), 방송시간 제한(평일 오전 7시~오전 9시 / 오후 1시~오후 10시, 토요일과 공휴일 및 초등학교·중학교·고등학교의 방학기간 오전 7시~오후 10시, 채널별로 대가를 받고 제공하는 방송의 경우 오후 6시부터 오후 10시), 인터넷게임 이용자의 친권자 등의 동의 및 인터넷게임 제공자의 고지 의무(16세 미만), 청소년 통행금지·제한구역 지정, 청소년보호종합대책 수립(3년마다) 등을 규정하고 있다.

6) 아동·청소년의 성보호에 관한 법률

「아동·청소년의 성보호에 관한 법률」은 아동·청소년대상 성범죄의 처벌과 절차에 관한 특례를 규정하고 피해아동·청소년을 위한 구제 및 지원 절차를 마련하며 아동·청소년대상 성범죄자를 체계적으로 관리함으로써 아동·청소년을 성범죄로부터 보호하고 아동·청소년이 건강한 사회구성원으로 성장할 수 있도록 함을 목적으로 한다. 이전에 성매매와 성폭력 전반에 관한 법은 있었으나 청소년의 성보호만을 위한 법의 필요성에 의해 2000년에 제정되었다.

아동·청소년에 대한 강간·강제추행 등, 장애인인 아동·청소년에 대한 간음 등, 13세 이상 16세 미만 아동·청소년에 대한 간음 등, 아동·청소년성착취물의 제작·배포 등, 아동·청소년 매매행위, 아동·청소년의 성을 사는 행위 등, 아동·청소년에 대한 강요행위 등, 알선영업행위 등, 피해자 등에 대한 강요행위, 신고의무자의 성범죄에 대한 가중처벌(그 죄에 정한 형의 2분의 1까지 가중처벌), 공소시효에 관한 특례(피해를 당한 아동·청소년이 성년에 달한 날부터, 과학적인 증거가 있는 때에는 공소시효 10년 연장, 13세 미만의 사람 및 신체적인 또는 정신적인 장애가 있는 아동·청소년에 대한 범죄 공소시효 적용 안 함), 친권상실청구 등, 피해아동·청소년의 보호조치 결정, 수사 및 재판 절차에서의 배려(디지털

수사, 신분비공개수사 또는 신분위장수사 포함), 영상물의 촬영·보존 등, 아동·청소년대상 성범죄의 신고, 신고의무자에 대한 교육, 가해아동·청소년 처리, 보호시설, 상담시설, 아동·청소년대상 성교육 전문기관의 설치·운영, 성범죄자의 신상공개(성명, 나이, 주소 및 실제거주지, 신체정보(키와 몸무게), 사진, 등록대상 성범죄 요지, 성폭력범죄 전과사실, 전자장치 부착 여부), 아동·청소년 관련기관등에의 취업제한 등(10년)에 대한 규정을 하고 있다.

7) 학교 밖 청소년지원에 관한 법률

「학교 밖 청소년지원에 관한 법률」은 학교 밖 청소년 지원에 관한 사항을 규정함으로써 학교 밖 청소년이 건강한 사회구성원으로 성장할 수 있도록 함을 목적으로 2014년에 제정되었다.

학교 밖 청소년은 초등학교·중학교 또는 이와 동일한 과정을 교육하는 학교에 입학한 후 3개월 이상 결석하거나 취학의무를 유예한 청소년, 고등학교 또는 이와 동일한 과정을 교육하는 학교에서 제적·퇴학처분을 받거나 자퇴한 청소년, 고등학교 또는 이와 동일한 과정을 교육하는 학교에 진학하지 아니한 청소년을 말하고, 학교 밖 청소년 지원 프로그램은 학교 밖 청소년의 개인적 특성과 수요를 고려한 상담지원, 교육지원, 직업체험 및 취업지원, 자립지원 등의 프로그램을 말한다.

「학교 밖 청소년지원에 관한 법률」의 주요내용은 국가와 지방자치단체의 책무, 실태조사(2년), 상담지원, 교육지원, 직업체험 및 취업지원, 자립지원, 학교 밖 청소년 지원센터, 지역사회 청소년통합지원체계와의 연계 등이다.

8) 청소년 행정조직

청소년행정은 청소년을 위한 행정으로 청소년을 위한 법과 제도가 잘 이루어지도록 조직적인 뒷받침이 되는 것으로 전문성이 필요하다.

1988년 청소년국이 설치되고, 국가청소년위원회, 보건복지부, 여성가족부로 이어오면서 현재에 이르고 있다.

중앙정부는 여성가족부 청소년가족정책실에 청소년정책관을 설치, 운영하고 있다. 청소년정책관은 청소년정책과, 청소년활동진흥과, 청소년활동안전과, 청소년자립지원과, 학교밖청소년지원과, 청소년보호환경과의 6과 체제로 운영된다.

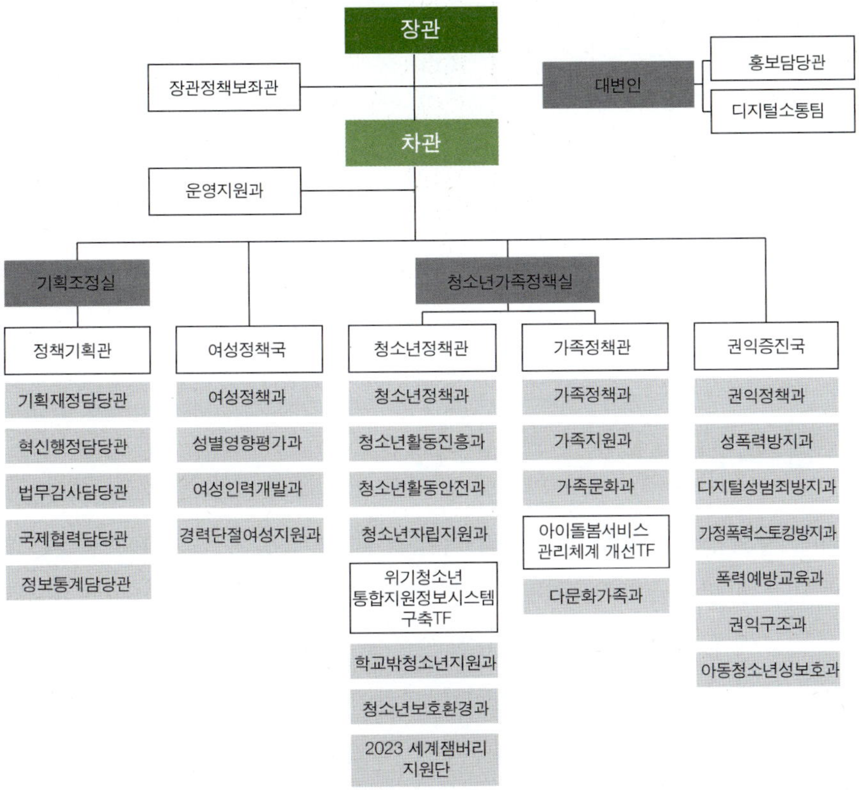

[그림 12-4] 여성가족부 조직도

출처: 여성가족부 홈페이지https://www.mogef.go.kr/mi/osg/mi_osg_s001.do(2023)

청소년의 건강하고 균형있는 성장과 삶의 질 향상을 위해 국가와 사회가 법과 제도, 행정을 통해 청소년을 위한 다양한 사업과 프로그램으로 여러 기관의 협조 아래 청소년에게 실효성있게 정책이 이루어지도록 노력해야 한다.

제13장 청소년리더십과 청소년개발

1. 청소년리더십 필요성

변화된 사회에서 적응하고 자신의 역할을 잘 하기 위해서는 그에 걸맞는 책임의식과 더불어 살아남기 위한 새로운 기술들도 익힐 필요가 있다. 이러한 상황에서 청소년들에게 리더십은 매우 중요한 요소가 될 것이다. 리더십은 사회의 변화를 이끌어내기 위해서만 필요한 것이 아니라 개인의 삶을 변혁적으로 개선하기 위해서 반드시 필요한 생활기술이다. 특히 청소년기는 변화의 시기 안에 있기 때문에 리더십을 키워나가기에 좋은 시기이므로 다른 사람과의 관계 안에서 발휘되는 리더십과 자기 자신의 개인적 삶에 있어서 영향을 미치는 리더십을 갖춰나가도록 해야 한다.

청소년의 리더십은 청소년기에 리더십 능력을 함양해 나가면 자신의 삶의 방식, 다른 사람과의 협동, 학업에 대한 열정, 가족과 사회와 국가에 대한 책임으로까지 연결될 수 있기 때문에 중요하다. 또한, 청소년기에 리더십을 개발하는 것은 자신의 문제를 해결하는 방법을 습득할 뿐만 아니라 성공적인 성인의 삶을 준비할 수 있기 때문이고, 인적자원개발과 긍정적 청소년개발의 차원에서도 매우 중요하다. 청소년기는 문제상황에 대해 경험을 통해 해결방법을 배우는 시기이자 많은 발달과업을 수행하며 성장하는 시기이다. 그래서 이때 리더십을 함양시켜 준다면 자신의 잠재력을 개발해서 자신의 삶을 주도적으로 영위할 뿐만 아니라 소속된 크고 작은 사회에서 책임을 다하는 성인으로서의 역할을 다해 개인 뿐 아니라 국가적인 인적자원개발로 이어지게 된다.

2. 리더십 이론

1) 리더십의 정의

리더십은 전통적으로 조직 내에서 집단의 목표를 달성하기 위해 리더가 구성원들의 마음을 움직이고 동기화하는 영향력 행사 과정이라고 할 수 있다.

리더십은 다양하게 정의되고 있는데, 협력, 상호작용, 조정, 동기화, 집단의 목표달성으로 이끄는 영향력 행사 과정, 구성원들 간에 교류하는 과정, 리더와 추종자들 간의 영향력 행사 관계, 개인의 가치와 신념들을 공적으로 드러내고 적용하는 것, 사람들이 자신의 가치와 잠재능력을 볼 수 있도록 분명하게 알려주는 것 등으로 정의하고 있다(오윤선·황인숙, 2021).

리더십의 영역은 리더십 정보, 리더십 태도, 의사소통, 의사결정, 스트레스 대처법의 5가지 영역을 가지고 있다(VanLinden & Fertman, 1998). 리더십 정보는 리더와 리더십에 대해 인식하고 아는 것으로서 모든 리더십 발달단계에서 출발점이 된다. 리더십 태도는 스스로를 리더와 동일시하여 자신을 리더로 규정하려는 성향, 생각, 감정 등을 의미한다. 의사소통기술은 생각, 메시지, 정보 등을 교환하는 것에 관련된 언어적·비언어적 기술이다. 의사결정기술은 여러 가지 대안 중에서 다른 사람들에게 영향을 미칠 수 있는 선택을 하는 것과 관련된다. 스트레스 관리 기술은 삶 속에서 발생하는 스트레스를 다루고 통제하는 방법에 관한 것이다.

리더십은 사회적 현상이며, 대체적으로 대면적인 관계에서 발휘되는 것으로 사회적 상호작용이 이루어지는 것이다. 또한, 조직활동과 관계를 구조화하는 효과가 있고, 리더로 인정되기 위해서는 구성원들 사이에서 다른 사람에 비해 뛰어나다고 인정되어야 한다. 그러나 최근에는 뛰어난 한 사람의 역할보다는 양방향 영향력을 강조하는 리더십으로의 변화가 나타나고 있다. 구성원들은 영웅적 리더보다는 인격적이고 진실하고 헌신적인 리더를 더 따르고, 구성원들 자신도 다른 사람과 자기 자신에게 영향을 미치며 살아가는 의미있는 존재다.

흔히 전통적 리더십은 조정경기로 현대적 리더십은 래프팅에 비유된다. 전통적인 리더십 이론은 특성이론, 행동이론, 상황이론이고, 현대적 리더십은 변혁적 리더십과 셀프리더십을 대표적으로 꼽을 수 있다(오윤선·황인숙, 2021).

2) 전통적 리더십

(1) 특성이론

특성이론은 1940~50년까지 주류를 이룬 이론으로 리더의 능력은 타고난 것이고 리더와 팔로워를 구분시켜 주는 보편적 특성을 찾는 데 주목하였다.

특성이론에 따른 리더의 속성별 특성은 신체적 특성에는 활동성, 정력, 외모, 차림새, 키, 몸무게 등이었고, 능력은 행정능력, 지능, 판단력, 지식, 기술적 능력, 어휘 구사력 등의 특성을 가지며, 성격의 특성은 성취동기, 야망, 적응력, 공격성, 민첩성, 반권위주의적 성격, 지배성향, 자기제어, 열정, 외향성, 독립성, 주도성, 직관력, 성실성, 객관성, 창의성, 일관성, 인내력, 책임감, 자신감, 유머감각, 스트레스 저항력 등이다. 또한, 사회적 특성(대인관계)으로는 협동심, 대인관계 기술, 민감성, 명예나 인기 중시 성향, 사회성, 사회경제적 지위, 다변성, 재치 등을 들 수 있다(Jago, 1982). 이런 특성들을 가진 사람이 리더라고 본 것이다.

특성이론은 여러 리더들 간의 공통성이 부족하고, 위에 열거된 리더의 특성은 일반인도 가질 수 있고 그 우선순위를 정하기가 어려우며, 리더의 특성과 효과적인 리더십 사이의 특별한 인과관계가 발견되지 않았을 뿐만 아니라 리더에게 요구되는 특성은 상황에 따라 다르다는 점이 한계로 작용한다.

(2) 행동(행위)이론

행동이론은 1950~60년까지 영향을 미친 리더십 이론으로 리더가 어떤 행동을 하는가에 관심을 가지고 일정한 상황에서 발견된 리더의 행위에 초점을 맞췄다.

행동이론에서는 리더십을 업무지향과 관계지향의 두 축으로 리더십을 이해한다. 오하이오 주립대학의 리더십 연구에서는 리더의 업무지향형 행동을 구조성 차원의 리더십으로 정의하고, 인간관계지향형 행동을 배려의 리더십으로 정의하고 도식으로 발전시켰다(Blake & Mouton, 1964; 오윤선·황인숙, 2021. 재인용). 구조성 리더십은 리더가 공식적인 업무프로세스(구성원의 업무분장, 업무관계 설정, 의사소통 유형 및 경로 등)를 규정한 후에 목표 달성을 위한 업무지시와 감독을 수행한다. 반면에 배려의 리더십은 리더가 구성원들의 복지와 안녕, 지위, 공헌에 관심을 두고 신뢰관계를 구축하는 것을 중요시한다.

		구조성	
		낮음	높음
배려성	높음	구조성 낮음 배려성 높음	구조성 높음 배려성 높음
	낮음	구조성 낮음 배려성 낮음	구조성 높음 배려성 낮음

[그림 13-1] 오하이오 연구팀의 리더십 연구

출처: 오윤선 외(2021)

행동이론에서 잘 알려진 레빈(Lewin, 1938)과 리피트(Lippitt, 1958) 그리고 화이트(White, 1939)는 리더십 유형을 권위주의적(전제형), 민주주의형(민주형), 자유방임형(방임형)의 세 가지로 분류하였다.

권위주의적 리더(전제형 리더)는 의사결정이 리더에게만 있는 독재형 리더로 구성원에게 명확한 업무를 할당하며 주로 하향적 의사소통을 사용한다. 그러기에 개인의 독창성은 무시되는 단점이 있고, 일의 신속성과 질서가 있고, 성과를 예측할 수 있다는 장점이 있다.

민주주의형 리더(민주형 리더)는 구성원을 존중하여 구성원들에게 상당한 권한을 위임하고 집단 의사결정을 내린다. 활발한 의사소통이 이루어지므로 구성원의 참여를 통해 헌신을 하게 하는 장점이 있지만 시간이 많이 소요된다는 단점 또한 존재한다.

자유방임형 리더(방임형 리더)는 조직과 구성원에게 관심이 없어서 그대로 방치해 둔다. 권한과 책임을 집단에 부여하고 구성원 스스로 업무를 수행하도록 하기 때문에 수평적 의사소통이 사용된다. 리더의 간섭없이 자율적으로 업무를 해나간다는 점에서는 장점이지만, 목표 없이 방황하고 무질서를 초래할 수 있다는 단점이 있다.

이렇듯 행동이론은 리더가 조직 안에서 어떻게 행동하느냐에 따라 발휘되는 리더십을 말한다.

(3) 상황이론

상황이론은 1960~80년대 초에 영향을 미친 이론으로 서로 다른 상황이 리더십에 영향을 미친다는 이론이다. 상황이론에서는 조직이 처한 특수한 상황에 잘 적응할 때, 상황적 조건이 구체적일 때, 상황이 호의적일 때 리더십의 효과가 극대화된다고 본다. 상황이 변수로 작용하는데, 상황변수로는 리더와 구성원과의 관계, 과업의 구조화 정도, 리더의 직위 권한 등이다.

대표적으로 허쉬와 블랜차드(Hersey & Blanchard, 1977; 오윤선·황인숙, 2021 재인용)의 상황리더십이론을 들 수 있다.

상황적 리더십이론은 관계행동과 과업행동으로 구분하고, 네 가지 리더십 행동유형을 제시하였다.

		관계행동 낮음	관계행동 높음
과업행동	높음	지시형 리더십	설득형 리더십
	낮음	위임형 리더십	참여형 리더십

[그림 13-2] 상황적 리더십 행동 유형(출처 : 오윤선 · 황인숙, 2021)

지시형 리더십은 고업무지향-저관계지향으로 과업달성에 초점이 맞추어져 있는 리더십이고, 설득형 리더십은 고업무지향-고관계지향으로 과업행동보다는 관계행동을 통해 구성원들이 목표를 달성하도록 하는 리더십이다. 참여형리더십은 저업무지향-고관계지향으로 구성원들의 참여를 장려하며, 위임형 리더십은 저업무지향-저관계지향 유형으로 과업 및 관계행동을 최소한으로 줄이고 과업에 대해서도 합의가 되면 결과의 책임도 구성원에게 위임하는 유형이다.

상황 안에서 리더가 어떻게 행동하느냐에 따라 리더십이 달라질 수 있음을 보여주는 것이 상황이론이다.

3) 현대적 리더십이론

현대적 리더십이론은 다양하다. 카리스마 리더십, 섬김 리더십, 원칙중심의 리더십, 임파워먼트 리더십 등을 비롯하여 사회에서의 역할을 잘 해낼 때 그 사람의 영향에 따라 리더십을 명명하기도 한다(예: 히딩크 리더십, 박항서의 파파리더십 등). 대표적인 현대적 리더십으로 변혁적 리더십과 셀프리더십을 들 수 있겠다.

(1) 변혁적 리더십

변혁적 리더십은 번스(Burns, 1978)와 바스(Bass, 1985)가 제기하고 체계화시킨 리더십으로 구성원에게 비전과 가치를 공유하고 권한을 부여하며, 동기화를 통해 개인이 조직과 한 방향의 목표를 설정하도록 하여 목표달성을 해 나가도록 한다. 변혁적 리더십은 전통적인 거래적 리더십과 구분하여 그 특징을 보여준다. 거래적 리더십이 보상을 통한 동기유발이라면 변혁적 리더십은 구성원들의 의식을 높여 목표달성을 추구하게 된다.

〈표 13-1〉 거래적 리더십과 변혁적 리더십 비교

구분	거래적 리더십	변혁적 리더십
목표지향성	• 안정지향적(폐쇄적 체제) • 현상과 가까운 목표지향	• 변화지향적(개방적 체제) • 현상보다 높은 비전지향
동기부여전략	• 즉각적이고 가시적인 보상	• 높은 수준의 도덕적 가치를 활성화
관리전략	• 성과와 연계된 보상 • 예외적 관리	• 영감과 비전 제시 • 공유에 의한 동기유발
초점	• 하급관리자	• 최고관리층
관련조직	• 기계적 관료제	• 탈관료제, 유기적 구조

출처: 오윤선 외(2021)

변혁적 리더십을 구성하는 차원은 카리스마적 영향력, 영감적 동기화, 지적 자극, 개별적 배려이다(Bass & Riggio, 2006). 카리스마적 영향력은 자신이 타인의 역할 모델이 될 수 있다는 전제하에 영감을 주는 리더의 능력이다. 이를 위해서는 높은 도덕적 수준과 진실성이 있어야 한다. 영감적 동기화는 리더는 구성원들에게 사기와 동기를 부여하고 영감을 주어야 한다는 것이다. 지적 자극이란 리더가 창의적 사고를 바탕으로 구성원들을 자극하여 새로운 방식으로 문제를 해결하도록 이끄는 것이다. 개별적 배려는 구성원 개개인에게 관심을 가지고 관계형성을 위한 의사소통을 활성화하는 것이다. 이를 통해 리더의 영향력이 구성원에게 전달되는 것이다.

(2) 셀프리더십

셀프리더십은 자기 자신의 삶을 잘 이끌기 위한 사고 및 행동전략이다. 이는 만츠(Manz, 1992)에 의해 제시되었고, 자신의 높은 성과를 이끌어 주는 자율적인 힘으로 스스로가 자신에게 부과하는 자율통제를 중요하게 여기는 리더십이다.

모든 사람은 정도의 차이는 있으나 셀프리더십을 발휘하며 살고 있고, 학습을 통해 셀프리더십을 습득할 수 있으며, 조직 안에서 경영자, 관리자, 구성원 모두가 가져야 한다는 전제 하에 행동전략과 인지전략을 제시하고 있다. 행동전략으로는 자기관찰, 자기가 설정한 목표, 단서에 의한 관리, 리허설, 자연적 보상, 자기비판이 있고, 인지전략으로는 자연적 보상, 과업의 자기 설계, 건설적 사고 패턴이 있어 어떤 기준을 가지고 행동하게 되고(행동전략), 정보를 인식하고 처리할 때 효율적인 사고패턴을 확립해 나가게 된다(인지전략). 또한, 자기관찰기술, 목표설정기술, 자기강화기술, 자기비판기술, 자연적 보상기술, 자기연습기술의 셀프 리더십 기술을 활용하여 셀프리더십을 향상시킬 수 있다.

셀프리더십은 개인 뿐 아니라 조직에도 긍정적인 영향을 미칠 수 있다. 개인적 차원에서는 개인의 능력과 자기개발을 해 나갈 수 있으며, 조직적인 차원에서는 자아인식을 높여 조직의 향상과 발전을 위해 사고하고 행동하게 한다.

셀프리더십은 청소년기의 성장에 긍정적인 영향을 미칠 수 있다. 청소년 시기가 자아정체감을 확립해 나가는 시기이므로 자기 자신에 대한 인식을 해 나가며 자신의 역할을 정립해 나가는 데 셀프리더십이 영향을 미치기 때문이다.

3. 청소년리더십 요소

청소년은 개인의 삶을 어떻게 살아야 할지 습득해 나가는 시기에 있고, 또한 집단 안에서의 역할을 익혀 나가는 시기에 있는 사람이다. 그래서 그들에게는 개인적 리더십과 팀 리더십이 필요하다. 개인적 리더십은 자신감, 학습기술, 비판적 사고능력을, 집단 리더십은 책임감, 고무와 격려, 대인관계기술, 의사결정을 요소로 제시하고 있다(천정웅 외, 2011).

1) 개인적 리더십

개인을 잘 이끌어가는 능력은 자신감, 학습기술, 비판적 사고능력에서 발휘될 수 있다.

첫째, 자신감이다. 청소년 스스로가 자신을 어떻게 생각하고 있는지, 자신이 가진 능력은 무엇인지, 자신을 둘러싸고 있는 환경적 요소가 적절한지 등에 따라 자신에 대한 생각이 달라질 수 있다. 청소년이 가지는 건강한 자신감은 자신에 대한 이해와 더불어 다른 사람과의 상호작용에도 긍정적인 영향을 주게 된다. 긍정적 자아관이 건강한 자신감을 갖게 도와줄 수 있다.

둘째, 학습기술이다. 이는 배움의 능력이다. 배움은 학습을 통해서도, 단순한 삶의 과정에서도 가능하므로 모든 것을 통해 배우려는 자세가 필요하다. 청소년기가 변화의 시기이므로 다양한 삶의 영역에서 배우려는 능력을 갖추는 것이 개인적 리더십을 키우는 일환이 된다. 좋은 리더를 통해서 리더십을 익혀 나가는 것 또한 의미있다.

셋째, 비판적 사고능력을 배양함으로 개인적 리더십을 함양할 수 있다. 비판적 사고능력은 문제에 대한 접근방식이고 이성적이고 목적이 분명하고 자기반성적인 태도로 문제를 해결하고자 하는 노력이다. 이를 통해 발전적인 삶을 살아갈 수 있고, 변화를 도모할 수 있으며, 무슨 사안이든지 객관적이고 이성적으로 접근할 수 있게 된다.

2) 집단 리더십

청소년은 여러 활동에 집단적으로 참여하는 경우가 많다. 다양한 집단과 그룹, 팀 안에서 발휘되어야 하는 리더십의 요소는 책임감, 고무와 격려, 대인관계기술, 의사결정능력이라고 할 수 있다.

첫째, 책임감이다. 모든 사람은 개인의 삶, 그리고 사회에 대한 책임감을 배양해야 사회인으로 적응적인 삶을 살아갈 수 있다. 청소년도 자신이 속한 집단에서 한 구성원으로서의 책임감을 갖는 것이 필요하다. 그럴 때 의미있는 행동을 해나갈 수가 있다.

둘째, 고무와 격려이다. 청소년이 집단 안에서 고무와 격려를 통해 다른 집단

구성원들이 긍정적으로 성장하도록 돕기 위해서는 청소년이 다른 이로부터 비판적인 조언보다는 지지와 격려를 받는 것이 우선되어야 한다. 다른 사람을 지지하고 격려하므로 자신도 존중받고 신뢰받을 수 있음을 청소년기에 집단 안에서 익히도록 하는 것이 필요하다.

셋째, 대인관계기술이다. 집단 안에서는 다양성에 대한 존중, 의사소통 능력, 갈등해결 능력 등 대인관계기술이 필요하다. 우리 사회가 다문화 사회로 되고 있고 글로벌 시대에 문화적인 교류가 활발해지고 있으므로 다양한 문화를 이해할 수 있는 능력이 필요한데, 여기에는 타언어에 대한 인식과 외국어 사용 능력이 필요하다. 이는 소통을 위한 도구로서의 역할을 할 수 있기 때문이다. 또한 자신의 의견을 합리적으로 전달할 수 있는 의사소통기술, 갈등을 생산적이고 긍정적으로 해결할 수 있는 능력 등을 갖춰나갈 때 대인관계기술을 향상시킬 수 있다. 대인관계기술은 자신의 삶의 변화를 받아들이고, 다른 사람의 감정을 해석하는 공감능력까지 포함한다.

넷째, 의사결정이다. 의사결정 능력은 통합적인 능력으로 청소년 집단 안에서 문제상황과 갈등의 상황이 발생할 때에 리더는 가능한 모든 대안과 해결책을 제시하고 올바른 의사결정을 할 수 있어야 한다. 또한, 다른 사람의 의견을 잘 듣고 반영하여 의사결정을 내리는 것도 필요하다.

3) 청소년리더십 함양 방법

20세기에 들어서면서 다양한 리더십이 주목받고 있다. 특히 수평적이고 민주적인 시각이 강세다. 순종하는 관계나 지배하고 복종하는 관계에서 탈피하고 있다.

무엇보다 청소년이 리더십을 습득하는 가장 효과적인 방법은 청소년들이 리드할 수 있는 기회를 갖는 것이다. 이와 더불어 청소년이 성인과 동등한 입장에서 파트너십을 발휘할 수 있도록 하고, 청소년들이 스스로 의사결정을 하게 하고 그 결과에 대해 책임지게 하는 것, 청소년이 가진 경험, 지식, 기술에 대한 인정을 할 때 리더십을 발휘할 수 있다.

실습방법에는 이런 것들이 있다. 청소년에게는 조금 어렵게 느껴질 수 있는 문제상황에 참여시키고, 의사결정을 내리고 변화에 영향을 미칠 수 있는 실제상황을 제공하는 것, 지지적인 환경을 제공하는 것, 청소년들이 자신의 경험들을 반영할 수 있도록 하기, 청소년들에게 리더십에 참여할 수 있는 지속적인 기회를 제공하면서 동시에 모든 단계에서 지지와 리더십 발전 정도를 알려주는 방법 등이 적용될 수 있다(Youth of Today, 2010).

4. 청소년개발

청소년리더십과 같은 맥락에서 청소년개발을 말할 수 있다. Pittman은 청소년개발을 청소년이 개인적 사회적 필요를 안전하고 가치있는 방법을 통해 성취하려고 시도하기 위해 관련되어 있는 지속적인 성장의 과정이라고 보았다(천정웅, 2023 재인용). 청소년개발은 긍정적 청소년개발과 지역사회 청소년개발로 나뉘는데, 긍정적 청소년개발은 모든 청소년에게 지원과 지도가 필요하다는 것이고, 지역사회 청소년개발은 청소년리더십과 사회참여를 중시하는 것이다. 청소년이 개인의 역량을 키우고 기본적인 욕구를 충족하기 위한 과정이다.

청소년의 개발은 청소년에게 기회와 여러 관계들을 제공함으로써 긍정적인 결과를 만들어내기 위한 의도된 과정에서 시작되며 청소년이 그런 과정에 전적으로 참여할 수 있도록 지원하는 것이다.

1) 청소년개발의 중요성

대부분의 나라에서 청소년은 미래의 국가경쟁력이라 한다. 그들이 성인이 되어서 그 역할을 잘 해주면 나라에 긍정적인 영향을 미치기 때문이다. 그래서 많은 정책들이 청소년의 건강한 발달과 성장을 도와주고 경쟁력을 갖춰나갈 수 있는 방향으로 추진되고 있다. 청소년 개발적인 접근은 청소년의 문제를 보는 것이 아니라 강점을 중점적으로 부각시키는 것이고 청소년의 잠재력을 끌어내 주는 것이다. 청소년들이 스스로의 능력과 잠재력을 체계적으로 성장시키고 발달할 수 있게 해 주는 것이다.

우리나라의 청소년개발은 삼국시대로 거슬러 올라가지만, 현대적 의미의 청소년개발은 1965년에 15개 단체가 '한국청소년단체협의회'를 발족하고 보다 조직적인 형태로 범사회적인 활동이 이루어지기 시작하면서부터 시작되었다. 1985년 세계청소년의 해를 기점으로 1987년 청소년육성법, 1990년 청소년헌장 제정 및 선포, 1991년 「청소년 기본법」 제정 등을 통해 국가적 차원에서 청소년개발을 추진할 수 있게 되었다. 이전에는 청소년에 대한 책임이 학교에만 있다고 하였으나, 최근에는 학교뿐만이 아니라 민간단체들에서도 책임을 져야 한다는 인식으로 변화되고 있다. 청소년개발은 학교 밖에서 이루어지고 있는 청소년을 위한 모든 종류의 학습활동과 교육, 그리고 청소년을 둘러싼 상황과 지원체제를 총칭한다. 청소년개발은 정규 학교 교육 이외의 비형식교육기관에서 청소년의 건전한 성장과 발달을 위해 이루어지고 있는 다양한 체험 및 경험활동이고 지역사회 내에서 청소년의 건전한 성장과 발달을 위한 환경 조성 및 여건 강화 등을 모두 포괄하는 개념이다.

청소년개발은 청소년이 일상생활에서 직면하는 여러 가지 문제를 해결할 수 있도록 지원하며 청소년의 잠재역량(인지적, 사회적, 정서적, 심리적, 신체적)이 바람직하고 건강하고, 온전한 상태로 성장하고 발달할 수 있도록 조력하는 일련의 모든 활동이라는 점에서 청소년개발이 중요하다.

2) 청소년개발의 개념

청소년개발은 문제예방적 접근 방법에 대한 대안으로서 1990년대 이후에 새롭게 등장한 개념이다. 청소년개발은 경쟁력있는 성인으로서의 삶을 위해 필요한 다양한 역량을 개발하고, 긍정적인 행동들을 증가시키며 문제행동으로부터 스스로를 보호하고, 위험요소를 감소하는데 초점을 둔 개념이라 할 수 있다.

영어로 개발은 development이다. 발달도 같은 용어이다. 청소년발달은 생물학적 및 심리학적인 관점에서 일반적으로 사용되는 개념이다. 덜 분화된 상태에서 더 분화된 상태로 진행해 나가는 과정이다. 어쩌면 전개라는 해석이 맞을지도 모르겠다. 개발이라는 용어는 조작적인 조건과 필요한 요소를 통해 유기체의 변화를 인위적으로 가속화하거나 유도하는 것을 의미한다. 청소년개발은 청소년들에게 다양한 체험, 경험, 활동 등을 제공함으로써 청소년기에 당면한 문제들을 해결하고, 성공적인 성인으로서의 삶을 위해 필요한 역량, 즉 신체적, 정서적, 인지적, 사회적, 시민적, 직업적 측면에서의 역량들을 발달시켜 나가는 일련의 과정으로 정의될 수 있다.

청소년개발은 모든 청소년을 대상으로 하는 것이고, 긍정적인 측면에서의 역량강화이다. 이것이 청소년개발의 의미이다.

3) 청소년개발의 목표

청소년개발은 "청소년기에 당면하는 문제해결"과 "성공적인 성인으로서의 삶을 위해 필요한 역량 개발"이라는 분명한 목표가 있다. 이는 청소년기의 당면과제이기도 한다. 또한 청소년개발은 맥락적 특수성을 가지는데, 이는 사회적 환경적 특성에 따라 다르다는 것이다.

청소년개발의 영역은 역량적 접근이다. 신체적 건강, 정서적 건강, 지적역량, 사회적 역량, 문화적 역량, 직업적 역량, 성취동기를 들고 있다. 신체적 건강은 현재와 미래의 신체적 건강을 유지하고 개선하는 방식으로 행동하는 것, 정서적 건강은 우호적이거나 적대적 상황에 대해 긍정적으로 반응하고 대처하며, 자신의 감정상태와 주변상황에 대해 숙고하고, 레저와 놀이활동에 참여할 수 있는 능력이다. 지적역량은 형식 및 비형식교육기관에서 학습하고, 학교 졸업에 필요한 기초지식을 습득하며, 비판적 사고기술, 창의력, 문제해결기술, 자기표현기술 등을 활용하고 자기주도적으로 학습할 수 있는 능력이다. 사회적역량은 친구 및 다른 사람들과 우호적인 관계를 유지할 수 있는 능력이다. 시민적역량은 민주시민으로서 사회적 선을 위하여 타인과 협력적으로 일하고, 우호적인 관계를 유지할 수 있는 능력이다. 문화적 역량은 집단 간 또는 개인 간에 존재하는 사회적, 문화적,경제적 배경과 관심 및 흥미의 차이를 존중하고, 우호적으로 반응할 수 있는 능력이다. 직업적 역량은 고용에 필요한 기능적, 구조적 기술을 획득할 수 있는 능력으로 정의되며, 21세기에 더 강조된다. 이외에도 성취동기를 들 수 있다. 동기화 정도에 따라 결과가 달라지기 때문이다.

역량적 접근은 청소년이 현재 청소년으로서 자신의 삶을 잘 살아갈 수 있도록 도울 뿐만 아니라 청소년이 건강한 성인으로 성장하여 조화로운 성인의 삶을 살 수 있도록 하기 위함이다. 이를 위해 청소년활동에서 청소년활동역량을 제시하였다. 신체역량, 자아역량, 갈등조절역량, 대인관계역량, 성취동기역량, 문제해결역량, 리더십역량, 시민성역량이 그것이다.

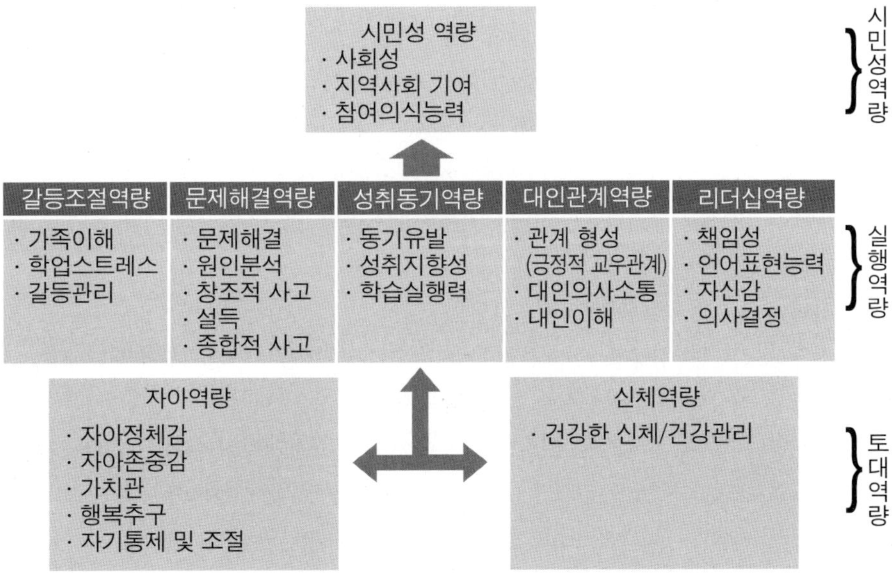

[그림 12-3] 청소년활동역량(출처 : 권일남 외, 2021)

이러한 역량개발을 통해 긍정적 청소년 개발, 즉 청소년의 건강한 성장과 그들의 잠재력 개발을 할 수 있다. 이를 위해서는 청소년에게 높은 수준의 맞춤형 서비스가 필요하고, 참여기회가 청소년들에게 제공되도록 국가와 지역사회, 학교, 가정의 연계협력이 이루어지도록 제도적 뒷받침이 이루어져야 할 것이다.

참고문헌

강병연·황수주 (2020). **청소년육성제도론** 제3판. 서울: 양성원.

관계부처통합 (2023). 2022년 학생 건강검사 및 청소년 건강행태조사결과.

관계부처통합 (2023). 제7차 청소년정책기본계획.

교육부 (2023). 2023년 1차 학교폭력 실태조사.

교육부 (2023). 2023년 교육기본통계.

교육부 (2023). 창의적 체험활동 교육과정(제2022-33호 별책40).

구본용·신현숙·유제민 (2002). 데이터마이닝을 이용한 중퇴모형에 관한 연구. **청소년상담연구, 10**(2), 35-57.

구정우·김선웅·김두년·유성상·정병은·신인철 (2016). **2016년 국민인권의식조사**. 국가인권위원회.

구정화 (2016). **청소년을 위한 인권에세이**. 서울: 해냄.

국민대통합위원회 (2015). **청소년의 언어 실태 조사**.

권일남·오해섭·이교봉 (2018). **청소년활동론**. 경기: 공동체.

권일남·전명순 (2020). 청소년 노동인권 실태와 개선방안 연구. **한국청소년활동연구, 6**(2), 53-79.

권일남·전명순 (2021). **청소년문화**. 서울: 창지사.

권일남·전명순·김태균·김정률 (2021). **청소년프로그램개발과평가**. 서울: 창지사.

권일남·정철상·김진호·김영철 (2008). **청소년활동지도론**. 서울: 학지사.

금명자 (2008). 우리나라 학업중단 청소년에 대한 이해. **한국심리학회지, 14**(1), 299-317.

김경신·박옥임·임형탁·이민창·김오남 (2007). **청소년복지론**. 서울: 청목출판사.

김성이·조학래·노충래·신효진 (2010). **청소년복지학**. 서울: 양서원.

김신일·강대중·김민호·김현수·양은아·양홍권·이지혜·채재은·최돈민·최선주·현영섭 (2019). **평생교육론**. 파주: 교육과학사.

김영모 (2001). **청소년정책연구**. 한국복지정책연구소 출판부.

김영인 (2007). **청소년의 참여와 시민성 함양**. 한국학술정보.

김영인·김민 (2016). **청소년지도방법론**. 서울:창지사.

김영인·김민 (2021). **청소년지도방법론**. 서울: 한국방송통신대학교출판문화원.

김영지·최홍일 (2022). **2022 아동·청소년 권리에 관한 국제협약 이행 연구-한국 아동·청소년**

인권실태: 기초분석보고서. 세종: 한국청소년정책연구원.

김영화 (2012). 학교폭력:청소년 문제와 정신 건강. 경기: 한울.

김윤나·박옥식 (2009). 청소년활동의 효과에 관한 비교 분석. 청소년복지연구, 11(1), 79-99.

김윤정·이창식 (2003). 청소년들의 사랑과 성태도: 남학생과 여학생의 지각차이를 중심으로. 청소년학연구, 10(1). 277-296.

김주희·송은일·강성희 (2003). 성 태도·성 행동과 부모-자녀 관계에 대한 연구: 남녀 대학생을 중심으로. 대한가정학회지, 41(1), 111-124.

김진한 (2020). 콜브(D. Kolb)의 경험학습이론에 대한 해석학적 연구-가다머의 철학적 해석학 입장에서-. 서울대학교석사학위논문.

김진호 (2002). 성인교육프로그램 참여자의 학습몰입 영향요인에 관한 구조 분석. 서울대학교 박사학위논문.

김진호 (2015). 안전과 참여활성화의 공존방안. 서울청소년정책세미나 자료집.

김진화 (2001). 평생교육 프로그램 개발론. 서울: 교육과학사.

김진화 (2004). 청소년지도방법의 이해, 한국청소년개발원 편, 청소년지도방법론. 서울: 교육과학사.

김진화·송병국·고운미·이채식·최창욱·임형택·이창식·김경준·김진호·권일남·양승춘 (2003). 청소년 문제행동론. 서울: 학지사.

김태균 (2016). 6차 청소년정책기본계획을 위한 청소년활동의 반성과 향후과제. 한국청소년활동연구, 2(2), 43-66.

김현철·최창욱·민경석 (2010). 초·중·고 창의적 체험활동과 청소년활동정책의 연계방안 연구. 한국청소년개발원 연구보고서.

김형일 (2012). 감성적 리더십이 사이클 선수의 성취목표성향과 선수만족 및 경기력에 미치는 영향. 경기대학교 박사학위논문.

김효진 (2015). 소셜러닝을 활용한 현장체험학습 어플리케이션 디자인. 이화여자대학교석사학위논문.

김희종 (2019). 성인학습자의 학습성향에 따른 학습성과로서의 행복감 인식-자기효능감과 학습몰입의 매개효과-. 아주대학교박사학위논문.

나홍열 (2020). 창의적 문제해결의 사고도구로서 트리즈 40가지 발명원리의 활용에 관한 연구. 성균관대학교박사학위논문.

도종수 (2011). 청소년자원봉사활동이 주관적 행복감에 미치는 영향. 청소년복지연구, 13(4), 21-45.

류시영·강방훈 (2012). 청소년의 체험활동 만족과 자아존중감, 행복감 간의 관계: 아시아태평양잼버리 참가자를 중심으로. **한국청소년연구**, 23(4), pp.27-50.

문성호·문호영 (2009). 청소년 자원봉사활동의 실태 및 효과에 관한 비교분석. **청소년복지연구**, 11(1), 101-120.

문용린 (1997). **청소년지도의 의미와 중요성**. 서울: 서원.

박민정 (2018). 디자인 사고(Design Thinking)를 활용한 문제해결 수업의 설계원리 규명. 이화여자대학교 석사학위논문.

박병기 (2003). 장이론의 발전과정 및 내용이 교육학에 던지는 도전적 과제들. **교육원리연구**, 8(1), 165-205.

박성복·김규희 (2008). 고등학생의 자원봉사활동과 자아존중감. **복지행정논총**, 18(2), 91-113.

박성희 (2004). **공감학**. 서울: 학지사.

박영택 (2019). **박영택 창의발상론**. 서울: 한국능률협회컨설팅.

박옥임·백사인·박준섭·박병훈·이수진·김정일 (2013). **청소년 심리 및 상담**. 서울: 창지사.

박은하 (2016). 한국과 네덜란드 청소년의 성의식 및 성행동에 관한 비교 연구. **청소년학연구**, 23(4), 345-366.

박은하 (2017). 청소년 성문화 특성에 따른 성교육의 방향성에 관한 연구: 성인지적 성교육을 중심으로. **청소년학연구**, 24(10), 365-386.

박정례·한상훈 (2013). 성인학습자의 성취목표지향성과 참여동기 및 자아개념이 학습몰입에 미치는 영향. **교육개발총론**, 34(2), 151-178.

박현선 (2004). 학업중퇴 청소년의 적응유연성. **청소년상담연구**, 12(2), 69-82

박혜원 (2007).웹서비스를 이용한 유무선 환경에서의 현장학습 지원시스템 연구 및 구현.연세대학교석사학위논문.

배규환 외 (2007). **청소년학개론**. 한국청소년정책연구원 엮음. 서울: 교육과학사

백혜정·김은정 (2008). **청소년 성의식 및 행동 실태와 대처방안 연구**. 세종: 한국청소년개발원.

법제처 (2023). 서울특별시 어린이·청소년 인권조례.

법제처 (2023). 서울특별시 학생인권조례

법제처 (2023). 청소년 보호법

법제처 (2023). 청소년활동 진흥법

법제처 (2023). 청소년활동 진흥법 시행규칙.

법제처 (2023). 청소년활동 진흥법 시행령.

서울시립청소년성문화센터 (2015). 또래 간 성폭력 문화개선을 위한 청소년 100인 원탁토론회 자료집.

성윤숙 (2005). 학교중도탈락 청소년의 중퇴과정과 적응에 관한 탐색. **한국청소년연구, 16**(2), 295-343.

송명자 (2008). **발달심리학**. 서울: 학지사.

송진영·최영란 (2016). 고등학생의 청소년활동참여가 학교생활적응에 미치는 영향:공동체 의식과 자아존중감의 매개효과를 중심으로. **교육문화연구, 22**(5), pp.179-209.

신용주 (2017). **평생교육프로그램 개발론**. 서울: 학지사.

신은정 (2012). 성인학습자의 학습성과에 미치는 요인에 관한 연구. 강원대학교박사학위논문.

안민정·조부경 (2021). 유아교사의 구성주의 교육 실천에 관한 자기연구, **구성주의유아교육연구. 8**(1), 91-116.

양지윤 (2017). 4차 산업혁명 특집1_인공지능과 고용서비스의 미래. **한국고용정보원, 10**(5): 38-55.

여성가족부 (2011). 2011년 청소년 유해환경 접촉 종합 실태조사 보고서. 서울: 여성가족부.

여성가족부 (2017). 2016 성매매 실태조사 결과. 서울: 여성가족부.

여성가족부 (2020). 2020년 청소년 매체이용 및 유해환경 실태조사. 서울: 여성가족부.

여성가족부 (2023). 2022 청소년백서. 서울: 여성가족부.

여성가족부 (2023). 2022년 청소년 매체이용 유해환경 실태조사. 서울: 여성가족부.

여성가족부 (2023). 2023 청소년통계. 서울: 여성가족부.

오윤선·김미숙 (2019). **청소년 심리 및 상담**. 서울: 양성원.

오윤선·황인숙 (2016). **청소년문화론**. 서울: 양서원.

오윤선·황인숙 (2018). **청소년지도방법론**. 서울:양서원.

오윤선·황인숙 (2021). **청소년지도방법론**. 서울: 양서원.

오혜영·지승희·박현진 (2011). 학업중단에서 학업복귀까지의 경험에 관한 연구. **청소년상담연구, 19**(2), 125-154.

윤홍렬 (2009). **삼성모바일디스플레이 TRIZ 심화과정 강의자료**. 경기: 삼성디스플레이.

이미리·김춘경·여종일 (2019). **청소년 심리 및 상담**. 서울: 학지사.

이미리·조성연·길은배·김민 (2014). 청소년학개론. 서울: 학지사.

이미숙·박상호 (2019). 존 듀이의 경험론과 PBL 학습의 상호 연관성에 관한 연구. **인문사회**

21, 10(5), 931-944.
이배근·정하성 (2009). 변화하는 사회의 청소년지도자의 역할과 기능강화 전략. 청소년학연구, 16, 215-238.
이성훈 (2008). 윤리적 리더십이 팔로워십 및 조직몰입에 미치는 효과. 고려대학교 석사학위논문.
이소희 (2018). 보육현장중심 아동권리와 아동복지. 서울: 신정.
이시연 (2019). 고등학생 시기 청소년활동이 대학생의 주관적 행복감에 미치는 영향: 자아존중감 매개효과. 한국청소년활동연구, 5(3), 117-134.
이용교 (1995). 한국청소년정책론. 경기: 인간과복지.
이윤주 (2008). 청소년 자살상담. 서울: 학지사.
이지수 (2006). 우리나라 청소년의 인권실태 및 인권의식. 아동권리연구, 10(3), 461-485.
이채식·박은식 (2007). 영농청소년의 지역사회참여실태 및 활성화 방안. 농촌지도와 개발. 14(2), 395-415.
이해주·최운실·권두승 (2002). 평생교육 프로그램 개발. 서울: 한국방송통신대학교출판문화원
이홍직 (2016). 중고생의 주관적 행복감에 영향을 미치는 요인:인구사회학적 요인, 사회자본요인을 중심으로. 생명연구, 39, 151~186.
전명기 (2006). 청소년활동론 정립을 위한 시론. 미래청소년학회지, 3(2). 89-118.
전명순 (2017). 청소년활동의 국내 연구동향 분석을 통한 향후 과제 제시. 한국청소년활동연구, 3(2), 17-40.
전명순 (2021). 아동(어린이)·청소년 인권조례 실효성 분석. 효학연구, 33, 24-41.
전명순·김태균 (2014). 청소년활동이 학교생활적응, 학습습관, 학업성취도에 미치는 영향. 청소년문화포럼, 38(0), 71-90.
전성민 (1993). 인간 관계수련 활동. 한국청소년개발원 편. 청소년활동론. 한국청소년개발원.
정강현 (2014.5.21.중앙일보 보도). 2030 청춘 리포트-대학생의 성.
정승원 (2000). 중학교에서의 청소년인권에 대한 교육실태조사. 가톨릭대학교석사학위논문.
정승재 (2007). 청소년인권 신장을 위한 보호영역 구체화에 관한 연구. 인권복지연구, 23-52.
정은찬 (2004). 존 듀이의 경험 교육사상 연구. 고신대학교석사학위논문.
정익중·이소희·도미향·김지혜·한윤선 (2022). 청소년복지론. 서울: 학지사.
정준교 (2005). 청소년의 자원봉사와 아르바이트의 관계에 관한 연구: 여가생활 만족도, 삶의 생활만족도와 자아존중감을 중심으로. 한국청소년정책연구원, 제2회 한국청소년패널

학술대회 자료집, 517-541.

조성연·유진이·박은미·정철상·도미향·길은배 (2016). 청소년복지론. 서울: 창지사.

조성연·유진이·박은미·정철상·도미향·길은배 (2021). 21세기 청소년복지론. 서울: 창지사.

조옥귀·문지혜·하수경·이임숙 (2020). 스마트한 청소년심리와 상담. 서울: 창지사.

조학래 (2023). 청소년복지론. 서울: 신정.

조현주 (2020). 빅데이터를 통해 바라본 청소년 활동과 역량에 대한 사회적 인식 연구. 한국청소년활동연구, 6(1), 25-46.

존 브래드쇼, 오제은 역 (2006). 가족. 서울: 학지사.

주경필 (2023). 청소년육성제도론. 서울: 한국통신대학교출판문화원.

진은설 (2013). 청소년활동의 참여동기, 활동만족도, 적응유연성 및 행복감과의 관계. 한국청소년연구, 24(1), 185-217.

채규만·정민철 (2004). 한국대학생의 성에 대한 태도와 행동 및 피해 경험에 관한 연구. 한국심리학회지: 건강, 9(4), 869-886.

천정웅 (2013). 청소년복지론 발전적 관점. 서울: 양서원.

천정웅 (2014). 청소년참여론. 서울: 양서원.

천정웅 (2021). 청소년인권과참여. 경기: 공동체.

천정웅 (2023). 청소년학. 서울: 신정.

천정웅·김미옥·최명민·노혜련·이용교 (2009). 강점관점 청소년개발 레질리언스. 서울: 신정출판사.

천정웅·김민·김진호·박선영 (2011). 차세대 청소년학총론. 서울: 양서원.

천정웅·장근영·이채식·김윤나 (2014). 청소년문화론. 서울: 양서원.

청소년지도사협회 (2006). 청소년지도사론. 서울: 청소년지도사협회.

최경숙 (2001). 발달심리학:아동·청소년기. 경기: 교문사.

최경옥 (2017). 지역사회 청소년활동 참여와 학교생활적응의 관계에서 자기효능감의 매개 효과. 청소년복지연구, 19(3), 231-261.

최미옥·홍아정 (2015). 성인학습자의 성찰학습의 성찰학습이 심리적 안녕감에 미치는 영향: 학습자 특성과 몰입의 매개효과. 평생학습사회, 11(2), 245-274.

최윤진 (2008). 청소년호칭의 역사에 관한 연구: 청소년호칭 유형과 의미변화를 중심으로. 청소년학연구, 15(7), 369-386.

최지연·김현철 (2016). 학업중단 청소년의 특성 및 지원 방안 연구. 청소년학연구, 23(3), 103-132.

최창욱·문호영·김진호 (2015). **청소년활동 참여 실태조사 연구II**. 한국청소년정책연구원.

통계청 (2016). **사회조사**.

플라톤, 이환 역 (2014). **국가론**. 서울: 돋을새김.

학교폭력예방법 (2015).

한국교육개발원 (2016). 유·초·중등 교육통계조사 계획 및 지침서. 연구자료. 한국교육개발원.

한국청소년정책연구원 (2010). **청소년학개론**. 경기: 교육과학사.

한국청소년정책연구원 (2014). **청소년학개론**. 경기: 교육과학사.

한국청소년정책연구원 (2016). 청소년활동 참여 실태조사 연구Ⅲ: 기초분석보고서(연구보고 16-R09-1). 세종: 한국청소년정책연구원.

한국청소년정책연구원 (2016). 한국 아동·청소년 인권 실태연구 Ⅵ: 총괄보고서.

한상철·김혜원·설인자·임영식·조아미 (2008). **청소년 문제행동: 심리학적 접근**. 서울: 학지사.

함승우 (2016). 청소년수련활동 참가만족과 자아존중감이 적응유연성 및 행복감에 미치는 영향. **관광연구저널, 30**(12), 95-108.

현정혁·홍준희·이현영 (2010). 청소년의 스포츠 활동참여 정도에 따른 신체적 자기개념 및 행복요인 분석. **한국체육학회지, 49**(6), 161-171.

홍봉선·남미애 (2020). **청소년복지론**. 경기: 공동체.

홍정희 (2016). 청소년 지역사회 참여활동 경험의 교육적 의미:'청소년참여위원회'활동을 중심으로. 이화여자대학교 대학원 박사학위논문.

황옥경 (2017). **아동 청소년과 인권**. 경기: 나남

ACA (2004). Youth Development Outcoms of the Experience Jon Barret & Roger Greenaway. (1995). Why Adventure?: The Role and Value of Outdoor Adventure in Young *People's Personal and Social Development : a Review of Research*. Foundation for Outdoor Adventure.

Altshuller, G. S. & Shapiro, R. (1956). About technical creativity. *Questions of Psychology, 6*: 37-49.

Bandura, A. (1977). Social learning theory. *Englewood Cliffs*, N.J.:Prentice-Hall.

Bass, B. M., & Riggio, J. (2006). *Transformational leadership: Second edition*. NY: Free Press.

Benson, P. L., & Pittman, K. (2001). Moving the youth development message: Turning a vague idea into a moral imperative. In P. L. Benson & K. Pittman (Eds.), Trends in youth development: Visions, realities and challenges (vii－xii). Norwell, MA: Kluwer Academic Publishers.

Bronfenbrenner, U. (1979). *The ecology of human development. Cambridge*, MA:Harvard University Press.

Brown, J. S., Collins, A., & Duguid, P. (1989). Situated cognition and the culture of learning. *Educational Researcher, 18*(1), 32－42.

Brown, M.E., Trevino, L. K. (2006), Ethical leadership: A review and future directions. *The Leadership Quarterly, 17*(4): 595－616.

C. D. Ryff. (1997). Experience and well－being: Explorations on domains of life and how they matter. *International Journal of Behavior Development, 20*, pp.193－206.

Checkoway, B. (1998). Involving young people in neighborhood development. *Children and Youth Services Review, 20*(9/10), 765－795.

Csikszentmihalyi, M. (1975). *Beyond boredom and anxie ty*. San Francisco:Jossey－Bass.

Csikszentmihalyi, M. (1990) *Flow: The psyschology of opyimal experience*. New York: Harper Collins.

David R. Shaffer, Katherine Kipp저, 송길연·이지연·장유경 역 (2014). 발달심리학. 박영스토리.

Easton, D. (1953). *The political system: An inquiry into the state of political science.* New York: Alfred A. Knopf.

Elkind (1981). *Children and adolescent: Interpritive essay on Jean Piaget(3rd ed.).* New York; Oxford.

Fosnot, C. T. (1996). *Constructivism: Theory, Perspectives, and Practice*. Teachers College Press.

George, J. M. (2000). Emotions and leadership: The role of emotional intelligence. *Human Relations, 53*, 1027－1055.

Goleman, D. (1998). *Working with emotionali ntelligence*. Bantam. New York: Rubber.

Goleman, D., Boyatzis, R., & Mckee, A. (2002). *Primal Leadership: Realizing the Power of Emotional Intelligence*.Boston: Harvard Business School Press.

Golman, D., Boyatzis, R., & McKee, A. (2002). *Primal Leadership Realizing the Power of Emotional Intelligence*. 장석훈 역 (2003). 감성의 리더십. 청림.

Hart, R. A. (1997). Children's participation: The theory and practice of involving young citizens in community development and environmental care. London : UNICEF.

Huy, Q. (2002). Emotional balancing of organizational continuity and Radical change: The contribution of middle managers, *Administrative Science Quarterly, 47*, 31–69.

Jago, A. G. (1982). Leadership: Perspectives in theory and research. *Management Science, 28*(3), 317.

Jancek, R. (1999). High school drop out factors and effects: An analysis of a small school in rural Illinoise, ED435521: retrieved from Eric on September 30, 2013.

Jonassen, D. H. (2010). *Learning to solve problems: A handbook for designing problem-solving learning environments*, London, UK: Routledge.

Lasswell, H. D. & Kaplan, A. (1968). *Power and society: A framework for political inquiry*. Yale University Press.

Lener, R., & Steinberg, L. (Eds.). (2009). *Handbook of adolescent psychology(3rd)*. New York: Wiley.

Lewis, K. M. (2000). When leaders display emotion: how followers respond to negative emotional expression of male and female leaders. *Journal of Organizational Behavior, 21*, 221–234.

Marks, H. M. (2000). Student engagement in instructional activity: Patterns in the elementary, middle, and high school years. *American Educational Research Journal, 37*(1), 153–184.

Mendle, J. T., Turkheimer, E., & Emery, R. E. (2007). Detrimental psychological outcomes assoicated with early pubertal timing in adolescent girl. *Developmental Review, 27*, 151–171.

Newell, A., & Simon, H. (1972). *Human problem solving. Englewood cliffs*, NJ: Prentice–Hall.

Peraita, C. & Pastor (2000). The Primary School Dropout in Spain: The Influence of Family Background and Labor Market Conditions. *Education Economics, 8*, 157–169.

Resnick, L. (1989). Treating mathematics as an ill–structured discipline. In R. Charles & E. Silver (Eds.), *The teaching and assessing of mathematical problem solving*, 32–60. Reston, VA: National Council of teachers of Mathematics.

Santrock, J. W. (1998). *Adolescence*. New York: McGraw Hill.

Sosik, J. J. & Megerian, L. E. (1999). Understanding leader emotional intelligence and performance: The role ofself–otheragreementon transformational leadership perception, *Group and Organizational Management, 24*, 340–366.

Souchkov, V. (2007). Breakthrough thinking with TRIZ for business and management: An overview. ICG Training & Consulting, 3–12.

Steinberg, L. (2011). *Adolescence(9th ed.).* New York:McGraw-Hill.

Steinberg, L. (2011). *Adolescence, 4*, 127-149.

Terninko, J., Zusman A., and Zlotin B. (1998). *Systematic Innovation: An Introduction to TRIZ*. New York: CRC Press.

Trevino, L. K., & Brown, M., & Hartman, L. P. (2003). A qualitative investigation of perceived executive ethical leadership: Perceptions from inside and outside the executive suite. *Human Relations, 55*, 5-37.

Van Linden, J. A., & Fertman, C. I. (1998). *Youth leadership : A guide to understanding development in adolescents*. San Francisco : Jossey-Bass Publishers.

Van Linden, J. A., & Fertman, C. I. (1998). *Youth Leadership: A Guide to Understanding Leadership Development in Adolescents*. San Francisco: Jossey-Bass publishers.

Ward, T. B., Patterson, M. J., & Sifonis, C. M. (2004). The role of specificity and abstraction in creative idea generation. *Creativity Research Journal, 16*(1), 1-9.

Williams, R. (1983). *Keywords*. London: Fontana.

Wolff, S. B., Pescosolido, A. T., & Druskat, V. Y. (2002). Emotional intelligence as the basis of leadership emergence in self-managing teams. *The Leadership Quarterly, 13*, 505-522.

네이버 두산백과 https://terms.naver.com/alikeMeaning.nhn?query=00044475

네이버국어사전 https://search.naver.com/search.naver?where=nexearch&sm=top_hty&fbm=0&ie=utf8&query=%ED%99%9C%EB%8F%99

네이버국어사전 https://search.naver.com/search.naver?sm=tab_hty.top&where=nexearch&query=%EC%9E%90%EC%A7%88&oquery=%EC%97%AD%ED%95%A0&tqi=U2Wd%2Fwp0J1ZsssQEJhdssssssRV-385353

네이버시사상식사전 http://terms.naver.com/entry.nhn?docId=931284&cid=43667&categoryId=43667(2017.6.18.인출)

네이버어학사전 청소년지도 https://ko.dict.naver.com/search.nhn?query=%EC%B2%AD%EC%86%8C%EB%85%84%EC%A7%80%EB%8F%84

네이버지식백과 https://terms.naver.com/entry.naver?docId=1163157&cid=40942&categoryId=31723

네이버지식백과 https://terms.naver.com/entry.naver?docId=2094221&cid=41991&cate

goryId=41991

두산백과 http://terms.naver.com/entry.nhn?docId=1225166&cid=40942&categoryId=31531 (2017.6.15.인출)

두산백과 https://terms.naver.com/entry.naver?docId=1221313&cid=40942&categoryId=32828

대구광역시상담복지센터 블로그 https://m.blog.naver.com/PostView.naver?isHttpsRedirect=true&blogId=teenhelper&logNo=221056622698

문화예술진흥법 https://www.law.go.kr/LSW/lsInfoP.do?efYd=20201222&lsiSeq=224589#0000

여성가족부 홈페이지 https://www.mogef.go.kr/sp/yth/sp_yth_f002.do

우울(나무위키) https://namu.wiki/w/%EC%9A%B0%EC%9A%B8%EC%9E%A5%EC%95%A0

위키백과 https://ko.wikipedia.org/wiki/%EC%A0%9C%EB%8F%84_(%EC%82%AC%ED%9A%8C)

자살 http://www.who.int/topics/suicide/en

자원봉사활동기본법 https://www.law.go.kr/LSW/lsInfoP.do?efYd=20170726&lsiSeq=195091#0000

중앙일보(2015.7.25.일자) 기사. 사춘기 땐 생각하는 뇌 부위 덜 자라.

청소년특별회의 https://www.kywa.or.kr/business/business7.jsp

청소년활동정보서비스 https://www.youth.go.kr/youth/youth/contents/trngActCrtfcOperSystmForm.yt?curMenuSn=348

https://www.coe.int/en/web/youth/about-youth-policy

저자소개

전명순

명지대학교 교육학 박사/시인
㈜바른스터디 전임교수
명지대학교 청소년지도학과 객원교수
한세대학교 기독교교육상담학과 강사
동서울대학교 사회복지학과 겸임교수
명지대학교 청소년활동연구소 사무총장
GDC 연구소 소장
법무부 서울소년원 소년보호위원
법무부 서울소년원 소년보호협의회 부회장
한국청소년활동학회, 미래를 여는 청소년학회 이사
청소년지도사 및 청소년상담사 자격검정출제 및 면접위원
화전동 주민자치위원
민주평화통일자문회의 자문위원(전)

저서

청소년프로그램 개발과 평가 2판, 2021, 창지사
청소년문화 2판, 2021, 창지사
청소년문제와 보호, 2021, 창지사

청소년지도학

초　판 1쇄 인쇄 2024년　2월 19일
초　판 1쇄 발행 2024년　2월 26일

지 은 이 | 전명순
펴 낸 이 | 김기섭
편 집 인 | 이현남
펴 낸 곳 | 창지사 www.changJisa.com
08589 서울시 금천구 가산디지털 1로 83 파트너스타워 1차 9층
전화 (02)719-2211~3
팩스 (02)701-9386
등　　록 | 1977년 4월 28일 · 제1-421호

ISBN 978-89-426-1873-6 (93370)

값 24,000원